Colin, Silbermann (Hrsg.) · Paul Celan – Edith Silbermann

D1574738

Amy-Diana Colin, Edith Silbermann (Hrsg.)

Paul Celan – Edith Silbermann

Zeugnisse einer Freundschaft
Gedichte, Briefwechsel, Erinnerungen

Wilhelm Fink

Herausgegeben mit Unterstützung des Publikationsprogrammes
Humanties for Human Rights der Cité für Friedenskulturen.

Umschlagabbildungen:
Fotos aus der Sammlung von Edith Silbermann.

Bibliografische Information der Deutschen Nationalbibliothek

Die Deutsche Nationalbibliothek verzeichnet diese Publikation in der Deutschen
Nationalbibliografie; detaillierte bibliografische Daten sind im Internet über
http://dnb.d-nb.de abrufbar.

© 2010 Wilhelm Fink Verlag, München
Wilhelm Fink GmbH & Co. Verlags-KG, Jühenplatz 1, D-33098 Paderborn

Internet: www.fink.de

Einbandgestaltung: Evelyn Ziegler, München
Herstellung: Ferdinand Schöningh GmbH & Co. KG, Paderborn

ISBN 978-3-7705-4842-2

Inhaltsverzeichnis

Vorwort

Fast drei Jahrzehnte musste Edith Silbermann um das Veröffentlichungsrecht für Gedichte kämpfen, die ihr Jugendfreund Paul Celan in ihrem Czernowitzer Elternhaus verfasst und ihr geschenkt hatte. Über fünfzehn Jahre lang musste sie sich um die Genehmigung bemühen, ihren Briefwechsel mit Celan herausbringen zu dürfen. Trotz der Freundschaft, die sie mit dem Lyriker seit ihrem dreizehnten Lebensjahr bis zu seinem Suizid im Jahre 1970 verband, trotz Paul Celans eigenen Beteuerungen, er sei ihr, ihren Eltern und ihrem Ehemann, Dr. Jacob Silbermann, zu Dank für die Hilfe in Zeiten schwerer Not verpflichtet, erhielt Edith Silbermann erst im Herbst 2007 die Publikationsrechte von Eric Celan, dem Sohn des Lyrikers, und vom Suhrkamp-Verlag, für den sie fast dreißig Jahre als Übersetzerin und Herausgeberin tätig gewesen war. Edith Silbermann hat trotz schwerer Krankheit und oft unerträglicher Schmerzen bis zum letzten Atemzug an diesem Buch gearbeitet. Sie starb am 2. Juli 2008 im Bewusstsein, das Zeugnis ihrer Freundschaft mit Paul Celan werde 2009/2010 im Druck erscheinen.

Am 10. November 2008, in einer Gedenkfeier anlässlich ihres Geburtstages, 10. November 1921, würdigte das Düsseldorfer Heinrich-Heine-Institut die Schauspielerin, Publizistin und Übersetzerin Edith Silbermann gemeinsam mit der ebenfalls aus Czernowitz stammenden und mit ihr und Paul Celan seit Jugendtagen befreundeten Lyrikerin Rose Ausländer als „große jüdische Autorinnen, die im 20. Jahrhundert in Düsseldorf eine bedeutende Rolle gespielt haben". Doch deren Wirkungskreis ging weit über Heinrich Heines Stadt am Rhein hinaus und schuf zugleich einen geistigen Meridian zwischen der letzten Stätte ihrer Lebens-Odyssee und ihrem Ausgangspunkt: Czernowitz, Hauptstadt der Bukowina, einst ein bedeutendes Kulturzentrum der Habsburgermonarchie. Es ist kein Zufall, dass Edith Silbermann wie auch Rose Ausländer und Paul Celan sowohl in der Gegenwart der jeweiligen späteren Aufenthaltsorte – Bukarest und Wien für alle drei, Paris für Paul Celan, New York für Rose Ausländer, Düsseldorf für beide Autorinnen – als auch in der Vergangenheit lebten: Ihre Jugendzeit in der fernen Bukowina, jener Gegend der „Menschen und Bücher", die bedeutende deutschsprachige jüdische Dichter hervorgebracht hatte, blieb stets gegenwärtig.

So nachhaltig war der Einfluss der deutschen Sprache und deutsch-österreichischen Kulturtraditionen in der Bukowina, dass diese aus dem Leben der multi-ethnischen Bevölkerung und vor allem der Intellektuellen nicht verdrängt werden konnten, selbst als das Gebiet, im Süden Galiziens, im Norden der Moldau und im Westen Bessarabiens gelegen, nach über 140 Jahren Habsburgerherrschaft von rumänischen Truppen besetzt und ab 1919 Teil des Königreichs Rumänien wurde. Die Eingliederung erfolgte mit Berufung auf den Vertrag von

Saint-Germain und auf die frühere Zugehörigkeit der Region zum Fürstentum Moldau. Obwohl in einem rumänischen Umfeld isoliert, erreichte die deutschsprachige Literatur der Bukowina gerade in der Zwischenkriegszeit den Höhepunkt ihrer Entwicklung. Zu den bedeutendsten Repräsentanten der deutschsprachigen Bukowiner Dichtung zählten Schriftsteller und Lyriker jüdischer Abstammung, die trotz des wachsenden Nationalismus und Antisemitismus in der Bukowina, trotz Nazi-Herrschaft, trotz Verfolgung und Holocaust-Erfahrung weiterhin Gedichte und Prosa in deutscher Sprache schrieben.

Nach dem Zweiten Weltkrieg gehörte Edith Silbermann gemeinsam mit Rose Ausländer und Paul Celan zu jenen jüdischen Autoren aus der Bukowina, die zu einem neuen geistigen Brückenbau zwischen deutschen und jüdischen Kulturtraditionen beitrugen, in diesen jedoch die Erinnerung an die Vergangenheit als sichtbaren Grundpfeiler einfügten. Als Mittlerin zwischen den Kulturen, Verfasserin literaturwissenschaftlicher Studien über die Bukowina, deutsche Übersetzerin der Prosa Tudor Arghezis sowie der phantastischen Erzählungen Mircea Eliades und vor allem als Rezitatorin deutsch-jüdischer und jiddischer Dichtung, insbesondere der Gedichte Paul Celans, hat Edith Silbermann Unvergessliches geleistet.

Amy-Diana Colin

Einleitung:
Zur Geschichte einer Freundschaft

„Wie sehr ich mich freue, daß Du, daß Ihr beide nun ‚draußen' seid, brauche ich
Dir wohl kaum erst zu sagen; hoffentlich […] sind nun bald auch Deine Eltern
bei Euch"[1], schrieb Paul Celan[2] am 29.8.1963 an seine Czernowitzer Freunde
Edith Horowitz-Silbermann[3] und Jacob Silbermann[4], die nach siebzehn Jahren
vergeblicher Bemühungen, das kommunistische Rumänien zu verlassen, endlich
in der „freien Welt"[5] jenseits des Eisernen Vorhangs angekommen waren.

Czernowitz (Bukowina), Geburtsstadt des Lyrikers, war einst östlichster Stütz-
punkt und ein bedeutendes intellektuelles Zentrum der Habsburgermonarchie
gewesen, stand aber ab 1919 unter rumänischer und 1940-41 sowie von 1944
bis 1991 unter sowjetischer Herrschaft. Trotz politischer Umwälzungen blieben
deutsch-österreichische Traditionen im Bewusstsein der Bukowiner verankert. In
der Vorstellungswelt der Bukowiner Intellektuellen sollte die Aura der Kultur-
metropole Wien auch Jahrzehnte nach dem Ersten Weltkrieg nicht verblassen.
Daher bemühten sich Edith und Jacob Silbermann, wie viele andere Bukowiner
Juden, die 1944/45 nach Rumänien geflüchtet waren und später die dortige
„Volksdiktatur" verlassen konnten, in Wien ihren Neuanfang zu machen. „Gut
wäre es, glaube ich, wenn Ihr eine Weile – eine längere Weile – in Wien bliebet:
hier muß es Euch, trotz so manchem, denn doch ein wenig heimatlich anmuten,"[6]
riet ihnen auch Celan, obwohl er selbst nach seiner Flucht aus Rumänien (1947)
vergeblich versucht hatte, in Wien eine neue Existenz aufzubauen. Da seine
Freunde im „heimatlichen" Wien mit unüberwindlichen Schwierigkeiten konfrontiert wurden, setzte Celan alle Hebel in Bewegung, um ihnen zu helfen. In
seinem Brief vom 25. Oktober 1963 an Edith und Jacob Silbermann betonte er:
„Ich brauche Euch nicht erst zu sagen, wie viel mir daran liegt, daß Ihr Euer
Leben so einrichten könnt, wie Ihr es wünscht. Sowohl Dr. Fischer[7] als auch
Herr von Musulin wissen, welchen Dank ich Euch schulde"[8].

---

1 Vgl. Korrespondenz, Brief 2, S. 269.
2 Vgl. Paul Celan, Personenverzeichnis III, S. 342-343.
3 Edith Silbermann, geborene Horowitz, verwendete auch nach ihrer Heirat mit Jacob Silbermann
  als Schauspielerin und Übersetzerin die Namen Horowitz und Horowitz-Silbermann, erst ab den
  1970er Jahren vorwiegend den Namen Edith Silbermann, Personenverzeichnis III, S. 343-345.
4 Zur Kurzbiographie von Jacob Silbermann, vgl. Personenverzeichnis III, S. 345-346.
5 E. Silbermanns Wortwahl.
6 Vgl. Korrespondenz, Brief 2, S. 269.
7 Vgl. Gottfried Bermann Fischer, Personenverzeichnis I, S. 317-318.
8 Vgl. Korrespondenz, Brief 6, S. 289.

Auf Celans persönliche Intervention hin bat Janko von Musulin[9], der damalige Geschäftsführer des S. Fischer Verlages, sowohl Dr. Josef Klaus,[10] zu jener Zeit Bundeskanzler in spe, als auch Justizminister Dr. Christian Broda[11], der sein ehemaliger Schulkamerad war, dem Ehepaar Silbermann zu ermöglichen, sich in Wien niederzulassen. Aber die österreichischen Behörden verweigerten Edith und Jacob Silbermann die Verlängerung der Aufenthaltserlaubnis, einen Fremdenpass und selbst neue Reisedokumente. Im Jahre 1919, als der Friedensvertrag von Saint-Germain die Bukowina dem Königreich Rumänien zusprach, hatten ihre im Habsburger Kronland Bukowina geborenen Eltern die deutsch-österreichische Staatsbürgerschaft gewählt.[12] Die Väter waren k. und k. Kriegsveteranen. Dennoch erhielten Edith und Jacob in Österreich die dringend benötigte Unterstützung nicht.[13]

Wer waren diese Freunde? Und warum fühlte sich Celan ihnen gegenüber zu solchem Dank verpflichtet?

Als Rezitatorin jiddischer und deutsch-jüdischer Dichtung, insbesondere der Gedichte Celans, hatte die Schauspielerin Edith Silbermann (1921-2008), einst – unter dem Namen Edith Horowitz – eine der bedeutendsten Hauptdarstellerinnen des Theaters IKUF[14] und später des jiddischsprachigen Staatstheaters von Bukarest, das breite Publikum und Theaterkritiker in vielen west- und mitteleuropäischen Städten so sehr begeistert, dass man sie bei ihrem Auftritt in Wien 1965 mit Eleonora Duse verglich. Deutschsprachigen Lesern ist Edith Silbermann, die mit Celan seit ihrem dreizehnten/vierzehnten Lebensjahr befreundet war, auch als Verfasserin des Zeitzeugenberichtes über seine Jugend, *Begegnung mit Paul Celan* (1993)[15], sowie als Übersetzerin der im Suhrkamp Verlag erschienenen phantastischen Erzählungen Mircea Eliades[16] bekannt. Die an der

---

9 Vgl. Janko von Musulin, Personenverzeichnis I, S. 332.
10 Vgl. Josef Klaus, vgl. Personenverzeichnis I, S. 327.
11 Vgl. Dokumentation I, S. 87, und Christian Broda, Personenverzeichnis I, S. 319.
12 Vgl. Dokumentation I, S. 68: Staatsbürgerschaftserklärung von Karl Horowitz.
13 Jacob Silbermann, 1907 in der Habsburger Zeit in der Bukowina geboren, besaß das „Heimatrecht", siehe Dokumentation I, S. 73; aber auch dieses Dokument nützte ihm nichts in Österreich im Jahre 1963.
14 Abkürzung für „Iidişer Kultur-Farband"; das Theater war eine Sektion des gleichnamigen Kulturverbandes; vgl. auch Edith Silbermann, Personenverzeichnis III, S. 343.
15 E. Silbermann, *Begegnung mit Paul Celan*, Aachen: Rimbaud Verlag, 1993.
16 Ihre Übersetzungen machten das literarische Werk, insbesondere die phantastischen Erzählungen von Mircea Eliade (1907-1986) im deutschsprachigen Raum bekannt. Edith Silbermann lernte Eliade zu einer Zeit kennen, als er Professor an der Universität Chicago war. Sie schätzte seine philosophischen und religionswissenschaftlichen Werke sowie seine Erzählungen, die sie in den siebziger Jahren ins Deutsche zu übersetzen begann. Zu diesem Zeitpunkt wusste sie, dass Eliade in seiner Jugend ein Schüler des rechtsgerichteten Philosophen Nae Ionescus (vgl. M. Sebastian, in: Personenverzeichnis I, S. 335) war, der ursprünglich ein Philosemit, danach aber ein Faschist und Antisemit wurde; sie wusste, dass Eliade unter dem Einfluss seines Lehrers die Eiserne Garde zeitweilig unterstützt hatte, danach verhaftet und eingesperrt wurde, anschließend als rumäni-

Bukarester Universität ausgebildete Germanistin hat durch Essays, zahlreiche Vorträge und ihre aussergewöhnliche Rezitationskunst zur Rezeption der Bukowiner Dichtung in der BRD beigetragen.

Rechtsanwalt Dr. Jacob Silbermann[17] (1907-1978) war ebenfalls mit Celan seit dessen Jugendtagen befreundet. Der in der Bukowina, insbesondere Czernowitz, auch als Schachspieler und Karl-Kraus-Experte bekannte Jurist hatte sich im Jahre 1939 in ganz Rumänien einen Namen gemacht, als er eine in Buchform[18] veröffentlichte Antwort auf die am 22.1.1938 und 9.3.1938 in Kraft getretene antisemitische Gesetzgebung gab: Seine in Zusammenarbeit mit N. Adelstein auf Rumänisch verfasste juristische Studie zeigte Juden aus der Bukowina und Siebenbürgen einen Weg, ihren Anspruch auf die rumänische Staatsbürgerschaft zu beweisen, die ihnen aufgrund der neuen Regelung entzogen werden sollte. Trotz seines hohen Ansehens als Anwalt konnte er im kommunistischen Rumänien seine juristische Tätigkeit nicht fortsetzen, weil er sich weigerte, als Ankläger in kommunistischen Schauprozessen aufzutreten. Der in Turnieren erprobte Schachspieler wurde deshalb Schachtrainer der rumänischen Nationalmannschaft. In der Bundesrepublik setzte er beide Tätigkeiten fort, war zugleich Mitarbeiter der *Deutschen Schachzeitung*, der *Zeit*, der *Allgemeinen*[19] und erfreute sich internationaler Anerkennung als Verfasser der 1975 im Bertelsmann Verlag veröffentlichten Kulturgeschichte des Schachs[20].

Es war indes nicht allein die Herkunft aus der Bukowina, jener „Gegend, in der Menschen und Bücher lebten"[21], die Paul Celan mit seinen Freunden verband.

Die Geschichte dieser Freundschaft beginnt mit Paul Antschels, wie Celan ursprünglich hieß, häufigen, manchmal fast täglichen Besuchen in Ediths El-

---

scher Kulturattaché – zu Zeit der faschistischen Regierung – in England und Portugal tätig war. Auf Grund ihrer eigenen Gespräche mit Eliade Jahrzehnte später war sie jedoch zum Schluss gekommen, dass er sich grundlegend geändert hatte; daher übersetzte sie seine literarischen Werke ins Deutsche; sie kannte indes die später ans Licht gekommenen Einzelheiten über seine Aktivitäten in den 1930er Jahren nicht.

17 Vgl. Personenverzeichnis III, S. 345-346; Dr. Jacob Silbermann wurde selbst von Freunden immer mit seinem Doktortitel angesprochen oder angeschrieben; im Rahmen dieses Buches (Einleitung und Teil I. ausgenommen) wird indes auf die Verwendung der Doktortitel verzichtet; daher wird „Jacob Silbermann" statt „Dr. Jacob Silbermann" verwendet.

18 Jacob Silbermann, Nicu Adelstein, *Comentar la Decretul-Legel pentru Revizuirea Cetățeniei. Studii juridice*, Cernăuți: Editura „Eminescu", 1939; das Buch wurde in einer Auflage von mehr als hunderttausend Exemplaren gedruckt.

19 Kurztitel für *Allgemeine Wochenzeitung der Juden in Deutschland* (Düsseldorf), deren Namen mehrmals geändert wurde.

20 Jacob Silbermann, Wolfgang Unzicker, *Geschichte des Schachs*, München: Verlagsgruppe Bertelsmann/Mosaik Verlag, 1975; mit einem Vorwort von Max Euwe, dem damaligen Präsidenten des Weltschachbundes, und Partiekommentaren von W. Unzicker, Schachgroßmeister (1954).

21 Paul Celan, *Gesammelte Werke* in 5 Bde., Hrsg. Beda Allemann und Stefan Reichert unter Mitwirkung von Rolf Bücher, Frankfurt/M.: Suhrkamp Verlag, 1983, Bd. 3, S. 185, künftig zitiert als: Celan, *Gesammelte Werke*.

ternhaus.[22] In der Bibliothek ihres Vaters, Karl Horowitz[23] (1892 – 1968), verbrachte der junge Lyriker viele Stunden. Er vertiefte seine Kenntnisse der europäischen Dichtung, führte ausführliche Gespräche über Literatur mit Karl Horowitz, der in Wien Germanistik und Altphilologie studiert hatte, und mit seiner
älteren Tochter Edith, in die Antschel verliebt war und die seine Gefühle erwiderte. Die umfangreiche Büchersammlung[24] von Karl Horowitz faszinierte viele
Czernowitzer Lyriker:

> Mein Vater, Altphilologe und Germanist, hatte […] kistenweise Bücher aus Wien
> mitgebracht und steckte jeden Groschen, den er erübrigen konnte, in Bücher, so dass
> er in kürzester Zeit die zweitgrößte Privatbibliothek der Stadt besaß, für den bil-
> dungshungrigen Schüler Paul eine wahre Fundgrube.

> So lautete denn auch die Widmung, die Paul im Oktober 1964 meinem Vater in das
> ihm zugedachte Exemplar von „Mohn und Gedächtnis" hinschrieb: „Für Karl Horo-
> witz, in dankbarer Erinnerung an sein Haus, seine Bücher, an vieles noch immer
> Gegenwärtige"[25].

Zu den Autoren, die Antschel in dieser Bibliothek las, zählten Lieblingsschrift-
steller von Karl Horowitz: Gottfried Keller, Conrad Ferdinand Meyer, Eduard
Mörike, Theodor Storm und Hermann Hesse. Hier lernte er den deutschen Expressionismus, die Werke Georg Heyms und Georg Trakls, sowie von der rumänischen Zensur verbotene Bücher über den Historischen Materialismus kennen.
Jahrzehnte später dankte Celan in einem bewegenden Brief Karl Horowitz für
diese geistigen Anregungen[26]. In der Bibliothek von Karl Horowitz entstanden
mindestens zehn seiner frühen Gedichte; die in diesem Band veröffentlichten
Originalfassungen befinden sich in Edith Silbermanns Sammlung; Abschriften
und Varianten dieser Texte wie auch andere Gedichte aus ihrer Sammlung erschienen in den Bänden: Paul Celan, *Gedichte 1938-1944* (1985)[27], in *Das Frühwerk* (1989)[28] und in der *Historisch-kritischen Ausgabe* (2003)[29]. Die Entste-

---

22 In ihren „Erinnerungen" berichtet Edith Silbermann ausführlich über diese Zeit, ihre Freundschaft mit Paul und mit ihren gemeinsamen Freunden, zu denen Gustl Chomed, Erich Einhorn
   und Immanuel (Oniu) Weißglas, Personenverzeichnis I, zählten, vgl. S. 23-51; vgl. auch Vorbemerkung zum Frühwerk, S. 125-130 und zum Briefwechsel, S. 253-260.
23 Karl Horowitz, vgl. Personenverzeichnis II, S. 339-340.
24 Zur Geschichte der Büchersammlung, vgl. S. 257-258; Informationen über die Werke einzelner
   Autoren in den Anmerkungen zu I. Teil, „Erinnerungen an Paul in Czernowitz".
25 E. Silbermann, *Begegnung mit Paul Celan*, S. 43; vgl. Dokumentation I, S. 110.
26 Vgl. Korrespondenz, Brief 1.
27 Paul Celan, *Gedichte 1938-1944*, Hrsg. Ruth Kraft, Frankfurt/M.: Suhrkamp Verlag, 1985.
28 Paul Celan, *Das Frühwerk*, Hrsg. Barbara Wiedemann, Frankfurt/M.: Suhrkamp Verlag, 1989.
29 Paul Celan, *Werke, Historisch-kritische Ausgabe*, begründet von Beda Allemann, besorgt von der
   Bonner Arbeitsstelle für die Celan-Ausgabe, Rolf Bücher, Axel Gellhaus, *I. Abteilung: Lyrik und
   Prosa*, Band 1, Band 1.1. (Text), Band 1.2. (Apparat), Hrsg. Andreas Lohr unter Mitarbeit von
   Holger Gehle in Verbindung mit Rolf Bücher, Frankfurt/M.: Suhrkamp Verlag, 2003.

hungsgeschichte der meisten dieser Gedichte ist jedoch unvollständig dokumentiert; ihr Entstehungsort wird selbst in der *Historisch-kritischen Ausgabe* der Werke nicht erwähnt; in einigen Fällen sind irreführende Informationen über diese Texte im Umlauf. [30]

Durch Edith lernte Antschel Rechtsanwalt Jacob Silbermann kennen, dessen beachtliche Karl-Kraus-Sammlung, insbesondere seine Kraus-Schallplatten, in Czernowitz eine Sensation waren, weil die geistige Elite der Stadt einen Kult um Karl Kraus trieb. Jacob Silbermann machte Antschel auf Franz Kafkas Parabeln und Hugo von Hofmannsthals „Brief des Lord Chandos an Francis Bacon" (1902) aufmerksam, über den sie oft diskutierten. Bereits in Czernowitz 1942 hatte Silbermann, der an die Magie der Namen glaubte, Antschel das Anagramm Celan vorgeschlagen (Jacob Silbermanns Bericht). Als „Gundelfinger" wäre Gundolf[31] nie in die Literaturgeschichte eingegangen, argumentierte Silbermann, der auch ihrem gemeinsamen Freund Alfred Margul-Sperber[32] von seinem Vorschlag erzählt hatte. In Bukarest legte Margul-Sperbers Frau, Jessica, Antschel ebenfalls den Gedanken an diese Namensänderung nahe.

In schweren Stunden der Kriegs- und Nachkriegszeit standen Ediths Eltern, Lisa und Karl Horowitz, sowie ihr späterer Ehemann, Jacob Silbermann, dem Lyriker mehrmals bei.

Während der faschistischen Diktatur in der Bukowina wurde Ediths Elternhaus zwei Mal Antschels Zufluchtstätte. Am 10. Oktober 1941 hatten Nazi-Truppen und rumänische Faschisten die jüdische Bevölkerung von Czernowitz in einen abgesperrten Stadtteil, ein Ghetto, gezwungen, von wo sie die Menschen in Viehwaggons nach Transnistrien[33] deportierten. Bürgermeister Traian Popovici[34], der einen Zusammenbruch der Stadt angesichts der geplanten Massenvernichtung von 50 000 Czernowitzer Juden befürchten musste, überredete Ion Antonescu[35], den faschistischen Diktator Rumäniens, bestimmte Berufs-

---

30 Vgl. II. Teil, Zum Frühwerk Paul Celans.
31 Friedrich Gundolf (1880-1931), bedeutender Germanist und Literaturhistoriker, Professor an der Universität Heidelberg.
32 Alfred Margul-Sperber, Personenverzeichnis I, S. 331-332.
33 Gebiet zwischen Dnjester und Bug, das Hitler dem alliierten rumänischen Regime unter der Bedingung abtrat, Juden aus der Bukowina und Bessarabien dorthin zu deportieren und sie zu ermorden. Für Informationen zum Holocaust: vgl. S. 14, Anm. 38.
34 Traian Popovici (1892-1946), an der Czernowitzer Universität ausgebildeter Jurist, war ein von Marschall Ion Antonescu eingesetzter Bürgermeister der Stadt Czernowitz im Zeitraum 1941-42. Er hat seine Stellung genutzt, um vielen jüdischen Bewohnern das Leben zu retten und wurde 1989 von Yad Vashem (Jerusalem) posthum als „Righteous Among the Nations" geehrt.
35 Ion Antonescu (1882-1946) war 1933 Generalstabschef, danach (1937) Regierungsmitglied der faschistischen Goga-Cuza Regierung in Rumänien; ab dem 4.9.1940 regierte er zusammen mit der Eisernen Garde, deren Aufstand er im Januar 1941 niederwarf; mit Unterstützung Nazi-Deutschlands wurde er alleiniger Diktator. Die Internationale Kommission zur Erforschung des

gruppen als „wirtschaftlich nützliche Juden" von der Deportation auszuschlie-
ßen. Sie erhielten vom General Corneliu Calotescu[36], dem Statthalter der Bukowina, unterzeichnete „Autorisationen", die ihnen ein Bleiberecht sicherten. Als
der strenge Winter jeglichen Zugverkehr nach Transnistrien unterbrach, gestat-
tete der Bürgermeister allen anderen jüdischen Bewohnern von Czernowitz,
ebenfalls in ihre Häuser oder Wohnungen zurückzukehren, die häufig bereits
ausgeplündert waren. Sie erhielten von Popovici unterzeichnete Autorisationen,
die im folgenden Jahr, als der Bürgermeister seinen Einfluss einbüßte, ihre Gül-
tigkeit verloren. Aber die meisten Czernowitzer Juden wussten das nicht.

Selbst im Juni 1942, als die Deportationen nach Transnistrien wieder im Gange
waren, wähnten sich Antschels Eltern von ihren „Popovici-Autorisationen" geschützt. Ihr Sohn ahnte die drohende Gefahr, doch er konnte seine Eltern nicht
überreden, sich in Sicherheit zu bringen, und verließ sie deswegen eines Abends
im Streit. Edith Silbermann berichtet:

> Eine ehemalige Kommilitonin von ihm [...] erinnerte mich an eine Begebenheit aus
> der Kriegszeit: „Paul kam eines Abends zu uns", erzählte sie, „und bat, bei uns über-
> nachten zu dürfen, da wir im Unterschied zu seiner Familie im Besitz einer rechtskräf-
> tigen, vom General Calotescu [...] unterzeichneten „Autorisation" waren. Nach etwa
> ein, zwei Stunden sprang Paul unvermittelt auf und erklärte, er gehe lieber zu Edith.
> In jener Nacht wurden wir trotz unseres Bleiberechts ausgehoben und für zwei Jahre
> nach Transnistrien deportiert. Ein Nachbar, der ein Auge auf unsere Wohnung gewor-
> fen hatte, setzte dies durch". Paul schien einen sechsten Sinn für Gefahr zu haben.[37]

In jener Nacht wurden Antschels Eltern aus ihrer Wohnung geholt, zu einer Sammelstelle am Makkabi-Platz gebracht, von wo sie mit allen anderen zum Bahnhof
getrieben und in Viehwaggons nach Transnistrien deportiert wurden. Aus Zeitzeugenberichten[38] geht hervor, dass die Deportierten in einen aufgelassenen
Steinbruch am Bug getrieben wurden, der als Zwangsarbeits- und Sammellager

---

Holocausts in Rumänien kam zum Ergebnis, dass unter seiner Herrschaft über 300 000 Juden
und 20 000 Roma ermordet wurden; Antonescu, ein Alliierter Hitlers, ist für seine Kriegsverbre-
chen 1946 hingerichtet worden.

36 Corneliu Calotescu (1889-1970) war als Gouverneur der Bukowina für die Verfolgung der Juden
und die Deportationen tausender Menschen nach Transnistrien verantwortlich, auch wenn er
zeitweilig „Autorisationen" unterschrieb, die manche Verfolgte vor der Deportationen bewahr-
ten; er hatte sich an vielen Juden so sehr bereichert, dass er 1943 von Ion Antonescu wegen Kor-
ruption entlassen wurde; nach dem Krieg wurde auch General Calotescu zunächst verurteilt,
danach aber begnadigt.

37 Vgl. auch E. Silbermann, „Erinnerungen an Paul in Czernowitz", hier: S. 48.

38 Arnold Daghani, *Groapa este in livada de vișini* (1947), *The Grave is in the Cherry Orchard* (1961),
„Lasst mich leben!": Stationen im Leben des Künstlers Arnold Daghani, Hrsg. Felix Rieper; Mollie
Brandl Bowen, Übers. Felix Rieper, Gerlingen: zuKlampen Verlag, 2002; *Geschichte der Juden in
der Bukowina*, Hrsg. Hugo Gold, 2 Bde., Tel Aviv: Olamenu, 1962, Bd. 2, S. 48-125; Alfred
Kittner, *Erinnerungen 1906-1991*, Hrsg. Edith Silbermann, Aachen: Rimbaud Verlag, 1996; Isak

diente; von dort wurden sie auf andere Lager am Bug oder östlich des Flusses verteilt, wie Ladischin, Obodowka, Tschertwetinowka, Michailowka. Die Organisation Todt, der neun deutsche Strassenbaufirmen unterstanden, setzte diese Deportierten als Zwangsarbeiter beim Strassenbau ein. Der ebenfalls deportierte Bukowiner Maler Arnold Daghani, der damals Tagebuch führte, berichtet, dass Leo und Fritzi Antschel von dem Steinbruch am Bug zunächst nach Tschertwetinowka (Czertwetenowka) und am 18. August 1942 wie er selbst in einem Lager im Dorf Michailowka in der Nähe der Stadt Gaisin interniert wurden; ab dem 17. September habe Baumeister Antschel Zwangsarbeit in Gaisin geleistet; am 20. September habe er seine Frau aus Michailowka abgeholt; das Ehepaar sei nicht mehr wiedergekehrt. Daghani war überzeugt, Antschels Eltern seien in einem anderen Lager östlich des Bug umgekommen.[39] In einem Brief vom 1. Juli 1944 aus Kiew an Erich Einhorn schreibt Paul Antschel, seine Eltern seien in Krasnopolka am Bug erschossen worden.[40] Aus anderen Zeitzeugenberichten wusste Edith Silbermann, dass der Vater in jenem Herbst an Typhus gestorben oder erschossen worden war, weil er vom Typhus geschwächt nicht mehr arbeiten konnte; Antschels Mutter wurde im Winter 1942 durch Genickschuss ermordet.

Nach erneutem Abbruch der Deportationen wurden alle entkommenen arbeitsfähigen jüdischen Männer zwischen 18 und 50 Jahren in rumänische Arbeitslager und Arbeitsbataillone zwangsverpflichtet. Auch Paul Antschel musste ab Sommer[41] 1942 Zwangsarbeit zunächst in der nördlichen Moldau (Fălticeni und Umgebung), danach in der südlichen Moldau (im Lager Tăbărești bei Buzău) leisten[42]; er wurde beim Straßenbau eingesetzt. In ihren „Erinnerungen an Paul"

Weißglas, *Steinbruch am Bug. Bericht einer Deportation nach Transnistrien*, Berlin: Literaturhaus Berlin, 1995.

39   Daghani, ebd., S. 173-174

40   Marina Dmitrieva-Einhorn, „Paul Celan – Erich Einhorn: Briefe", in: *Celan-Jahrbuch* 7 (1997/89), Hrsg. Hans-Michael Speier, Heidelberg: Universitätsverlag C. Winter, 1999, S. 23-24, künftig zitiert als *Celan-Jahrbuch*; im Dorf Krasnopolka östlich von Gaisin befand sich ein weiteres Lager, das ebenfalls von Daghani erwähnt wird; für weitere Informationen, vgl. S. 14, Anm. 38; vgl. auch Paul Celan – Gisèle Celan-Lestrange, *Briefwechsel*, Hrsg. Bertrand Badiou, Eric Celan, dt. Übers. Eugen Helmlé, Übers. d. Anmerkungen v. Barbara Wiedemann, 2 Bde., Frankfurt/M.: Suhrkamp Verlag, 2001, Bd. 2, S. 396; (Sigle CL 2).

41   Deportationen aus Czernowitz nach Transnistrien hatten im Juni 1942 stattgefunden. Ein aus dem Arbeitslager gesandter Brief Antschels vom 2. 8. 1942 belegt, dass er im Juli 1942 Zwangsarbeit leistete, vgl. S. 254. In der Zeittafel aus CL 2, S. 396, wird dieser Monat (ohne Quellenangabe) als Beginn seiner Zwangsarbeit in der Moldau genannt. In einem Schreiben vom 20. 9. 2009 an mich verweist Mitherausgeber B. Badiou auf die verwendeten Dokumente aus Eric Celans Familienarchiv und dem „Centres des archives contemporaines de Fontainebleau": von Celan für sein Einbürgerungsverfahren verfasste, unterschriebene und auf den 23. 2. 1951, 26. und 27. 7. 1954 datierte Listen mit seinen Aufenthaltsorten in Rumänien. Laut B. Badiou wird in diesen Dokumenten allerdings der Monat Juni anstatt des Juli 1942 als Beginn der Arbeitslagerzeit in der Moldau angeführt.

42   Antschels Briefkarten vom 13. 9. und vom 21. 9. 1942 mit Poststempel aus Fălticeni (siehe Celan-Nachlaß, DLA) sowie andere gesicherte Dokumente belegen, dass er sich im Herbst 1942

schreibt Edith Silbermann: „Als der strenge Winter einbrach, mußte der Straßenbau zeitweilig eingestellt werden, und Paul durfte heim. Doch er hatte ja in Czernowitz kein Heim mehr, und so nahm meine Mutter ihn bei uns auf."[43]

Im Jahre 1944 wurden die Bukowina und ihre Hauptstadt Czernowitz von sowjetischen Truppen erneut besetzt. In dieser Zeit war es vor allem Jacob Silbermann, der seinem jüngeren Freund Antschel in schwierigen Situationen beistand
und ihm Mut zu geben versuchte. Daher machte er seinem jüngeren Freund,
nach dessen Rückkehr aus dem Arbeitslager im Februar 1944, ein besonderes
Geschenk: Obwohl Papier damals eine Mangelware war, ließ er die ihm damals
zur Verfügung stehenden Gedichte Antschels abtippen und in drei Exemplaren
binden. Das war die erste Sammlung des Frühwerks Paul Celans: ein broschiertes
Typoskript mit dem Titel „Gedichte", das 93 Texte umfasste. Jahrzehnte später
sollte es als „Typoskript 1944" in die Celan-Forschung eingehen. Ein Exemplar
schenkte er Paul Antschel, eines behielt er selbst und das dritte gab er Hersch
Segal, der ebenfalls sein Freund war und sein Vorhaben unterstützt hatte.[44] Über
weitere Bemühungen Jacob Silbermanns dem Lyriker zu helfen, berichtet Edith
Silbermann:

> Dank der Fürsprache von Jacob Silbermann bei einem befreundeten Arzt wurde
> Paul Celan 1944/45 aufgrund seines einjährigen Medizinstudiums als Feldscher in
> der Irrenanstalt angestellt und auf diese Weise von der Einberufung zur sowjetischen
> Armee, die Czernowitz besetzt hatte, und dem gefahrvollen Einsatz an der Front
> verschont. Jacob Silbermann war es auch, der ihm im April 1945 Geld gab, damit er
> das sowjetische Czernowitz verlassen und nach Bukarest fahren konnte. Gemeinsam
> machten sie sich auf die abenteuerliche Reise über die Sowjetgrenze nach Rumänien.
> Auch in Bukarest half er Paul immer wieder und verschaffte ihm, als er erkrankte,
> ein nur auf dem Schwarzmarkt erhältliches teures Antibiotikum.

---

in Fălticeni und Umgebung befand. Die Zeittafel in CL 2, S. 396, gibt als Aufenthaltsorte Celans
in der nördlichen Moldau Fălticeni und das Lager Rădăzani bei Pașcani (ca. 40 km östlich von
Fălticeni) an; Antschels eigene Aussagen, seine im DLA aufbewahrten Briefkarten mit Poststempel aus Tăbărești (Kreis Buzău, ca. 300 km südlich von Fălticeni) und Zeitzeugenberichte dokumentieren seine spätere Zwangsarbeit in der südlichen Moldau. In CL 2, S. 396, wird Tăbărești
indes irrtümlich als Ort in Oltenien (d. h. in einer Region ca. 450 bis ca. 700 km südwestlich von
Fălticeni) angegeben.

43 Zitiert nach E. Silbermanns noch unveröffentlichten Memoiren; vgl. E. Silbermann, *Begegnung
    mit Paul Celan*, S. 63.
44 Hersch Segal, vgl. Personenverzeichnis I, S. 336, konnte sein Exemplar bei seiner Ausreise (1962)
    aus Rumänien nach Israel mitnehmen; Jacob Silbermanns Exemplar ging verloren; ein Exemplar
    hatte Erich Einhorn, vgl. Personenverzeichnis I, S. 322, nach seiner Rückkehr nach Czernowitz
    erhalten; dieses Exemplar befindet sich heute im Deutschen Literaturarchiv in Marbach, das auch
    Kopien der Texte aus dem Besitz von Hersch Segal aufbewahrt, vgl. S. 235-238.

Über Celans (damals Ancels)[45] Bukarester Zeit, seine Beziehung zur rumänischen Avantgarde und seine Arbeit als Übersetzer im russisch-rumänischen Verlag *Cartea Rusă* berichtet P. Solomon[46] in seinem Celan-Buch[47]. Weniger bekannt sind Einzelheiten über Ancels Bemühungen, Rumänien zu verlassen. Wie viele andere Czernowitzer war er 1945 nach Bukarest gekommen, um von dort nach Westeuropa weiterzureisen; aber die Grenzen waren gesperrt. Dennoch beschlossen Ancel, sein ehemaliger Schulfreund Immanuel Weißglas (1920-79)[48] und einige ihrer Freunde, illegal über die Grenze zu gehen. Im Spätsommer 1946 hatte die Freundschaft zwischen Edith und Paul einen Höhepunkt erreicht. Die frühe, in der Vorstellungswelt ausgelebte Liebe wurde zur Wirklichkeit. Im Jahre 1947 trafen sich Edith und Paul täglich zum Mittagessen in der Kantine der ARLUS-Musikbücherei; sie versprachen einander, sich über Fluchtwege zu informieren. Im Dezember 1947 war Paul plötzlich fort. Er hatte Rumänien illegal verlassen, ohne seine Freundin zu verständigen. Edith war enttäuscht. Sie hatte mittlerweile erfahren, dass ihr Freund in dieser Zeit auch andere Liebesbeziehungen und zudem mit anderen die gemeinsame Flucht in den Westen geplant hatte. Dennoch freute sie sich, dass ihm wenigstens dieser Schritt gelungen war.

Nach ihrer Heirat mit Jacob Silbermann (1948) stellte Edith, gemeinsam mit ihrer Familie, immer wieder Auswanderungsanträge; jahrelang wurden diese abgelehnt und die Antragsteller Repressalien ausgesetzt. Vor dem Einreichen dieser offiziellen Gesuche hatte Edith große Erfolge im jiddischen Theater IKUF und im jiddischen Staatstheater gefeiert. Nach Abschluss ihres Germanistik- und Anglistikstudiums hatte sie auch Deutsch an zwei Instituten der Akademie der Wissenschaften unterrichtet und war zugleich als literarische Übersetzerin aus dem Rumänischen ins Deutsche tätig. Als ihre Auswanderungsabsichten bekannt wurden, verlor sie ihren Posten, durfte einige Übersetzungen nicht mehr unter eigenem Namen veröffentlichen[49] und musste sogar auf das Honorar verzichten.

Trotz seines hohen Ansehens als Anwalt wurde Jacob Silbermann aus der rumänischen Anwaltskammer ausgeschlossen, weil er sich weigerte, als Ankläger in

---

45 Antschel (Celan) verwendete in Bukarest die rumänische Schreibweise seines Namens: Ancel.

46 Petre Solomon (1923-1991), Dichter, Essayist, Übersetzer aus dem Englischen und Französischen ins Rumänische, war ein enger Freund Celans in der Bukarester Zeit und blieb auch später im Kontakt mit ihm; Celans bzw. Ancels Gedicht „Todesfuge" war zunächst in Petre Solomons rumänischer Übersetzung unter dem Titel „Tangoul Morții" in *Contemporanul* (Bukarest, 2.5.1947) erschienen. Solomon hatte sich später auch als Übersetzer von E. A. Poe, *The Raven*, in: *Viața Românească* 23/Nr. 2 (1970), einen Namen gemacht.

47 Solomon, *Paul Celan: Dimensiunea românească*, București: Kriterion, 1987.

48 Immanuel Weißglas, Personenverzeichnis I, S. 338.

49 So hatten Edith und Jacob Silbermann gemeinsam mit Alfred Kittner den ersten Band des umfangreichen Romans *Bălăgan* (1954) von Valeriu Galan (1921-1995) ins Deutsche unter dem Titel *Brachland erblüht* (1957) übertragen. In der veröffentlichten Fassung figuriert nur Alfred Kittner als Übersetzer. Auch ihre Übersetzungen rumänischer kunstgeschichtlicher Werke, Romane und Geschichten erschienen ohne ihren Namen.

kommunistischen Schauprozessen aufzutreten. Sein Auswanderungsantrag erschwerte seine Lage; der erfahrene Schachspieler fand schließlich Zuflucht in der rumänischen Nationalmannschaft, die ihn als Schachtrainer aufnahm.

Erst 1963 erhielten Edith und Jacob Silbermann die Ausreisebewilligung. Obwohl sie die Weiterreise nach Israel, Australien oder den USA in Erwägung gezogen hatten, beschlossen sie, im deutschsprachigen Raum zu bleiben. Wien war die erste Station ihrer Reise, aber diese Stadt war ein hartes Pflaster. Wie ihre Briefe an Celan dokumentieren, unternahmen sie zahlreiche Versuche, in Wien zu bleiben. Alle Bemühungen misslangen. Edith und Jacob Silbermann lebten notdürftig zunächst in einer Pension, dann in einer möblierten Wohnung, die sie sich mit einem anderen Auswanderer teilten. Dr. Marcel Faust[50], Leiter des Jewish Rescue Committee, verschaffte ihnen eine finanzielle Unterstützung und Essensmarken. Stella von Musulin[51] und Christine von Kohl[52], zwei angesehene Journalistinnen, mieteten ein Theater für Edith. Ihr Rezitationsabend vor geladenen Gästen, zu denen Hilde Spiel[53], Franz Theodor Czokor[54], Grete Wiesenthal[55] zählten, wurde ein Erfolg. Aber ihre und Jacob Silbermanns Irrwege im Labyrinth der österreichischen Bürokratie zwangen sie zur Weiterreise.

Am 8. Januar 1964 verließen sie Wien. Sie waren zutiefst enttäuscht. Ihre Eltern waren in der Habsburgermonarchie zur Welt gekommen und hatten nach dem Ersten Weltkrieg die deutsch-österreichische Staatsbürgerschaft angenommen. Jacobs Vater, Selig Silbermann, war Korporal in der k.u.k. Armee und Kriegsveteran gewesen. Jacob selbst hatte vier Jahre seiner Schulzeit in Wien verbracht und diese Stadt als ein „Zuhause" empfunden. Karl Horowitz, Student der Wiener Universität, wurde ebenfalls während des Ersten Weltkrieges einberufen, aber nach zwei Jahren aufgrund einer Verletzung zur österreichischen Südbahn delegiert, wo er bis Kriegsende arbeitete. Doch das alles nutzte Edith und

---

50 Vgl. Marcel Faust, vgl. Personenverzeichnis I, S. 322-323.
51 Vgl. Stella von Musulin, Personenverzeichnis I, S. 332.
52 Vgl. Christine von Kohl, Personenverzeichnis I, S. 327-328.
53 Hilde Spiel (1911-1990), österreichische Journalistin und Schriftstellerin, Kulturkorrespondentin, Mitglied der Deutschen Akademie für Sprache und Dichtung in Darmstadt und des österreichischen PEN-Clubs; Autorin zahlreicher Werke, u.a. *Fanny von Arnstein oder die Emanzipation* (1962); Auszeichnungen: u.a. Preis der Stadt Wien für Publizistik (1976), Ernst-Robert-Curtius Preis (1986), Großer Literaturpreis der Bayerischen Akademie der schönen Künste (1988)), Goethe Medaille (1990).
54 Franz Theodor Csokor (1885-1969), ungarisch-österreichischer Dramatiker des Expressionismus, Gegner des Nationalsozialismus, 1922-28 Dramaturg des Raimundtheaters und des Deutschen Volkstheaters in Wien, Verfasser zahlreicher Theaterstücke, u.a. *Die Stunden des Absterbens* (1919), *Gesellschaft der Menschenrechte* (1929), *3. November 1918* (1936), *Gottes General* (1939); Auszeichnungen: u.a. Ehrenring der Stadt Wien (1955), Großer österreichischer Staatspreis für Literatur (1956).
55 Grete Wiesenthal (1885-1970), bedeutende österreichische Tänzerin, Choreografin, Tanzpädagogin, die mit Max Reinhardt u.a. für die Salzburger Festspiele zusammengearbeitet, 1952-59 die Choreografie von Hugo von Hofmannsthals *Jedermann* an den Salzburger Festspielen geleitet hat; während des Zweiten Weltkrieges gewährte sie Verfolgten Zuflucht.

Jacob Silbermann nichts. Selbst die Intervention des Justizministers Dr. Christian Broda schien erfolglos zu sein.[56]

Edith und Jacob Silbermann beschlossen, dem Rat eines Bukowiner Freundes zu folgen und in der Bundesrepublik den Neuanfang zu wagen. Das Ehepaar Silbermann blieb zwei Tage in einer Frankfurter Pension, meldete sich dann im Flüchtlingslager Zirndorf, wo desolate Zustände herrschten. Am nächsten Tag wurde das Ehepaar in ein Auffanglager[57] für Aussiedler nach Nürnberg geschickt. Nach einem dreiwöchigen Aufenthalt war Edith dort an einer so schweren Grippe erkrankt, dass die Behörden einwilligten, sie in Begleitung von Jacob Silbermann zu einem ihrer entfernten Verwandten nach Düsseldorf statt ins dritte Auffanglager nach Massen fahren zu lassen. Dank der Fürsprache ihres gemeinsamen Freundes Moses Rosenkranz[58] nahmen Hannah Cavin-Schauer[59], eine jüdische Bildhauerin, und ihr Ehemann, ein Cousin von Karl Horowitz, das Ehepaar Silbermann in den ersten Wochen auf. Nach erbrachtem Nachweis der Zugehörigkeit zum deutschsprachigen Kulturkreis erhielt das Ehepaar Silbermann ohne weiteres einen „Ausweis A" und später die deutsche Staatsbürgerschaft. Der Anfang war auch in der Bundesrepublik nicht einfach, aber wenigstens möglich.

Im Oktober 1964 trafen sie Paul Celan zum ersten Mal nach siebzehn Jahren wieder, als er den Großen Kunstpreis des Landes Nordrhein-Westfalen (1964) erhielt. Gemeinsam mit seiner Frau besuchte er seine Freunde in Düsseldorf. Edith und Jacob Silbermann hatten damals eine möblierte Sozialwohnung in der Kronprinzenstraße 26 bezogen; sie mieteten für Celan und seine Frau, Gisèle Celan-Lestrange, die Nachbarwohnung. Celan blieb die ganze Nacht bei ihnen, erzählte über sein Leben und die ungerechtfertigten Plagiatsvorwürfe[60], die ihn belasteten, bat Jacob Silbermann um seinen Rat. Der erfahrene Rechtsanwalt schlug ihm vor, einen Prozess in die Wege zu leiten, um die Anschuldigungen zu widerlegen, aber Celan lehnte es ab.[61]

In den folgenden Jahren sahen sie sich wieder: einmal in Frankfurt, ein anderes Mal in Paris, dann wieder in Düsseldorf. Bis zu seinem Suizid blieb Celan mit seinen Freunden in Kontakt, sandte ihnen seine Gedichtbände, in die er Widmungen schrieb, rief sie öfters an, besuchte sie in Düsseldorf. Sein letzter Anruf,

---

56 Vgl. Informationen über die Bemühungen des Justizministers Broda, ehemalige Nazis zu schützen: Christian Broda, Personenverzeichnis I, S. 319.
57 Korrespondenz, Brief 11, S. 299.
58 Moses Rosenkranz (1904-2003), Bukowiner Lyriker, der mit Edith und Jacob Silbermann befreundet war.
59 Hannah Cavin-Schauer, Personenverzeichnis I, S. 320.
60 Vgl. E. Silbermann, *Begegnung mit Paul Celan*, S. 69; vgl. auch: *Paul Celan. Die Goll-Affäre. Dokumente zu einer Infamie*, Hrsg. Barbara Wiedemann, Frankfurt/M.: Suhrkamp Verlag, 2000.
61 E. Silbermann, *Begegnung mit Paul Celan*, S. 69.

kurz vor seinem Freitod, war Jacob Silbermann rätselhaft erschienen. War es ein
Hilferuf gewesen? War es ein Abschied? Jacob Silbermann wusste es nicht zu
sagen.

Edith Silbermanns Erinnerungen an Paul Celan, die Geschichte einiger seiner
frühen Gedichte, die in ihrem Elternhaus entstanden, und der Briefwechsel
Celan–Silbermann gewähren einen Einblick in eine versunkene Welt, in der
Freundschaft Zeit und Entfernung überwand.

Amy-Diana Colin
in Verbindung mit Edith Silbermann

I. Teil
Erinnerungen, Legenden

Edith Silbermann: Erinnerungen an Paul in Czernowitz[1]

Denke ich heute an meine Kindheits- und Jugendjahre zurück, so sehe ich im Geiste die Stätten meiner ersten Begegnungen und Gespräche mit Paul wieder.

Wenn man vom Haupteingang des Czernowitzer Volksgartens die Siebenbürgerstraße zur Kaserne des 8. Jägerregimentes überquerte, kam man nach wenigen Schritten zum steilen Töpferberg, der in die Bräuhausgasse mündete. Dort stand mein Elternhaus, und gegenüber, im etwas baufälligen, ebenerdigen Haus, dessen eine Front zur Feldgasse hin sah und das noch keine Wasserleitung, sondern einen Ziehbrunnen hatte, wohnte der Herrenschneider Chomed. Mit seinem Sohn Gustl[2], meinem Spielkameraden aus früher Kindheit, war Paul als Schüler des 4. Staatsgymnasiums eng befreundet.

Er hatte die ersten vier Gymnasialklassen im „Liceul ortodox de băieți" besucht, das er wegen des dort herrschenden Antisemitismus nach der „kleinen Matura" (obligatorische Aufnahmeprüfung ins Obergymnasium) verließ, um ins ehemalige Ukrainische Gymnasium hinüber zu wechseln, das vorwiegend von jüdischen Kindern besucht wurde. Der Töpferweg war eine wundervolle Rodelbahn, von der aus man, wenn man oben mit Schwung losfuhr und unten nicht bremste, auf der Bräuhausgasse ganz weit gelangen konnte. Die verkehrsreiche Straßenkreuzung, an der morgens rumänische und ruthenische Bäuerinnen ihre Milchprodukte und „Schwäbinnen" aus der Vorstadt Rosch Gemüse und Obst feilboten, war des geschäftigen Markttreibens wegen jedoch nicht ungefährlich. Um mich an den beiden Jungen zu rächen, die mich in ihren sportlichen Leistungen zu übertrumpfen trachteten, den Berg mutiger hinunterrausten und mich „folgsames Kind", das die Warnungen der Erwachsenen vor den Gefahren des Verkehrs nicht wie sie in den Wind schlug, zu hänseln pflegten, legte ich mir im Herbst auf dem Dachboden einen Vorrat von aus dem Volksgarten heimgebrachten Kastanien an und bombardierte an klaren Wintertagen durch die Dachluke oder vom Balkon aus die vermeintlich Überlegenen mit diesen Wurfgeschossen.

Dies waren meine ersten „Begegnungen" mit Paul.

An Sonn- und Feiertagen pflegte man in Czernowitz Verwandte zu besuchen, eine für uns Kinder recht langweilige Angelegenheit, gegen die wir uns fast im-

1 Die erste Kurzfassung ihrer „Erinnerungen an Paul" erschien in *Argumentum e Silentio: Ein Internationales Paul Celan-Symposium*, Hrsg. Amy D. Colin, Berlin: Walter de Gruyter, 1987; ein ausführlicher Essay in ihrem bereits erwähnten Buch *Begegnung mit Paul Celan* (1993). Die vorliegende Fassung ist Teil ihrer Memoiren *Czernowitz – Stadt der Dichter*, Hrsg. Amy-Diana Colin, Paderborn: W. Fink Verlag, 2010; die von der Mitherausgeberin verfassten Anmerkungen zu diesen „Erinnerungen" E. Silbermanns sind nur im vorliegenden Band *Zeugnisse einer Freundschaft* enthalten.

2 Gustav Chomed, Jugendfreund von Edith Horowitz und Paul Antschel, vgl. Personenverzeichnis I, S. 320-321.

mer sträubten. Als ich mich an einem Nachmittag wieder mit einer Ausrede vor
solch einem Pflichtbesuch zu drücken versuchte, eröffnete man mir, wir wären
diesmal zu Alexander Ehrlich[3], einem Cousin zweiten Grades meines Vaters,
eingeladen, zu dem auch die Antschels mit ihrem Sohn kämen. Pauls Großmutter war eine Ehrlich von Haus aus, und so stellten wir bei der Begrüßung er-
staunt fest, dass wir, wenn auch entfernt, miteinander verwandt waren.

Alexander war weitaus assimilierter als die Mehrzahl unserer Verwandten. Er
galt als Sonderling und wohnte in einer bereits ländlich wirkenden Gegend der
Stadt, in der Flurgasse, durch die uns späterhin oft unsere Spaziergänge führen
sollten; seine Schwester Hilde[4] hatte einen Deutschen geheiratet, lebte mit ihm
in Paris und wurde für Paul und mich, die wir beide vorhatten, in Frankreich zu
studieren, schon damals eine Bezugsperson.

Ihren Tod teilte er mir denn auch im ersten Brief mit, den er mir im August
1963 schrieb, als ich endlich aus Rumänien auswandern konnte und mich in
Wien aufhielt: „Jetzt kommt eine traurige Nachricht, Edith: Hilde lebt nicht
mehr, sie ist vor über einem Jahr gestorben, an Krebs."[5]

Nach jener Begegnung im Hause Ehrlich, bei der uns klar geworden war, wie
viele gemeinsame Interessen uns verbanden und bei der ich mich auf Knall und
Fall in ihn verliebte, luden meine Eltern Paul zu uns ein. Meine Briefmarken-
sammlung konnte es mit der seinen durchaus aufnehmen, und wir tauschten oft
die überzähligen Marken. Ich hatte auf dem Dachboden zwischen Löschpapier
und Ziegelsteinen Pflanzen gepresst und ein so reichhaltiges Herbarium ange-
legt, dass es am Ende des Schuljahres vom Schulmuseum als Ausstellungsobjekt
zurückgehalten wurde. Dieses Prachtexemplar von einem Herbarium erregte
Pauls Bewunderung und wurde zum Anlass genommen, unsere botanischen
Kenntnisse zu vertiefen. Das geschah auf Rundgängen im Botanischen Garten
und auf Streifzügen entlang der Bahngleise, jenseits der „Rampe", der Bahn-
schranke, die den Weg zum Flughafen versperrte, ehe ein Zug vorbeifuhr.

Das letzte Haus in der Feldgasse war eine hinter dichtem Gebüsch versteckte
weiße Villa. Sie gehörte einer adeligen Familie, die man kaum zu Gesicht bekam,
weil sie meist im Ausland lebte. Die Frau, Adrienne Prunkul-Samurcaş[6], schrieb,
wie ich viel später erfuhr, deutsche Gedichte; der Gatte, der Kunsthistoriker und

---

3 Vgl. Personenverzeichnis II, S. 341.
4 Ebd., S. 340.
5 Vgl. Korrespondenz, Brief 2, S. 269.
6 Adrienne Prunkul-Samurcaş (1907-1973) war eine deutschsprachige Lyrikerin, die einer Bukowiner Adelsfamilie entstammte; ihre Geburtsstadt war Wien; dort verbrachte sie ihre Kindheit
   und Jugend; später studierte sie Kunstgeschichte, Geschichte und Literatur in Berlin und unternahm zahlreiche Reisen durch Deutschland, Frankreich und Italien. 1934, nach ihrer Heirat mit
   Alexandru Tzigara-Samurcaş (vgl. Anm. 7), ließ sie sich in Czernowitz und später Bukarest nieder, wo sie eine rege Übersetzertätigkeit entwickelte und den Band *Gedichte* (1969) heraus-
   brachte.

Ethnologe Sandu Tzigara-Samurcaş[7], widmete sich der Geschichte der „Zigeuner", was mich damals sehr interessierte. Der Begriff Sinti, beziehungsweise Roma war uns damals unbekannt. Im Sommer standen die Akazienbäume, die den Garten dieser Familie zur Straße hin säumten, in voller Blüte. Dies war eine große Verlockung. Daher unterbrach ich eines Tages dort meinen Spaziergang mit Paul, kletterte mit seiner Hilfe den Zaun aus geflochtenen Ruten hoch, pflückte so viele Blüten, wie ich nur erreichen konnte, verstaute sie in meiner Dirndlschürze und sprang dann hinunter. Paul fing mich in seinen Armen auf, drückte mich an seine Brust und küsste mich. Ich war selig. Wir brachten die Blüten nach Hause, Mama behielt die Hälfte für Schorbett[8], einer offenkundig türkischen Süßspeise, die wie eine weiße Paste aussah, köstlich schmeckte und an heißen Tagen Gästen mit eisgekühltem Wasser, statt Konfitüre, als Erfrischung angeboten wurde. Die andere Hälfte der Blüten wurde gleich gewaschen, in geschlagenes Ei und Milch getaucht, wie „arme Ritter" in Butter gebacken und uns serviert. Die Idylle währte leider nicht lange. Wenige Tage nach diesem für mich beglückenden Spaziergang saßen wir nebeneinander im Speisezimmer auf dem Diwan und sahen uns zusammen einen Bildband an. Plötzlich warf sich Paul auf mich, hob meinen Rock hoch. Ich stieß ihn empört zurück: „Lass das!" Worauf er mich in gereiztem Ton „prüdes Ding" oder sogar „prüde Gans" nannte. Gekränkt stand ich auf und erklärte: „Du kannst gehen". Das tat er auch. Nach wenigen Tagen erschien er wieder, als wäre nichts geschehen, verbeugte sich aber tief beim Betreten der Wohnung, was ich als Verhöhnung meiner Person betrachtete, so dass ich aufgebracht sagte: „Das Theater kannst Du Dir sparen!" Das Verhältnis war jedenfalls gestört, und ich litt darunter, wurde verschlossen, depressiv. Wir lasen im Französischunterricht gerade die Erzählungen von Alphonse Daudet „Le petit chose"[9], und in Anspielung auf diesen stets traurigen Jungen gaben mir die Mitschülerinnen diesen Namen.

---

7 Alexandru Tzigara-Samurcaş (1872-1952) war ein rumänischer Kunsthistoriker, Professor für Kunstgeschichte und Ästhetik in Czernowitz und Bukarest sowie Museumsdirektor in Bukarest (1906-48). Wie seine Ehefrau, Adrienne Prunkul-Samurcaş, vgl. Anm. 6, stammte auch er aus einer adeligen Familie, hatte ab 1892 mit Unterstützung von König Carol I. Kunstgeschichte in München und Berlin studiert, wo Wilhelm Bode sein Förderer war; er setzte sein Studium danach in Paris fort. 1906 wurde er Direktor des *Museums für ethnologische, nationale, dekorative und industrielle Kunst* in Bukarest; dieses Museum wurde später immer wieder umbenannt und hatte neue Aufgaben: 1915 wurde es ein *Museum für nationale Kunst Carol I.*, ab 1952 ein *Lenin-Museum*, danach ein *Museum der Kommunistischen Partei Rumäniens*, dann ein *Museum der Geschichte der Kommunistischen Partei und der revolutionären und demokratischen Bewegung Rumäniens* und 1990 ein *Museum des Rumänischen Bauern*, das wieder die Zielsetzungen von Tzigara-Samurcaş verwirklichte, der 1948 als Direktor abgesetzt worden war.

8 Nicht zu verwechseln mit Sorbet, einem flüssigen Speiseeis.

9 In *Le petit chose* (1868, *Das kleine Dingsda*) verarbeitet der naturalistische Prosaerzähler Alphonse Daudet (1840 -1897) seine eigenen tristen Jugenderlebnisse. Bereits in der Schulzeit hatte Edith auch Daudets Romane *Aventures prodigieuses de Tartarin de Tarascon* (1872) und *Fromont jeune et*

Außer mit dem Herbarium konnte ich Paul bei seinem ersten Besuch auch mit unserer großformatigen Luxusausgabe der deutschen Klassiker imponieren. Bongs Goldene Klassikerbibliothek[10] schmückte natürlich den Bücherschrank nahezu jeder Czernowitzer Bürgerfamilie, die etwas auf sich hielt, aber mit solchen mit Goldschnitt und Stahlstichen versehenen Bänden konnte nicht jedermann aufwarten. Mein Vater, Altphilologe und Germanist, hatte, als er 1920 heiratete, kistenweise Bücher aus Wien mitgebracht und steckte jeden Groschen, den er erübrigen konnte, in Bücher, so dass er in kürzester Zeit die zweitgrößte Bibliothek der Stadt besaß, für den bildungshungrigen Schüler Paul eine wahre Fundgrube. So lautete denn auch die Widmung, die Paul im Oktober 1964 meinem Vater in das ihm zugedachte Exemplar von *Mohn und Gedächtnis* hineinschrieb: „Für Karl Horowitz, in dankbarer Erinnerung an sein Haus, an seine Bücher, an vieles noch immer Gegenwärtige". Die Kenntnisse auf dem Gebiet der deutschen Literatur, der Philosophie und Geschichte, die das rumänische Gymnasium Paul vermittelte, konnten ihn nicht befriedigen, weshalb er jeder Anregung, die über das Schulpensum hinausging, bereitwillig folgte. Mein Vater versuchte, uns für Eduard Mörike[11] und Theodor Storm[12], für Conrad Ferdinand Meyer[13] und Gottfried Keller[14],

---

Risler aîné (1874) gelesen. Später interessierte sie sich für seine Freundschaft mit Edmond de Goncourt und seine Beziehung zu Gustave Flaubert und Émile Zola.

10 Aus Bongs Goldener Klassikerbibliothek nahm Karl Horowitz von Czernowitz nach Bukarest und später nach Düsseldorf einige seiner Lieblingsausgaben mit: die von Julius Petersen 1925 herausgegebenen *Werke* Lessings; Goethes *Gedichte*, Hrsg. Hans Gerhard Gräf, Leipzig: Insel-Verlag, 1923, ein Buch, in dem noch heute zwei gepresste Ginko-Blätter liegen; Goethes *Sämtliche Werke*, Hrsg. Theodor Friedrich et. al., Stuttgart: Cotta'sche Buchhandlung, 1819; Goethes *Werke*, Hrsg. Erich Schmidt, 6 Bde., Leipzig: Insel-Verlag, 1909; das *Goethe-Lexikon*, Hrsg. Erich Schmidt, Leipzig: Alfred Kröner Verlag, 1912; zwei Ausgaben von Goethes berühmtesten Stück: *Faust in ursprünglicher Gestalt*, Hrsg. von Erich Schmidt, Weimar: Hermann Böhlaus Nachfolger, 1905, und *Faust*, Hrsg. K. J. Schröer, Leipzig: O. R. Reisland, 1903; Schillers *Saemtliche Werke*, Leipzig: Insel-Verlag, ca. 1920; und das zweibändige *Schiller-Lexikon: Erläuterndes Wörterbuch zu Schillers Dichterwerken*, hrsg. Ludwig Rudolph u. Mitwirkung von Karl Goldbeck, Berlin: Nicolaische Verlagsbuchhandlung, 1869; für weitere Informationen über die Geschichte der Bibliothek, vgl. Teil III, S. 257-258.

11 Karl Horowitz brachte seiner Tochter und ihrem Freund nicht allein Gedichte, sondern auch Erzählungen von Eduard Mörike (1804-1875) nahe.

12 Karl Horowitz, der in Czernowitz und Wien Jura und Literatur studiert hatte, schätzte Theodor Storm (1817-1888), gerade weil er Rechtsanwalt und Schriftsteller war; daher machte er Edith und Paul nicht nur auf Storms Naturlyrik, sondern auch auf seine Novellen, vor allem auf *Immensee* (1849) und *Schimmelreiter* (1888) aufmerksam.

13 Conrad Ferdinand Meyer (1825-1898) spielte eine besondere Rolle in der dichterischen Entwicklung von Immanuel Weißglas, Jugendfreund von Antschel, der mit ihm intensive Gespräche über Dichtung führte; wie sein Vorbild C. F. Meyer bearbeitete auch Weißglas seine eigenen Gedichte immer wieder neu; auch Antschels und später Celans Tendenz, verschiedene Varianten eines Gedichtes aufzuzeichnen, weist eine Affinität zur Arbeitsweise C. F. Meyers auf.

14 Zwei Bücher von Gottfried Keller (1819-1890) waren Karl Horowitz so wichtig, dass er sie ebenfalls von Czernowitz nach Bukarest und später Düsseldorf mitnahm: die vierbändige, 1926 im Eugen Rentsch Verlag erschienene Ausgabe des *Grünen Heinrichs* (1855) und die *Gesammelten Gedichte* (1891). Antschel hatte daher mit Sicherheit Kellers Roman und Gedichte schon in Czernowitz gelesen.

für Jakob Wassermann[15] und Leonhard Frank[16] zu begeistern, unser Interesse für Hermann Hesse[17] zu wecken, dessen Frau Ninon[18] die Schulbank mit ihm gedrückt hatte und den er sehr verehrte; er machte uns aber im Laufe der Jahre auch mit mittelhochdeutscher und frühexpressionistischer Dichtung bekannt. Gedichte von Klabund[19], Georg Heym[20] und Georg Trakl[21] lernte Paul bei uns kennen. Heyms „Ophelia"-Gedicht[22] und Trakls Gedicht „An den Knaben Elis" hatten es ihm so angetan, dass er immer wieder Verse daraus vor sich her murmelte: „Elis, wenn die Amsel im schwarzen Wald ruft, / Dieses ist Dein Untergang./[…] Dein

15 Der heute weitgehend in Vergessenheit geratene deutsch-jüdische Schriftsteller Jakob Wassermann (1873-1934) gehörte zu den deutschsprachigen Bestsellerautoren seiner Zeit; eine Million Exemplare seines Buches *Der Fall Maurizius* (1928) wurden allein in den USA verkauft. Wassermanns *Lebensdienst: Gesammelte Studien, Erfahrungen und Reden aus drei Jahrzehnten* (1928), mit einem sowjetischen Zollstempel und dem Namen Karl Horowitz versehen, ist heute noch in Edith Silbermanns Büchersammlung.

16 Karl Horowitz bewunderte vor allem den Mut des Schriftstellers Leonhard Frank (1882-1961), mitten im Ersten Weltkrieg gegen den Krieg zu protestieren.

17 Der Literaturnobelpreisträger Hermann Hesse (1877-1962) faszinierte eine Generation von Bukowiner Intellektuellen. So kam es, dass Ninon Ausländer, die bereits als Schülerin ein Fan Hermann Hesses war, ihrem Idol Briefe schrieb; vgl. Fußnote 18. Auch Karl Horowitz und seine Tochter waren begeisterte Hesse-Leser. Sie und auch Jacob Silbermann haben vor allem Hesses Antikriegshaltung während des Ersten Weltkrieges, seinen Artikel „O Freunde, nicht diese Töne" (*Neue Zürcher Zeitung*, 3.11.1914), geschätzt. Sie interessierten sich für seine Indien-Darstellung in *Siddhartha* (1922), seine *Morgenlandfahrt* (1932) und Rezeption der Freudschen Theorien in *Der Steppenwolf* (1927). Zu den Werken, die Karl Horowitz aus Czernowitz nach Bukarest und später nach Düsseldorf mitnahm, zählten seine Ausgabe von Hesses *Peter Camenzind* (1920) sowie einige Bände aus Hesses im S. Fischer Verlag (Berlin) erschienenen *Gesammelten Werken*, wie *Märchen* (1919), *Der Steppenwolf* (1927), *Betrachtungen* (1928), *Neue Gedichte* (1929). Alfred Kittner brachte Edith seine Ausgabe von Hesses Lyrikband *Neue Gedichte* (1937) nach Düsseldorf mit. Beide reisten später auf den Spuren von Hesse in den Tessin.

18 Ninon Hesse (1895-1966), geborene Ausländer, war Kunsthistorikerin und Lyrikerin. Wie ihr Mitschüler Karl Horowitz entstammt auch sie einer wohlhabenden jüdischen Familie aus der Bukowina; ihr Vater, ein Rechtsanwalt, sorgte für eine umfassende Bildung seiner Tochter, die in Wien zunächst Medizin, später Kunstgeschichte studierte; weitere Studienaufenthalte in Berlin und Paris; 1918 heiratete sie den Karikaturisten Benedikt Fred Dolbin, verließ ihn aber 1920. Danach setzte sie ihre Arbeit an einer Dissertation über die Goldschmiedearbeiten von Etienne Delaune (1518-1583) fort. 1936 heiratete sie Hermann Hesse, mit dem sie seit ihrem vierzehnten Lebensjahr korrespondierte und den sie oft im Tessin besucht hatte. Zu ihren Veröffentlichungen zählen: *Deutsche Märchen vor und nach Grimm* (1956); *Kindheit und Jugend vor Neunzehnhundert: Hermann Hesse in Briefen und Lebenszeugnissen 1877-1895* (1966). Karl Horowitz blieb in Kontakt mit Ninon Hesse und ihrer Familie; Ninon Hesses Schwester war die Zeichenlehrerin seiner jüngeren Tochter Binzia.

19 Karl Horowitz schätzte Klabund (alias Alfred Henschke, 1890-1928), insbesondere *Bracke. Ein Eulenspiegel-Roman* (1918).

20 Karl Horowitz war es, der Antschel auf deutsche expressionistische Autoren, vor allem Georg Heym (1887-1912) und Georg Trakl (1887-1914) aufmerksam machte; vgl. S. 12.

21 Die ersten Gedichte Trakls hatte Antschel wohl im Hause Horowitz gelesen; die Verfallsvisionen des expressionistischen Lyrikers sollten für seine eigene lyrische Entwicklung von Bedeutung sein.

22 Georg Heym, „Ophelia I-II" (1911), in: *Historisch-kritische Ausgabe aller Texte in genetischer Darstellung*, Hrsg. Günter Dammann, Gunter Martens, Karl L. Schneider, Tübingen: Max Niemeyer Verlag, 1993, Bd. 1, S. 524-533.

Leib ist eine Hyazinthe"[23]. Ich lieh ihm die Bände von Stefan George[24], die litera-
turhistorischen Werke von Fritz Strich[25], Ricarda Huchs Buch über die Roman-
tik[26] und manches andere, alles allerdings insgeheim, denn mein Vater wachte mit
Argusaugen darüber, dass ihm ja kein Buch aus dem Hause kam. Wir mussten
großes Geschick anwenden, um die Lücke zu verbauen, die durch ein entliehenes
Buch entstanden war. Kaum merkte mein Vater, dass die Bücherreihe auch nur ein
klein wenig verrückt war, fragte er: „Waren schon wieder die Kadetten da?" Womit
Paul und sein Freund Immanuel Weißglas[27] gemeint waren.

Sehr früh schon, spätestens mit fünfzehn, sechzehn Jahren, begeisterte Paul
sich für Hölderlin[28] und machte mich auf Rilke[29] aufmerksam, mit dem wir einen wahren Kult trieben, so dass ich auch, als ich nach dem Krieg in Bukarest
Germanistik studierte, über diesen Dichter meine Lizenziatenarbeit schrieb. Immer wieder trug Paul den *Cornet*, die *Geschichten vom lieben Gott* und Gedichte
aus dem *Stundenbuch* und dem *Buch der Bilder* vor, später dann auch die *Sonette
an Orpheus* und die *Duineser Elegien*. Er kannte auch viele Szenen aus Shakespeares Dramen auswendig und rezitierte merkwürdigerweise mit Vorliebe den
Part der Frauen, z. B. die Ophelia oder die Julia. Da er auch ein guter Stimmen-
imitator war, fiel es ihm – nicht zuletzt durch sein gewinnendes Äußere – nicht
schwer, der Mittelpunkt jedes geselligen Beisammenseins zu werden.

---

23 Georg Trakl, „An den Knaben Elis" (April 1913), in: *Historisch-kritische Ausgabe, Dichtungen und
    Briefe*, Hrsg. Walther Killy und Hans Szklenar, Salzburg: Otto Müller Verlag, 1969, 2. Aufl. 1987,
    Bd. 1, S. 26, S. 84. Dieses Gedicht und den Ruf der Amsel erwähnt Celan in seinem viele Jahre
    später verfassten Brief an Reinhard Federmann vom 15.3.1962, wobei er eine Reihe sehr interes-
    santer Assoziationen anfügt. Kafkas jüdischen Vornamen, betont Celan, sei „Amschel", sein eige-
    ner Name, Antschel, eine Nebenform von Amschel; im Mittelhochdeutschen bedeute „amschel"
    wiederum Amsel; nach einer Ellipse fügt der Lyriker dann den Hinweis auf Trakls Gedicht ein.
    Vgl. *Paul Celan – Die Goll-Affäre*, Hrsg. Barbara Wiedemann (wie S. 19, Anm. 60), S. 566.
24 Auch Stefan George (1868-1933) fand viele Anhänger unter Czernowitzer Intellektuellen; vgl.
    Rose Ausländer, „Erinnerungen an eine Stadt", in: *Rose Ausländer. Materialien zu Leben und Werk*.
    Hrsg. Helmut Braun, Frankfurt/M.: S. Fischer Verlag, 1991.
25 *Dichtung und Zivilisation* (1928) des Schweizer Literaturhistorikers Fritz Strich (1883-1963)
    gehört zu den Büchern, die sowohl Karl Horowitz als auch Jacob Silbermann besaßen; das Czer-
    nowitzer Exemplar von Jacob Silbermann ist heute immer noch in Edith Silbermanns Bücher-
    sammlung.
26 Zu den Werken der Geschichtsphilosophin und Dichterin Ricarda Huch (1864-1947), die sich
    in der Bibliothek von Karl Horowitz befanden, zählten ihre Studie *Blütezeit der Romantik* (1899)
    und der Band *Gedichte* (1912).
27 Immanuel Weißglas, vgl. Personenverzeichnis I, S. 338.
28 Über die Hölderlin-Rezeption in Celans Spätwerk, vor allem im Gedicht „Tübingen, Jänner" aus
    der *Niemandsrose* (1963) sind umfangreiche Studien erschienen; weniger erforscht ist die Bedeu-
    tung von Friedrich Hölderlin (1770-1843) für die frühe Schaffensphase des Lyrikers, der mit
    Sicherheit Karl Horowitz' Ausgabe von Hölderlins *Hyperion*, Leipzig: Insel-Verlag, 1940, gelesen
    hatte; diese Ausgabe, mit dem handschriftlichen Vermerk „Karl Horowitz" versehen, „wanderte"
    via Bukarest nach Düsseldorf mit.
29 Rainer Maria Rilke (1875-1926) hatte Czernowitzer Intellektuelle fasziniert und unter den Lyri-
    kern viele Adepten gefunden. Die erwähnten Werke befanden sich alle in der Bibliothek von Karl
    Horowitz; aus Czernowitz nahm er die im Insel-Verlag erschienenen Einzelausgaben mit.

Das sollte auch später so bleiben, als er, anstatt sein Medizinstudium in Frankreich fortzusetzen, notgedrungen Student der Romanistik und Anglistik an der zunächst rumänischen, dann ukrainischen Universität unserer Heimatstadt wurde. Er lenkte stets gern die Aufmerksamkeit auf sich, spielte zuweilen den Hanswurst, um die anderen Kommilitonen und Bekannten zu amüsieren oder zu schockieren, gefiel sich in der Rolle des Bürgerschrecks, der die Banausen durch sein Verhalten vor den Kopf stößt. Im „Sowjetjahr" 1940/41, da selbst gläubige Menschen, Juden wie Christen, ihre Gottesfurcht nicht zur Schau zu tragen wagten, die Synagogen oder Kirchen nur selten und scheu betraten, sank Paul eines späten Abends nach einem Konzertbesuch vor der Armenierkirche in die Knie, stimmte irgendwelche Choräle an, schlug sich an die Brust und begann so laut zu beten, dass die Leute aus den angrenzenden Häusern die Fenster aufrissen und die Miliz zu rufen drohten.

Um eine Antwort war Paul nie verlegen. Und sie kam oft genug herablassend, spöttisch und spitz. Wir hatten gerade unsere „Hamsun"-Periode[30], identifizierten uns mit den Gestalten seiner Erzählung „Pan" und seines Romans *Mysterien*. Da stellte ein älterer Freund, der mich damals umwarb[31], auf mich weisend, an Paul die Frage: „Sieht sie nicht wie Dagny aus den *Mysterien* aus?". „Entschuldigen Sie, aber ich besitze leider keine illustrierte Ausgabe dieses Buches", erwiderte Paul schlagfertig.

Französisch hielten wir von Kind auf[32] für die schönste Sprache der Welt, weshalb wir im Institut Français unserer Stadt nicht bloß Sprachkurse besuchten und Bücher aus der Bibliothek liehen, sondern auch keine Veranstaltung wie Vorträge, Rezitationsabende oder Konzerte versäumten. Wollte der Schüler Paul, dass sein Freund Gustl oder ich aus dem Hause komme, so pfiff er stets die ersten Takte des Liedes „Au clair de la lune"[33]; später allerdings gebrauchte er das Leit-

---

30 Der norwegische Autor Knut Hamsun (1859-1952) begeisterte Edith Horowitz und ihre Jugendfreunde, die nicht nur den Roman *Mysterien* (1892) und die Erzählung „Pan" (1894), sondern auch seine Gesellschaftskritik, den Roman *Hunger* (1890), damals lasen. Jacob Silbermann nahm seine Ausgabe des Romans *Hunger* in der Übersetzung von J. Sandmeier, München: Albert Langen, 1921, Edith Horowitz ihre Ausgabe des „Pan", München: Albert Langen, 1921, im Gepäck mit, als sie Czernowitz verließen. Alfred Kittner, der in den 1980er Jahren Rumänien verließ, (er kam mit einem Besuchervisum nach Deutschland, wusste aber, dass er das Land und seine umfangreiche private Büchersammlung für immer verlassen sollte), brachte von den tausenden Büchern, die er zurückließ, sein Exemplar von Knut Hamsuns *Mysterien*, Übers. Maria von Borch, München: Albert Langen, 1920, nach Düsseldorf, um Edith diese Ausgabe zu schenken. Ein Stempel auf der ersten Buchseite zeigt, dass er dieses Buch bereits aus Czernowitz nach Bukarest mitgenommen hatte. Vgl. Dokumentation I, S. 113.

31 Es war Jacob Silbermann.

32 Edith war mit französischer Literatur aufgewachsen, denn Karl Horowitz hatte von seinem Vater, Bernhard Horowitz, der auch als Französisch-Lehrer tätig war, eine beträchtliche Anzahl von Werken französischsprachiger Autoren sowie Alfred Neumanns *Alt- und neufranzösische Lyrik in Nachdichtungen* (1922) und andere deutsche Übersetzungen geerbt.

33 Dieses Lied wird im Briefwechsel mit Gustav Chomed erwähnt, vgl. S. 257.

motiv aus Schuberts „Unvollendeter" als Erkennungspfiff. Über Victor Hugo[34] und Alfred de Vigny[35] kam der vorgesehene Schulplan in unserem Gymnasium nicht hinaus, wir aber lasen in den oberen Klassen mit Leidenschaft Verlaine[36] und Baudelaire[37]. Auch mit den Gedichten von Mallarmé[38], Valéry[39] und Apollinaire[40] waren Weißglas und Antschel bestens vertraut, noch ehe letzterer 1938 nach Frankreich reiste. Sie wetteiferten miteinander während der Gymnasialzeit wie auch in den beiden Sowjetjahren und sogar noch später in Bukarest sowohl im Dichten als auch im Übersetzen. So übertrugen sie zum Beispiel gleichzeitig die-selben Shakespeare-Sonette[41] sowie Gedichte von A. E. Housman[42], W. B. Yeats[43],

---

34 In der Schule wurde vor allem der romantische Lyriker und Romanschriftsteller Victor Hugo (1802-1885) behandelt; Edith Horowitz und ihre Freunde interessierten sich indes für die sozial-kritischen und politischen Dimensionen seines Werkes.

35 Auch im Falle von Alfred de Vigny (1797-1863) begeisterten sich Edith und ihre Freunde mehr für Werke, die nicht im Schulunterricht gelesen wurden, wie *Les Destinées*, seine späte, philoso-phische Lyrik.

36 Verlaines Dichtungsauffassung, Lyrik sei vor allem Musik, spielte für das frühe Schaffen Celans eine wichtige Rolle; nach der Holocaust-Erfahrung sollte er sich jedoch von dieser Lyrikauffas-sung abwenden und eine „grauere" Sprache suchen, die solche „Musikalität" zunichte machte. Im Nachlass Celans gibt es eine deutsche Übersetzung des witzigen Gedichtes „Colloque sentimen-tal" von Paul Verlaine (1844-1896), das Edith Horowitz häufig auf Französisch rezitierte. Edith besaß Verlaines *Choix de Poésies (1914)*; sie nahm den Band von Czernowitz nach Bukarest und später nach Düsseldorf mit.

37 Es ist die Gesellschaftskritik und die innovative Sprachauffassung Charles Baudelaires (1821-1867), die Edith Horowitz und Paul Antschel faszinierte. Jahrzehnte später übertrug Celan das Gedicht „La mort des pauvres" von Baudelaire ins Deutsche, vgl. Celan, *Gesammelte Werke* (1983), Bd. 4, I. Übersetzungen, S. 820-823.

38 Zahlreiche Studien untersuchen die Beziehung zwischen Stéphane Mallarmé (1842-1989) und Celans spätem Werk; er selber hatte seine Lyrik indes nicht als hermetische Dichtung im Sinne Mallarmés verstanden. Seine ersten Versuche, mit Sprache zu experimentieren, sind dennoch nicht nur von den französischen Surrealisten, sondern auch von Mallarmé geprägt. Zu Celans Übertragungen gehört eine Übersetzung von Mallarmés „Rondel", Celan, *Gesammelte Werke* (1983), Bd. 4, I. Übersetzungen, S. 816-819.

39 Edith Horowitz nahm ihr Exemplar von Valérys *Poésies*, Paris: Gallimard, 1910, nach Bukarest und Düsseldorf mit; sie hatte es in besonderes Papier verpackt, um den Buchumschlag zu schüt-zen, so sehr schätzte sie dieses Buch. Celan sollte später „Die junge Parze" von Paul Valéry (1871-1945) ins Deutsche übertragen, vgl. Celan, *Gesammelte Werke* (1983), Bd. 4, I. Übertragungen, S. 115-167.

40 Zur Rezeption Guillaume Apollinaires (1880-1918) in der Bukowina hatte Alfred Margul-Sper-ber beigetragen, der den französischen Dichter in Paris kennen gelernt und als erster *Calligram-mes: Poèmes de la paix et de la guerre 1913-1916* (1918) ins Deutsche übertragen hatte. Auch Celan übersetzte Apollinaire, vgl. Celan, *Gesammelte Werke* (1983), Bd. 4, I. Übersetzungen, S. 781-191.

41 Vgl. Celans Übertragungen der Sonette von Shakespeare (1564-1616) in: Celan, *Gesammelte Werke* (1983), Bd. 4, I. Übertragungen, S. 316-357.

42 Es waren u. a. Gedichte aus dem populären Band *A Shropshire Lad* (1896) von Alfred Edward Housman (1859-1936), die sie damals übersetzten.

43 Antschel und Weißglas übersetzten Gedichte aus dem Band *The Wanderings of Oisin and Other Poems* (1889) des irischen Lyrikers und Nobelpreisträgers für Literatur (1923) William Butler Yeats (1865-1936).

Rupert Brooke[44], Sergej A. Jessenin[45] und Guillaume Apollinaire ins Deutsche. Diese Gedichte in fremden Sprachen beschäftigten Paul innerlich so sehr, dass er zuweilen statt jeglicher Begrüßung mit Versen aus ihnen auf den Lippen ganz beschwingt ins Haus trat. So sind mir drei seiner oft wiederholten Zitate aus Shakespeare, Yeats und Jessenin noch ganz deutlich in Erinnerung:

„Being your slave, what should I do but tend
Upon the hours and times of your desire?
I have no precious time at all to spend,
Nor services to do, till you require;"
(Eingangsverse von Shakespeares Sonett LVII, von Celan bereits in Czernowitz übersetzt).[46]

W. B. Yeats: "Down by the Salley Gardens"
Down by the salley gardens my love and I did meet;
She passed the salley gardens with little snow-white feet.
She bid me take love easy, as the leaves grow on the tree;
But I, being young and foolish, with her would not agree.

In a field by the river my love and I did stand,
And on my leaning shoulder she laid her snow-white hand.
She bid me take life easy, as grass grows on the weirs;
But I was young and foolish, and now I am full of tears.[47]

„sapach oleandr I levkoje" = Duft von Oleander und Levkojen (Sergej Jessenin)

---

44 Welche Gedichte von Rupert Brooke (1887-1915) Antschel und Weißglas damals übersetzten, ob das berühmte Gedicht „The Old Vicarage, Grantchester" zu diesen zählte, ist nicht bekannt; sicher ist indes, dass sie nicht nur *1914 and Other Poems* (1915), sondern auch den frühen Lyrikband *Poems* (1911) lasen. Weißglas widmete ihm sogar ein Gedicht („Rupert Brooke"); vgl. Weißglas, *Aschenzeit*, Hrsg. Theo Buck, Rimbaud Verlag, 1994, S. 126.

45 Der russische Lyriker Jessenin und Celans Übersetzungen der Gedichte Jessenins werden im Briefwechsel erwähnt, vgl. S. 280, 286 und Personenverzeichnis I, S. 324-325.

46 Zitiert nach W. Shakespeare, *The Complete Works*, Hrsg. Stanley Wells, Gary Taylor, Oxford: Oxford Univ. Press, 2005, S. 786; Celans spätere Übersetzung erschien in: Celan, *Gesammelte Werke* (1983), Bd. 4, I. Übersetzungen, S. 331.

47 Zitiert nach *The Variorum Edition of the Poems of W. B. Yeats*, Hrsg. Peter Alt, Russell K. Alspach, New York: The Macmillan Company, 1957, S. 90; vgl. auch *The Early Poetry*, Hrsg. George Bornstein, Ithaca: Cornell Univ. Press, 1994, Bd. 2, S. 245. Es ist eines der berühmtesten Gedichte von Yeats, das er zunächst „An Old Song Re-Sung" nannte, da er das Lied ausgehend von drei Verszeilen eines alten Liedes konzipierte; es erschien im Band *The Wanderings of Oisin and Other Poems* (1889) und wurde mehrfach vertont, u. a. 1909 von Herbert Hughes und 1920 von Rebecca Clarke. „Salley" ist ein alt-irischer Ausdruck für „willow", Weide, die auch in Celans frühen Gedichten leitmotivisch wiederkehrt; diese Metapher hat in Celans Frühwerk einen anderen Sinn, denn sie steht in Verbindung mit der Trauer um die ermordete Mutter.

Durch seine Übersetzung von Mihai Eminescus „Luceafărul" (Der Abendstern)[48] hatte der damals etwa sechzehnjährige Immanuel Weißglas[49] einiges Aufsehen erregt. Sein Onkel, der Setzer im angesehenen Bukarester Druckereibetrieb *Cartea românească* war, hatte ihn Tudor Arghezi[50], dem bedeutendsten rumänischen Dichter unserer Zeit, empfohlen, und dieser nahm sich des begabten Jungen aus der Bukowina sehr an. Paul, der als Gymnasiast den Spracherneuerer Arghezi ebenso bewunderte wie wir alle, beneidete seinen damaligen Klassenkameraden und Freund Weißglas, weil es diesem gelungen war, den „Meister" persönlich kennen zu lernen und durch dessen Fürsprache nicht bloß die Übersetzung des rumänischen Poems ins Deutsche, sondern auch Übertragungen von Rilke-Gedichten ins Rumänische in der renommierten Literaturzeitschrift *Viața românească* zu veröffentlichen.

Gespräche über Dichtung führte Paul in Czernowitz hauptsächlich mit Weißglas, mit dem er fast täglich zusammenkam. Weißglas pflegte, wie aus den Erinnerungen seines älteren Dichterfreundes Alfred Kittner[51] hervorgeht, Themen, die ihn beschäftigten, gewissermaßen zum Gegenstand eines poetischen Wettstreites zu machen. So erklärt sich möglicherweise die parallele Behandlung der Holocaust-Erfahrung in Weißglas' Gedicht „Er" und Celans „Todesfuge", die eine so lebhafte wie überflüssige Diskussion herbeigeführt hat.

Im Freundeskreis las Paul eigene Gedichte kaum jemals vor. Viel Erfolg erntete er aber mit dem Vortrag von Fabeln des jiddischen Dichters Eljeser Stejnbarg[52], den er sehr verehrte. Obwohl er selber nicht Jiddisch sprach, bereiteten ihm gelegentliche Gastspiele jiddischer Rezitatoren großes Vergnügen.

Während Weißglas, der ein vielversprechender Pianist war, sich in seiner Jugend außer für Musik nahezu ausschließlich für Dichtung interessierte, und bei Mitschülern als der begabtere Lyriker galt, waren Pauls Interessen viel breiter gefächert. Er hatte mehr Selbstdisziplin und Ausdauer als sein dichterisch hochbegabter Freund, war deshalb auch ein besserer Schüler als dieser[53]. Auch politisch war Weißglas weniger engagiert. Pauls Interesse für Politik und soziale Fragen war indes sehr früh erwacht. Wer es geweckt hat, kann ich nicht sagen.

---

48 Der romantische rumänische Autor Mihai Eminescu (1850-1889) hatte Immanuel Weißglas fasziniert. Seine deutsche Nachdichtung von Eminescus berühmtestem Gedicht „Luceafărul" (Der Abendstern, 1882) machte Weißglas in rumänischen wie deutschen Literaturkreisen berühmt.

49 Vgl. Immanuel Weißglas, Personenverzeichnis I, S. 338.

50 Der bedeutende rumänische Lyriker und Schriftsteller Tudor Arghezi wird mehrfach auch im Briefwechsel zwischen Paul Celan und Edith Silbermann erwähnt; vgl. Tudor Arghezi, Personenverzeichnis I, S. 315-316.

51 Alfred Kittner, Personenverzeichnis I, S. 326-327; vgl. auch S. 60.

52 Eljeser Stejnbarg (1880-1932), auch Elieser Steinbarg geschrieben, ist der bedeutende jiddische Fabeldichter der Bukowina.

53 Weißglas interessierte sich nicht für den Schulunterricht, erhielt schlechte Noten und musste einmal deswegen eine Klasse wiederholen.

Meine Kindheitsfreundin Ruth Kissmann[54] war die Tochter eines führenden Sozialdemokraten. Sie wuchs in einem „rot gefärbten" Milieu auf, doch waren wir Kinder, wie es auch heutzutage so oft vorkommt, viel radikaler, das heißt in unseren Anschauungen stärker links orientiert als Ruths Eltern, und schlossen uns mit dreizehn, vierzehn Jahren, natürlich ohne Wissen und Einverständnis unserer Eltern, der illegalen kommunistischen Jugendorganisation an. Zu unserer Gruppe gehörte auch Paul, und wir schickten uns an, eine illegale Schülerzeitschrift in rumänischer Sprache herauszugeben, den „Roten Schüler" (Elevul Roşu). Das Blatt, das in Format und Farbe der *Fackel* von Karl Kraus[55] und Ossietzkys *Weltbühne*[56] glich, von diesen vielfach auch inspiriert war, wurde auf einem Schapirographen, einem Vervielfältigungsapparat, hergestellt, den Paul zeitweilig unter seinem Bett versteckt hielt, bis sein Vater das Gerät entdeckte, Krach schlug und darauf bestand, es aus dem Haus zu schaffen. Außer selbstgeschriebenen Artikeln, die jeder von uns beitragen musste, brachten wir in dieser Zeitschrift Übersetzungen marxistischer Texte aus dem Deutschen ins Rumänische, die wir an Samstagnachmittagen studierten und kommentierten. So begann also unsere literarische Tätigkeit. Sie nahm mit der Verhaftung unseres Zellenführers Monia Kauschanski[57] – sein Kodename war M. – ein jähes Ende und war somit von kurzer Dauer. Ich kann mir den Augenblick, da jemand uns die schreckliche Nachricht brachte, M. sei festgenommen worden, noch ganz genau vergegenwärtigen: Wir blieben wie versteinert sitzen, berieten, wie wir alles, was uns kompromittieren könnte, vernichten sollten, versprachen einander, dicht zu halten, falls M. „gesungen" haben und auch wir hereinfallen sollten, dann gingen wir in äußerst bedrückter Stimmung auseinander. Die rumänische Polizei war für die Misshandlung kommunistischer Häftlinge berüchtigt; die Verhaftungen fanden gewöhnlich vor Tag statt, deshalb fuhr ich wochenlang mit Herzklopfen aus dem Schlaf, wenn morgens die Milchfrau an der Türe schellte, weil ich jedes Mal überzeugt war, man käme mich holen. Zu unserem Glück gelang es einem Anwalt, M. gegen ein Lösegeld freizubekommen. Er flüchtete in die Sowjetunion, wo er, was ich allerdings erst lange nach dem Krieg erfahren sollte, sofort verhaftet wurde.

---

54 Auch Kissman, vgl. Personenverzeichnis I, S. 325.
55 Karl Kraus (1874-1936), Herausgeber der *Fackel*, Meister der Polemik, war eine Kultfigur in Czernowitz, vgl. S. 46-47 und Rose Ausländer, „Erinnerungen an eine Stadt" (wie S. 28, Anm. 24).
56 Edith und ihre Freunde bewunderten Carl von Ossietzky (1889-1938), Herausgeber der Berliner Wochenzeitschrift *Die Weltbühne*; er war ein Symbol des deutschen Widerstandes gegen die Nazis; der für seinen Mut mit dem Friedensnobelpreis (1935) ausgezeichnete Schriftsteller und Journalist wurde in Konzentrationslagern eingesperrt; er starb an den Folgen der Zwangsarbeit und Tuberkuloseerkrankung.
57 Die erschütternde Geschichte des jüdischen Aktivisten Kauschanski sollte Edith Silbermann viele Jahrzehnte später erfahren; vgl. Personenverzeichnis I, S. 325-326.

In den Jahren 1937-38 kam unter dem Zweigespann Goga-Cuza[58] eine fa-
schistische Regierung in Rumänien an die Macht. Der Druck gegen linksgerich-
tete Elemente wurde immer härter. Nicht nur Kommunisten, sondern auch Sozialdemokraten wie Ruth Kissmanns Eltern fühlten sich in ihrer Haut nicht
mehr sicher und ergriffen die erste Gelegenheit, die sich ihnen bot, zu einer Auswanderung in die USA. Der stetig zunehmende Antisemitismus legte auch politisch nicht engagierten Juden den Gedanken an eine Auswanderung nahe. Abge-
sehen von Zionisten, die als einziges Ziel Palästina sahen, versuchten alle, die
zum Beispiel Verwandte in Südamerika hatten, ein Visum dorthin zu erlangen.
Doch glückte die Ausreise nur ganz wenigen. Vielleicht nahmen die meisten die
heraufziehende Gefahr auch nicht allzu ernst. Wir, die vom kommunistischen
Ideal beflügelten Schüler, glaubten damals jedenfalls, ihr die Stirn bieten zu können.

Nach Monias Verhaftung schienen uns weitere Zusammenkünfte in Ruths
Elternhaus zu gefährlich, zumal vis-à-vis ein Polizeikommissar wohnte, dessen
Junge Gheorghiţă ständig auf dem schmiedeeisernen Tor hockte und zu uns hinüber spähte, ob im Auftrag seines Vaters oder aus Langeweile oder Verdruss,
dass er mit uns jüdischen Kindern nicht spielen durfte, weiß ich nicht.

In das Obergymnasium war eine Klassenkameradin hinzugekommen, die aus
Krankheitsgründen ein Schuljahr versäumt hatte, also etwas älter war als Ruth und
ich. Für ihr Alter ungewöhnlich belesen, besonders beschlagen in Geschichte, Sozio-
logie und Nationalökonomie, war Ilse Goldmann[59] auf diesen Gebieten nicht bloß
mir, sondern auch Paul weit überlegen, so dass sie sehr bald das Ruder an sich riss
und unsere neue Zellenführerin wurde. Jeden Samstagnachmittag trafen wir uns in
ihrem Elternhaus in der Schulgasse, ackerten ein Kapitel aus Marx' *Kapital* oder
dem *Kommunistischen Manifest* durch,[60] lasen die Schriften von Rosa Luxemburg[61],

---

58 Die rechtsextremen Politiker Octavian Goga (1881- 1938), Ministerpräsident, Dichter und
    Übersetzer, und Alexandru C. Cuza (1857-1947) waren an die Macht gekommen und hatten
    1938 die Gesetze Rumäniens geändert, um der jüdischen Bevölkerung des Landes die bürgerli-
    chen Rechte abzuerkennen; vgl. S. 11, 13-15.

59 Ilse Goldmann war in ihrer Jugend eine begeisterte Kommunistin, wandte sich indes später von
    ihren frühen politischen Idealen ab; in Czernowitz traf sich in ihrem Haus ein Lesekreis politisch
    interessierter Jugendlicher, vgl. Personenverzeichnis I, S. 323.

60 Laut Edith Silbermann hatte auch Karl Horowitz in seiner Büchersammlung Werke des Histori-
    schen Materialismus, u. a. eine Ausgabe des *Kapitals* von Karl Marx (1818-1838) und dessen
    gemeinsam mit Friedrich Engels verfasstes, aber anonym veröffentlichtes *Manifest der Kommuni-
    stischen Partei* (1848); allerdings waren diese Schriften in seinen Bücherschränken versteckt,
    gerade weil in jener Zeit Kommunisten verfolgt wurden, und es für seine Töchter gefährlich sein
    konnte, über diese Schriften mit ihren Freunden zu diskutieren. Doch für Edith und ihre Freunde
    lag gerade darin der besondere Anreiz, sich mit dem marxistischen Gedankengut auseinanderzu-
    setzen.

61 An die von den Nazis ermordete marxistische Theoretikerin und Antimilitaristin Rosa Luxem-
    burg (1871-1919) erinnert Celans Jahrzehnte später verfasstes Gedicht „Du liegst" (22.-
    23.12.1967), das sich auch auf den Mord an Karl Liebknecht bezieht. Bereits in Czernowitz hatte
    sich der Lyriker mit Luxemburgs Deutung des Marxismus auseinandergesetzt.

Bücher über Nationalökonomie von Karl Kautsky[62] oder Werner Sombart[63]. Paul plädierte für Bucharins *ABC*[64], ereiferte sich für Gustav Landauer[65] und Kropotkin[66], und die Rededuelle nahmen kein Ende. Getarnt waren diese Zusammenkünfte als Kaffeekränzchen, doch blieb die Bonbonniere, die stets den Tisch schmückte, unberührt. Da Ilse meine Mitschülerin war und Paul fast täglich seinen Freund Gustl aufsuchte, gaben die beiden mir immer wieder verschlossene Briefchen, sogenannte „Kassiber", mit, die ich ihm oder ihr übergeben sollte. Ilse Goldmann galt als „Blaustrumpf"; anderseits versicherten mir einige Klassenkameradinnen, sie sei in den viel älteren Edi Perlstein verliebt, der völlig andere Interessen, nur Partys im Kopf hatte und sich kein Jota um Politik kümmerte. Dennoch war ich überzeugt, Ilse und Paul benützten mich als „postillion d'amour" und die geheimnisvollen Kassiber wären nichts als „billets d'amour". Diese zu öffnen wagte ich indes aus Korrektheit nie. Die Czernowitzer Jugendlichen hingen jedoch keineswegs alle denselben Idealen an. Im Nachbarhaus traf sich ebenfalls eine Gruppe des „Schomer", der linken Jungzionisten, und kaum einen Steinwurf entfernt hielten die „Poale-Zionisten"[67], ihre Sitzungen ab. Bei schönem Wetter, wenn die Fenster offen standen, drangen ihre Streitgespräche an unser Ohr. Man kannte sich natürlich vom Sehen, ging einander aber gleichgültig, ja mit Verachtung aus dem Weg. Manchmal trafen wir uns in größerer Zahl auch in anderen Wohnungen. Außer unter intimsten Freunden kannte man einander aus konspirativen Gründen nur unter Decknamen, bestenfalls unter dem wirklichen Vornamen. Gelegentlich wurde nicht nur diskutiert, sondern auch gesungen: Revolutionslieder wie „Brüder zur Sonne, zur Freiheit" oder Landsknecht-Lieder wie „Vom Barette weht die Feder" und „Flandern in Not, durch Flandern reitet der Tod". Zuweilen tanzten wir auch übermütig einen Gopak[68]. Paul konnte sehr lustig und ausgelassen sein, aber seine Stimmung schlug

---

62 Karl Kautsky (1854-1938), nach dem Tode von Friedrich Engels einflussreichster Theoretiker des Marxismus, war Antimilitarist. Wie Rosa Luxemburg wandte er sich gegen den Ersten Weltkrieg; er distanzierte sich später von Lenins Auffassung des Kommunismus und warf ihm vor, die zaristische Diktatur durch eine Diktatur des Proletariats zu ersetzen. Lenin griff Kautsky als Renegaten an. Diese Kontroverse war für Edith und ihre Freunde besonders aufschlussreich, gerade weil sie wenige Jahre später die Sowjetdiktatur erleben sollten.

63 Edith Horowitz und ihre Freunde interessierten sich für Schriften wie *Der moderne Kapitalismus* (1902) von Werner Sombart (1863-1941); es ist unklar, ob sie sich auch mit den antisemitischen Dimensionen seiner Kritik am Judentum in *Die Juden und das Wirtschaftsleben* (1911) auseinandersetzten.

64 Wenige Jahre später, 1938, wurde Nikolaj Bucharin (1888-1938), Autor des von Antschel bewunderten Werkes *Das ABC des Kommunismus* (1920), Opfer der stalinistischen Säuberung.

65 Der deutsch-jüdische Aktivist und Philosoph Gustav Landauer (1870-1919) galt als führender Theoretiker des Anarchismus. 1908 hatte er auch den *Sozialistischen Bund* gegründet, zu dessen Mitgliedern Martin Buber zählte. Als Antimilitarist hatte Landauer ebenfalls gegen den Ersten Weltkrieg protestiert. Edith Horowitz bewunderte vor allem diesen Aspekt seines Wirkens.

66 Edith Horowitz interessierte sich für Fürst Pjotr A. Kropotkin (1842-1921), gerade weil der einflussreichste Theoretiker des kommunistischen Anarchismus vom Hochadel abstammte.

67 Poale-Zion war der marxistisch-zionistische Kreis jüdischer Arbeiter; vgl. S. 328.

68 Ukrainischer Volkstanz aus der Zeit der Saporoscher Kosaken.

oft jäh um, und dann wurde er entweder grüblerisch, in sich gekehrt oder ironisch, sarkastisch. Er war ein leicht verstimmbares Instrument, von mimosenhafter Empfindsamkeit, narzisstischer Eitelkeit, unduldsam, wenn ihm etwas wider den Strich ging oder jemand ihm nicht passte, zu keinerlei Konzessionen bereit. Das trug ihm oft den Ruf ein, hochmütig zu sein.

Einmal hatten wir eine Zusammenkunft bei einem unserer Genossen, dessen Haus in einem Garten lag. Wir hatten wie üblich gelesen, diskutiert, da kam jemand und sagte, er wäre beschattet worden, worauf wir zu johlen anfingen, um eine wilde Party vorzutäuschen, und zwei, drei der Anwesenden, die sich besonders gefährdet hielten, aus dem Fenster sprangen und über die angrenzenden Gärten das Weite suchten. Im Sommer, wenn es sehr heiß war, trafen wir uns auch im Freien unter einer Zugbrücke oder wanderten über die von „Schwaben" bewohnte Vorstadt Rosch auf den Tzetzina-Berg und hielten dort im Wald unsere Geheimsitzungen ab. Auch unter Ilse Goldmanns Leitung beschränkte sich unsere politische Tätigkeit auf Geldspenden für die „Rote Hilfe", für die wir unser spärliches Taschengeld opferten, aufs Erlernen des Morsealphabetes für den Fall, dass wir verhaftet werden sollten, aufs Lesen und Kommentieren marxistischer Texte, aufs Übersetzen von Auszügen aus dem Gelesenen oder ihrer Zusammenfassung in rumänischer Sprache, um sie auch den wenigen christlichen Genossen, meist rumänische Pfarrerssöhne oder ruthenische Arbeiter, zugänglich zu machen. Den Beitrag für die „rote Hilfe" musste ich regelmäßig an einen mir nur unter Kodenamen bekannten Genossen abliefern, mit dem ich in bestimmten Abständen hinter dem in der Altgasse, also auf meinem Schulweg gelegenen Feuerwehrgebäude, verabredet war.

Es wäre jedoch völlig falsch anzunehmen, dass Pauls Interesse zwischen seinem vierzehnten und achtzehnten Lebensjahr vorwiegend der Politik, der revolutionären Bewegung galt. Wohl las er damals auch, wie wir alle, Bücher von Ignazio Silone[69], Upton Sinclair[70] und Traven[71], die Städtetrilogie von Schalom

---

69 Edith und ihre Freunde lasen u.a. die Romane *Fontamara* (1931) und *Brot und Wein* (1937) von
    Ignazio Silone (1900-1978) und interessierten sich für seinen Werdegang, weil der Schriftsteller
    als Kommunist begann, aber aufgrund seiner Erfahrungen in der Sowjetunion zum Kritiker des
    Systems wurde.

70 Jacob Silbermann, der Jurist war, und auch Karl Horowitz, der Jura studiert hatte, machten Edith
    auf *Boston: A Documentary Novel of the Sacco-Vanzetti Case* (1928) des sozial engagierten amerikanischen Schriftstellers Upton Sinclair (1878-1968) aufmerksam. 1927 wurden die italienischen
    Arbeiter und anarchistischen Aktivisten Ferdinando Nicola Sacco und Bartolomeo Vanzetti hingerichtet, obwohl ihre Schuld an der Ermordung eines Wachmannes nicht erwiesen war. Sinclairs
    Buch stellt die Todesstrafe und die Ungerechtigkeit der Justiz an den Pranger.

71 Es waren die sozialkritischen Romane von B. Traven (1890-1969), insbesondere der *Caoba-Zyklus*.

Asch[72], die Werke von Maxim Gorki[73] und anderes in diese Richtung Weisende, doch sein Augenmerk richtete sich vor allem und in zunehmendem Maße auf Lyrik. Auch pflegte er gelegentlich Umgang mit Mädchen, die Tanzkurse besuchten und alles andere im Sinn hatten als „ernste Lektüre", „gesellschaftliche Umwälzungen" und die „Errettung der Welt". Bronea Bernstein, eine mir wohlgesinnte Klassenkameradin, die merkte, dass ich darunter litt, sagte mir immer wieder: „Ich kann diesen Jungen nicht verstehen, ihr seid das ideale Paar, du blond, er dunkel, beide schön, beide an denselben Dingen interessiert, und er flattert wie ein Schmetterling von einer zur anderen." Und Ruth schrieb mir einmal, ehe sie das Land verließ, nach Pojoriţa, einem Gebirgsort in den Karpathen, wohin mich meine Cousine Tutzi[74] zur Sommerfrische mitgenommen hatte: „Neulich war Paul bei mir und versuchte, sich an mich heranzumachen. Ich wies ihn empört zurück und sagte ihm: Weißt Du nicht, dass ich Ediths beste Freundin bin? Worauf er mir von oben herab erwiderte: ‚Ich nehme die Frauen wie Zigaretten, die ich ausrauche und wegwerfe'. So ein Fatzke!"

Die Taktik, sich in verschiedenen „Sphären" zu bewegen und die eine von der anderen abzuschirmen, sollte er auch späterhin in Bukarest beibehalten.

Während Ilse Goldmann, zu jener Zeit noch sture Dogmatikerin, unbeirrt an ihrem Glauben festhielt – erst die unmittelbare Tuchfühlung mit der Sowjetwirklichkeit und die furchtbaren Kriegserlebnisse sollten sie gründlich heilen – fielen Paul bereits die Schuppen von den Augen, als er Näheres über die Moskauer Schauprozesse erfuhr und besonders nachdem er Gides *Retouches à mon retour de l'U.R.S.S.*[75] gelesen hatte. Als die Russen im Juni 1940 in Czernowitz einmarschierten, war Paul daher längst kein Anhänger der kommunistischen Ideologie mehr und war auch als Student der nunmehr ukrainischen Czernowitzer Universität nicht politisch aktiv, sondern konzentrierte sich auf das Erlernen einer neuen Sprache, des Russischen, das er auch in erstaunlich kurzer Zeit beherrschte. Während die meisten von uns noch mit den Schwierigkeiten der Alltagssprache kämpften, ging er schon daran, Jessenin zu übersetzen, und machte mich mit

---

72 Es ist die Romantrilogie *Petersburg, Warschau,* und *Moskau* (1930) des aus Polen stammenden jiddischen Schriftstellers Schalom Asch (1880-1957).

73 Zu diesen Werken zählten Theaterstücke von Maxim Gorki (1868-1936), wie das berühmte Drama *Nachtasyl* (1901), das unter der Regie von Stanislawski (1902) im Moskauer Künstlertheater und ein Jahr später im Berliner Deutschen Theater (1903) aufgeführt wurde, aber auch sein im Arbeitermilieu spielender Roman *Die Mutter* (1907), der B. Brecht zum gleichnamigen Stück (1932) inspirierte und die Entwicklung des Sozialistischen Realismus mitbestimmte.

74 Tutzi Rolling, geborene Silberbusch, war Ediths Cousine mütterlicherseits.

75 André Gide (1869-1951), der ab 1932 die französische kommunistische Partei und antifaschistische Organisationen unterstützte, nahm 1936 eine offizielle Einladung an, um die Sowjetunion mit einer Gruppe von Schriftstellern zu besuchen; seine zunächst mild formulierte Kritik am System im Reisebericht *Retour de l'U.R.S.S.* (1936, *Zurück aus der Sowjetunion*) stieß auf die Ablehnung überzeugter Kommunisten, deren ungerechtfertigte Vorwürfe Gide bestimmten, eine scharfe Kritik am sowjetischen Kommunismus in *Retouches à mon retour de l'U.R.S.S.* (1937, *Retuschen zu meinem Russlandbuch*) zu veröffentlichen.

dessen mir bis dahin wenig bekannten Gedichten vertraut. Pauls Zweifel an den
Idealen seiner frühen Jugendjahre oder besser gesagt an ihren Verwirklichungs-
möglichkeiten erklären auch die Tatsache, dass er, im Gegensatz zu Ilse Goldmann und vielen seiner Kommilitonen, beim Vormarsch der Hitlertruppen
nicht ins Landesinnere der Sowjetunion flüchtete, sondern, so wie seine damalige intime Freundin Ruth Kraft[76] und ich, in dem von den Rumänen zurücker-
oberten und anfangs von deutschen SS-Truppen besetzten Czernowitz blieb.
Dass eine Gefahr auf uns zukommt, war uns natürlich klar; wie groß ihr Ausmaß
sein sollte, konnten wir zu jenem Zeitpunkt allerdings nicht ermessen. Dabei
hatte Paul äußerst feine Antennen, mit denen er geradezu hellseherisch künftige
Ereignisse registrierte. Als Beispiel für diese Behauptung möchte ich die Stelle
aus einem Brief anführen, den er mir von unterwegs nach Frankreich schrieb
und den ich leider nicht mehr besitze, so dass ich nur aus dem Gedächtnis den
ungefähren Wortlaut wiedergeben kann. Wir hatten gerade Manfred Hausmann[77] für uns entdeckt. Ich war in sein Zimmer in der Masarykgasse hinaufge-
kommen, um ihm zu seinem bevorstehenden Geburtstag, den er nicht mehr
zuhause verbringen sollte, und als Gegengabe für den Band *Lampioon küsst Mädchen und kleine Birken*, den ich von ihm erhalten hatte – wir sind beide Novem-
berkinder – einen Gedichtband von Hausmann zu überreichen. Er saß auf seinem Bett, über dem eine Reproduktion von Van Goghs „Pietà" nach Eugène
Delacroix[78] hing, ich ihm gegenüber vor der Bücherétagère auf einem Stuhl. Es
herrschte Abschiedsstimmung. Er war aufgeräumt und erwartungsvoll, ich eher
traurig und deprimiert. Wir sprachen über die Birke, unseren liebsten Baum.
Und daran anknüpfend, schrieb Paul mir von unterwegs – es war der 9. November 1938, an dem er seine Reise antrat, der Tag, welcher der berüchtigten
„Reichskristallnacht" vorausging, was er aber damals noch nicht wissen konnte,
er schrieb also ungefähr die Sätze: Ich fahre nun durch einen deutschen Birken-
wald. Wie sehr ich mich nach dem Anblick dieser Landschaft gesehnt habe,
weißt Du, Edith; doch wenn ich über den Wipfeln die dichten Rauchschwaden
sehe, graut es mir, denn ich frage mich, ob dort wohl Synagogen brennen oder
gar Menschen … .

---

76 Vgl. Kurzbiographie von Ruth Kraft, Personenverzeichnis I, S. 328-329.
77 Edith Horowitz war vom Dichter Manfred Hausmann (1896-1986) fasziniert, der 1925 ein Jahr
    lang Deutschland als Landstreicher durchreist und seine Erlebnisse in *Lampioon küsst Mädchen
    und kleine Birken* (1928) veröffentlicht hatte. Bei ihrer Flucht aus Czernowitz hatte sie eine
    Ausgabe (von 1936) der dramatischen Ballade *Lilofee* (1929) mitgenommen. In Bukarest trug
    sie *Lilofee* im Kreis rumänischer Schriftsteller und Czernowitzer Emigranten vor, vgl. S. 267,
    Anm. 17. Jacob Silbermann hatte Hausmanns Gedichtband *Jahre des Lebens* (1938), den Roman
    Salut gen Himmel (Ausgabe v. 1935) und die Novellensammlung *Frühlingsfeier* (Ausgabe v. 1932)
    im Gepäck, als er Czernowitz verließ.
78 Die „Pietà" (1889) von Vincent van Gogh (1853-1890) ist seine Interpretation der Pietà (c. 1850)
    von Eugène Delacroix (1798-1863); es ist auch seine Antwort auf den „grünen Christus" (1889)
    von Paul Gauguin (1848-1903).

Diese Eindrücke sollten sich später in dem Gedicht „La Contrescarpe" aus dem Band *Die Niemandsrose* (1963) niederschlagen, in dem es heißt:

[…] Verjährtes
geht jung über Bord:

> Über Krakau
> bist du gekommen, am Anhalter
> Bahnhof
> floß deinen Blicken ein Rauch zu,
> der war schon von morgen […] [79]

In Ansichtskarten, die er Gustl schickte, ließ er mich grüßen, aber einen Brief erhielt ich nicht von ihm.

Im Sommer 1939 aus Tours heimgekehrt, schwärmte Paul für Aragon[80], Éluard[81], Breton[82] und Camus[83] – Autoren, die uns bis dahin unbekannt gewesen waren, und plädierte für den Surrealismus, der uns Daheimgebliebene zunächst nur befremdete.

Trotz der abfälligen Bemerkungen über ihn von Ruth und anderen mir gut gesinnten Mädchen, sehnte ich mich so sehr nach ihm, dass ich die abstrusesten Einfälle hatte. Ich war besessen vom Wunsch, mit ihm zu schlafen und ein Kind von ihm zu bekommen. Nach der Matura hoffte ich ja, wie er in Frankreich Medizin zu studieren. […]

Während Paul nach dem Einmarsch der Russen sein Philologiestudium fortsetzte, besuchte ich das Konservatorium, und hatte gleichzeitig eine Stelle als Musikpädagogin in Kindergärten. Ich musste den Kindern russische und ukrainische Lieder beibringen. Da ein Großteil der Kinder jedoch nicht aus dem Inneren der Sowjetunion, sondern aus Czernowitz stammte und zuhause deutsch

---

79 Celan, „La Contrescarpe", Celan, *Gesammelte Werke* (1983), Bd. 1, S. 282.

80 Der französische Schriftsteller Louis Aragon (1897-1982), der zu den Gründungsmitgliedern des Surrealismus (1924) gehörte und mit Breton und Éluard eng befreundet war, wandte sich später von der Bewegung ab. Aragon war seit 1926 Mitglied der Kommunistischen Partei.

81 Gemeinsam mit André Breton, Louis Aragon und einigen anderen Autoren gehörte auch Paul Éluard (1895-1952) zu den Gründern der surrealistischen Bewegung in Frankreich. Viele Jahre später übersetzte Celan das Gedicht „Nous avons fait la nuit" von Éluard ins Deutsche, vgl. Celan, *Gesammelte Werke*, Bd. 4, I. Übersetzungen, S. 813.

82 Während seines Aufenthaltes in Tours hatte sich Celan mit den surrealistischen Sprachexperimenten auseinandergesetzt, kannte daher das 1924 von André Breton (1896-1966) veröffentlichte *Manifest des Surrealismus* und das auch in späteren Manifesten formulierte Programm der Bewegung.

83 Der aus Algerien stammende französische Schriftsteller und spätere Nobelpreisträger Albert Camus (1913-1963) hatte im Jahre 1938, als Antschel in Frankreich studierte, literarische Essays, *L'Envers et l'endroit* (1937) und *Noces* (1938), sowie das Drama *Caligula* (1938) veröffentlicht; seine später berühmt gewordene Erzählung *L'Étranger* (Der Fremde) erschien 1942. Celan hatte somit Camus-Texte gelesen, ehe das Werk des französischen Schriftstellers dem breiten Publikum bekannt war.

sprach, bestand Paul darauf, dass ich für die Weihnachtsfeier mit allen Kindern auch ein Lied in deutscher Sprache einstudiere, das er mir mitbrachte und von dem ich lange nicht wusste, ob er es selber verfasst oder aus einer Sammlung von Weihnachtsliedern abgeschrieben hatte. Als ich schon im Westen lebte, suchte ich den Text vergeblich in vielen Anthologien mit Weihnachtsliedern.

> Zwölf Uhr schlägts und alles, alles schweigt nun,
>   alles schweigt nun
> und die Hitze in der Küche steigt nun
>   steigt nun, steigt nun
>
> Tipp tapp, tipp tapp, tippe tippe tipp tapp,
>   tipp tipp tapp.
>
> Heinzelmännchen spähn nun durch die Ritzen,
>   durch die Ritzen;
> Nasen spitz und spitze Zipfelmützen,
>   Zipfelmützen,
>   tipp, etc.
>
> Spähn sie sacht aus all ihren Verstecken,
>   dunkeln Ecken,
> huschen Schatten, die sie sehr erschrecken,
>   sehr erschrecken, . .
>
> Was da alles war auf unsern breiten,
>   unsern breiten
> Tischen voller, voller Süßigkeiten!
>   Süßigkeiten!
>
> Um den Weihnachtsbaum, vor dem sie wachen,
>   staunend wachen,
> Läutet laut ihr Lied, ihr helles Lachen,
>   helles Lachen
> tipp…
>
> Bis es Tag wird, lärmt der tolle Reigen,
>   tolle Reigen;
> Bis es tagt muß Ängstlichkeit schon schweigen,
>   ja, muß schweigen,
> tipp…
>
> Doch wirds Tag, muß aller Reigen ruhen,
>   Reigen ruhen,
> Zwergvolk stiehlt sich fort auf leichten Schuhen,
>   leichten Schuhen,
> tipp, tapp… .

Erst als mein Buch *Begegnungen mit Paul Celan* im Jahre 1993 im Rimbaud Verlag erschien, erhielt ich aus einer kleinen, mir bis dahin unbekannten finnischen Stadt den Brief eines Unbekannten, der mein Buch sehr lobte und mir mitteilte, das von mir zitierte Lied sei ein schwedisches, auch in Finnland sehr bekanntes Weihnachtslied.[84] Das war also die Lösung des Rätsels.

[...]

2. Verfolgungszeit – Ghetto (1941-1944)

Am 6. Juli 1941 erreichte die SS-Einsatzgruppe D unter Leitung des SS-Brigadeführers und Generalmajors der Polizei Otto Ohlendorf[85] meine Heimatstadt Czernowitz in der Bukowina, die schon vorher von rumänischen Truppen besetzt worden war. Die Juden wurden zu Freiwild erklärt: Gleich in den ersten Tagen zogen Soldaten plündernd und mordend von Haus zu Haus. [...] Über dreitausend Menschen sollen damals ermordet worden sein.

Aus dem Stadtzentrum überbrachte man uns die Schreckensnachricht: Hunderte jüdische Familienoberhäupter, allen voran der Oberrabbiner Dr. Abraham Mark[86] und der Kantor des großen Tempels, waren aus ihren Wohnungen geholt, zum Pruth hinunter getrieben und dort erschossen worden, nachdem sie selber ein Massengrab hatten ausheben müssen. Dr. Silbermann erzählte mir, dass auch er eigentlich unter den Opfern sein sollte und um ein Haar diesem Schicksal entkommen war. Er wohnte mitsamt seiner Mutter und verheirateten Geschwistern in der Bel-Étage eines schönen Hauses in der Herrengasse, fast gegenüber der Familie Mark. Als man bei ihnen schellte, ging sein jüngerer Bruder an die Tür, um zu öffnen. Dr. Silbermann schob ihn beiseite und ging, da dieser ja verheiratet, er aber noch ledig war, freiwillig mit. Unterwegs am Ringplatz kam ihnen ein hoher rumänischer Richter entgegen, der ihn als jungen Anwalt sehr schätzte. Er trat auf den Leutnant zu, der den Zug der zum Tode Verurteilten führte, und bewirkte, dass sein Schützling umkehren und nach Hause gehen durfte.

---

84 Es handelt sich um das schwedische Weihnachtslied „Tomtarnas julnatt"; Text von Alfred Smedberg, Musik von Vilhelm Sevfe-Svensson (1898).

85 Otto Ohlendorf (1907-1951) hatte in Leipzig und Göttingen Rechts- und Staatswissenschaften studiert, trat 1925 der NSDAP bei, wurde später SS-Brigade-Führer, 1941 von Heinrich Himmler zum Befehlshaber der „Einsatzgruppe D" ernannt, stieg 1943 zum ständigen Vertreter des Staatssekretärs im Reichsministerium und zum Leiter SD im Reichssicherheitshauptamt auf. Als Befehlshaber der SS-Einsatzgruppe D in der Sowjetunion war er für die Deportation und Ermordung der jüdischen Bevölkerung in den eroberten Gebieten verantwortlich. Das Nürnberger Kriegsverbrechertribunal befand ihn der Ermordung von ungefähr 90 000 Menschen für schuldig; 1951 ist er im Kriegsverbrechergefängnis in Landsberg hingerichtet worden.

86 Abraham Jakob Mark (1884-1941) war Oberrabbiner von Czernowitz im Zeitraum zwischen 1926-1941. Am 7. Juli 1941 wurde er aus seiner Wohnung geholt, gemeinsam mit den Kantoren der Synagogen in den Schacht des Aufzugs im Hotel Adler gesperrt, zwei Tage später zum Pruth geführt und dort erschossen.

Die allgemeinen Schikanen traten sehr bald in Kraft: Ausgangssperre nach Einbruch der Dunkelheit, obligatorisches Tragen eines gelben Sterns auf allen Kleidungsstücken, Aufräumarbeiten an der gesprengten Brücke und in zerstörten Gebäuden, Kino-, Konzert- und Theaterverbot, kein Schulunterricht für jüdische Kinder. Jüdische Geschäfte, Firmen und Fabriken kamen in rumänische Hand, wobei die ehemaligen Besitzer und Angestellten inoffiziell weiter die bisherige Arbeit leisteten. Auch mein Vater behielt in der Ziegelei seine Stelle als Buchhalter. Zum Direktor wurde offiziell Oberst Cajan ernannt, der in das verlassene Haus einer benachbarten jüdischen Familie einzog.

Am 11. Oktober kam der Erlass über die Errichtung eines Ghettos in einem bestimmten Gebiet der Stadt, in das binnen vierundzwanzig Stunden alle Juden (es waren mindestens 50 000 Menschen) zu ziehen hatten. Unser Haus sollte ursprünglich innerhalb der Grenzen dieses Bezirkes bleiben, weshalb die ehemaligen Chefs meines Vaters ihre Perserbrücken und Pelze zu uns brachten, in der Hoffnung, bei uns unterzukommen. Es war bereits Mittag, als plötzlich verlautete, man hätte den Ghettobezirk verkleinert, und auch wir müssten das Feld räumen. Unser Zufluchtsziel war Tante Delas Haus in der Radetzkystraße, eine Nebenstraße der unteren, in die Russische Straße mündenden langen Bräuhausgasse, in der unser Haus stand. […] Tante Dela[87] besaß ein kleines Haus: Zwei Zimmer und Küche unten und die gleiche Wohnung oben, in der Erwin[88] mit der alten Tante Fanny[89], der Schwester von Mamas Mutter, wohnte. Nun kamen wir vier, die drei aus der Provinz und Familie Heitner[90] mit sechs Personen hinzu. Das Haus hatte keine Kanalisation. Wasser schöpfte man mit Eimern aus dem Brunnen. Das Klo war draußen neben der Holzkammer. Verglichen mit anderen, die auf Dachböden oder in Kellern untergekommen waren, hatten wir es jedoch gut. Wir hatten alle Bettzeug mitgebracht und lagen auch auf dem Boden nicht allzu unbequem. Es war zum Glück ein ungewöhnlich schöner, warmer und langer Herbst, noch im November blühten Herbstzeitlose.

Inzwischen hatte der Czernowitzer Bürgermeister Popovici[91], der ein Judenfreund, vielleicht auch jüdisch versippt war, unter dem Vorwand, die ganze Verwaltung der Stadt werde zusammenbrechen, wenn man sie „judenrein" machen sollte, bei der Regierung in Bukarest durchgesetzt, dass eine Anzahl von beruflich wichtigen Juden das Bleiberecht in der Stadt erhalten sollten. Daraufhin mussten

---

87 Vgl. Lisa Horowitz, Personenverzeichnis II, S. 340.
88 Erwin Abramovici war der Neffe von Lisa Horowitz, der Sohn ihrer Schwester Rosa Stadler. Er wurde später Gymnasiallehrer und Schuldirektor in Radautz und Bukarest, wanderte 1976 in die BRD aus.
89 Fanny Silberbusch war eine Tante von Lisa Horowitz; sie war eine Schwester von Lisas Mutter, Amalia Silberbusch; weitere Informationen zur Familiengeschichte in Edith Silbermann, *Czernowitz – Stadt der Dichter* (wie S. 23, Anm. 1)
90 Das Geschwisterpaar Iro und Sidi Heitner waren Verwandte der Familie Stadler.
91 Vgl. S. 13, Anm. 34.

sich alle je nach Ausbildung und Beruf in der Schule in der Landhausgasse, in die nun die Kultusgemeinde eingezogen war, registrieren lassen, worauf an einem Schwarzen Brett Listen der Leute aufgehängt wurden, deren Beruf ein Bleiberecht erforderte und sicherte. Diese Familien erhielten eine von General Calotescu[92], dem Gouverneur der Stadt, unterzeichnete Autorisation, auf Grund derer sie das Ghetto verlassen, in ihre Wohnungen heimkehren durften und ihren bisherigen Arbeitsplatz wieder einnehmen mussten

Mein Vater trug sich in zwei Listen ein: Gemäß seiner Ausbildung in die Lehrer- und Professoren-Liste, und gleichzeitig, mit dem Versprechen von Oberst Cajan rechnend, so schnell wie möglich aus dem Ghetto herausgeholt und wieder in der Ziegelei eingestellt zu werden, auch in die Buchhalter-Liste. Zu unserer aller Überraschung erhielt er die vorläufig lebensrettende Calotescu-Autorisation als Professor und nicht als Buchhalter, wiewohl er seinen erlernten Beruf seit Jahren nicht mehr ausübte. [...] Meine Schwester erzählte mir später, dass es ein Altösterreicher gewesen sein soll, ein ehemaliger Wiener Studienkollege meines Vaters, ein Altphilologe, der seinen Namen von der Liste der zu Deportierenden in letzter Minute streichen konnte. Die näheren Umstände sind mir indes bis heute unklar. Wir kehrten in unser Haus zurück, fühlten uns dort aber viel weniger wohl als im Ghetto. Die jüdischen Nachbarn ringsum waren alle fort; wir wagten uns kaum auf die Straße, selbst zur erlaubten Ausgehzeit.

Die meisten von Mamas Verwandten wurden auf Nimmerwiedersehen deportiert, auch das Ehepaar aus Radautz. Meine Mutter hätte deren kleines Mädchen gern behalten, aber die Eltern konnten sich nicht von dem Kind trennen und nahmen es mit in den Tod.

Als die Schneestürme einsetzten, wurden die Menschentransporte nach Transnistrien gestoppt, weil die Züge nicht mehr fahren konnten. Ehe das Ghetto aufgelöst wurde, verteilte der Bürgermeister unter den übrig gebliebenen Juden, die keine Calotescu-Autorisation erhalten hatten, eigenmächtig Autorisationen, die ihnen vorderhand ebenfalls ein Aufenthaltsrecht in der Stadt gewährleisteten. Sie sahen allerdings anders aus, hatten einen grünen Querstreifen und wurden daher Popovici-Autorisationen oder Autorisationen mit Querstreifen genannt. Die Inhaber dieser Dokumente wurden im Sommer 1942 aus ihren Wohnungen geholt und in mehreren Transporten ebenfalls nach Transnistrien deportiert, zum Teil jenseits des Bug, in die von den Deutschen und nicht von den Rumänen verwalteten Vernichtungslager, u.a. nach Michailowka; dort wurden Celans Eltern und auch Mamas Schwester Dela interniert.

---

92 General Calotescu, vgl. Einleitung, S. 14, Anm. 36.

Als wir aus dem Ghetto in unsere Wohnung zurückkamen, war sie erstaunlicherweise nicht ausgeraubt, aber wir fühlten uns, wie schon erwähnt, zuhause weder wohl noch sicher. Der Obrigkeit konnte es jederzeit einfallen, die übrig gebliebenen Juden ebenfalls aus der Stadt zu schaffen.

In der Hoffnung, dies könnte sie vor einer Deportation nach Transnistrien retten, ließen sich manche Familien taufen. Die katholische Jesuitenkirche warb um Juden, die bereit waren, sich zum Christentum zu bekehren. Jüdische Jugendliche mussten einen Kurs besuchen und den Katechismus lernen. Der Obere der Kirche, ein hochgewachsener, gut aussehender und sehr anständiger Mann, machte Botendienste nach Transnistrien, um Deportierten Geld und Lebensmittel von ihren Angehörigen oder Freunden zu übermitteln und umgekehrt, diesen Nachrichten, ein Lebenszeichen oder die Kunde vom Tod ihrer Verwandten zu überbringen. Durch ihn ließ ich zur gegebenen Zeit Oniu[93] das Geld zukommen, das mein späterer Freund Sandi[94] mir durch seine Mutter schickte; durch ihn dürfte Paul erfahren haben, dass sein Vater im deutschen Lager Michailowka, jenseits des Bug, an Typhus erkrankt und kurze Zeit danach unter nicht eindeutig geklärten Umständen umgekommen war, eine Nachricht, die im Gedicht „Schwarze Flocken" aus dem Band *Der Sand aus den Urnen* ihren Niederschlag fand. Dort heißt es: „Ein Mond / ist es schon oder zwei, daß der Herbst unter mönchischer Kutte / Botschaft brachte auch mir, ein Blatt aus ukrainischen Halden"[95]. Es ist übrigens das einzige frühe Gedicht Pauls, das den Tod seines Vaters evoziert.

Die Jungen, die im Winter 1941/42 nicht deportiert worden waren, kamen bis Juni 1942 weiterhin zu Besuch, allen voran die Brüder Weißglas. Mit Oniu (Immanuel) spielte ich für gewöhnlich vierhändig, und seinen Bruder Dori[96], der Geiger war, begleitete ich am Klavier. Einmal übten wir gerade Beethovens Frühlingssonate, da schleuderte uns jemand von draußen einen schweren Stein durchs Fenster. Wir hatten Glück und wurden nicht verletzt, aber die Scheibe war nicht so leicht zu ersetzten, und es zog daraufhin gehörig. Schließlich verklebten wir das Loch mit dem Pappdeckel einer Schuhschachtel. Als es Frühling und wärmer wurde, verbrachte ich viele Stunden im ausgedehnten Garten der Geschwister Kinsbrunner[97], die ein paar Häuser weiter, schon fast in der Siebenbürger Gasse wohnten. Beide hatten wie ich das Konservatorium besucht, die ältere Friederike, ge-

---

93 Oniu war der Spitzname von Immanuel Weißglas, ein Name, den ihm seine Großmutter gegeben hatte, vgl. Personenverzeichnis I, S. 338.

94 Sandi Țurcanu (1921 in Czernowitz – 1976 in Bukarest), den Edith 1940 nach einem Französisch-Wettbewerb kennen lernte, wurde ihre zweite große Liebe; Sandi und Edith planten eine gemeinsame Zukunft; vgl. Ruth Kraft, Personenverzeichnis I, S. 328-329.

95 Celan, „Schwarze Flocken", *Der Sand aus den Urnen* (1948), *Gesammelte Werke* (1983), Bd. 3, S. 25.

96 Dori Weißglas, vgl. Immanuel Weißglas, Personenverzeichnis I, S. 338.

97 Friederike Kinsbrunner (1923 in Czernowitz – 1998 in Berlin) wohnte in der Bräuhausgasse und war häufiger Gast im Haus von Edith Horowitz; seit ihrer Kindheit musizierte sie, 1940-41 besuchte sie die Czernowitzer Musikschule im Fach Klavier; ihre Briefe an Edith aus dem Jahre

nannt Riczi, spielte Klavier, die jüngere, Wilhelmine, genannt Muschi, war Sängerin. Wir nannten die beiden Riczi-Kwitschi und hatten viel Spaß miteinander.

Während mein Vater bei der Arbeit und meine Mutter mit meiner kleineren Schwester zu Tante Dela gegangen war, lag ich an einem Nachmittag vertieft in die Lektüre des Romans *Vom Winde verweht*[98] auf dem Diwan im Speisezimmer. Ich war gerade bei der spannenden Stelle angelangt, da Scarlett, allein im Haus, von feindlichen Soldaten überfallen wird. Plötzlich schellte es wie wild an der Eingangstür. Noch ganz in Gedanken an die aufregende Szene, stand ich geistesabwesend auf und öffnete. Da drängten sich, unter dem bekannten Vorwand, sie müssten nach versteckten Waffen suchen, zwei Soldaten an mir vorbei und marschierten ins Speisezimmer. Dort besah sich der eine die schwarz angelaufenen Silberbecher, die auf einem Tablett auf der Marmorplatte der Kredenz standen, und fragte: „Sind die aus Silber?" „Ich glaube kaum," erwiderte ich, „aber Sie können sie gerne haben." Während der andere den Schrank öffnete, der ja nur mit Büchern vollgestopft war, schlüpfte ich zur Tür hinaus und rannte aus dem Haus, die beiden drin lassend. Atemlos kam ich bei der Tante an, und als wir uns nach einiger Zeit, auf das Schlimmste gefasst, wieder auf den Heimweg wagten, stellten wir fest, dass die beiden wenig hatten mitgehen lassen und wir wieder glimpflich davon gekommen waren.

Da mir als Jüdin der Besuch öffentlicher Gärten versagt war, stellte ich, sobald es im Frühsommer 1942 warm genug war, neben das blühende Oleanderbäumchen auf dem Balkon einen Stuhl und saß dort, die Füße auf die Brüstung gestützt, ein Buch auf dem Schoß oder in den Händen und las stundenlang. Nachdem ich voller Begeisterung in französischer Sprache die Autobiographie von Stanislawski[99] und Tschechows Theaterstücke[100] mit seinen Regieanweisungen gelesen hatte, lieh mir jemand *Das entfesselte Theater*[101] seines Schülers und spä-

---

1972 dokumentieren, dass sie aus der Sowjetunion nach Deutschland ausgewandert war und sich in Berlin niedergelassen hatte, wo Edith sie besuchte.

98 Margaret Mitchells Roman *Vom Winde verweht* (*Gone with the Wind*, 1936) wurde gleich nach der Veröffentlichung ein Bestseller. 1937 erhielt Mitchell (1900-1949) den Pulitzer-Preis für dieses Buch, das im gleichen Jahr in deutscher Übersetzung von Martin Beheim-Schwarzbach im Claassen Verlag erschien. Es war diese Übersetzung, die Edith damals las.

99 Als Schauspielerin war Edith Horowitz von den Theorien des russischen Theaterreformers Konstantin Stanislawski (1863-1938) beeinflusst. In ihrer Jugend hatte sie nicht nur seine Autobiographie in französischer Übersetzung, *Ma vie dans l'art* (1934, Mein Leben in der Kunst), sondern auch viel über seine Arbeit am Moskauer Künstlertheater, seine Tschechow- und Shakespeare-Inszenierungen und seine Schauspielkunst gelesen.

100 *Die Möwe* (1896) und die *Drei Schwestern* (1901) waren die Theaterstücke von Anton Tschechow (1860-1904), die Edith Horowitz besonders beeindruckt hatten, da sie auch ihre Lebensproblematik zum Ausdruck brachten.

101 Die Grundideen des zunächst in deutscher Übersetzung beim Verlag Kiepenheuer (Potsdam) erschienenen Werkes *Das entfesselte Theater* (1923) des innovativen russischen Regisseurs Alexander Tairow (1885-1950), der ein Schüler Stanislawskis war, sollten auch in der Sowjetunion die Theaterkunst bereichern. Im Gegensatz zu Stanislawski entwickelte Tairow ein „synthetisches Theater".

teren Gegenspielers Tairow, des Gründers und Leiters des Moskauer Kammertheaters. Sein Theater ohne Bindung an die Literatur, das die Freiheit des Regisseurs und des Schauspielers für alle Erfindungen der Bühnenkunst forderte, wurde in den Dreissigerjahren als formalistisch abgelehnt, 1941 nach Sibirien evakuiert und schließlich 1949 geschlossen. Er war, wie ich viel später, als ich bereits im Westen lebte, erfuhr, ein Vorläufer des epischen Theaters von Brecht[102]; Tairow befremdete mich aber damals nur.

Chaim Gininger[103], bedeutender Jiddischist, ehemals Sekretär des berühmten jiddischen Fabeldichters Eljeser Stejnbarg, wohnte in unserer Nähe und wurde, sooft er den Töpferberg an unserem Haus vorbeiging, neugierig auf das Mädchen mit den blonden Zöpfchen, das er immer in ein Buch vertieft auf dem Balkon sah. Zudem hatte er durch Ruth Kraft erfahren, dass dieses Haus die zweitgrößte Privatbibliothek der Stadt beherbergte. Dies teilte er auch seinem Freund Dr. Silbermann mit, und so erschienen die beiden eines Tages durch Ruths Vermittlung, um unsere Schätze zu sichten. Mein Vater war nicht zuhause. Ich öffnete die beiden Bücherschränke, sie sahen sich das eine und andere bewundernd an, und als ich während des Gespräches jemanden nachahmte, rief Dr. Silbermann aus: „Fräulein Horowitz, Sie haben ja schauspielerisches Talent, Sie sollten zur Bühne gehen!" „Das würde ich auch herzensgerne tun," erwiderte ich, „aber unter den Umständen, in denen wir leben, ist dies wohl das letzte, an das ich denken darf." „Ich habe eine Alexander-Moissi-Platte[104] und auch einige von Karl Kraus, würden Sie die gerne hören?" fragte er, und ich antwortete: „Gewiss!" „Dann besuchen Sie mich doch einmal," schlug er vor. „Darf ich auch jemanden mitbringen?" wollte ich wissen. „Natürlich" sagte er. „Herren-Besuche" ohne Begleitung kamen für mich zu jener Zeit nicht in Frage. Und Dr. Silbermann war im Unterschied zu meinen damaligen Freunden, die im Sommer noch in kurzen Hosen und Hemden mit halben Ärmeln herumliefen, vom Scheitel bis zur Sohle ein „Herr". Geschniegelt und gebügelt kam er mir in seiner hellgrauen Flanellhose, seinem havannafarbenen Sakko mit Anstecktuch, dem blütenweißen, tadellos ge-

---

102 Das Epische Theater, das Bertolt Brecht (1898-1956) später zum dialektischen Theater entwickelte, führte Tairows Theaterauffassung weiter und wandte sich gegen Stanislawskis Schauspielauffassung.

103 Der angesehene Sprachwissenschaftler und Jiddischist Chaim Gininger, der später Professor an der Columbia Universität in New York wurde, war ein enger Freund von Jacob Silbermann und Hersch Segal.

104 Der aus Albanien stammende bedeutende Schauspieler Alexander Moissi (1879-1935) war in Czernowitz für seine Rezitationskunst besonders berühmt. Mit seinem Gastspiel war allerdings auch ein bedauernswertes Ereignis in der Theatergeschichte der Stadt unter der rumänischen Herrschaft verbunden. Rumänische nationalistische Studenten hatten Moissi, der zu einem Gastspiel nach Czernowitz gekommen war, für einen Juden gehalten und das Theater gestürmt, um die Vorstellung zu unterbrechen; die jüdischen Fiakerkutscher, die herbeigeeilt waren, verprügelten die Studenten. Die Schlägerei wurde zum Anlass genommen, das deutschsprachige Theater zu schließen.

bügelten Hemd und eleganter, gestreifter Krawatte vor. Insgeheim machte ich
mich ein wenig über ihn lustig. Dennoch nahm ich seine Einladung an und ging
mit Paul und Ruth hin. Er hatte ein modern eingerichtetes Zimmer mit Thonet-
möbeln und besaß nicht bloß Sprechplatten, sondern auch viele Kunstalben sowie eine sehr schöne Bibliothek mit moderneren Autoren als die meines Vaters, z.
B. alle Werke von Franz Kafka[105], Sigmund Freud[106], Karl Kraus, Hugo von Hofmannsthal[107], Stefan George, Manfred Hausmann, Knut Hamsun, Ernst Wiechert[108], Josef Weinheber[109] und vieles mehr. Er erwies sich als ein vielseitig und
hoch gebildeter Mann, der eine kulturelle Instanz in unserer Stadt war, einer, in
dessen Wohnung eingeladen zu werden, viele junge Leute, vor allem junge Mädchen, sich zu Ehre anrechneten, einer, der zusammen mit Chaim Gininger Paul
und mich später zu Rose Ausländer[110] mitnahm, der lange Dispute mit Paul über
Hofmannsthals „Chandos-Brief[111]" führte, der erste, der Paul dazu riet, seinen

---

105 Jacob Silbermann besaß Erstausgaben aller damals erhältlichen Werke von Franz Kafka (1883-
     1924); zu den Büchern, die er bei seiner Auswanderung von Czernowitz nach Bukarest und Jahr-
     zehnte später nach Düsseldorf mitnahm, zählte Franz Kafkas *Ein Landarzt* (1919).
106 Sein Exemplar von Freuds *Psychoanalytische Studien an den Werken der Dichtung und Kunst*, Wien:
     Internationaler Psychoanalytischer Verlag, 1924, und eine Ausgabe seines Werkes *Die Zukunft
     einer Illusion* (1928) nahm Jacob Silbermann ebenfalls nach Bukarest und später nach Düsseldorf
     mit.
107 Jacob Silbermann war ein begeisterter Leser der Lyrik Hugo von Hofmannsthals (1874-1929),
     befasste sich vor allem mit seiner Sprachkrise und seinem *Chandos-Brief* (1902), über den er
     immer wieder mit Paul Antschel diskutierte.
108 Wie Carl von Ossietzky gehörte auch Ernst Wiechert (1887-1950) zum deutschen Widerstand;
     er hatte 1933 und 1935 die im Auditorium Maximum versammelten Studenten der Münchener
     Universität aufgefordert, kritische Distanz zum Nationalsozialismus zu bewahren und hatte Mar-
     tin Niemöller und seine Familie unterstützt; auch er wurde von der Gestapo verhaftet und ins KZ
     Buchenwald gebracht. Silbermann bewunderte Wiechert sowohl als Autor als auch als mutigen
     und aufrichtigen Menschen; zu den Werken, die er bei seiner Auswanderung aus Czernowitz im
     Gepäck mitnahm, zählt *Der silberne Wagen* (1941); in einem Antiquariat in Bukarest kaufte er
     sich *Die Flöte des Pans* (1944) sowie *Die Magd des Jürgen Doskocil* (1947); diese Bücher „wander-
     ten" nach Düsseldorf mit. Auch Edith Silbermann war eine begeisterte Wiechert-Leserin. In
     Bukarest führte sie Tagebuch, in das sie Zitate aus Büchern aufschrieb, die sie besonders beein-
     druckt und einen direkten Bezug zu ihrem Leben hatten. Sie hatte auch eine handschriftliche
     Sammlung von Zitaten. Eines ihrer Notizbücher trägt die Überschrift, „Ernst Wiechert: Lebens-
     worte aus seinem Schrifttum". Es sind Zitate aus Wiecherts *Jahre und Zeiten* (1948), die ihrer
     eigenen Denk- und Sichtweise völlig entsprachen. Das Notizbuch beginnt mit einer Betrachtung
     Wiecherts über den Zweiten Weltkrieg: „Der Krieg war mir schwer und ungeliebt gewesen, ja ich
     hatte sein Antlitz gehasst als das Urböse aller Menschheitsgeschichte" (E. Silbermanns Notizbuch).
109 Jacob Silbermann, seine Freunde, Alfred Margul-Sperber und Alfred Kittner, schätzten die Lyrik
     Josef Weinhebers (1892-1945), vor allem seine Blumengedichte. Als er im Jahre 1931 Mitglied
     der NSDAP wurde, bedauerten sie seine Entscheidung und wandten sich von ihm ab; den künst-
     lerischen Wert seiner Gedichte anerkannten sie dennoch.
110 Über ihre und Jacob Silbermanns freundschaftliche Beziehung zur ebenfalls aus Czernowitz
     stammenden Lyrikerin Rose Ausländer (1901-1988) berichtet Edith Silbermann in ihrem Buch
     Rose Ausländer, Die Sappho der östlichen Landschaft, Aachen: Rimbaud Verlag, 2003.
111 Als theoretischer Text war Hofmannsthals fiktiver „Brief des Lord Chandos an Francis Bacon",
     am 18.10.1902 in der Berliner Literaturzeitschrift *Der Tag* veröffentlicht, für Antschel von ent-
     scheidender Bedeutung.

Familiennamen zu ändern, falls er sich als Dichter einen Namen machen wollte. Scherzend vertrat er die Meinung, der Literaturhistoriker Friedrich Gundolf[112] wäre nie berühmt geworden, hätte er den Finger aus seinem Nachnamen nicht weggelassen. Er hieß nämlich ursprünglich Gundelfinger. In den Folgejahren wurde Dr. Silbermann nicht bloß für mich, sondern auch für Paul so etwas wie ein väterlicher Berater, auf den Verlass in der Not war, aber dass er einst mein Ehegatte werden würde, hätte ich mir damals nicht träumen lassen. […]

Über uns Juden zogen um diese Zeit wieder dunkle Wolken heran. Im Juni 1942 begann eine neue Deportierungswelle. All diejenigen, die bloß eine „Popovici-Autorisation" besaßen, wurden an einigen Wochenenden vor Tag aus ihren Betten geholt, zum jüdischen Sportplatz Makkabi geschafft und von dort zum Bahnhof in bereitgestellte Viehwaggons getrieben, die, sobald sie vollgestopft und verriegelt waren, in Richtung Transnistrien abfuhren.

Zu den damals in die Lager jenseits des Dnjester, ja sogar jenseits des Bug Verschickten gehörten auch Tante Dela, die Schwester meiner Mutter, die Familien Weißglas, Kittner, Antschel und viele mehr. War in den Waggons noch etwas Luft zum Atmen übrig, so pferchte man auch Familien hinein, die eine gültige Calotescu-Autorisation besaßen, auf deren Wohnungen jedoch rumänische Nachbarn ein Auge geworfen hatten. Polizisten, die wie Hundefänger durch die Straßen jagten, nahmen bei Razzien Menschen wie den Violinisten Samuel Flohr[113] fest, der zum Bleiben gültige Papiere hatte. Solche Übergriffe waren an der Tagesordnung. Auch uns konnte jederzeit das gleiche Los treffen.

Ich lebte längst im Westen und fuhr eines Tages mit Alfred Kittner nach Frankfurt. Dort trafen wir Ilse Müller, eine ehemalige Kommilitonin von Paul, die wie Kittner das Lager überlebt hatte und uns folgendes erzählte: Paul, der so oft es sich herumsprach, eine „Aushebung" würde bevorstehen, ein Versteck suchte, […] kam eines Abends zu ihr in der Absicht, bei ihnen zu übernachten, da er die Familie durch eine Calotescu-Autorisation geschützt glaubte. Um zehn Uhr abends erhob er sich jedoch plötzlich und erklärte: „Ich gehe lieber zu Edith". Sein Instinkt hatte ihn gerettet. Die Familie wurde am frühen Morgen aufgrund der Anzeige eines Nachbarn trotz ihres Bleiberechts abgeholt. Paul hatte auch für seine Eltern ein Versteck bereit, aber seine Mutter weigerte sich hinzugehen. Ebenso starrköpfig war leider Mamas Schwester Dela. Wir beschworen sie, zu uns zu kommen und nicht zuhause zu übernachten, aber sie wähnte sich sicher, weil Onkel Adolf, ihr Mann, im Krankenhaus lag und befürchtete auch, man würde die alte Tante Fanny statt ihrer mitnehmen, und so ging sie in den Tod. Meine Mutter schickte das ehemalige Dienstmädchen Olga, das mit einem

---

112 Vgl. Einleitung, S. 13.
113 Samuel Flohr wurde von der Deportation in letzter Minute zurückgeholt; er überlebte den Krieg, wanderte später aus der Bukowina via Rumänien in die USA aus, wo er seine Tätigkeit als Violinist fortsetzte; vgl. Alfred Kittner, *Erinnerungen* (wie S. 14, Anm. 38).

Feldwebel unten im Hof wohnte, zusammen mit meiner kleinen Schwester zum Makkabiplatz, in der Hoffnung, sie würden Tante Dela noch ein Esspaket mitgeben können, aber die Gendarmen ließen die beiden gar nicht durch. Als die „Aktion" abgeschlossen war, mussten sich alle jüdischen Männer zwischen sechzehn und sechzig Jahren mit Wegzehrung für einen Tag in einem Rekrutierungsamt melden und wurden von dort in verschiedene in der Moldau oder in Bessarabien gelegene Arbeitslager verschickt. Manche, wie Dr. Josef Ausländer[114], ein Schüler Albert Einsteins und Verwandter von Hermann Hesses Frau Ninon, der nach dem Krieg Professor an der Karlsruher Universität wurde, mussten Minen räumen; die meisten Männer wurden jedoch beim Straßenbau eingesetzt. Die Arbeit war kein Honigschlecken, aber gemessen an Transnistrien und besonders an den deutschen Vernichtungslagern jenseits des Bug war das Leben dort erträglich. Die Fron Leistenden wurden nicht in einem Steinbruch oder in Pferdeställen, sondern zunächst auf einem Gutshof und dann in Baracken untergebracht und erhielten regelmäßig ihre Ration Brot und durften, sobald die Schneestürme einsetzten, auch auf Urlaub nach Hause. Als der Straßenbau bei Einbruch des Winters der schlechten Witterung wegen zeitweilig unmöglich geworden war, durfte auch Paul für kurze Zeit heim. Doch er hatte ja in Czernowitz kein Heim mehr, klagte über die Wohnverhältnisse beim Großvater, der wie durch ein Wunder nicht nach Transnistrien „umgesiedelt" worden war, daher nahm meine Mutter ihn bei uns auf.

Ich sehe ihn noch in der für ihn so typischen Gangart schlendernden Schrittes den Veteranenberg herunterkommen, den fast knöchellangen grauen Mantel trotz beißender Kälte aufgeknöpft, die Zigarette in der Linken, den rechten Arm weit ausgestreckt wie eine Schwinge, den Kopf leicht seitwärts geneigt, das blasse Gesicht schmal und ernst, eine El Greco-Gestalt. Einmal nur gelang es uns damals, ihn zum Lachen zu bringen, als er das an Kragen und Ausschnitt bunt bestickte lange Nachthemd meines Vaters übergestreift hatte und in die allgemeine Heiterkeit einstimmte, die dieser Aufzug in unserer Familie auslöste. Sonst blieb er verdüstert und wortkarg, bis er wieder fort musste. Aus dem nahe gelegenen Knabeninternat, in dem russische Soldaten gehaust und bei ihrem Abzug alles, was sie nicht mitnehmen konnten, vernichtet hatten, war es meiner Mutter gelungen, einen kleinen Sack Perlgraupen zu ergattern, in den leider aus einem umgeworfenen Kanister Petroleum eingedrungen war. Mit der aus den Graupen zubereiteten Grütze, die wochenlang unsere Grundnahrung war, musste nun auch unser Gast vorlieb nehmen. Zum Glück gab es auch noch andere Vorräte im Haus, mit denen wir ihn ein wenig aufpäppeln konnten. Meine Mutter brachte es sogar zustande, eine Süßrahmtorte, „Schmettentorte", sein Lieblings-

---

114 Joseph Ausländer wurde später Professor für Physik an der Universität Karlsruhe, die bis 1967 Technische Hochschule gewesen war.

gebäck, für ihn zu backen, woran er sich auch nach Jahren voller Dankbarkeit erinnern sollte. Als wir bereits längst im Westen lebten und er uns einmal in Düsseldorf anrief, um uns seinen Besuch anzukündigen, sagte er im Scherz: „Ich komme nur, wenn Deine Mama mir wieder Schmettentorte macht." Diesmal fiel es uns natürlich leichter, ihm diesen kulinarischen Genuss zu bieten.

Ebenfalls aus der Zeit der Verfolgung ist mir noch folgende Begebenheit im Gedächtnis: nach Einbruch der Dunkelheit durfte bekanntlich kein Jude auf die Straße. Paul hatte, bei einer Freundin weilend, die Sperrstunde überschritten und seinen gelben Stern daher auf dem Heimweg abgenommen. Er wurde von zwei Rowdies als Jude erkannt und zusammengeschlagen. [...]

Als im Februar 1944 das Arbeitslager in Tăbărești wegen der schlechten Witterung (Schneestürme) und dem Näherrücken der Russen aufgelöst wurde und Paul nach Czernowitz zurückkehrte, nahm er die Beziehung zu einem Mädchen, mit dem er bereits im Ghetto geflirtet hatte, wieder auf.[115] Sie war aus wohlhabendem Haus, ihr Vater Zionist, und so bereitete die Familie sich vor, die Stadt zu verlassen, um nach Palästina zu ziehen, was ihr auch gelang. Auch Paul spielte mit dem Gedanken, diesen Weg einzuschlagen. Vielleicht hätte das Mädchen, das schon lange in ihn verliebt war, ihn mitgenommen. Aber Ruth wollte sich nicht von ihm trennen, nicht auf ihn verzichten. Er blieb in Czernowitz. Anfang des Jahres 1945 gelang Ruth die Flucht nach Bukarest[116]. Kurze Zeit danach, im Frühjahr 1945, verließ auch Paul die Bukowina[117]; er wanderte aus, fuhr zu Ruth nach Bukarest[118].

Ich habe mich oft gefragt, was aus Paul geworden wäre, wenn er damals nach Palästina hätte gelangen können. Wäre er wie Dan Pagis[119], der ebenfalls aus der Bukowina stammte, ein erfolgreicher israelischer Dichter geworden? Oder hätte

---

115 Edith Silbermann nennt hier keinen Namen; es ist vermutlich Ilana Schmueli, auf die sie sich bezieht. Über ihre spätere Freundschaft mit Celan, den sie Jahrzehnte später in Frankreich und Israel wiedersah, berichtete Ilana Schmueli in: Paul Celan, Ilana Schmueli, *Briefwechsel*, Hrsg. Ilana Shmueli und Thomas Sparr, Frankfurt/M.: Suhrkamp Verlag, 2004, 155-178; über die Czernowitzer Zeit, siehe: Ilana Schmueli, *Ein Kind aus guter Familie, Czernowitz 1924-1944*, Aachen: Rimbaud Verlag, 2006.
116 Vgl. Personenverzeichnis I, S. 328-329.
117 Vgl. Einleitung, S. 16.
118 In Bukarest sollte Ruth ihm und Edith eine Überraschung bereiten, für weitere Informationen darüber vgl. S. 128-129.
119 Der bedeutende israelische Dichter Dan Pagis (1930-1986) stammte aus Radautz, Bukowina; mit vier Jahren verlor er seine Mutter; der Vater war bereits vorher nach Palästina ausgewandert. Dan Pagis, der als Kind deportiert wurde, überlebte; 1946 gelangte er nach Palästina. In den folgenden Jahren baute er sich eine neue Existenz auf; er war zunächst Schullehrer in einem Kibbuz, studierte dann an der Hebräischen Universität von Jerusalem und wurde Professor für Hebräische Literatur. Seine Lyrik, die ins Deutsche und Englische übersetzt wurde, gilt als eines der wichtigsten Zeugnisse der modernen hebräischen Literatur. Zu den in Deutschland erschienenen Gedichtbänden von Dan Pagis zählen: *An beiden Ufern der Zeit. Ausgewählte Gedichte und Prosa*. Übers. Anne Birkenhauer, Straelen/Niederrhein: Straelener Manuskripte Verlag, 2003; *Erdichteter Mensch*, Übers. Tuvia Rübner, Frankfurt/M.: Suhrkamp Verlag, 1993.

er wie Manfred Winkler[120] und viele andere Emigranten aus Österreich und
Deutschland weiter in seiner Muttersprache geschrieben? Hätte er auch dort eigene Wege eingeschlagen und die deutsche Nachkriegslyrik entscheidend geprägt? Wäre er auch als israelischer Bürger in der deutschen Presse solchen An-
feindungen ausgesetzt gewesen, dass er deshalb schweren psychischen Schaden
erlitt? Müßige Fragen. Es sollte eben nicht sein.

---

120 Der aus einer Bukowiner jüdischen Intellektuellenfamilie stammende Lyriker Manfred Winkler
    (geb. 1922) hatte den Holocaust überlebt, war von der Roten Armee eingezogen worden und
    musste danach seinen Lebensunterhalt als Arbeiter verdienen; in Rumänien war er als Arbeiter-
    dichter bekannt; 1959 gelang es ihm, das kommunistische Land zu verlassen; er wanderte nach
    Israel ein, ließ sich in Jerusalem nieder, wo er hebräische und jiddische Literatur an der Hebrä-
    ischen Universität studierte und später Leiter des Herzl-Archivs wurde. Er gehört zu den wenigen
    zweisprachigen Lyrikern Israels, verfasst sowohl deutsche als auch hebräische Gedichte und ist
    zugleich als Übersetzer tätig. Zu seinen deutschsprachigen Werken zählen: *Tief pflügt das Leben*,
    Bukarest: ESPLA, 1957; *Kunterbunte Verse*, Bukarest: Jugendverlag, 1958; *Im Schatten des Skorpi-
    ons*, Aachen: Rimbaud Verlag, 2006; *Im Lichte der langen Nacht*, Aachen: Rimbaud Verlag, 2008.

Edith Silbermann: Mythen in der Celan-Forschung

Die Unkenntnis der Umstände, unter denen die Juden der Bukowina vor und während des Zweiten Weltkriegs lebten und unter denen ihre Deportation erfolgte, hat der Phantasie so manch eines Literaturkritikers und Philologen freien Lauf gestattet und ihn zu Spekulationen und Trugschlüssen bei der Deutung von Celans Gedichten verleitet.

Ich erwähne einige dieser Fehler, um zu verhindern, dass im Zusammenhang mit Celans Biographie weiterhin unrichtige Behauptungen im Umlauf bleiben und Legenden gesponnen werden.

– Die von Barbara Wiedemann redigierten Anmerkungen zu *Paul Celan – Gisèle Celan-Lestrange. Briefwechsel*, Hrsg. B. Badiou unter Mitwirkung von E. Celan, Übers. Eugen Helmlé (2001)[1], die sich auf die Bukowina und Bukowiner Freunde Celans beziehen, weisen eine Vielzahl von falschen Angaben auf. Als diese Ausgabe erschien, waren die richtigen Informationen jedoch längst veröffentlicht[2]. So gab es in Czernowitz keine medizinische Fakultät, daher existierten dort auch keine Aufnahmebeschränkungen wie in Bukarest (CL 2, S. 390); Paul hätte deshalb zwar nicht in Bukarest, aber vielleicht in Klausenburg Medizin studieren können; seine Eltern zogen es indes vor, ihn nach Frankreich zu schicken. Im Hause Horowitz traf sich kein Lesekreis (CL 2, S. 390); der Lesekreis, an dem sowohl Paul Antschel als auch ich selbst und andere unserer Freunde teilnahmen, fand nur bei Ilse Goldmann und nicht in meinem Elternhaus statt. Paul rezitierte gern den Part der Frauen wie Ophelia und Julia in Shakespeares Dramen; mir ist indes nicht bekannt, dass er mit Vorliebe Ophelias Wahnsinnsszene oder Julias Balkonszene rezitierte. Im Hause Horowitz gab es weder Hauskonzerte (CL 2, S. 394) noch Schallplattenabende (CL 2, S. 394); wir hatten keinen Plattenspieler. Ich musizierte zu Hause mit den Brüdern Weißglas und anderen Konservatoriumskollegen, weil ich das Konservatorium im Fach Klavier besuchte und üben musste. Erst als wir Dr. Jacob Silbermann kennenlernten, der einen Plattenspieler besaß, hörten Paul und ich unter anderem Platten von Alexander Moissi und Karl

---

1 Paul Celan – Gisèle Celan-Lestrange, *Correspondance*, Hrsg. B. Badiou, Eric Celan, 2 Bde., Paris: Seuil, 2001; Paul Celan – Gisèle Celan-Lestrange, *Briefwechsel*, Hrsg. Bertrand Badiou, Eric Celan, deutsche Übersetzung von Eugen Helmlé; Anmerkungen übersetzt und für die deutsche Ausgabe eingerichtet von Barbara Wiedemann, CL 2.

2 In meinem Buch *Begegnung mit Paul Celan* (1993) habe ich viele Informationen publiziert, die in den Anmerkungen zur Korrespondenz dennoch unrichtig wiedergegeben werden, siehe *Begegnung mit Paul Celan*, S. 41-70.

Kraus bei ihm, waren damals von der pathetischen, fast singenden Art zu re-
zitieren begeistert, was sicherlich auch auf Pauls Vortragsweise abfärbte, die
später bei der Gruppe 47 Befremden auslöste. Pauls Jugendfreunde, Erich
Einhorn und Gustav Chomed, haben sich damals <u>nicht</u> der Roten Armee
angeschlossen (CL 2, S. 394). Erich Einhorn wurde mit vielen anderen Studenten auf Lkws, die von der Universität bereitgestellt wurden, ins Innere der
Sowjetunion evakuiert; Gustav flüchtete zu Fuß vor den eindringenden rumänischen und deutschen Truppen. Später wurden sie von der Armee eingezogen
und als Dolmetscher eingesetzt, vgl. G. Chomed, Personenverzeichnis I,
S. 320-321. Paul las André Gides Bücher über seinen Besuch in der Sowjetunion nicht erst 1939 (CL 2, S. 392). Die Bücher waren bereits viel früher
erschienen – *Retour de l'U.R.S.S.* (1936) und *Retouches à mon retour de
l'U.R.S.S.* (1937) – und veranlassten uns, unsere kommunistische Anschau-
ung zu revidieren. Die Deportationen nach Transnistrien begannen nicht am
5. Juli 1941, sondern im Oktober vom Ghetto aus (CL 2, S. 395). Das Lager
Tăbărești befand sich in der Moldau und nicht in Oltenien (CL 2, S. 396);
1944 gab es keine „Wiederbegegnung mit Edith Horowitz", und wir haben
um diese Zeit alles andere als das *Nibelungenlied* gelesen (CL 2, S. 397). In
Begegnung mit Paul Celan, vgl. S. 43-44, schrieb ich, dass mein Vater Paul und
auch mich mit mittelhochdeutscher Literatur vertraut gemacht hatte. Paul
ging bei uns von 1935 bis 1945, bevor wir beide Czernowitz verließen, ein
und aus, übernachtete zuweilen bei uns, als er sich in Gefahr wähnte; in meinem Elternhaus verbrachte er im Winter 1942/1943 auch die wenigen „Ur-
laubstage", die ihm gewährt wurden, als Schneestürme den Straßenbau zeitweilig unmöglich machten. Auch die Angabe über Ruth Krafts Emigration
nach Rumänien im Herbst-Winter 1944 (CL 2, S. 398) ist nicht richtig. Zwischen Emigration und Flucht ist ein Unterschied. Ruth Kraft ist, als Rot-
Kreuz-Schwester verkleidet, von ihrem in Bukarest ansässigen Bruder über die
Grenze geschmuggelt worden. Auch Informationen über andere Jugendfreunde sind fehlerhaft: So ist Lia Fingerhut laut Auskunft eines gemeinsamen
Freundes in Israel wohl ertrunken, hat sich aber nicht ertränkt (CL 2, S. 445).
Es war ein Unfall, kein Selbstmord. Marcel Pohne stammt nicht aus Czernowitz (CL 2, S. 158, 593), sondern aus Köln; seine Frau, Nadia Pohne, kam
zwar in Czernowitz zur Welt, weil ihre Mutter dort auf Besuch war; die Mutter kehrte aber mit dem neugeborenen Kind nach Bukarest zurück, wo Nadia
Kindheit und Jugend verbrachte, nach dem Krieg Marcel Pohne kennen lernte und heiratete (vgl. Personenverzeichnis I., S. 333-334). Auch die über mich
selbst in den Anmerkungen dieses Bandes enthaltenen Angaben (CL 2, S. 158)
sind falsch: Unsere Emigration, die nach siebzehn und nicht nach zwanzig
Jahren stattfand, ist nicht durch „P.C.s Verbindungen" geglückt. Er hatte meinem Ehemann und mir nicht zur Auswanderung verholfen und auch nicht

verhelfen können. Ich war nie als Übersetzerin aus dem Rumänischen in Kölns literarischen Kreisen tätig; ich habe nie in Köln gelebt und hatte keine literarische Verbindung zu dieser Stadt. Celan empfahl uns einmal als seine Freunde an Heinrich Böll, der uns sehr herzlich empfing, an unseren Berichten über das kommunistische Rumänien sehr interessiert war und zu Weihnachten ein wunderschönes Aquarell von Beuys schickte, das ich noch besitze. Ich war auch nicht mit Paul Celan „verschwägert" (CL 2, S. 601), sondern „verwandt". Die Ehrlichs, die wir in unserer Korrespondenz erwähnen, waren unsere gemeinsamen Verwandten (vgl. V, II, S. 340-342): Adele Ehrlich war Pauls Großmutter; sie war die Mutter von Friederike Schrager, Pauls Mutter.

– In ihrem Band *Paul Celan – Die Goll-Affäre* vermittelt Barbara Wiedemann ein falsches Bild des Todeslagers, in das Immanuel Weißglas, aber auch Alfred Kittner und andere Freunde Celans deportiert worden waren. So schreibt Barbara Wiedemann: „Er (d. h. Immanuel Weißglas) war mit seiner Familie in ein Ghetto zwischen Dnjestr und Bug, d. h. im rumänisch kontrollierten Transnistrien deportiert worden, und nicht, wie Celans Eltern in ein Lager [...], das der deutschen SS unterstand. Die Familie Weißglas hat diese Zeit dank offensichtlich sehr guter materieller Verhältnisse einigermaßen wohlbehalten, jedenfalls vollzählig und ohne Zwangsarbeit überstanden."[3] In seinen postum veröffentlichten *Erinnerungen* (1996) beschreibt Alfred Kittner dieses Todeslager, in dem er und auch Immanuel Weißglas Zwangsarbeit leisten mussten; auch der *Bericht einer Deportation* (1995)[4] von Isak Weißglas, Vater des Lyrikers, schildert die Zustände in diesem Lager, dem Steinbruch am Bug, sehr genau. Angesichts der bereits veröffentlichten Informationen über dieses Lager sind Barbara Wiedemanns Kommentare über Immanuel Weißglas unverständlich und korrekturbedürftig.

– In seiner in der *Neuen Zürcher Zeitung* vom 29./30.9.1984 (Nr. 227) erschienen Interpretation des Gedichtes „Aschenglorie" aus dem Band *Atemwende* geht Wolfgang Binder von der irrigen Annahme aus, Celans Eltern wären verbrannt worden, er selber sei dem Gastod durch Flucht entronnen.[5] Celan war im Sommer 1942, als seine Eltern deportiert wurden, nicht geflohen, sondern, wie bereits erwähnt, in weiser Voraussicht des Kommenden einfach von zuhause weggegangen.

– In Transnistrien gab es Vernichtungslager, aber keine Gaskammern wie in Auschwitz. Pauls Eltern wurden nicht verbrannt; sie kamen am Bug um; der Vater erlag dem Typhus oder wurde erschossen, weil er, vom Typhus geschwächt, zusammengebrochen war und nicht mehr arbeiten konnte; die

---

3 *Paul Celan – Die Goll-Affäre*, Hrsg. Barbara Wiedemann (wie S. 19, Anm. 60), S. 845.
4 Isak Weißglas, *Steinbruch am Bug. Bericht einer Deportation* (wie S. 14-15, Anm. 38); vgl. auch Kittner, *Erinnerungen*, ebd.
5 Wolfgang Binder, „Paul Celan: Aschenglorie", in: *Neue Zürcher Zeitung*, 29./30.9.1984, S. 65.

Mutter wurde durch Genickschuss ermordet. Vom Tod des Vaters erfuhr Paul im Herbst 1942 aus einem Brief seiner Mutter, den, wie bereits erwähnt, ein Kurier herübergeschmuggelt hatte; die Nachricht, dass seine Mutter umgebracht worden war, übermittelte ihm ein aus Transnistrien geflüchteter Verwandter[6] im Winter 1942/1943. Es war also nicht erst Immanuel Weißglas, der ihm nach seiner Rückkehr die Schreckensbotschaft brachte.

– Paul ist aus dem Arbeitslager in der südlichen Moldau nicht von Sowjettruppen befreit worden und in seine Heimatstadt nicht erst im Frühjahr 1944, als die Russen wieder die Bukowina besetzten, zurückgekehrt, wie mehrfach behauptet worden ist, sondern bereits im Februar jenes Jahres, als das Arbeitslager beim Näherrücken der Front aufgelöst wurde. Und seine ersten Gedichte hat er keineswegs erst in jener Zeit geschrieben, wie Wolfgang Binder vermutet.

– Das „Pontische Einstmals" und der „Tatarenmond" im Gedicht „Aschenglorie"[7] sind meines Erachtens eher Hinweise auf die Verbannung des römischen Dichters Ovid nach Tomis am Pontus Euxinus, dem heutigen Konstanza am Schwarzen Meer, sowie auf ein Liebeserlebnis Celans im Tatarenviertel von Mangalia, einem Badeort am Schwarzen Meer, als auf die Holcausterfahrung des Dichters. Dafür spricht auch die Verszeile „grub ich mich in dich und in dich"[8].

– Auch Peter Jokostras so reich ausgeschmückte Darstellung von der Vergasung der Eltern Celans, erschienen am 1.7.1962 in der *Rheinischen Post*[9], entspricht nicht den Tatsachen. Ebenso erweckt Hans Dieter Schäfers Behauptung, Paul Celan hätte seine Jugend im Ghetto verbracht (*Die Welt*, 6.8.1970) völlig falsche Vorstellungen.[10] Das Ghetto war in unserer Heimatstadt keine ständige Einrichtung, sondern wurde erst im Herbst 1941 als Sammelstelle zum Zwecke der Deportation errichtet.

– Leonhard Forster geht in seinem Aufsatz, „Todesfuge: Paul Celan, Immanuel Weißglas and the Psalmist"[11], von einer falschen Vorstellung der historischen Gegebenheiten aus, wenn er schreibt: „Celan was able to escape into metropolitan Rumania by volunteering for a Jewish <Arbeitsdienst> which was building roads in Moldavia."

---

6 Edith Silbermann bezieht sich hier auf Benno Teitler, der auch in Chalfens *Paul Celan-Eine Biographie seiner Jugend*, Frankfurt/M.: Insel Verlag, 1979, S. 129, 173, erwähnt wird; für weitere Informationen über die Deportation der Eltern, vgl. S. 14-15.

7 Celan, „Aschenglorie", *Gesammelte Werke* (1983), Bd. 2, S. 72.

8 Ebd.

9 Peter Jokostra, „Das jüdische Schicksal in Celans Gedichten: Der Dichter als Chronist seiner Zeit", in: *Rheinische Post* (Düsseldorf), 1.7.1962.

10 Hans Dieter Schäfer, „Mystische Rede am Rande des Schweigens: Letzte Gedichte von Paul Celan", in: *Die Welt*, 6.8.1970.

11 Leonhard Forster, „Todesfuge: Paul Celan, Immanuel Weißglas and the Psalmist", in: *German Life and Letters*, New Series, Bd. XXXIX (1985/86), S. 1-10.

– Eine „Selektion", auf die Franz Wurm in seinen „Erinnerungen an Paul Celan", erschienen in der *Neuen Zürcher Zeitung* vom 23.11.1990, zu sprechen
kommt und die ihm sein Freund selber geschildert haben soll, fand in Czernowitz nicht statt[12].

– Aus dem Arbeitslager hatte Antschel (Celan) seiner damaligen Freundin Ruth
Kraft Briefe geschrieben und diesen auch Gedichte beigefügt. Diese Gedichte
trug er dann in sein „Notizbuch 1944" ein. Daher geht die Sekundärliteratur
davon aus, dass alle diese Gedichte im Arbeitslager entstanden waren. Aber diese
Schlussfolgerung trifft nicht zu; vgl. Vorbemerkung zum Frühwerk, S. 125-126.

– Die Entstehung des berühmten und zugleich umstrittenen Gedichtes „Todesfuge" hat viele Germanisten beschäftigt, da widersprüchliche Informationen
über Entstehungsort und -zeit erhalten sind[13]. Der Lyriker selbst hat in einem
Brief vom 14.3.1962 an die Deutsche Verlagsanstalt betont, er habe das Gedicht im Frühjahr 1945 in Bukarest geschrieben[14]; auch an anderer Stelle hatte er auf dieses Entstehungsdatum hingewiesen. Die Aussagen des Lyrikers
schließen indes die Existenz einer früheren Fassung des Gedichtes nicht aus.
Ich habe triftige Gründe anzunehmen, dass Celan das Gedicht bereits in Czernowitz zumindest konzipiert hatte. Der Czernowitzer Lyriker Alfred Kittner,
der bis ins hohe Alter ein hervorragendes Gedächtnis besaß, hat immer wieder
betont, dass Celan ihm dieses Gedicht in der ersten Hälfte des Jahres 1945 vor
der griechisch-orthodoxen Kathedrale in Czernowitz vorgelesen, dass er manches daran auszusetzen und viel mit ihm darüber diskutiert hatte.[15] Es wird
behauptet, dass man in Czernowitz in der ersten Hälfte des Jahres 1945 noch
nichts weder von Konzentrationslagern noch von den Orchestern wusste, in
denen Juden aufspielen mussten, wenn andere zur Arbeit oder ins Gas gingen.
Daher habe Celan die „Todesfuge" nicht in Czernowitz verfassen können.
Diese Schlussfolgerung basiert auf einer falschen Annahme. Zwei Beispiele
aus meinen eigenen Erlebnissen mögen dies belegen: An einem kalten, nassen
Frühlingsmorgen im Jahr 1945 läutete es einmal Sturm an unserer Tür. Wir
waren noch gar nicht angezogen. Als wir öffneten, stand draußen eine in un-

---

12 Franz Wurm, „Erinnerung an Paul Celan" zu Celans 70. Geburtstag, in: *Neue Zürcher Zeitung*,
    23.11.1990, Wiederabdruck in leicht veränderter Fassung, Paul Celan, Franz Wurm, *Briefwech-
    sel*, Hrsg. B. Wiedemann gem. mit F. Wurm, Frankfurt/M.: Suhrkamp Verlag, 1995, S. 245-251;
    die Selektion wird auch in der veränderten Fassung der Erinnerungen geschildert.

13 Vgl. Paul Celan, *Todesfuge* mit einem Kommentar von Theo Buck, Aachen: Rimbaud Verlag, 1999,
    S. 11-13.

14 Vgl. *Todesfuge*, ebd., S. 12, S. 63. Der Umstand, dass die „Todesfuge" in keinem der zwei Notizbü-
    chern mit frühen Gedichten Celans, die im Besitz von Ruth Kraft waren, enthalten ist, wurde als
    weiterer Beweis für die Richtigkeit der Datierung „Bukarester 1945" gewertet. Es gibt allerdings
    auch andere in Czernowitz entstandene Gedichte, die in dieser Sammlung nicht enthalten sind;
    vgl. II, S. 174-176.

15 Alfred Kittner, „Erinnerungen an den jungen Paul Celan", in: *Texte zum frühen Celan. Bukarester
    Celan-Kolloquium 1981, Zeitschrift für Kulturaustausch*, 32 (3/1982), S. 217-219.

zählige Tücher und Jacken vermummte Gestalt mit dichten Augenbrauen, bösen, schwarzen stechenden Augen, einer Hakennase und Stoppeln auf dem Kinn, unmöglich zu sagen, ob Mann oder Frau. Stammelnd stieß die Person hervor: „Ich hobe Hunger. Gib mir Essen!" Meine Mutter stellte ihr sofort eine Schüssel warme Milch und Brot auf den Tisch. Dann fragte sie: „Vun wannen kummt ihr?" „Vun Ossjietze (Auschwitz)." Mit Esspaketen beladen, ging sie fort und wir sahen sie nie wieder. Unter den Flüchtlingen aus Konzentrationslagern und Überlebenden von Auschwitz, die in Czernowitz landeten, war auch ein holländischer Jude, der eine Bekannte von uns heiratete, die verwitwet war und einen kleinen Sohn hatte.

Die „Todesfuge" erschien zuerst 1947 in der rumänischen Übersetzung von Petre Solomon unter dem Titel „Tangoul morții" in der Zeitschrift *Contemporanul*. Ein Jahr, nachdem Celan in Bukarest eintraf und eine Stelle als Lektor im russischen Verlag „Cartea rusă" erhielt, kehrte auch Petre Solomon aus Palästina zurück, wohin er während des Krieges geflüchtet war. Er erhielt den gleichen Posten wie Celan und wurde sein bester Freund. Da „fuga" im Rumänischen sowohl das Musikstück als auch Flucht bedeutet, hätte eine wörtliche Übersetzung der „Todesfuge" Flucht vor dem Tod bedeutet, also eine Irreführung. Daher der Titel „Tangoul morții"[16]; aber es gibt auch eine deutsche Fassung des Gedichtes mit dem Titel „Todestango."[17]

Als Celan auf Empfehlung von Ingeborg Bachmann und Klaus Demus im Mai 1952 das Gedicht zum ersten Mal in der Bundesrepublik vorlas, nämlich bei einer Tagung der Gruppe 47 in Niendorf an der Ostsee, stieß er, was Inhalt und Form anbelangt, auf Befremden, ja auf völlige Verständnislosigkeit, und seine Vortragsweise wurde verhöhnt[18]. Sie klang in den Ohren der einen wie „der Singsang in einer Synagoge", in denen anderer wie „der Tonfall von Goebbels".[19] Hans Werner Richter, der Chef der Gruppe, konnte das angebliche „Pathos dieses Gestörten"[20] nicht ertragen. Diese deutschen Dichterkollegen, die nach dem Krieg aus einem Extrem ins andere geraten waren und

---

16 Celan, „Tangoul morții", Übers. Petre Solomon, in: *Contemporanul* (Bukarest), 2.5.1947.
17 Alfred Margul-Sperber Nachlaß; Abschrift mit diesem Titel im Besitz von Petre Solomon; *Todesfuge*, hrsg. Theo Buck (wie S. 57, Anm. 13), S. 66.
18 Klaus Briegleb, „Ingeborg Bachmann, Paul Celan. Ihr (Nicht)-Ort in der Gruppe 47 (1952-1964/5)", in: *Ingeborg Bachmann und Paul Celan. Poetische Korrespondenzen*. Hrsg. Bernhard Böschenstein und Sigrid Weigel, Frankfurt/M.: Suhrkamp Verlag, 1997, S. 29-81; vgl. auch Theo Buck, Paul Celan und die Gruppe 47, in: *Celan-Jahrbuch* 7 (1997/98), S. 65-87.
19 Hermann Lenz, „Erinnerungen an Paul Celan", in: *Paul Celan*, Hrsg. Werner Hamacher und Winfried Menninghaus. Frankfurt/M.: Suhrkamp Verlag, 1988, S. 316.
20 Klaus Briegleb, „Ingeborg Bachmann, Paul Celan. Ihr (Nicht)-Ort in der Gruppe 47 (1952-1964/5), ebd. , S. 54; vgl. auch Klaus Briegleb, *Mißachtung und Tabu. Eine Streitschrift zur Frage: Wie antisemitisch war die Gruppe 47?*, Berlin: Philo-Verlag, 2003.

einen unterkühlten, nüchternen, sachlichen Ton erwarteten, wussten nicht, dass Celan und sein Czernowitzer Freundeskreis an der Vortragsweise von Alexander Moissi und Karl Kraus geschult waren, deren Schallplattenaufnahmen sie immer wieder begeistert gehört hatten. Und auch die bedeutenden russischen und rumänischen Rezitatoren, die Celan bewundert hatte, trugen nicht im Stile des Epischen Theaters von Brecht vor.

Als wenige Jahre später die „Todesfuge" als herausragendes Beispiel einer „Lyrik nach Auschwitz" gefeiert wurde, musste Celan entsetzt feststellen, dass man dieses Gedicht als metaphorisch auslegte, somit völlig missverstand. Ein einflussreicher Literaturkritiker, übrigens früherer Angehöriger der Waffen-SS, bescheinigte dem Dichter, er habe sein Thema, den Völkermord an den Juden, in einer träumerischen, gewissermaßen schon jenseitigen Sprache zum Transzendieren gebracht.[21] Von Günter Blöcker wurde das Gedicht als „kontrapunktische Exerzitien auf dem Notenpapier"[22], also als rein ästhetisch, ohne jeden Wirklichkeitsbezug, abgetan, und Reinhard Baumgart monierte an der „Todesfuge", sie sei durchkomponiert in „raffinierter Partitur" und beweise zu viel „Genuß an Kunst, an der durch sie wieder ‹schön› gewordenen Verzweiflung"[23]. Celan aber beharrte auf dem Realismus der „Todesfuge". „Schwarze Milch der Frühe" ist keine Redefigur und kein Oxymoron mehr, das ist „Wirklichkeit", sagte er. „Es geht mir nicht um Wohllaut, es geht mir um Wahrheit"[24], protestierte er und weigerte sich von nun an, das Gedicht öffentlich vorzutragen. Schließlich änderte er fortan auch seine Schreibweise. In einem Gespräch, das er am 26. Dezember 1966 mit Hugo Huppert führte, sagte er:

> Auch musiziere ich nicht mehr, wie zur Zeit der vielbeschworenen *Todesfuge*, die nachgerade schon lesebuchreif gedroschen ist. Jetzt scheide ich streng zwischen Lyrik und Tonkunst. Das Zeichnerische liegt mir näher, nur schattiere ich mehr als Gisèle, ich verschatte absichtlich manche Kontur, um der Wahrheit der Nuance willen, getreu meinem Seelenrealismus[25].

Auf ein Element der Fuge zurückgreifend, hat er in „Engführung", dem Abschlussgedicht seines dritten Bandes *Sprachgitter*, das Thema der Judenverfolgung während der Nazizeit wieder aufgegriffen, doch auf andere Weise gestal-

---

21 Edith Silbermann bezieht sich hier auf Hans Egon Holthusen, „Fünf junge Lyriker", in: *Merkur*, 8, (1954), S. 384-390.

22 Günter Blöcker, „Gedichte als graphische Gebilde", in: *Tagesspiegel*, Berlin, 11.10.1959.

23 Reinhard Baumgart, „Unmenschlichkeit beschreiben". Weltkrieg und Faschismus in der Literatur", in: *Merkur*, 19 (1965), S. 50.

24 Zitiert nach Jean Firges, „Sprache und Sein – in der Dichtung Paul Celans", in: *Muttersprache*, 72 (1962), S. 266.

25 Zit. nach: Huppert, Hugo, „Spirituell: Ein Gespräch mit Paul Celan", in: *Paul Celan*, Hrsg. Werner Hamacher und Winfried Menninghaus, (wie S. 58, Anm. 19), S. 320-321.

tet, es mit den verheerenden Folgen des Abwurfs der Atombombe auf Hiroshima und Nagasaki, aber auch mit Sprachproblemen verknüpft, die ihn in zunehmendem Maße beschäftigten. Wiewohl Celans Weg vom sogenannten „schönen Gedicht" zu einer „graueren Sprache" führte, die sowohl er selbst als auch die meisten Literaturwissenschaftler als Fortschritt betrachteten, halte ich persönlich dieses Gedicht für das bedeutendste Zeugnis der Holocaust-Literatur und bin überzeugt, dass es eher als alle anderen die Zeit überdauern wird.

An die nie verwundene Ermordung seiner Mutter erinnert Celan auch in dem Gedicht „Wolfsbohne"[26], das er 1959 – nach der bereits erwähnten Rezension von Günter Blöcker – schrieb und das er kurz vor der Veröffentlichung zurückzog, da es ihm zu privat schien. Es wurde später in einen Nachlassband aufgenommen.

Die von Heinrich Stiehler in den *Akzenten* publizierte Unterstellung, Celan hätte das Gedicht „Er" seines Freundes Weißglas plagiiert, ist ungerechtfertigt.[27] Die Parallelität von Wort- und Bildmaterial der bereits zum festen Bestand von Lehrbüchern gehörenden „Todesfuge" mit dem Gedicht „Er" von Weißglas und das Vorhandensein der zentralen Metapher „schwarze Milch" auch in Gedichten von Rose Ausländer und Alfred Margul-Sperber, auf die so oft hingewiesen wird, will nichts besagen, denn Celan benutzte diese Motive lediglich als Bausteine, aus denen er ein eigenständiges und neues Gebilde schuf, und sein Weiterdichten mit dem poetischen Material anderer ist als produktives Spiel mit Formen der Lyriktradition zu verstehen. Die gleichen Themen, die in Celans Werk wiederholt auftauchen, finden sich natürlich nicht bloß bei Weißglas, sondern, wie bereits erwähnt, auch bei anderen Lyrikern der Bukowina, allerdings in meist herkömmlicher Behandlung. [Weißglas hielt sein Gedicht „Er" übrigens selber für so schwach, dass er es in den in Bukarest erschienenen Band *Nobiskrug*[28] gar nicht aufnehmen ließ.]

Kennzeichnend für Celans Dichtung sind im Unterschied zu der seiner dichtenden Landsleute nicht bloß seine vielen Wortschöpfungen und Wortspiele, der Gebrauch von Termini technici, z. B. aus der Mineralkunde, sein Hang zu Oxymora und Paradoxien, sondern auch die Einbeziehung fremd-

---

26 Celan, „Wolfsbohne", am 21.10.1959 enstanden, am 25.4.1965 überarbeitet, ist eine Antwort auf die Behauptung von Blöcker, Celans Gedichte seien „Exerzitien auf Notenpapier" ohne Wirklichkeitsbezug. Das Gedicht erschien in: Celan, *Die Gedichte aus dem Nachlaß*, Hrsg. von Bertrand Badiou und Jean-Claude Rambach, Anmerkungen von Barbara Wiedemann und Bertrand Badious, Frankfurt/M.: Suhrkamp Verlag, 1997, S. 306-309.

27 Heinrich Stiehler, „Die Zeit der Todesfuge: Zu den Anfängen Paul Celans" in: *Akzente* 19, Heft 1 (1972), S. 11-40. Die in diesem Artikel vorgebrachten Argumente sind von zahlreichen Germanisten, aber auch von Celans Czernowitzer Dichterfreunden, wie Rose Ausländer, widerlegt worden; vgl. *Todesfuge*, Hrsg. Theo Buck (wie S. 57, Anm. 13).

28 Immanuel Weißglas, *Nobiskrug*, Bukarest: Kriterion, 1972.

sprachiger Zitate aus der russischen, englischen, französischen, jiddischen oder hebräischen Dichtung, sowie von Ausdrücken und Wendungen aus dem Alt- und Mittelhochdeutschen. Sie alle sind jedoch keineswegs, wie es auf den ersten Blick dem Leser scheinen mag, willkürlich eingesetzt, sondern ergeben einen Sinn. So veranschaulicht Celan in seinem Gedicht „Du sei wie Du"[29] die Kontinuität der Judenverfolgung, in dem er althochdeutsche Wendungen wie „Stant vp Jherosalem inde / erheyff dich" mit „Gehugnis", der mittelhochdeutschen Bezeichnung für Erinnerung, Gedächtnis, und der hochdeutschen Sprache der Mörder seiner Mutter verknüpft und das Gedicht mit dem hebräischen Ausspruch „kumi/ori" <steh auf/es werde Licht> ausklingen lässt; blieb doch das Hebräische seit der Babylonischen Gefangenschaft der Juden immer die Sprache der Verheißung. Celan, der als Gymnasiast der illegalen kommunistischen Jugendorganisation angehört hatte und in seinem Denken zum Ärger seines zionistisch gesinnten Vaters durchaus kosmopolitisch ausgerichtet war, wurde sich auf Grund der Holocausterfahrung immer mehr seines Judentums bewusst und wandte sein Augenmerk in zunehmendem Masse auch jüdischer Mystik zu, eine Beschäftigung, die deutlichen Niederschlag in seinem Spätwerk fand. Das Volk des Buches ändert hebräische Wortverbindungen nach Belieben. Die Vieldeutigkeit der Heiligen Schrift ist nicht zuletzt bedingt durch das System der semitischen Sprachen. Die meisten hebräischen Wörter sind von einer Wortwurzel abgeleitet, die aus drei Konsonanten besteht. Im Prinzip ist die hebräische Schrift ein Konsonantenalphabet aus 22 Zeichen. In Anlehnung an die hebräische Sprache, die Celan ja bereits in der Kindheit gelernt hat, reduziert er auch deutsche Wörter auf ihre Wurzel und nutzt die Vielfalt der Bedeutungsmöglichkeiten einzelner Wortwurzeln, um neue Wortverbindungen und Begriffe zu schaffen.

Die erwähnten ungerechtfertigten Anschuldigungen, die gegen Celans Lyrik immer wieder erhoben wurden, beeinflussten seine ambivalente Haltung zum eigenen Jugendwerk und bestimmte auch Gisèle Celan-Lestrange, nach Celans Suizid die Veröffentlichung der frühen Lyrik jahrelang zu verhindern.

---

29 Celan, „Du sei wie Du", *Lichtzwang, Gesammelte Werke* (1983), Bd. 2, S. 327.

DOKUMENTATION I

1. Portraits

1. Lisa Stadler (oben rechts) mit ihrer Schwester Dela (oben links)
und Cousine Saly, Czernowitz 1910.

Karl Horowitz (1. in der ersten Reihe links) als Student in Wien,
Sommersemester 1914.

3. Karl Horowitz,
Studienbuch
(„Meldungsbuch"),
Wiener Universität,
1919-1922.

4. Karl Horowitz, Scherenschnitt auf einer
Feldkorrespondenzkarte, Österreich 1916.

5. Karl Horowitz, Staatsbürgerschafts-Erklärung für die deutsch-österreichische
Staatsbürgerschaft (1919).

6. Lisa Horowitz, geborene Stadler,
Czernowitz 1924.

7. Karl Horowitz, Passbild,
Czernowitz 1925.

8. Edith Horowitz als Schülerin der ersten Gymnasialklasse, 1932-33. Sie trägt die
Kappe ihres Mädchengymnasiums, „Liceul particular de fete cu drept public", LFP.

1935. 10. Mai - Feier; als „Bukowina"

9. Edith Horowitz (2. von rechts, erste Reihe, das Mädchen mit den langen Zöpfen) als „Bukowina", 10. Mai-Feier, Czernowitz 1935.

10. Edith Horowitz im Bukowina-Kostüm, 1935.

11. Edith Horowitz als Schülerin der V. Gymnasialklasse, 1936.

12. Paul Antschel als Schüler der VI. Gymnasialklasse, 1936, Ausschnitt aus dem Klassenfoto, siehe Bild des Gymnasiums, Dokumentation I, S. 106.

13. Rechtsanwalt Jacob Silbermann,
auf dem Weg vom Gericht,
Czernowitz 1936.

14. Heimatschein von
Jacob Silbermann,
Herzogtum Bukowina 1918.

15. Edith Horowitz (2. von rechts) mit den Freundinnen Ruth Glasberg (1. von rechts), Ruth Kissmann (3. von rechts) und Renate Kraus (2. von links).

16. Edith Horowitz mit Hilde Knappek, geborene Ehrlich, die aus Paris in Czernowitz zu Besuch war; im Hof des Czernowitzer Hauses der Familie Horowitz, 1937.

17. Edith Horowitz zu Hause in Czernowitz, 1937.

18. Edith Horowitz (2. von links) mit Paul Antschel (rechts oben) in
Cernauca am Pruth, 15.5.1938. Im Bild sind auch Jancu Pesate (1. links),
Schloime Hochstedt (3. von rechts), Milo Ungar (links oben),
Eliu Rintzler (1. rechts) und Ruth Glasberg (2. von rechts).

19. Edith Horowitz (3. von rechts) mit Gustl Chomed (1. von rechts),
Schloime Hochstedt (2. von rechts), Jancu Pesate (3. von links), Malzia
Kahwe (verh. Fischmann, 4. von links), Ernst Engler (4. von rechts),
Osiu Haller-Herschkowitz (1. von links), am Tsetzina, Sommer 1939.

20. Edith Horowitz am Pruth, Mai 1939.

21. Edith Horowitz (2. von links oben)
und Gustl Chomed (1. von rechts oben)
am Pruth, Juli 1939. Im Bild auch Schloime
Hochstedt (2. von rechts oben). Mia Schmul
(1. von links, unten), Cousine von Edith,
die nach Transnistrien deportiert wurde.

22. Paul Antschels Matura-Foto, Sommer 1938.

23. Sandi Ţurcanu, Ediths Freund, Czernowitz 1940.

24. Edith Horowitz, Matura-Foto,
Juni 1940.

25. Rückseite von Ediths Matura-Foto,
Juni 1940.

26. Jacob Silbermann,
Czernowitz 1939/40.

27. Paul Antschel, 1942, als er aus dem Arbeitslager für kurze Zeit nach Czernowitz zurückkehren durfte.

28. Lisa Horowitz mit ihren Töchtern Edith (rechts) und Sabine (Binzia, links), Czernowitz 1942/1943.

29. Lisa und Karl Horowitz, Czernowitz 1944.

30. Edith Horowitz, Czernowitz 1944.

31. Edith als Have (Chawe) in Yankev Mansdorfs Theaterstück *Tevie der Milhiker* (*Tewje der Milchiker; Tewie, der Milchmann*), nach dem gleichnamigen Roman von Scholem Alejchem, IKUF, Regie: Yankev Mansdorf, Bukarest, Dezember 1945; 1964 wurde Alejchems Geschichte als Musical unter dem Titel „The Fiddler on the Roof" weltberühmt.

32. Edith Horowitz in *Ih Leb!...* (*Ich leb*) von Moysche Pinchevski, IKUF, Regie: Yankev Mansdorf, Oktober 1945.

33. Edith Horowitz, Bukarest 1945.

34. Edith als Rivke im Theaterstück *S'Brennt* von Itzchak Leib Perez, IKUF, Regie: Yankev Mansdorf, Bukarest, Februar 1946.

35. Edith Horowitz, zur Zeit ihrer Tätigkeit in ARLUS, Sommer 1947.

36. Karl Horowitz (2. von links) in der Redaktion der Zeitschrift *Der Neue Weg*,
Bukarest 1950.

37. Sabine und Leonard Colin in
Bukarest, 1955.

38. Edith und Jacob Silbermann
(in der Mitte), Sommer 1963,
vor der Auswanderung aus Rumänien.
Im Bild auch Sabine Colin (1. links),
Alfred Kittner (1. rechts).

39. Brief, Janko von Musulin
an Jacob Silbermann (1963),
Dokumentation zu den Passagen
über Justizminister Dr. Christian
Broda, S. 10, 297, 319.

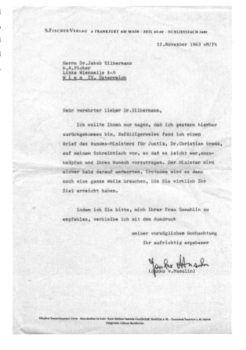

40. Edith Silbermann auf der Bühne in Wien, 1964.

41. Edith Silbermann auf der Bühne, Wien 1964.

42. Edith Silbermann, Geburtstagsfoto, Düsseldorf, 10.11.1965.

43. Jacob Silbermann genießt die Freiheit, Foto vor dem staatlichen rumänischen Reisebüro in Paris, 1966.

44. Edith Silbermann in Düsseldorf, 1965.

45. Binzia (Sabine Colin) in Bukarest, 1965.

46. Lisa und Karl Horowitz, Düsseldorf, Silvester 1967.

47. Edith und Jacob Silbermann bei Stella von Musulin, Wien 1970.

48. Edith Silbermann liest aus ihrem Buch *Begegnung mit Paul Celan*, 1993.

2. Czernowitz

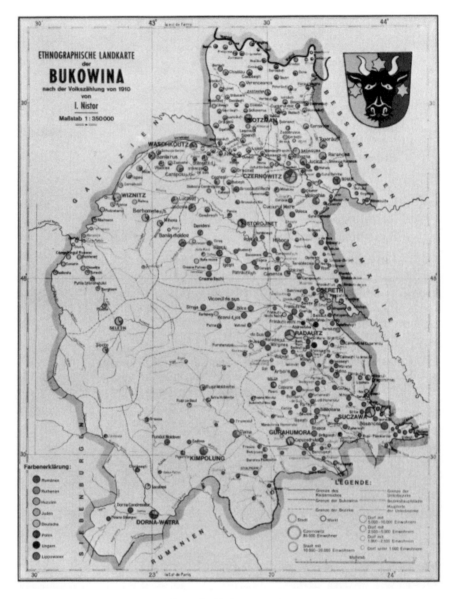

1. Karte der Bukowina, 1910.

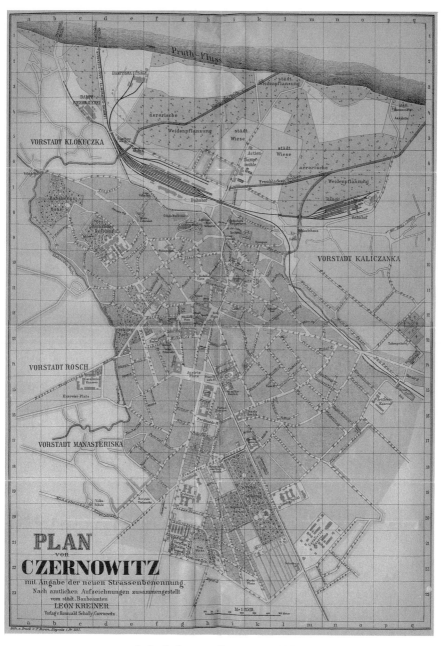

2. Stadtplan von Czernowitz, 1907.

3. Historische Aufnahme des Ringplatzes mit dem Rathaus.

4. Historische Aufnahme des Ringplatzes mit dem Hotel Schwarzer Adler.

5. Historische Aufnahme des Czernowitzer Theaters.

6. Historische Aufnahme des Czernowitzer Bahnhofs.

7. Historische Aufnahme der Bischöflichen Residenz, die in der Sowjetzeit Universitätsgebäude wurde.

8. Die Czernowitzer Universität, Foto von Sergij Osatschuk, 2007.

9. Panoramabild im Winter, Foto von Sergij Osatschuk, Czernowitz –
Jubiläumsbildband, Czernowitz 2007.

10. Panoramabild, Foto von S. Osatschuk, Czernowitz 2007.

11. Das ehemalige jüdische Kulturhaus in Czernowitz mit der Statue von
Olga Kobylanska, Foto von Helmut Kusdat.

12. Historische Aufnahme des Israelitischen Tempels, der von
den Nazis in Brand gesteckt wurde, vgl. Bild 13.

13. Der ehemalige Israelitische Tempel, eine Ruine bis 1959, danach ein Kino.

14. Das Bethaus in der Bräuhausgasse; an den Feiertagen ging die Horowitz-
Familie in dieses Bethaus.

15. Vergrößerter Auszug aus dem Stadtplan mit der Töpfergasse,
Habsburger-Zeit, 1907.

16. „Situationsplan" des Hauses der
Familie Horowitz, Schriftstück aus
dem Jahre 1894.

17. Das Haus der Horowitz-Familie,
Foto um 1912.

18. Das Haus der
Horowitz-Familie in
Czernowitz, an der
Straßenkreuzung:
Bräuhausgasse,
Töpfergasse, Feldgasse;
links im Bild: Ecke des
Hauses der Chomed-
Familie; Foto von 1999.

19. Das Haus der Chomed-Familie; vorne im Bild das Haus der Horo-witz-Familie; Töpfergasse (unten am Berg)/Ecke Bräuhausgasse.

20. Der Töpferberg mit der Töpfergasse (oben am Berg).

21. Jugendstilhaus in der Wassilkogasse, in dem Paul Antschel zur Welt kam und seine Kindheit verbrachte.

22. Wohnhaus in der Masarykgasse, aus dem Paul Antschels Eltern deportiert wurden; vgl. S. 14, S. 48. Die Familie hatte seit 1935 in diesem Haus gewohnt.

23. Antschels Gymnasium, „Liceul ortodox de băieți", das Edith Silbermann in ihren
Erinnerungen erwähnt, S. 23.

24. Der Veteranenberg mit der Veteranengasse, Ecke Bräuhausgasse; die Veteranengasse
wird in Edith Silbermanns „Erinnerungen an Paul" erwähnt, S. 49.

25. Grabsteine auf dem jüdischen Friedhof von Czernowitz, Foto 2000.

3. Geschenkte und „ausgewanderte" Bücher

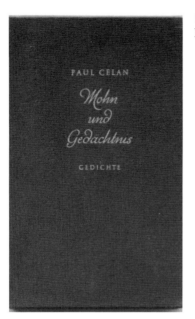

1. Celans Band *Mohn und Gedächtnis*, den er Karl
Horowitz geschenkt hatte.

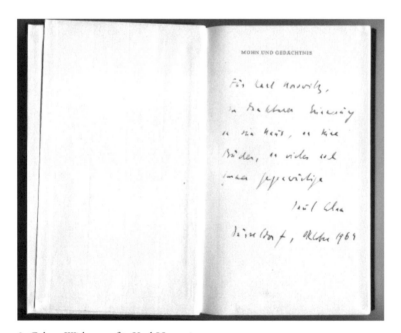

2. Celans Widmung für Karl Horowitz.

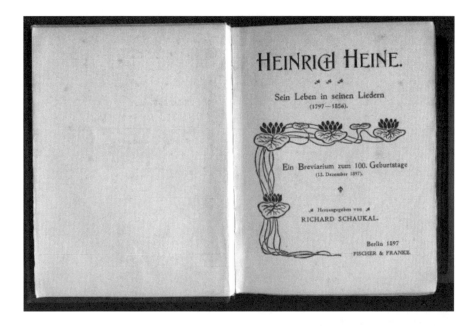

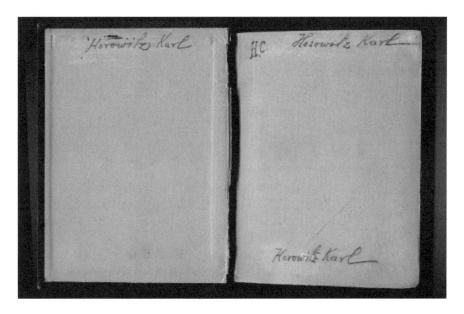

3. Karl Horowitz' Ausgabe von Heinrich Heines Werk. Innenseiten des Bandes.
Es ist das einzige erhaltene Buch, in dem Karl Horowitz mehrfach seinen Namen
aufgeschrieben hat, wohl um eine mögliche Entwendung zu verhindern.
In alle anderen Bücher hatte er nur seine Initialen oder seinen Namen
einmal oder zweimal geschrieben.

4. Jacob Silbermanns Ausgabe von Kafkas
Der Landarzt; auf der Rückseite die
sowjetische Ausfuhrgenehmigung von
1945.

5. Jacob Silbermanns Ausgabe von
Knut Hamsuns *Hunger*; Rückseite
mit dem sowjetischen Ausfuhrstempel.

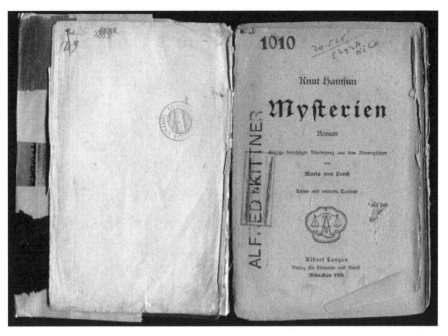

6. Alfred Kittners Ausgabe von Knut Hamsuns *Mysterien*, die er aus Czernowitz nach Bukarest und später nach Düsseldorf mitnahm, vgl. S. 29, Anm. 30.

7. Edith Silbermann in ihrer Bibliothek in Düsseldorf in den 1970er Jahren.

II. Teil
Zum Frühwerk Paul Celans

Paul Antschels Gedichte aus der Sammlung
Edith Silbermann

Vorbemerkung

Es sollten fast zwei Jahrzehnte nach dem Tode Celans vergehen, ehe seine frühen, in Czernowitz und Bukarest entstandenen Gedichte in einer Werkausgabe, *Das Frühwerk*[1] (1989), und drei Jahrzehnte, ehe sie in einem Doppelband der *Historisch-kritischen Ausgabe* (2003)[2] seiner Werke veröffentlicht wurden. Obwohl die Kenntnis der Anfänge eines Autors oder einer Autorin eine wichtige Rolle für das Verständnis der Genese des gesamten künstlerischen Schaffensprozesses spielt, wurde Celans Frühwerk jahrelang marginalisiert. Der Lyriker selbst hatte zu dieser „Ausgrenzung" beigetragen, als er sich von seinem berühmt gewordenen, in der Sekundärliteratur oft als Höhepunkt seines frühen lyrischen Schaffens betrachteten Gedichtes „Todesfuge" distanzierte. Nicht nur ungerechtfertigte Plagiatsvorwürfe und die von Missverständnissen geprägte Rezeption der „Todesfuge", sondern auch die radikalen Veränderungen seiner Lyrikauffassung, die sich in späteren Sprachexplosionen und lyrischen Innovationen wie der „Engführung" manifestierten, hatten Celans ambivalente Haltung zum eigenen Jugendwerk geprägt. Mit wenigen Ausnahmen trugen auch Celan-Forscher direkt oder indirekt zu diesem Marginalisierungsprozeß bei, indem sie Celans Jugendgedichten einen geringeren literarischen Wert als seinen späteren Texten beimaßen.

Zu Lebzeiten Celans waren vereinzelte frühe Gedichte in *Agora* (Bukarest, 1947), *Contemporanul* (Bukarest, 2.5.1947), *Die Tat* (Zürich, 7.2.1948), *Plan* (Wien, 1948), *Edgar Jené: Der Traum vom Traume*[3] (Wien, 1948), *Der Sand aus den Urnen*[4] (Wien, 1948), *Mohn und Gedächtnis*[5] (Stuttgart, 1952) erschienen[6]. In seinem Brief an Alfred Margul-Sperber vom 30. Juli 1960 betont Celan, er erwäge eine Gesamtausgabe seiner Gedichte –„auch der früheren und frühesten, unter Anführung genauerer Daten"[7] – zu veröffentlichen. Wie sein Brief verdeutlicht,

---

1 Paul Celan, *Das Frühwerk*, Hrsg. Barbara Wiedemann, Frankfurt/M.: Suhrkamp Verlag, 1989, künftig zitiert als: *Das Frühwerk*; auch: *Frühwerk*; Abk.: *FW*.

2 Paul Celan, *Werke, Historisch-kritische Ausgabe*, I. Abteilung, Bd. 1, 1. Teil (Text) und Bd. 1, 2. Teil (Apparat), Hrsg. Andreas Lohr unter Mitarbeit von Holger Gehle in Verbindung mit Rolf Bücher, Frankfurt/M.: Suhrkamp, 2003, künftig zitiert als: *Historisch-kritische Ausgabe*; Abk.: *HKA*.

3 *Edgar Jené: Der Traum vom Traume*, Wien: Agathon-Verlag, 1948.

4 Paul Celan, *Der Sand aus den Urnen*, Wien: Verlag A. Sexl, 1948.

5 Paul Celan, *Mohn und Gedächtnis*, Stuttgart: Deutsche-Verlags-Anstalt, 1952.

6 Eine vollständige Liste der Publikationen in: Christiane Bohrer, *Paul Celan – Bibliographie*, Frankfurt/M.: Peter Lang, 1989, S. 36-41.

7 „Briefe an Alfred Margul-Sperber", in: *Neue Literatur*, Heft 7, Bukarest 1975, S. 56.

sollte diese Ausgabe eine Antwort auf die ungerechtfertigten Plagiatsvorwürfe sein. Später wandte sich Celan an Beda Allemann mit der Bitte, eine Gesamtausgabe seines Werkes zu publizieren. Das war der Anstoß zu den Bemühungen des angesehenen Germanisten Allemann, ein neues Editionskonzept für eine *Historisch-kritische Ausgabe* der Werke Celans zu entwickeln und gemeinsam mit seinen Mitarbeitern Stefan Reichert und Rolf Bücher – seit Anfang der 1970er Jahre – den Nachlass Celans systematisch zu erschließen. Im Jahre 1990 trug die jahrelange Arbeit die ersten Früchte: Es war aber die Publikation eines ersten Bandes der späten Gedichte, *Atemwende*. Nach Celans Tod brachte zunächst die deutschsprachige Bukarester Literaturzeitschrift *Neue Literatur*[8] (1970) eine Reihe seiner frühen Gedichte aufgrund von Celans Abschriften, die er Alfred Kittner vor seiner Flucht aus Rumänien hinterlassen hatte. Diese Publikation erfolgte ohne Einwilligung des Suhrkamp Verlages und der rechtmäßigen Erbin Gisèle Celan-Lestrange. Erst im Jahre 1985 druckte der Suhrkamp Verlag eine erste, limitierte Faksimile-Ausgabe der frühen Lyrik Celans unter dem Titel *Gedichte 1938-1944*[9].

Die Herausgabe der Werke bedeutender und berühmt gewordener Autoren weist zuweilen eine von Kontroversen, Intrigen, Ungerechtigkeiten markierte Geschichte auf. Diese Dynamik der „Ausgrenzungsformen" hat so manch wertvolle Initiative zunichte gemacht. Verbunden mit der oben erwähnten Marginalisierung des Frühwerks von Paul Celan hat sie der Forschung Schaden zugefügt. Denn es ist ein Verlust für die Celan-Forschung, dass Edith Silbermann ihr Publikationsvorhaben, Celans Frühwerk in einem Band herauszubringen, ein Projekt, das sie dem Suhrkamp Verlag im Jahre 1970 – nach dem Freitod des Dichters – vorgeschlagen hatte, nicht verwirklichen konnte. Edith Silbermann beabsichtigte, eine Werkausgabe zu veröffentlichen, die ihre Sammlung der damals noch unveröffentlichten frühen Gedichte Celans, weitere seiner nicht publizierten frühen Texte aus den Konvoluten ihrer gemeinsamen Czernowitzer Freunde, insbesondere Alfred Margul-Sperber und Alfred Kittner, sowie seine bereits erschienene frühe Lyrik umfassen sollte. Wie die hier abgedruckte Liste[10] der Celan-Abschriften aus Alfred Kittners Sammlung sowie das in der *Historisch-kritischen Ausgabe* abgedruckte Verzeichnis der Celan-Textbestände in Alfred Margul-Sperbers Nachlaß zeigen[11], hätte Edith Silbermanns geplante Veröffentlichung einen interessanten, für die Celan-Forschung wichtigen Band ergeben.

---

8 *Neue Literatur,* Heft 5, Bukarest 1970, S. 97-102.
9 Paul Celan, *Gedichte 1938-1944*, Hrsg. Ruth Kraft, Frankfurt/M.: Suhrkamp Verlag, 1985.
10 Vgl. Dokumentation II, S. 241-243; in der *Historisch-kritischen Ausgabe*, I. Abteilung, Bd. 1, 2. Teil, S. 13, wird auf das Konvolut Kittner (31 Blätter), Sammelbeschreibung, S. 35-37, hingewiesen. Seit 1981 ist dieses Konvolut im Deutschen Literaturarchiv in Marbach.
11 Paul Celan, *Werke, Historisch-kritische Ausgabe*, I. Abteilung, Bd. 1, 2. Teil, S. 9-59. Wie die *HKA*-Herausgeber betonen (ebd., S. 13), ist das umfangreichste Konvolut mit mehr als dreihundert einzelnen Typoskripten und Duchschlägen der Gedichte Celans die Sammlung im Nachlaß von Alfred Margul-Sperber im *Rumänischen Literaturmuseum*.

Edith Silbermann war für diese Aufgabe prädestiniert. Denn sie war sowohl eine wichtige Zeitzeugin als auch eine Kennerin der frühen Lyrik Celans in ihrem Bukowiner Kontext. Sie besaß zudem eine Ausbildung als Germanistin sowie langjährige Erfahrung mit der Herausgabe literarischer Werke. Die Gedichte, die sich in ihrer Sammlung befanden, hatte der Lyriker seiner Jugendliebe Edith geschenkt. Einige hatte er in ihrem Elternhaus, in der Bibliothek von Karl Horowitz, verfasst. Edith hatte diese Gedichte auf ihrer abenteuerlichen Flucht von Czernowitz nach Bukarest mitgenommen und unter ebenso schwierigen Umständen bei ihrer Auswanderung von Bukarest nach Düsseldorf gebracht.[12]

Kurz nach dem Tode Paul Celans hatte Edith Silbermann daher Celans Verleger Siegfried Unseld, der auch ihr Verleger war, zweiundzwanzig der frühen Gedichte des Lyrikers vorgelegt, um die oben erwähnte Edition des Frühwerks des Lyrikers herauszubringen. In ihrem Brief vom 1.11.1987 an Siegfried Unseld erinnerte Edith Silbermann ihn an ihr Publikationsvorhaben und ihre wiederholten Versuche, es durchzusetzen:

> Sehr geehrter Herr Dr. Unseld,
> nachdem Paul Celan, der, wie Sie wohl wissen, mein Jugendfreund war, im April 1970 durch Freitod aus dem Leben schied, brachte ich Ihnen Fotokopien von zweiundzwanzig handgeschriebenen Gedichten von ihm, in der Annahme, Sie wären an ihrer Veröffentlichung interessiert. Es waren dies Gedichte, die er mir in ihrer ursprünglichen Fassung gleich nach ihrer Entstehung in unserer gemeinsamen Heimatstadt Czernowitz nach und nach geschenkt hatte. Daß es sich um Originale, um erste Niederschriften handelt, ist aus dem Papier, auf das sie geschrieben sind, ersichtlich: Blätter aus russischen Schulheften, Packpapier usw. sowie aus gelegentlichen Korrekturen von Gedichttiteln oder -anfängen, die mir für eine historisch-kritische Ausgabe nicht ohne Belang zu sein schienen. Prof. Emil Staiger, dem ich die Manuskripte anläßlich eines Besuches bei mir vorwies, bestätigte mich in der Ansicht, sie wären für die Celan-Forschung von unermeßlichem Wert, und so hoffte ich natürlich, sie herausgeben zu können, was, wie ich immer wieder zu hören bekam, am Veto von Celans Witwe Gisèle scheiterte.[13]

Wie Edith Silbermanns Brief und auch andere Berichte[14] bezeugen, hatte Gisèle Celan-Lestrange, die rechtmäßige Erbin des Lyrikers, eine Veröffentlichung sei-

---

12 Vgl. S. 128-129.

13 In ihrem unveröffentlichten Brief vom 1.11.1987 an Siegfried Unseld erinnerte Edith Silbermann ihn an ihr Publikationsvorhaben und an ihren Brief vom 12.9.1970.

14 Alfred Kittner, *Erinnerungen an den jungen Paul Celan sowie Die Briefe an Curd Ochwadt*, Aachen: Rimbaud Verlag, 2008, S. 36-38. In einem Brief an Curd Ochwadt, vom 17.1.1975, schreibt Alfred Kittner: „Als ich jene Copien (Fotokopien der frühen Gedichte Celans) absandte, bestand noch kein ausdrückliches Verbot ihrer Publikation seitens Mme Celan – ein solches erfolgte erst, nachdem Zitate aus diesen Frühgedichten in Heinrich Stiehlers Aufsatz in den ‹Akzenten› erschienen waren. Eine testamentarische Bestimmung Paul Celans, ein Veröffentlichungsverbot betreffend, gibt es nicht, doch stützt sich Madame Celans Veto angeblich auf wiederholte persönliche Äußerungen Celans in diesem Sinne, was ich gern glauben mag …". Ebd., S. 37.

nes Frühwerks zu diesem Zeitpunkt nicht gestatten wollen. Sicherlich trugen die ungerechtfertigten Plagiatsvorwürfe, die Celans Leben und auch das seiner Familie verdüstert hatten, zu dieser Entscheidung bei. Die wurde allerdings von Literaturkritikern und auch von einzelnen Lyrikern ganz anders gedeutet:

> Es geht hier, wie Schäfer[15] und auch Wallmann[16] vermutlich richtig urteilen, um eine Art von Schaffung – oder Erhaltung – eines Celan-Mythos, etwa im Georgeschen Sinn (mit dem eklatanten Unterschied, dass George seine erschreckend eklektischen, ja geradezu konventionellen Gedichte […] in die Gesamtausgabe aufnehmen ließ, da er bereits dazu gelangt war, sich selbst historisch zu sehen. Möglicherweise wäre auch Celan später zu einer solchen Auffassung gelangt). [17]

Anfang der 1980er Jahre gelang es Siegfried Unseld, Ruth Kraft zu überzeugen, ein in ihrem Besitz befindliches schwarzes Notizbuch mit frühen Gedichten Paul Celans als Faksimile und limitierte Sonderausgabe unter dem Titel *Gedichte 1938-1944*[18] herauszubringen. Zum ersten Mal erschienen Celans frühe, in Czernowitz verfassten Texte in einem Band, obwohl Gisèle Celan-Lestrange Bedenken und Vorbehalte bezüglich dieser Publikation hatte. Doch auch als einer Veröffentlichung des Frühwerks in einer wissenschaftlichen Ausgabe keine weiteren Hindernisse im Weg standen, gab der Suhrkamp Verlag Edith Silbermann nicht die Möglichkeit, ihr Editionsvorhaben zu realisieren. Der Verlag beauftragte eine andere Germanistin mit der Verwirklichung des von Edith Silbermann vorgeschlagenen Publikationsprojektes. Daher beschwerte sich Edith Silbermann in dem bereits zitierten Brief vom 1.11.1987 über diese Vorgehensweise[19]. Sie erwähnte zugleich wichtige Informationen zu Celans Frühwerk, um Siegfried Unseld ihre genaue Kenntnis der frühen Schaffensphase dieses Lyrikers zu verdeutlichen. Der berühmte Verleger antwortete ihr umgehend, bat sie, keine „Verfolgung" im Suhrkamp Verlag zu „vermuten" (was sie keineswegs getan hatte). Er unternahm indes nichts, um ihre Beschwerde zu berücksichtigen oder sie zur Mitherausgabe einzuladen, sondern schenkte ihr ein Exemplar der *Gedichte 1938-1944*. In seinem

---

15 Kittner bezieht sich hier auf Hans Dieter Schäfers „Zur Spätphase des hermetischen Gedichts", in: *Deutsche Literatur der Gegenwart*, Hrsg. Manfred Durzak, Stuttgart: Reclam, 1971, S. 148-169, 154-160.

16 Kittner verweist hier auf seine Gespräche mit Jürgen P. Wallmann, dem angesehenen Journalisten und Literaturkritiker, vgl. ebd., S. 38.

17 Kittner, *Erinnerungen an den jungen Paul Celan*, ebd., S. 37. Celan war bereits 1960 zu dieser Auffassung allerdings aus anderen Gründen, wegen der Plagiatsaffäre, gelangt, vgl. seinen Brief an Alfred Margul-Sperber vom 30. Juli 1960, S. 117, Anm. 7.

18 Paul Celan, *Gedichte 1938-1944*, Hrsg. Ruth Kraft (1985), vgl. S. 118, Anm. 9.

19 In ihrem Brief betonte Edith Silbermann, dass sie sich von dieser Vorgehensweise sehr gekränkt fühle, zumal der Verlag auch ein anderes ihrer Projekte überhaupt nicht beachtet hatte: Es war ein für Rundfunk und Fernsehen geplantes Rundgespräch über Mircea Eliade anlässlich seines 80. Geburtstages, das sie als Übersetzerin seines literarischen Werkes dem Suhrkamp Verlag vorgeschlagen hatte. Edith Silbermann hatte durch ihre Übersetzungen die phantastischen Erzählungen Eliades in der BRD bekannt gemacht.

Brief vom 22.12.1987 an Edith Silbermann betonte Siegfried Unseld, die in Tübingen ausgebildete Germanistin Barbara Wiedemann, die zwei Jahre zuvor eine Dissertation über Paul Celans Frühwerk[20] veröffentlicht hatte, sei von Gisèle Celan-Lestrange mit diesem Editionsprojekt beauftragt worden. Barbara Wiedemann sei eine ausgewiesene Philologin und eine solche brauche man im Falle einer so komplizierten Edition. Es ist kaum zu verwundern, dass die ebenfalls als Germanistin ausgebildete Edith Silbermann, eine erfahrene Herausgeberin sowie Kennerin der Bukowiner Dichtung und des Jugendwerks von Celan, sich gekränkt und übergangen fühlte.

Trotz dieser negativen Erfahrung beantwortete Edith Silbermann in einem langen Brief die Fragen der vom Suhrkamp Verlag und Gisèle Celan-Lestrange gewählten Herausgeberin Barbara Wiedemann. Wie aus ihrem Antwortschreiben vom 4.3.1988 an Edith Silbermann hervorgeht, hatte Barbara Wiedemann diesen Brief erhalten und sich bei Edith Silbermann bedankt[21]; der Brief habe ihr *sehr geholfen*, schrieb Barbara Wiedemann ausdrücklich. Sie erwähnte auch, der Verlag hätte ihr bereits Kopien der Gedichte aus Edith Silbermanns Sammlung zur Verfügung gestellt. Sie verwies auf wichtige Texte aus dieser Sammlung, von denen sie bisher nur Bukarester, aber keine Bukowiner Belege gesehen hätte.[22] Trotz der Danksagung in diesem Brief hat Barbara Wiedemann in dem herausgebrachten Band *Das Frühwerk*[23] (1989) Edith Silbermann und ihre Sammlung nicht erwähnt.[24]

Wie die später veröffentlichte *Historisch-kritische Ausgabe* der Werke Celans verdeutlicht, gibt es drei vom Autor selbst zusammengestellte frühe Gedichtsammlungen sowie einige Sammlungen seiner Freunde, die Celans handschriftliche Erstfassungen von Gedichten, seine eigenen Reinschriften sowie Abschriften von Freunden enthalten. Gerade deshalb wäre es auch in einer Werkausgabe seiner frühen Lyrik – wie dem von Barbara Wiedemann herausgegebenen Band *Das Frühwerk* – wichtig und angebracht gewesen, die Quellen der benutzten Druckvorlagen und die Sammlungen anzugeben, in denen sich die verwendeten, bis zu jenem Zeitpunkt unveröffentlichten Texte befanden. Aber in den Anmerkungen zu den Erstdrucken und damals unveröffentlichten Fassungen der in ihrem Band abgedruckten Gedichte verweist Barbara Wiedemann lediglich auf die Verwendung „eines" Bukowiner Manuskriptes, „eines" Bukarester Manuskriptes, „eines" Wiener oder Pariser Typoskriptes – ohne Quellenangabe[25]. Im

---

20 Barbara Wiedemann-Wolf, *Antschel Paul – Paul Celan: Studien zum Frühwerk*, Tübingen: Max Niemeyer Verlag, 1985.
21 Barbara Wiedemanns Brief vom 4.3.1988 an Edith Silbermann, Sammlung Edith Silbermann.
22 Ebd.
23 *Das Frühwerk* (wie S. 117, Anm. 1).
24 Ebd.
25 Vgl. „Editorische Anmerkung", S. 138-139, und Anmerkungen zu den hier abgedruckten frühen Gedichten aus der Sammlung Edith Silbermann, S. 141-228.

Falle des Gedichtes „Chanson juive"/ „An den Wassern Babels" existieren, wie
die *Historisch-kritische Ausgabe* der Werke Celans dokumentiert, nur zwei Manuskripte: Eine Handschrift ist die erste Fassung des Gedichtes und gehört zur
Sammlung Edith Silbermanns; die andere, eine Reinschrift Celans, ist Teil der
Sammlung Alfred Kittners.[26] Aus Barbara Wiedemanns Brief an Edith Silbermann vom 4.3.1988 geht eindeutig hervor, dass sie die Kopie dieses Manuskriptes aus Edith Silbermanns Sammlung erhalten hatte und sowohl Edith Silbermann als auch Alfred Kittner um Informationen über die Entstehungszeit bat.
Dennoch schreibt Barbara Wiedemann in ihren Anmerkungen, sie veröffentli-
che den Erstdruck dieses Gedichtes aufgrund „eines Bukowiner Manuskriptes",
ohne Edith Silbermann und/oder Alfred Kittner zu erwähnen. Auch in anderen
Fällen erwähnt Barbara Wiedemann die Quelle der für den Abdruck unveröffentlichter Texte verwendeten Vorlagen nicht; bei Hinweisen auf unveröffentlichte frühere Fassungen von Gedichten führt sie ebenfalls keine Quellen an. Es
gibt allerdings auch Ausnahmen: In den Anmerkungen zum Gedicht „Zu dritt"
erklärt die Herausgeberin, der in ihrem Band enthaltene Erstdruck basiere auf
einer Abschrift von der Hand Alfred Kittners.[27]

Eine Analyse des von Barbara Wiedemann herausgebrachten Bandes *Das Frühwerk* wirft daher die Frage nach den hier abgedruckten Fassungen der Gedichte
auf. Hatte die Herausgeberin auch in anderen Fällen Abschriften als Druckvorlage verwendet? Waren es Celans Abschriften oder Abschriften seiner Freunde?
Welches Gedicht liest man, wenn man Celans *Frühwerk* liest? Und sind es immer
frühe Gedichte Paul Celans, die in dieser Sammlung abgedruckt werden? Im Falle des Gedichtes „Im alten Garten" hält die Herausgeberin eine deutsche Übersetzung des Gedichtes „Colloque Sentimental" von Paul Verlaine für ein frühes Ce-
lan-Gedicht[28], wobei sie auch in ihrer Anmerkung zu diesem Gedicht hervorhebt:
„Erstdruck, zitiert nach einem unsorgfältigen bukowiner Manuskript"[29].

Im Gegensatz zu ihrer „unsorgfältigen" Handhabe nicht veröffentlichter Manuskripte und Typoskripte von Celans Gedichten steht Barbara Wiedemanns
sorgfältig zusammengestelltes Verzeichnis der Quellenangaben seiner bereits herausgebrachten Texte. Die Liste dieser Publikationen wird durch gelegentliche
Hinweise auf vereinzelte Abweichungen ergänzt; es sind meist andere Gedichttitel und gelegentlich Unterschiede zwischen den Fassungen, wobei es unklar
bleibt, nach welchen Kriterien Barbara Wiedemann diese, ihrer Ansicht nach
„erwähnungswürdigen" Versionen ausgesucht hat, da selbst Hinweise auf sinn-

---

26 *Historisch-kritische Ausgabe*, I. Abteilung, Bd. 1, 2. Teil, S. 318.
27 *Das Frühwerk*, S. 261.
28 Auf diese Verwechslung hat bereits Ruth Kraft im *Celan-Jahrbuch* aufmerksam gemacht, *Celan-
    Jahrbuch* 4 (1991), S. 201-202.
29 *Das Frühwerk*, S. 243; Barbara Wiedemann berichtigt diesen Irrtum in einer späteren Ausgabe
    des Bandes; vgl. hier: S. 123.

verändernde Varianten in veröffentlichten Texten (vgl. z. B., hier: S. 148) fehlen. Aufgrund der editorisch problematischen Verwendung von Manuskripten und Typoskripten sowie des unsystematischen Verzeichnisses von Abweichungen vermittelt der von Barbara Wiedemann herausgebrachte Band ein unvollständiges und teilweise verzerrtes Bild des Frühwerks von Celan. Da der Suhrkamp Verlag editorische Perfektion anstrebte, wäre es angebracht und sinnvoll gewesen, eine Werkausgabe von frühen Gedichten Celans von einem Team von Forschern verwirklichen zu lassen, an dem sich sowohl Barbara Wiedemann als auch Edith Silbermann hätten beteiligen können.

Der im Jahre 2005 von Barbara Wiedemann publizierte Band *Die Gedichte*[30] umfasst auch *Das Frühwerk*, hier „Edition 1989" genannt. Es werden einige Datierungs- und Druckfehler korrigiert, aber in den Kommentaren zu den Gedichten fällt kein Hinweis auf die Sammlung von Edith Silbermann, kein Hinweis auf ihre bereits veröffentlichten Informationen zum *Frühwerk*, einschließlich wichtiger Daten und Fakten über die Entstehungszeit einzelner Gedichte[31]. Im Falle des Gedichtes „An den Wassern Babels" heißt es immer noch: „Manuskript aus der Bukowiner Zeit" und eine „frühere Fassung" – ohne Quellenangabe[32].

In der *Historisch-kritischen Ausgabe* der Gedichte Celans, I. Abteilung, Bd. 1, 1. Teil und 2. Teil, haben sich die Herausgeber die Mühe gemacht, alle Sammlungen unveröffentlichter und veröffentlichter Gedichte, alle Celan-Bestände des Deutschen Literaturarchivs in Marbach am Neckar und des Rumänischen Literaturmuseums sowie Sammelhandschriften, die sich an anderen Orten befinden, genau zu beschreiben[33]. In Fragen der Datierung einzelner Gedichte behandeln die Herausgeber die Angaben, die sowohl vom Lyriker selbst als auch von seinen Freunden stammen, mit berechtigter Skepsis, da manche dieser Informationen einander widersprechen. Im Apparat zu den einzelnen Gedichten verzeichnen die Herausgeber alle überlieferten Textzeugen, bemühen sich, die Textstufen chronologisch anzuordnen, auch wenn es nicht immer möglich ist, die zeitliche Entstehungsfolge der Varianten und einzelner Abweichungen zu bestimmen. Beda Allemanns Zielsetzung war es, eine *Historisch-kritische Ausgabe* der Werke Celans herauszubringen, die zu jedem Text eine – wie beim Start einer Rakete – nummerierte Liste der Textstufen von den frühesten Fassungen bis zum gedruckten Text bringen sollte, um den Prozeß der Textgenese zu veranschaulichen. In diesem Sinne ist auch die von ihm in die Wege geleitete Ausgabe konzipiert. Nach seinem Tode haben seine Mitarbeiter seine Arbeit weitergeführt. Die

---

30 Paul Celan, *Die Gedichte, Kommentierte Gesamtausgabe*, Hrsg. Barbara Wiedemann, Frankfurt/M.: Suhrkamp Verlag, 2005, künftig zitiert als: *Die Gedichte*.
31 Vgl. Anmerkungen zu den hier abgedruckten Gedichten, S. 141–229.
32 *Die Gedichte*, S. 893: „Manuskript aus Bukowiner Zeit." Eine frühere Fassung trage den Titel „Chanson juive", vermerkt die Herausgeberin.
33 *Historisch-kritische Ausgabe*, S. 9–59.

Historisch-kritische Ausgabe zeigt, dass es in vielen Fällen keine „endgültige" Gedichtfassung gibt. Der Weg zur angestrebten, aber häufig nicht erreichbaren „endgültigen" Fassung ist daher ebenso wichtig wie der gedruckte Text.

In der *Historisch-kritischen Ausgabe* figurieren viele der Manuskripte aus der Sammlung Silbermann als Textzeugen mit dem höchsten Stufenexponenten und repräsentieren daher die früheste überlieferte Textstufe. Dennoch weist leider auch die *Historisch-kritische Ausgabe*, gerade im Falle von Celans frühen Gedichten aus der Sammlung Edith Silbermanns, eine Reihe von Auslassungen, Irrtümern und Ungenauigkeiten auf. Es ist bedauerlich, dass die Herausgeber die in Düsseldorf zugänglichen Originale aus Edith Silbermanns Sammlung nicht eingesehen haben bzw. nicht einsehen konnten[34] und lediglich – wie sie selbst hervorheben – Kopien verwendet haben, die zum Teil schwer lesbar bzw. undeutlich waren. Kopien können sehr hilfreich sein, aber die Untersuchung des Originals hätte in diesem Falle nicht nur geholfen, Irrtümer und die mit Fragezeichen versehenen Anmerkungen[35] zu vermeiden, sondern auch wichtige Fakten ans Licht gebracht. So hätten die Herausgeber entdeckt, dass Celan, damals Antschel, die Gedichte „Drüben" und „Abend" auf ein und derselben herausgerissenen Schulheftseite, „kopfstehend", geschrieben hatte. Die mit Korrekturen versehenen Handschriften gehören zu den ältesten erhaltenen frühen Gedichte des Lyrikers. Im Gedichtmanuskript „Es fällt nun, Mutter, Schnee", das Antschel mit schwarzer Tinte auf ein Schulheftblatt schrieb, nachdem er von der Ermordung seiner Mutter im Winter 1942 erfahren hatte, steht das Wort „zerrissen" in gesperrten und fetten Buchstaben: „Durch meine ~~Blutbahn~~ Sterne nur wehn noch **zerrissen** / die Saiten einer überlauten Harfe . . ". Diese wichtige Abweichung von anderen Textzeugen hätte im *HKA*-Apparat zu diesem Gedicht verzeichnet werden müssen, gerade weil es sich auch im Falle dieser Handschrift um einen Textzeugen mit dem höchsten Stufenexponenten handelt.

Im Gegensatz zur *Historisch-kritischen Ausgabe* versucht die *Tübinger Celan-Ausgabe*[36] die überlieferten Texte nebeneinander, in einer synoptischen Darstel-

---

34 Andreas Lohr, Mitherausgeber dieser Bände der *Historisch-kritischen Ausgabe,* berichtet, dass er und sein Team Edith Silbermann in Düsseldorf kontaktiert hatten und sie besuchen wollten, um die Originale einzusehen; doch Edith Silbermann war damals erkrankt und konnte sie nicht empfangen. Als sie zu einem Gespräch bereit war, konnten die Herausgeber sie nicht besuchen. Zudem war es zu spät, da die Bände bereits in Druck gehen mussten. Die Herausgeber planen einen Materialband zur *Historisch-kritischen Ausgabe*, in dem weitere Informationen und Ergänzungen auch zu den Gedichten im Konvolut Silbermann veröffentlicht werden sollen.

35 Die in der Ausgabe verwendeten Fragezeichen zu den einzelnen Anmerkungen zeigen, wie behutsam die Herausgeber mit den Textvorlagen gearbeitet haben und dass sie zu keinen voreiligen Schlüssen neigten.

36 Die mehrbändige *Tübinger Celan-Ausgabe* – Celan, *Werke*, Hrsg. Jürgen Wertheimer – enthält den Band: *Mohn und Gedächtnis. Vorstufen, Textgenese, Endfassung*, Bearb. Heino Schmull, Mitarb. C. Braun, Frankfurt/M.: Suhrkamp Verlag, 2004. Der Gedichtzyklus „Der Sand aus den Urnen" ist hier zwar enthalten, aber nicht die Gedichte aus der Sammlung von E. Silbermann.

lung den Lesern vor Augen zu führen, wobei die Herausgeber hier nicht alle, sondern nur die ihrer Ansicht nach wesentlichen Stadien der Textgenesen illustrieren wollen. Auch dieser Ansatz, der auf Vollständigkeit verzichtet, gewährt einen wichtigen Einblick in den Schaffensprozess. In der *Tübinger Celan-Ausgabe* sind die frühen Gedichte aus der Sammlung von Edith Silbermann nicht enthalten. Daher wird diese Ausgabe auch nicht in den Anmerkungen zu diesen Gedichten erwähnt.

Edith Silbermann hat einen kurzen Bericht über die Entstehung der ersten vom Lyriker selbst bereits in Czernowitz zusammengestellten Gedichtbände hinterlassen, der hier abgedruckt wird. Dieses Zeitzeugnis wirft ein neues Licht auf die im Band *Gedichte 1938-1944* veröffentlichte Darstellung der Genese dieser ersten Sammlungen und korrigiert auch andere falsche Schlussfolgerungen bezüglich einiger der frühen Gedichte Celans und seiner ersten, von ihm selbst in Czernowitz zusammengestellten handschriftlichen Gedichtsammlungen.

Das Shakespeare-Sonett, das Paul angeblich erst im Lager Tăbăreşti übersetzt und seiner damaligen Freundin Ruth Kraft von dort sandte, hatte er mir schon viel früher sowohl auf Englisch als auch in seiner eigenen deutschen Version zu Gehör gebracht. Und sechs von den fünfundzwanzig eigenen Gedichten, die er erst in jenem Arbeitslager verfasst haben soll und seiner damals intimen Freundin Ruth Kraft schickte, befanden sich schon vorher mit weiteren Erstfassungen in meinem Besitz; sie waren auf losen Papierbögen, auf Schulheftblättern oder sogar auf Packpapier geschrieben und zum Teil mit Korrekturen versehen, somit zweifelsohne Erstentwürfe, Originale. Papier war in der Russenzeit (1940/41), ja während des ganzen Krieges, Mangelware. Natürlich machte er sich hernach von diesen „Tschornis" (Schmutzschriften), wie er diese Entwürfe auf Russisch nannte, später auch Reinschriften.

Anfang 1944, als die Deutschen nach der katastrophalen Niederlage in Stalingrad auf dem Rückzug waren und die Russen am 29. März wieder unsere Stadt besetzten, zu einem Zeitpunkt, da Paul wie unser ganzer Freundeskreis keinerlei Aussicht und Hoffnung hatte, Czernowitz je wieder verlassen zu können, weil die Falle zugeklappt war, und wir uns drin endgültig gefangen wähnten, schmiedete Ruth Kraft bereits Fluchtpläne, die sie Monate später auch verwirklichte. Ruth Kraft wurde als Rote-Kreuz-Schwester verkleidet, mit Hilfe ihres in Bukarest lebenden Bruders und des Rumänen Alexandrescu, in dessen Juwelier- und Uhrladen sie während des Krieges (1942-1943) als Verkäuferin angestellt war, nach Rumänien hinausgeschmuggelt. Sie traf Anfang 1945 in Bukarest ein. Einige Monate vor ihrer geplanten Flucht trug Paul Antschel seine gesamte bisherige dichterische Ernte kalligraphisch in ein Notizbuch mit festen schwarzen Deckeln ein und bat Ruth, es in Bukarest Alfred Margul-Sperber zu übereichen, in der Hoffnung, dieser könnte die Gedichte irgendwo veröffentlichen, beziehungsweise in den Westen leiten, was dieser auch tat.[37] Ruth besaß zwei Notizbücher

---

37 Um Ruth Kraft nicht zu gefährden, trug der Lyriker nicht seinen Namen in diese frühe handschriftliche Gedichtsammlung ein, die Jahrzehnte später in der Celan-Forschung als „Manuskript 1944"

Celans mit handschriftlichen Gedichten, ein braunes (mit Korrekturen und einzelnen Daten) und das schwarze. Wieso das schwarze Notizbuch fast bis zu ihrem Lebensende in Ruths Besitz blieb, entzieht sich meiner Kenntnis. Offenbar forderte Paul das Notizbuch von Ruth nicht zurück, als sie sich in Bukarest und später in Deutschland trafen. Abschriften seines Frühwerkes hatte er ja zweifelsohne bei sich, als er im Dezember 1947 aus Rumänien flüchtete. Was er für den Druck geeignet hielt, veröffentlichte er in Wien unter dem Titel *Der Sand aus den Urnen* (1948). Der vielen Druckfehler wegen ließ er den Band bekanntlich bald einstampfen und nahm einen Teil davon später in den Band *Mohn und Gedächtnis* (1952) auf. An der Erstfassung der 22 Gedichte, die ich unter so schwierigen Umständen herausgeschmuggelt hatte, war er nicht interessiert, mit dem dritten Band *Sprachgitter* (1959) hatte er ja einen ganz anderen, neuen Sprachweg eingeschlagen, der sich von den Erstlingen *Mohn und Gedächtnis* und *Von Schwelle zu Schwelle* (1955) gründlich unterschied. Nach seinem Freitod im Frühjahr 1970 lehnte seine Frau und Erbin Gisèle und unter ihrem Druck auch Dr. Siegfried Unseld, Leiter des Suhrkamp Verlages, den ich von den bei mir befindlichen Gedichtmanuskripten informiert hatte, die Veröffentlichung des Frühwerkes lange Zeit ab, bis schließlich Dr. Unseld die Publikation des schwarzen Notizbuches von Ruth Kraft als Sonderdruck und Faksimileausgabe durchsetzte. Mindestens sieben Gedichte aus diesem Notizbuch, beziehungsweise diesem, *Gedichte 1938-1944* genannten Band, befinden sich bis auf den heutigen Tag in meiner Sammlung. Dies wurde weder in der 1989 erschienen Werkausgabe *Das Frühwerk* noch im 2005 erschienenen Band *Die Gedichte* erwähnt. Keiner der Germanisten, die seit Jahren, teils in Bonn, teils in Tübingen arbeiten, hat sich die Mühe genommen, die bei mir befindlichen Originale einzusehen und diese Handschriften, nicht deren Kopien, die ich zur Verfügung gestellt hatte, mit den anderen Fassungen der jeweiligen Gedichte zu vergleichen.[38]

Edith Silbermanns Sammlung enthält zweiundzwanzig Handschriften von Celan-Gedichten und eine aus dem Jahre 1940 stammende Celan-Abschrift eines schwedischen Liedes in deutscher Übersetzung. Die erwähnten Gedichte, die sich ein halbes Jahrhundert im Besitz von Edith Silbermann befanden, werden hier zum ersten Mal abgedruckt. Edith hatte sie bei ihrer Flucht aus Czernowitz nach Bukarest mitgenommen. Als sie nach siebzehn Jahren unzähliger Versuche, Rumänien zu verlassen, endlich die Auswanderungsgenehmigung erhielt, durfte sie nichts Handschriftliches, also auch keine Gedichtmanuskripte mitnehmen. Edith Silbermann setzte viel aufs Spiel – Verhaftung, Bestrafung, Rücknahme

---

bezeichnet werden sollte. In der *HKA* wird das schwarze Notizbuch als Manuskriptbüchlein, in Chalfens Celan-Biografie als kleiner Kalender aus der Habsburger-Zeit beschrieben. Ruth Kraft sollte diese Gedichtsammlung Alfred Margul-Sperber überbringen; denn er wollte Celan den Weg ebnen; er machte Otto Basil auf den damals jungen Lyriker aufmerksam und sandte Celans Gedichte auch Yvan Goll. Eine handschriftliche, auf den 24. XI. 1964 datierte Notiz Celans bestätigt nachträglich Ruth Krafts Angabe, der Lyriker habe ihr das schwarze Notizbuch geschenkt; vgl. Celans Anmerkung zu Ruth Krafts Typoskript „Der Sandmann" (DLA, Marbach).

38 Edith Silbermann wusste, dass die *Historisch-kritische Ausgabe* auch ihre Sammlung von Celan-Gedichten berücksichtigt hatte, bedauerte indes, dass die Herausgeber die Originale vor der Publikation der Frühwerksbände (*HKA*-Text und -Apparat) nicht eingesehen hatten.

der Auswanderungsgenehmigung –, als sie mit einer Aktentasche, in der sich einige wenige persönliche Dokumente und Celans Manuskripte befanden, in die israelische Botschaft in Bukarest ging und es erreichte, dass ein Beamter diese für sie wichtigen Unterlagen zu ihren, kurz vorher nach Israel ausgewanderten Verwandten sandte; auf diese Weise gelang es ihr, Celans frühe Gedichte aus dem kommunistischen Rumänien herauszubringen.

Die Gedichte aus ihrer Sammlung, von denen Edith Silbermann mit Sicherheit sagen konnte, der Lyriker habe sie in ihrem Elternhaus geschrieben, sind: „Abend", „Lied" / „Drüben", „Chanson juive" / „An den Wassern Babels", „Es fällt nun, Mutter, Schnee", „Die Schwelle des Traumes", „Ich lebe unter tausend weißen Steinen", „Fackelzug", „Der nächste Frühling", „Finale", „Stundenwechsel", „Herbst", „Am Brunnen", „Festland". Im Falle von „An den Wassern Babels", „Es fällt nun, Mutter, Schnee", „Drüben" handelt es sich „eineindeutig" um Erstfassungen.

Die Manuskripte, die der Lyriker möglicherweise in ihrem Elternhaus aufgezeichnet oder ihr überbracht und geschenkt hatte, sind „Spätsommer", „Sternenlied", „Aequinoctium", „Regennacht", „Die Geisterstunde", „Tulpen, ein stummes Gestirn", „Anemone nemorosa", „Rosenschimmer", „Hörst du?".

Die Handschriften, „Anemone nemorosa", „Rosenschimmer", „Hörst du?", „Geisterstunde", „Tulpen, ein stummes Gestirn" sind sehr schön geschriebene Manuskripte auf besonderem Papier. Aber gerade diese Gedichte und auch Celans „Regennacht" geben Rätsel auf, über die ich mit Edith Silbermann leider nicht mehr sprechen konnte. In der *Historisch-kritischen Ausgabe* werden diese Handschriften Ruth Kraft und nicht Paul Celan zugeordnet, da nach Ansicht der Herausgeber sowie nach Ansicht von Barbara Wiedemann die Texte auffällige Ähnlichkeiten zu gesicherten frühen Handschriften von Ruth Kraft aus den späten vierziger und frühen fünfziger Jahren aufweisen, wie ihre Briefe an Paul Celan[39]. Einzelne Buchstaben wie „G" und „g" sind auch für Ruth Krafts spätere Handschrift charakteristisch. Der Gesamteindruck der späteren Handschrift von Ruth Kraft erinnert zweifellos an Paul Antschels/Celans frühe Handschrift. Vergleicht man die Manuskripte seiner Gedichte aus der Sammlung von Edith Silbermann mit anderen, „gesicherten" Handschriften, Erstfassungen und Reinschriften Antschels/Celans, wie die im Band *Gedichte 1938-1944* abgedruckten Faksimiles oder mit seiner Abschrift des schwedischen Liedes in deutscher Übersetzung, findet man so viele identische Merkmale, dass die Behauptung fraglich scheint, es handle sich hier um Ruth Krafts Handschrift. Edith Silbermann, die in Czernowitz sowohl mit Paul Antschel als auch mit Ruth Kraft befreundet war und deren Handschrift kannte, war davon ausgegangen, dass diese Texte in ihrer

---

39 Ihr Briefwechsel mit Paul Celan, der sich im Deutschen Literaturarchiv in Marbach befindet, ist allerdings auf Jahrzehnte gesperrt.

Sammlung Originale, d. h. Celans Handschriften sind. Dies dokumentiert auch ihr Brief vom 1.11.1987[40] an Verleger Siegfried Unseld.

Die Geschichte dieser Handschriften stellt ebenfalls die Annahme in Frage, dies seien Ruth Krafts Abschriften der Gedichte Antschels. Der junge Paul Antschel hatte diese Texte seiner damaligen engen Freundin Edith Horowitz, in deren Haus er verkehrte und die ihm in Zeiten der Not geholfen hatte, als Geschenk gebracht. Wie Edith Silbermann in ihrem Bericht betont, hatte sie diese Gedichte von Antschel erhalten, bevor er sie in seinem im Lager zusammengestellten Notizbuch mit Gedichten und im zweiten, 1944 zusammengestellten, schwarzen Notizbuch eingetragen hatte.[41] Es ist möglich, aber unwahrscheinlich, dass Antschel seiner ersten Jugendliebe Edith Abschriften seiner neuen Liebe, also Handschriften von Ruth Kraft, als Geschenk brachte. Obwohl Paul, seit seiner Begegnung mit Ruth Kraft im Sommer 1940, in sie verliebt und mit ihr zusammen war, Edith, um die gleiche Zeit, Sandi Țurcanu kennen lernte, der ihre zweite leidenschaftliche Liebe wurde, hatten Paul und Edith immer noch eine innige Beziehung zu einander. Sie blieben Freunde. Damals war Edith indes auch mit Ruth Kraft befreundet; sie kannte ihre Handschrift genau. Es ist unwahrscheinlich, dass Edith diese Manuskripte der Gedichte Antschels, wären sie Abschriften von Ruths Hand gewesen, mit Autographen ihrer Jugendliebe verwechselte. Edith wusste zudem, dass Ruth Kraft die beiden vom Lyriker selbst zusammengestellten, handgeschriebenen Gedichtsammlungen – die Notizbücher mit seinen frühen Gedichten – nach Bukarest gebracht hatte. Es ist daher zwar möglich, aber unwahrscheinlich, dass Edith bei ihrer Flucht aus der Bukowina im einzigen kleinen Koffer und in einer ebenso kleinen Teekiste, die sie mitnehmen konnte, ausgerechnet Ruth Krafts Abschriften der Gedichte Antschels mitgenommen hätte.

Als Edith Horowitz und Paul Antschel die Bukowina 1945 verließen, reiste sie zu ihrem Freund Sandi Țurcanu[42], den sie liebte und auch heiraten wollte, und er zu Ruth Kraft nach Bukarest. Gleich nach der Ankunft mussten Edith Horowitz und Paul Antschel erfahren, dass Ruth Kraft und Sandi Țurcanu mittlerweile ein Liebespaar geworden waren. Der Schock war für beide groß. Er trieb Edith zu einem Selbstmordversuch. Seither waren Edith und Ruth verfeindet. Sie nahmen zeitlebens nie wieder die Beziehung zueinander auf. Nach seiner Trennung von Ruth wollte Paul Antschel zu seiner Jugendliebe Edith zurückkehren, doch Edith lehnte es ab; sie blieben indes freundschaftlich verbunden. Ein Jahr später flammte ihre Liebe wieder auf. Es wäre zwar möglich, aber es ist unwahrscheinlich, dass Paul damals seiner Freundin Edith nicht gesagt hätte, dass einige Abschriften

---

40 Vgl. zitierte Passage aus diesem Brief, S. 119.
41 *Paul Antschel/Paul Celan in Czernowitz*, Marbacher Magazin 90/2000, Czernowitz, Kiew, Marbach 2000 enthält das im Lager entstandene Notizbuch.
42 Vgl. S. 78, S. 328-329.

seiner Gedichte, die sie nach Bukarest mitgenommen hatte, Handschriften Ruth Krafts waren. Es ist äußerst unwahrscheinlich, dass Edith Horowitz sich und ihre Familie gefährdet hätte, um kurz vor ihrer Ausreise aus Rumänien im Jahre 1963 – trotz offiziellen Verbotes – nicht nur einige wenige, dringend benötigte persönliche Dokumente und Celans Manuskripte in die israelische Botschaft brachte, sondern auch Abschriften der Gedichte Celans von der Hand Ruth Krafts. Gerade weil sie Ruth Kraft zeitlebens als persönliche Feindin betrachtete, ist es ausgeschlossen, dass Edith, wenn sie auch nur den leisesten Verdacht gehabt hätte, dies seien Ruth Krafts Abschriften der Gedichte Antschels, sie jahrzehntelang bis zu ihrem Tode aufbewahrt hätte.

Wie ist aber die Ähnlichkeit dieser Manuskripte sowohl zu Paul Celans als auch zu Ruth Krafts Handschrift zu erklären? So merkwürdig dies erscheinen mag, es gibt einige mögliche und sogar wahrscheinliche Erklärungen.

„Life imitates Art far more than Art imitates Life",[43] hatte Oscar Wilde einst geschrieben. Für Ediths und Pauls Freundeskreis traf Wildes Erkenntnis gewiss zu. Nicht die Kunst ahmte ihr Leben, sondern ihr Leben die Kunst nach. Denn sie hatten Dichtung nicht „bloß" gelesen und rezipiert, sondern verinnerlicht. In Goethes *Wahlverwandschaften*[44] ahmt Ottilie die Schrift des Mannes nach, den sie heimlich liebt. Es ist der verheiratete Eduard, der sich in Ottilie in jenem Augenblick verliebt, da er entdeckt, dass ihre Handschrift der seinen gleicht. Er liebt die Projektion seiner selbst in Ottilie. Doch gerade dadurch entfernt er sich von seiner Eigenliebe und entdeckt die Liebe zum Du, zu Ottilie.

Als Celan Rumänien Ende 1947 verlassen hatte und Ruth Krafts Ehe zerbrach, entdeckte sie ihre Liebe zu ihm wieder. Trotz der Gefahren, die ein Briefwechsel mit einem Abtrünnigen für sie im kommunistischen Rumänien barg, korrespondierte sie mit ihm, weil sie ihn immer noch oder wieder liebte. Das Briefeschreiben brachte sie ihrem einstigen Geliebten näher. Abwesenheit kann stärker als Gegenwart sein. Bukarester Bekannte berichteten, dass sie sich freute, wenn man sie darauf aufmerksam machte, wie ähnlich ihre Gestik, gar ihre Stimme denjenigen Celans schien. Er erwiderte ihre Gefühle in Briefen, ging indes andere Beziehungen ein, heiratete schließlich eine andere. Dennoch weist selbst die späte Schrift von Ruth Kraft, die aus den 1980er Jahren stammende Handschrift, Merkmale von Paul Celans Handschrift auf. Einzelne Buchstaben, die in ihrer üblichen Schreibweise häufig einem Ornament gleichen oder verziert sind, ähneln gelegentlich der Schlichtheit und Ornamentlosigkeit von Paul Celans

---

43 Oscar Wilde, *The Decay of Lying* (1889); zit. nach Wilde, *Complete Works*, Hrsg. J. B. Foreman, London: Collins, 1976, S. 992; vgl. auch *Sämtliche Werke* in zehn Bänden, Hrsg. Norbert Kohl, Frankfurt/M.: Insel Verlag, 1972-82, Bd. 7, S. 44.

44 Goethe, *Die Wahlverwandschaften* (1809), Kapitel 12; vgl. *Die Wahlverwandschaften*, hrsg. Waltraud Wiethölter, Frankfurt/M.: Deutscher Klassiker Verlag, 1994, S. 355. Es war Raimar Zons, der mich an Goethes Roman erinnerte.

Handschrift. Obwohl Ruth Kraft in Bukarest ihren Jugendfreund Antschel verlassen und einen anderen, Sandi Ţurcanu, geheiratet hatte, war sie vielleicht in Czernowitz so sehr in ihn verliebt gewesen, dass sie seine Schrift nachahmte. Doch selbst wenn es Ähnlichkeiten zwischen der Schrift dieser Liebenden gab, ist es unwahrscheinlich, dass Antschel – angesichts der Geschichte seiner Freundschaft mit Edith Horowitz und ihren Eltern – Ruth Krafts Abschriften seiner Gedichte Edith als Geschenk brachte. Er hätte sie bestimmt nicht auf diese Weise getäuscht. Es ist unwahrscheinlich, dass Edith und auch ihre Eltern sowie ihre jüngere Schwester, die auch heute noch ein außerordentliches visuelles Gedächtnis besitzt[45], den Unterschied nicht gemerkt hätten.

Als Antschel im Sommer 1940 Ruth Kraft kennen lernte, war er neunzehn, und sie dreiundzwanzig. Ruth Kraft hatte bereits mit sechzehn Jahren den Sohn eines Freundes ihres Vaters geheiratet, sich bald darauf von diesem getrennt und sich dann in den Bühnenbildner Moses Rubinger[46] verliebt. Der war allerdings verheiratet und wollte sich von seiner Ehefrau nicht trennen. Ruth Kraft war eine lebenstüchtige Frau und wurde nicht nur Paul Antschels Geliebte, sondern – wie Zeitzeugen berichten – auch seine Ratgeberin, die ihm zu helfen suchte. Das gemeinsame Erlebnis der Sowjetbesetzung der Stadt, des Einmarsches der Nazis und der rumänischen faschistischen Truppen, die Verfolgung, die Trennung voneinander, als sie im Ghetto versteckt war und er im Arbeitslager Zwangsarbeit leisten musste, all diese Erlebnisse hatten das Band zwischen ihnen immer enger geknüpft. Gerade weil sie nicht wussten, ob sie überleben würden, gerade weil sie zeitweilig getrennt waren, brannte ihre Liebe umso intensiver in ihrer Vorstellungskraft. Antschel schrieb Ruth Briefkarten aus dem Arbeitslager, sandte ihr Liebesgedichte; durch die Sprache, in der Sprache ließ er die Geliebte erstehen: ihr „Du" konstituierte sich in der Ansprache des lyrischen „Ichs". Es ist möglich und nicht unwahrscheinlich, dass der junge Lyriker, der mit Vorliebe den Part der Frauengestalten in Shakespeares Dramen las, in diesen Jahren, unter dem Einfluss seiner Geliebten, Merkmale ihrer Schrift übernahm, ihre Schreibweise bewusst oder unbewusst nachahmte. Einige gesicherte Celan- bzw. Antschel-Handschriften, wie das Manuskript des frühen Gedichtes „Finale", weisen Buchstaben auf,

---

45 Binzia (Sabine), Ediths jüngere Schwester, wollte Kunstmalerin werden; sie lernte damals Zeichnen und Malen bei der in Czernowitz bekannten Kunstmalerin Lilly Ausländer, die Schwester von Ninon Dolbin, später Hesse (geborene Ausländer); vgl. S. 27, Anm. 18. Sie hatte schon damals ein geschultes Auge und ein ausgezeichnetes visuelles Gedächtnis.

46 Rubinger, Moses, auch Rubingher, Moise, Mosche (1911-2004) war ein aus Leova in Bessarabien, heute Moldawien stammender Kunstmaler und Bühnenbildner, der zunächst in Bukarest, ab 1940 in Czernowitz, nach dem Krieg wieder in Bukarest tätig war. Gemeinsam mit seiner Ehefrau und seinen Kindern wanderte er nach Düsseldorf aus. Ruth Kraft lernte Rubinger in Bukarest kennen; als sie nach Czernowitz kam, verhalf ihr Rubinger zu einer Stelle als Schauspielerin am dortigen jiddischen Theater.

wie das „g", die sowohl in einer für Paul Antschel als auch Ruth Kraft typischen
Weise geschrieben sind.

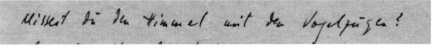

Verszeile aus „Finale"

Interessanterweise trägt auch Celans späte Schrift Merkmale, die an Ruth Krafts
Schreibweise erinnern; das für sie typische, kleine „g", das „u" ohne Querstrich
(„u" statt „ū") sowie das große „E", das er in seiner Jugend ganz anders schrieb,
kommen auch in seinen Briefen an Edith und Jacob Silbermann vor, die er ihnen
in den 1960er Jahren nach Wien und Düsseldorf sandte, vgl. S. 163 und S. 271.
   Im Gegensatz zum Gedicht „Finale" verwenden die oben erwähnten Handschriften aus der Sammlung von Edith Silbermann, die Ruth Kraft zugeordnet
werden, durchgehend das für sie typische „g", „G" sowie das „u" („u" ohne einen
Querstrich).

Bildfragment aus „Geisterstunde"

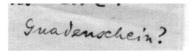

Grosses G im Stil von Ruth Kraft    G, g von Ruth Krafts Hand

weitere g-Varianten aus gesicherten Antschel-Handschriften

Einen Einblick in das sich ändernde Bild der Schrift Antschels gewährt auch
sein kleingeschriebenes „z":

„z" aus „Stundenwechsel"   „z" aus „Sternenlied"

Das „z" aus „Stundenwechsel" kehrt in den meisten Gedichten aus dem Konvolut Silbermann wieder: nicht nur in den gesicherten Handschriften, sondern auch in jenen Texten, die als Ruth Kraft-Abschriften in der *HKA* verzeichnet sind. Ein anders geschriebenes „z" findet sich nur in den auf Büttenkarten aufgezeichneten Gedichten „Sternenlied" und „Spätsommer", die in der *HKA* als gesicherte Antschel-Handschriften figurieren. Dieses „z" kommt in fast allen seinen späteren Reinschriften aus „Manuskript 1944" sowie selbst in seinen Briefen an Edith Silbermann aus den 1960er Jahren vor; dort tritt indes auch das erste „z" (in einer etwas anderen Form) auf; vgl. S. 272. Bemerkenswert ist, dass Ruth Krafts Schreibweise des Buchstabens „z", das auch ihre viel später verfassten Briefkarten an Verwandte kennzeichnet und daher ein fast durchgehendes Merkmal ihrer Schrift zu sein scheint, der Gestaltungsweise des „z" in Antschels „Sternenlied" sehr ähnelt:

Es ist vielleicht kein Zufall, dass sie gerade dieses Gedichtmanuskript mit einer Zueignung des Lyrikers, der sich im Arbeitslager befand, zu ihrem Geburtstag im Jahre 1943 erhalten hatte.

Auch wenn viele andere Buchstaben und der Gesamteindruck der Schrift an Celans Manuskripte erinnern, auch wenn die Geschichte dieser Handschriften, die Behauptung in Frage stellt, dies seien Abschriften von Ruth Krafts Hand, wird es vielleicht kaum mehr möglich sein, mit letzter Sicherheit festzustellen, wie es zu diesen Übereinstimmungen der Handschrift zweier Menschen kam, die sich liebten. Das Leben ahmt zwar in gewisser Hinsicht die Kunst nach, wie Oscar Wilde es formuliert hatte, aber das Leben übertrifft die Kunst im Einfallsreichtum.

Es gibt indes auch eine andere mögliche Erklärung für die Ähnlichkeit der Schriftzüge: Das große, ungewöhnlich gestaltete „G" ist wichtigstes Merkmal der Unterscheidung zwischen Ruth Krafts und Paul Antschels Handschrift. Aber gerade dieses „G" ist ein Fragment des eleganten von der gotischen Schrift (Textura) inspirierten Buchstabens „G". Diese Schrift wurde in Czernowitzer Schulen der damaligen Zeit gelehrt. In den Handschriften von Karl Horowitz und Edith Horowitz aus diesem Zeitraum gibt es ebenfalls ein solches „G" in der vollständigen, aber auch in der fragmentarischen, stilisierten Fassung:

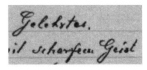

G von anderer Hand.

G von Edith Silbermanns Hand.

G von Karl Horowitz geschrieben.

Auch Antschels Gestaltungsweise des Buchstabens „z" in seinen Gedichten aus „Manuskript 1944" und in seinen späten Briefen sowie Ruth Krafts Schreibweise dieses Buchstabens sind von der gotischen Schrift abgeleitet.

z, Z in Frakturschrift.

Es kann sich also hier um das gemeinsame kulturelle Erbe und die Erziehung handeln, die diese Ähnlichkeiten in der Schriftführung bedingte.

Das Papier der erwähnten Gedichtmanuskripte suggeriert eine weitere Teilantwort auf die Frage, ob diese Handschriften aus Antschels oder Ruth Krafts Feder stammten. Es ist ein elegantes, gelbliches Papier mit einem besonderen Wasserzeichen: ein von den Wörtern „Original Writing Paper" eingerahmter Löwe mit Flügeln, der einen Wappen stützt. Zeitzeugen sind der Ansicht, es handle sich mit großer Wahrscheinlichkeit um ein Briefpapier und nicht um ein Schreibmaschinenpapier, wie in der *HKA* angenommen (ebd., S. 155). Drei Gedichte – „Anemone nemorosa", „Rosenschimmer" und „Hörst, du" – sind auf einem einzigen gefalteten Papierbogen mit diesem Wasserzeichen geschrieben; „Tulpen, ein stummes Gestirn" und „Geisterstunde" stehen auf je einem Papierbogen dieser Art. Ein solches Briefpapier ist für die von Antschel im „Notizbuch 1943" angegebene Entstehungszeit einiger dieser Texte, vor allem seiner Blumengedichte, nämlich Frühjahr 1943, ungewöhnlich. Vor Sommer 1940, dem Zeitpunkt, als die Sowjetarmee Czernowitz besetzte, waren die verschiedensten Sorten Papier, auch Briefpapier mit einem englischen Wasserzeichen, in Czernowitz erhältlich, nach 1940 jedoch nicht; in der Sowjetzeit (1940-41 und ab März 1944) sowie in den Wirren des Krieges war Papier eine Mangelware; Antschel schrieb seine Gedichte daher auf Packpapier und Schulheftseiten. Offensichtlich hatte er das Papier mit englischem Wasserzeichen aufbewahrt, denn die *HKA* verzeichnet auch andere in Czernowitz um 1941 entstandene und auf diesem Papier geschriebene Manuskripte Antschels; (vgl. *HKA*-Angaben über Zeugengruppe C, *HKA*, ebd. Bd. 1, 2. Teil, S. 28). Je mehr Zeit seit der ersten Sowjetbesetzung von Czernowitz verstrich, umso seltener und kostbarer wurde dieses Briefpapier. Drei Gedichte über Blumen, Liebe und Tod, auf wertvollem Papier geschrieben, waren während des Krieges und in den Jahren danach ein besonderes Geschenk. Edith Silbermann hatte immer wieder betont, diese Gedichte von Antschel selbst in Czernowitz erhalten zu haben. Es ist unwahrscheinlich, dass Antschel seine Freundin Edith in einer Zeit, wo sie und ihre Eltern ihm in schwerer Not beistanden, getäuscht hätte, indem er ihr Abschriften seiner neuen Geliebten als Geschenk und Dank für die gebotene Hilfe gebracht hätte, selbst wenn diese auf besonderem Papier geschrieben waren.

Auf einer aus dem Arbeitslager geschickten Briefkarte vom 16. VI. 1943 mit dem Gedicht „Von diesen Stauden" und einem darunter geschriebenen Brieftext für Ruth Kraft, betont der Lyriker, seine Blumengedichte (auch „Tulpen", „Rosenschimmer" und „Windröschen") seien in einer Landschaft entstanden, in der auch die allergeringste Blume fehle. In einer anderen Briefkarte vom 13. IV. 1943 mit dem Gedicht „Anemone nemorosa", ebenfalls aus dem Arbeitslager an Ruth Kraft geschickt, erwähnt Antschel, er habe die erste Strophe kurz vor Erhalt ihres Briefes geschrieben. Die Fassungen, die er Ruth Kraft sandte, waren Reinschriften dieser Gedichte. Im „Notizbuch 1943" aus der Arbeitslagerzeit finden sich indes auch Textzeugen mit handschriftlichen Korrekturen. Nicht alle in diesem Notizbuch enthaltenen Gedichte sind im Lager entstanden (vgl. hier: S. 125). Die Manuskripte aus der Sammlung von Edith Silbermann weisen zwar in einigen Fällen Unterschiede zu den Texten aus dem „Notizbuch 1943" und aus der Sammlung Ruth Krafts (vgl. hier: S. 206-221) auf, sind indes laut Antschels erwähnten Angaben vermutlich später als die oben genannten Fassungen entstanden. Aber gerade in den Jahren 1943-45 war das verwendete Manuskriptpapier besonders wertvoll. Wären diese Handschriften indes Abschriften von Ruth Kraft gewesen, hätte Edith Silbermann diese nicht unter den bereits beschriebenen schwierigen Umständen von Bukarest nach Düsseldorf gebracht und sie bis zu ihrem Tode aufbewahrt.

In diesem Zusammenhang erscheint es wichtig, dass Gedichte in der gleichen, nicht eindeutig zuzuordnenden Handschrift auch im Konvolut von Alfred Kittner mit und neben gesicherten Celan-Handschriften vorhanden sind. Sowohl in Czernowitz als auch in Bukarest hatte Antschel-Ancel-Celan immer wieder Abschriften seiner eigenen Gedichte angefertigt. Alfred Kittner hatte Abschriften der Celan-Gedichte in Bukarest vom Lyriker selbst erhalten. Soweit mir bekannt ist, nahm auch Alfred Kittner an, dass Celan ihm eigene Abschriften seiner Gedichte gegeben hatte.

Die Handschrift der meisten Menschen ändert sich in Verlauf des Lebens oder auch in einer bestimmten Phase, je nach Stimmung und Zeit, die man zum Schreiben hat. Celans frühe Handschrift steckt voller Überraschungen. Die Unterschiede in der Gestaltung einzelner Buchstaben wie „d", „r", „s" und „S" in Celans frühen Handschriften sind so verblüffend, dass selbst ein geübter Handschriftenleser geneigt wäre, bestimmte handschriftlich erhaltene Gedichte wie Celans „Sternenlied" (Konvolut Silbermann) wegen des ungewöhnlichen, zackigen „S" nicht für Celans Autograph zu halten. Es gibt aber andere, identisch aussehende Manuskripte von Antschels Hand, die beweisen, dass auch die ungewöhnlich geschriebenen Gedichte aus der Sammlung Silbermann vom Lyriker selbst aufgezeichnet wurden. Zu diesen zählt das Gedicht „Von diesen Stauden", das er auf einer Briefkarte zusammen mit einem Gruß an Ruth Kraft aufgezeichnet, auf den 16. IV.1943 datiert und ihr aus dem Arbeitslager zugeschickt hatte; da diese Karte einen Poststempel trägt, ist der Text zweifellos eine gesicherte Handschrift des Lyrikers. Die Gedichte „Spätsommer" und „Sternenlied" aus dem Konvolut Silbermann ähneln zudem dem Manuskript des Gedichtes mit Antschels handschriftlichem Geburtstagsglückwunsch an seine Freundin Ruth Kraft. In diesem Falle ist die Zuordnung des Gedichtes eindeutig, auch wenn es einen markanten Unterschied zu Celans vertrauter Schreibweise des „S" gibt.

Einige Manuskripte seiner frühen Gedichte weisen zwar Buchstaben auf, die an Celans Schrift erinnern, aber der Gesamteindruck der Schrift ist so verschieden von Celans anderen frühen Autographen, dass man sie diesen kaum zuordnen würde. Dies gilt für die Gedichte „Festland" und „Aequinoctium". Hier ist die Neigung der Schrift leicht nach links statt nach rechts, wie es für die meisten anderen Celan-Handschriften kennzeichnend ist; die einzelnen Buchstaben sind größer und runder als die meisten Buchstaben in anderen Celan-Handschriften. Die Manuskripte dieser Gedichte legen den Gedanken an eine völlig andere Handschrift nahe. Doch dieser Eindruck könnte täuschen. In der *Historisch-kritischen Ausgabe* werden diese Manuskripte trotz aller Unterschiede aufgrund von anderen gesicherten, ähnlich gestalteten frühen Celan-Handschriften dem Lyriker zugeordnet. Im Falle dieser beiden Gedichte zeigt das verwendete Schulheftpapier, dass es sich mit Sicherheit um Manuskripte aus der Czernowitzer Zeit handelt.

Die Diskrepanzen und die vielen Varianten in Antschels Gestaltung einzelner Buchstaben erwecken den Eindruck, als sei ein und dieselbe Verszeile des Lyrikers von verschiedenen Menschen aufgezeichnet worden. Der Gesamteindruck der Schrift weist aber auf den frühen Dichter hin. Bemerkenswert ist, dass in allen Gedichten und auch in den Briefen an Edith und Jacob Silbermann aus den 1960er Jahren sich ein durchgehendes Merkmal findet: Es ist der auffällig große Abstand zwischen Satzzeichen aller Art und Wörtern, nämlich 2-5 mm. Jenseits aller Unterschiede in der Schreibweise bilden solche Besonderheiten den Konnex zwischen Celans früher und später Handschrift. Diese Schreibweise der Satzzeichen ist indes auch für die Handschriften von Karl Horowitz, Edith und Jacob Silbermann sowie Ruth Kraft charakteristisch. Es ist vielleicht kein Zufall, dass sich Celan in seiner Jugend und auch später für „Hand-lesen", Graphologie und „Hand-schriften" interessierte.

Celans Gedichte aus der Sammlung von Edith Silbermann werden im Folgenden in drei Gruppen eingeteilt: 1. Texte, die mit Sicherheit Manuskripte von Celans Hand sind; 2. Abschriften, die in der *Historisch-kritischen Ausgabe* Celan zugeordnet werden, aber auffallende Unterschiede zu anderen seiner Handschriften aufweisen; 3. Texte, die in der *Historisch-kritischen Ausgabe* Ruth Kraft zugeordnet werden, aber sehr große Ähnlichkeit mit Celan-Handschriften haben. In den Anmerkungen zu den hier abgedruckten Celan-Gedichten aus der Sammlung Edith Silbermann werden Abweichungen zu veröffentlichten Fassungen vermerkt und die in der *Historisch-kritischen Ausgabe* fehlenden Abweichungen registriert[47].

Amy-Diana Colin

---

47 Vgl. „Editorische Anmerkung", hier: S. 137-139.

Editorische Anmerkung

Die Handschriften aus Edith Silbermanns Sammlung gehören zu den frühesten erhaltenen Gedichten Paul Celans. Sie werden im vorliegenden Band zum ersten Mal in vollständiger Form veröffentlicht. Die primäre Zielsetzung dieser Publikation ist es, einen Einblick in Celans frühe Schaffensphase zu geben und einen wichtigen Abschnitt im poetischen Transformationsprozeß seiner Lyrik zu verdeutlichen. Um die Besonderheiten dieser Gedichte aus der Sammlung Silbermann vor Augen führen zu können, werden die Texte entsprechend der Vorlage abgedruckt und den Faksimiles der Manuskripte gegenübergestellt. In den Anmerkungen werden die Handschriften beschrieben, Fragen zur Datierung erörtert und die Veröffentlichungen anderer Gedichtfassungen verzeichnet. Der Abschnitt „Variante Ms (Konvolut Silbermann)" enthält einen kurzen Kommentar zur Stellung dieser Manuskripte in der chronologischen Reihenfolge von Textzeugen in der *Historisch-kritischen Ausgabe* und zur *HKA*-Darstellung der Abweichungen in den Zeugen aus der Sammlung Silbermann. Eine Liste dieser Abweichungen von anderen, für die Textgenese besonders relevanten Textzeugen wird im vorliegenden Band mit Hilfe von Tabellen wiedergegeben. Diese ermöglichen sowohl eine chronologische als auch eine optisch synchrone Darstellung von Varianten.

Die Abweichungen der Manuskripte aus dem Konvolut Silbermann von anderen Textzeugen sind im *HKA*-Apparat zum Frühwerksband zum Teil lückenhaft, zum Teil nicht richtig wiedergegeben worden. Aus diesem Grunde werden in den ersten beiden Spalten der Tabellen die Unterschiede zwischen den Originalen und dem „edierten Text" der *HKA* sowie dessen Vorlage verzeichnet. In der *HKA* dient der „edierte Text" als Ausgangspunkt des Variantenvergleichs. In den meisten Bänden der *HKA* folgt der „edierte Text" dem vom Autor autorisierten Druck. Da es keine vom Lyriker autorisierte Publikation der meisten frühen Gedichte gibt, verwendet der *HKA*-Apparat zum Frühwerksband als Basis des „edierten Textes" Gedichtfassungen in Handschriften-Sammlungen bzw. Erstdrucken, die für die Textgenese von besonderer Bedeutung waren; zu den Vorlagen zählen: „Notizbuch 1943", „Manuskript 1944" in einer Faksimile-Fassung, „Typoskript 1944", eine Reihe von Manuskripten, die in der *HKA* unter dem Titel „Übrige Gedichte" figurieren, Celans Bukarester Gedichtsammlung „Der Sand aus den Urnen" (1946) aus dem DLA und der spätere, in Wien publizierte Band *Der Sand aus den Urnen* (1948). Diese Vorlagen sind auch im Zeugenverzeichnis des *HKA*-Apparates zusammen mit allen anderen überlieferten und für die Textgeschichte relevanten Zeugen (Manuskripte, Abschriften von Celans sowie von fremder Hand, Typoskripte, Durchschläge, Druckfahnen, Drucke) enthalten; im Apparat der *HKA* werden diese Zeugen in umgekehrter chronologischer Reihenfolge, sozusagen im „Count-down", angeordnet; diese Textzeugen werden mit einem Stufenexponenten markiert, wobei der unterste Stufenexponent für den autorisierten Druck, der höchste Stufenexponent für die früheste überlieferte Textstufe steht.

Die *HKA*-Kategorisierung der Gedichte aus dem „Konvolut Silbermann" als Textzeugen mit Stufenexponenten wird im bereits erwähnten Abschnitt „Variante Ms (Konvolut Silbermann)" angeführt. Dieser nimmt zugleich Stellung zur *HKA*-Liste der Abweichungen der Gedichte aus der Sammlung Silbermann von den edierten *HKA*-Texten. Im *HKA*-Apparat fehlende oder nicht richtig wiedergegebene Abweichungen werden in den Tabellen mit einem Stern * markiert. (In der *HKA* hat der Stern dagegen eine andere Bedeutung: Es ist ein „Unsicherheitszeichen". Der Buchstabe H mit einem Stern steht für eine ungewisse Entstehungszeit sowie für eine undeutliche Handschrift oder deren Kopie; vgl. hier: Verzeichnis der Abkürzungen, S. 357.) Der den Tabellen innewohnende Vergleich zwischen den Veröffentlichungen ein und desselben Manuskriptes in verschiedenen Ausgaben birgt Überraschungen. Er wirft die Frage nach der richtigen Wiedergabe einzelner Satzzeichen, Buchstaben, Wörter, Zeilenbrechungen in Celans Manuskripten und den Folgen für die Interpretation seiner Gedichte auf.

Im Gegensatz zur *HKA* berücksichtigt der Abdruck der Gedichte im vorliegenden Band ein besonderes Merkmal aller Handschriften des Lyrikers: Es sind die auffällig großen Abstände zwischen Satzzeichen aller Art und den Wörtern. Die *HKA* respektiert diese Eigentümlichkeit der Zeichensetzung in der Vorlage nicht. Da es sich hier um eine im HKA-Apparat durchgehende Auslassung handelt, wird sie in den Tabellen nicht gesondert verzeichnet und nicht mit einem Stern markiert.

Das „Manuskript 1944", das als Faksimile-Druck in der limitierten Sonderausgabe *Gedichte 1938-1944* erschien, gehört zu den wichtigsten Textzeugen, mit denen die Gedichte aus der Sammlung Silbermann in den Tabellen verglichen werden. Diese Handschriftensammlung diente auch als Vorlage der meisten edierten *HKA*-Texte. Die meisten Gedichttitel aus „Manuskript 1944" sind mit roter Tinte gesperrt geschrieben. In der *HKA* werden diese Titel kursiv gedruckt. Diese Schreibweise wird in den Tabellen des vorliegenden Bandes nicht übernommen. Die Handschriften aus „Manuskript 1944" sind in *Gedichte 1938-1944*, im Band *Transkription der Handschrift*, auch als Erstdruck veröffentlicht worden, der daher in den Anmerkungen und den Tabellen ebenfalls erwähnt wird.

Die Tabellen zeigen auch die Abweichungen der Manuskripte aus der Sammlung Silbermann von einigen publizierten Gedichtfassungen, die den meisten Lesern zugänglich waren oder immer noch zugänglich sind, wie die Veröffentlichungen in den *Gesammelten Werken* (1983) und den Werkausgaben *Das Frühwerk* (1989) und *Die Gedichte* (2005). Die Vorlagen der im Band *Das Frühwerk* enthaltenen Gedichte und Varianten figurieren als „ein Bukowiner Manuskript", „ein Bukarester Typoskript", „ein Wiener" oder ein „Pariser" Typoskript – ohne genauere Quellenangabe. Erst ein Vergleich mit den Textzeugen aus der *HKA* gibt Aufschluß über die möglichen verwendeten Quellen und den Umstand, dass es mehrere handschriftliche Fassungen und/oder Typoskripte aus den erwähnten Zeitabschnitten gibt. Die ungenau dokumentierten Vorlagen der Gedichte aus den Werkausgaben können in den Tabellen nicht berücksichtigt werden. Die genau dokumentierten Vorlagen sind die Handschriften aus „Manuskript 1944"; diese sind in den Tabellen verzeichnet.

In zwei Fällen werden Abweichungen von Gedichtfassungen in den Tabellen abgedruckt, die Alfred Kittner zum Tode Paul Celans in der *Neuen Literatur* (Bukarest 1970) veröffentlicht hatte. Die Vorlagen dieser Publikationen sind Manuskripte, die ihm Ancel-Celan vor seiner Flucht aus Rumänien anvertraut hatte; vgl. die Zeugnisse der freundschaftlichen Beziehung zwischen Paul Celan und dem Lyriker Alfred Kittner, der auch ein enger Freund Alfred Margul-Sperbers war, S. 240-243, S. 248-249. Obwohl Alfred Kittner als Herausgeber deutschsprachiger Lyrik nicht nur in Rumänien, sondern auch in der DDR bekannt war, obwohl sich der Holocaust-Überlebende zur Zeit des Eisernen Vorhangs um das Bekanntwerden deutschsprachiger Dichtung in Rumänien bemühte, und obwohl es sich um einen Nachruf „Zum Ableben Paul Celans" in Form einer Publikation von Celans Manuskripten aus Kittners Besitz handelte, verweigerten Gisèle Celan-Lestrange, die rechtmäßige Erbin, und der Suhrkamp Verlag Alfred Kittner das Recht zu dieser Veröffentlichung. Daher wurden und werden diese Erstdrucke immer noch als „nicht autorisiert" abgestempelt. Diese meiner Ansicht nach ungerechtfertige Entscheidung ist ein weiteres Beispiel für die problematische Handhabe der Publikationsgenehmigung im Falle der Gedichte Celans. Die Vorlagen der „nicht autorisierten" Erstdrucke aus der *Neuen Literatur* sind für die Textgenese, die nicht genehmigte Veröffentlichung aus historischen und politischen Gründen für die Rezeption der Lyrik Celans in Rumänien relevant.

Auf die Darstellung eines umfassenden Variantenvergleichs, der alle nicht publizierten und publizierten Varianten dieser Gedichte untersucht, wird in diesem Buch verzichtet, weil dieser bereits in der *Historisch-kritischen Ausgabe* des Frühwerks, wenn auch mit gelegentlichen, vermutlich im Prozess der Drucklegung unvermeidlichen Irrtümern, enthalten ist. Die im vorliegenden Band veröffentlichten Anmerkungen und Tabellen können indes als Ergänzung des *HKA-Apparates* zu den Manuskripten aus der Sammlung Silbermann verstanden werden.

Amy-Diana Colin

Verzeichnis der Gedichte

Faksimile der Handschrift,
Transkription, Anmerkungen

I.

0   / Abend · /

1   Ist es das Dunkel , ist es die Helle , ist es dein seltsamer Blick ?
2a Leicht sind die Nebel , nah ist die Schwelle , leise verweht mein
2b   Geschick .
                Winde
3   Über die ~~Stunden~~ , über die Wälder , über die täuschende Welt
4   hielt ich dich lautlos , hielt ich dich leise , nun aber bin ich entstellt .

5   Nun aber kann ich , da alle verlöschen , nicht mehr enträtseln das Bild .
                                          knien
6a Laß mich wie einen der leicht war und leise , ~~falln~~ ohne Speer , ohne
6b   ~~gehn~~   Schild ·
6c   (~~knien~~)
7   x

Abend

Ist es das Dunkel, ist es die Helle, ist es ein seltsamer Blick?
Leicht sind die Nebel, nah ist die Schwelle, leise verweht mein
                                                        Geschick.
Über die ~~Winde~~ Winde, über die Wälder, über die täuschende Welt
hielt ich dich lautlos, hielt ich dich leise, nun aber bin ich entstellt

Nun aber kann ich, da alle verlöschen, nicht mehr enträtseln das Bild.
Laß mich wie einen ~~~~ leicht von euch leise, ~~fallen~~ ohne Speer, ohne
                                                        Schild.

Manuskript:
Paul Antschels Handschrift mit seinen handschriftlichen Sofortkorrekturen; schwarze Tinte; linierte Schulheftseite: 17 x 21,8; rechts ein roter seitlicher Streifen; Abrisskante links. In der *Historisch-kritischen Ausgabe* (I. Abteilung, Bd. 1, 2. Teil, S. 191) figuriert dieses Manuskript (H²) als die früheste überlieferte Fassung des Gedichtes.

Datierung:
In der *Historisch-kritischen Ausgabe* und in *Gedichte 1938-1944* ist kein Entstehungsdatum verzeichnet. Nach Edith Silbermanns Aussage hat Paul Antschel dieses Gedicht in ihrem Elternhaus verfaßt, auf einer Schulheftseite aufgeschrieben und ihr geschenkt. Auf der Rückseite der Schulheftseite, „auf den Kopf gestellt", steht Antschels handschriftliche Erstfassung des Gedichtes „Drüben" (vgl. S. 147 und *HKA*, I. Abt., Bd. 2-3, 2.Teil, S. 65). Zeitzeugen berichten, dass sich in Czernowitzer Schulheften der rote Streifen rechts zur äußeren Kante hin befand. Das Gedicht „Abend" steht daher auf der Vorderseite, „Drüben" hingegen auf der Rückseite des Blattes. Der Lyriker hat das Blatt mit dem Gedicht „Abend" nicht bloß gewendet, um ein zweites Gedicht aufzuzeichnen, sondern das ganze Heft oder Blatt umgedreht. In seinem Handexemplar von *Der Sand aus den Urnen* datierte der Lyriker das Gedicht „Drüben" mit Bleistift auf das Jahr 1940/41. Sollte seine Erinnerung an das Entstehungsdatum richtig sein, dann könnte auch das Gedicht „Abend" um diese Zeit – es ist die Zeit der sowjetischen Besetzung seiner Geburtsstadt – entstanden sein. Vielleicht hatte der Lyriker schon früher das Gedicht „Abend" auf dieser Schulheftseite aufgezeichnet und die Seite später noch einmal verwendet, gerade weil in dieser Zeit Papier eine Mangelware war. Die Schulheftseite und die Tinte legen indes den Gedanken nahe, beide Gedichte könnten aus einer früheren Periode stammen, als Antschel noch zur Schule ging, fast täglich seine Freundin Edith besuchte und in der Bibliothek ihres Elternhauses Gedichte schrieb. Das wäre der Zeitraum von 1936 bis 1938.

Veröffentlichungen einer anderen Gedichtfassung:
Historisch-kritische Ausgabe (2003), I. Abteilung, Bd. 1, 1. Teil, S. 80, Vorlage: „Manuskript 1944" (Bl. 39^r).
Das Frühwerk (1989), S. 93, S. 248, Vorlage: *Gedichte 1938-1944*, S. 82; Wiederabdruck in *Die Gedichte* (2005), S. 411.
Gedichte 1938-1944 (1985), S. 82, Erstdruck, Vorlage: „Manuskript 1944".

Variante „Ms (Konvolut Silbermann)":
In der *Historisch-kritischen Ausgabe*, I. Abteilung, Bd. 1, 2. Teil, S. 191-192, ist die Handschrift aus dem Konvolut Silbermann, „H² Ms (Konvolut Silbermann)", der Textzeuge mit dem höchsten Stufenexponenten, wobei der Textzeuge H^{1d}, die Gedichtfassung aus „Manuskript 1944", als die Vorlage des edierten Textes und als der Ausgangspunkt für diesen Variantenvergleich dient. Aufgrund der verwendeten, nicht deutlich lesbaren Fotokopie von H² halten die *HKA*-Herausgeber das Komma nach „leise" für einen Strichpunkt.

Abweichungen des Manuskriptes von anderen Gedichtfassungen:

	Ms (Konvolut Silbermann)	Manuskript 1944 / G HKA-Text/Apparat	FW (1989/2005)
0*	/ Abend · / (*Titel zentriert, zwischen Markierungsstrichen;*Hochpunkt; die ersten beiden Angaben ebenso im HKA-Apparat.*)	A b e n d (*Ms 1944: Titel gesperrt; rote Tinte; diese Angaben ebenso im HKA-Apparat; G / HKA-Text: Titel kursiv.*)	ABEND (*FW* 1989/2005)
1	dein seltsamer Blick ?	dein / seltsamer Blick ? * (*Ms 1944: *hochgestelltes Ausrufungszeichen; Zeilenbrechung aus Raumgründen*) dein seltsamer Blick? (*G/HKA*)	dein seltsamer Blick?
2* 2a/b	Leicht aus:*Leiht (*Sofortkorrektur*) leise verweht mein / Geschick . (*Zeilenbrechung aus Raumgründen*)	Leicht leise / verweht mein Geschick . (*Ms 1944: Zeilenbrechung aus Raumgründen*) leise verweht mein Geschick. (*G/HKA: keine Zeilenbrechung*)	Leicht leise verweht / mein Geschick. (*FW* 1989: *Zeilenbrechung aus Raumgründen; FW* 2005: *keine Zeilenbrechung*)
3	Winde aus: ~~Stunden~~ , täuschende Welt	Winde, täuschende / Welt , (*Ms 1944: Zeilenbrechung aus Raumgründen*) täuschende Welt, (*G/HKA*)	Winde, täuschende Welt,
4*	hielt *leise , (*im Manuskript deutlich erkennbares Komma; abweichende Angabe im HKA-Apparat:* leise; *weiterer Hinweis im HKA-Apparat: "Semikolon auf Kopie undeutlich".*) aber bin ich entstellt . *Angabe im HKA-Apparat zu Z. 4: "unter* nun *undeutlicher Schreibansatz;" im Manuskript kein Schreibansatz unter Z. 4 erkennbar.*	hob leise, (*Ms 1944: vielleicht:* leise ,) leise, (*G/HKA*) aber / bin ich entstellt . (*Ms 1944: Zeilenbrechung aus Raumgründen*) aber bin ich entstellt. (*G/HKA: keine Zeilenbrechung*)	hob leise, aber bin ich / entstellt. (*FW* 1989: *Zeilenbrechung aus Raumgründen; FW* 2005: *keine Zeilenbrechung*)
5	mehr enträtseln	mehr / enträtseln (*Ms 1944: Zeilenbrechung aus Raumgründen*) mehr enträtseln (*G/HKA: keine Zeilenbrechung*)	mehr enträtseln / das Bild. (*FW* 1989: *Zeilenbrechung aus Raumgründen; FW* 2005: *keine Zeilenbrechung*)
6a 6b	einen der knien *hochgestellt; darunter, unterstrichen, durchgestrichen:* ~~falln~~ *darunter:* ~~gehn~~	einen , der (*Ms 1944*) einen, der (*G/HKA*) knien / ohne Speer, ohne Schild . (*Ms 1944: Zeilenbrechung aus Raumgründen*)	einen, der
6a/b 6c	ohne Speer , ohne / Schild · (*Zeilenbrechung aus Raumgründen; Hochpunkt*) (~~knien~~) *unter:* ~~gehn~~ (6b)	knien ohne Speer, ohne Schild. (*G/HKA: keine Zeilenbrechung*)	knien ohne Speer, / ohne Schild. (*FW* 1989/2005: *Zeilenbrechung aus Raumgründen*)
7	x (*Abgrenzungszeichen*)		

Die Strophenzwischenräume in den verglichenen Gedichtfassungen befinden sich zwischen den Zeilen 2/3 und 4/5.

0   · ~~Lied~~ ·   Drüben

1   Erst jenseits der Kastanien ist die Welt .
2   Von dort kommt nachts ein Wind im Wolkenwagen
3   und Irgendwer steht auf dahier . .
4   Den will er über die Kastanien tragen :
5 < Bei mir ist/Engelsüß , und roter Fingerhut bei mir −
6a ~~Das Dunkel laß , das dich gefangen hält~~ ! >
6b   Erst jenseits der Kastanien ist die Welt .

7   Da zirp ich leise , wie es Heimchen tun , −
8   da halt ich ihn , da muß er sich verwehren :
9   ihm legt mein Ruf sich ums Gelenk . . .
10   Den Wind hör ich in vielen Nächten wiederkehren
11 < Bei uns flammt Ferne , bei dir ist es eng . . >
12   Da zirp ich leise wie es Heimchen tun .

13   Doch wenn die Nacht sich heute nicht erhellt
14   und wiederkommt der Wind im Wolkenwagen :
15 < Bei mir ist Engelsüß und roter Fingerhut bei mir !>
16   und will ihn über die Kastanien tragen −
17   Da halt , da halt ich ihn nicht hier . .
18   Erst jenseits der Kastanien ist die Welt .

·Liet· Drüben

Erst jenseits der Kastanien ist die Welt.
Von dort kommt nachts ein Wind im Wolkenwagen
und irgendwer steht auf dahier..
Den will er über die Kastanien tragen:
»Bei mir ist Engelsüß und roter Fingerhut bei mir –
~~der dünkel hat, der dich gefangen hält!«~~
Erst jenseits der Kastanien ist die Welt.

Da zirp ich leise, wie es Heimchen tun, –
Da halt ich ihn, da muß er sich verwehren:
ihm legt mein Ruf sich ums Gelenk...
Den Wind hör ich in vielen Nächten wiederkehren:
»Bei uns flammt Ferne, bei dir ist es eng..«
Da zirp ich leise wie es Heimchen tun.

Doch wenn die Nacht sich heute nicht erhellt
und wiederkommt der Wind im Wolkenwagen:
»Bei mir ist Engelsüß und roter Fingerhut bei mir!«
Und will ich über die Kastanien tragen –
da halt, da halt ich ihn nicht hier..
Erst jenseits der Kastanien ist die Welt.

Manuskript:
Paul Antschels Handschrift mit seinen handschriftlichen Sofortkorrekturen; schwarze Tinte; linierte Schulheftseite: 17 x 21,8; rechts ein roter seitlicher Streifen; Abrisskante links. In der *Historisch-kritischen Ausgabe* (I. Abteilung, Bd. 2/3, 2. Teil, S. 65) figuriert diese Handschrift (H^9) als die früheste überlieferte Fassung des Gedichtes.

Datierung:
Die *Historisch-kritische Ausgabe* dokumentiert Celans handschriftliche, in seinem Exemplar von *Der Sand aus den Urnen* (1948) enthaltene Bleistiftnotiz zum Entstehungsdatum: 1940/41. In *Gedichte 1938-1944*, S. 147, schreibt Ruth Kraft, sie vermute, er habe das Gedicht um 1940 oder früher verfasst. „Drüben" ist eines der Gedichte, von denen Edith Silbermann mit Sicherheit sagen konnte, dass es in ihrem Elternhaus entstanden war. Es ist auf der Rückseite der gleichen Schulheftseite wie das Gedicht „Abend", allerdings „kopfstehend", geschrieben; der Text stammt vielleicht aus einer früheren Zeit; vgl. Datierung von „Abend".

Veröffentlichungen anderer Gedichtfassungen:
Historisch-kritische Ausgabe (2003), I. Abteilung, Bd. 1, 1. Teil, S. 85, Vorlage: „Manuskript 1944" (Bl. 42^r); Bd. 2/3, 1. Teil, S. 11, Vorlage: *Der Sand aus den Urnen* (1948).
Das Frühwerk (1989), S. 96, Vorlage: „Zitiert nach einem auf 1950 datierten Pariser Typoskript" – keine weitere Quellenangabe (*Frühwerk*, Anmerkung, S. 249); Wiederabdruck in *Die Gedichte* (2005), S. 13, identisch mit *SU* (1948).
Gedichte 1938-1944 (1985), S. 89.
Gesammelte Werke (1983), Bd. 3, S. 11, Vorlage: *SU* (1948).
Der Sand aus den Urnen (1948), S. 5, Erstdruck.

Variante „Ms (Konvolut Silbermann)":
In der *Historisch-kritischen Ausgabe*, I. Abteilung, Bd. 2/3, 2. Teil, S. 65-68, ist das Manuskript, „H^9 Ms (Konvolut Silbermann)", der Textzeuge mit dem höchsten Stufenexponenten, wobei der Textzeuge H^4, die Gedichtfassung aus *Der Sand aus den Urnen* (1948), als die Vorlage des edierten Textes und als der Ausgangspunkt für den Variantenvergleich benutzt wird. *HKA* erwähnt einige Abweichungen in H^9 nicht: Z. 8: „verwehren:" statt „verwehren!"; es fehlt ein Hinweis auf ausgerückt geschriebene Anführungszeichen in Z. 5, Z. 11, Z. 15 und auf die gestrichenen Wörter in Z. 7; andere, im Original deutlich erkennbare Abweichungen sind für die *HKA*-Herausgeber aufgrund der verwendeten Kopie schwer entzifferbar: Z. 6: „hält!" statt „hält."; Z. 16: „und" statt „Und"; auch im Originaltext undeutlich ist: Z. 14: „wiederkommt" oder „wieder kommt"; Z. 15: nachträglich eingefügtes Ausrufungszeichen.
Das Frühwerk, S. 249, verweist auf eine Fassung mit dem Titel „Lied" – ohne Quellenangabe.

Abweichungen des Manuskriptes von anderen Gedichtfassungen:

	Ms (Konvolut Silbermann)	Manuskript 1944 / G HKA-Text	SU (1948) / GW (1983) FW (1989/2005) HKA-Apparat[1]
0	Drüben (Titel aus durchgestrichen und gesperrt: · ~~Lied~~ · Erster Titel zentriert, zwischen Hochpunkten; diese Angaben ebenso im HKA-Apparat.)	Drüben (Ms 1944: Titel gesperrt; rote Tinte; diese Angaben ebenso im HKA-Apparat; G / HKA-Text: Titel kursiv.)	DRUEBEN (SU/HKA) DRÜBEN (GW/FW)
11/2	Kein Strophenzwischenraum	Kein Strophenzwischenraum	Strophenzwischenraum
3	und Irgendwer (*abweichende Angabe im HKA-Apparat: und vielleicht groß.) dahier . .	und irgendwer dahier . (Ms 1944) dahier. (G/HKA)	und irgendwer dahier ... (HKA) dahier. . . (SU/GW/FW)
5*	*< Bei mir (*Anführungszeichen ausgerückt geschrieben.) ist / Engelsüß , (*handschriftliche Korrektur: Einfügung: ist) bei mir –	"Bei mir (Ms 1944/HKA) »Bei mir (G) ist Engelsüß bei mir – (Ms 1944/HKA) bei mir – « (*G ergänzt das fehlende Anführungszeichen.)	»Bei mir (SU/GW/FW) ist Engelsüß bei mir!
6b* 6a+	Erst jenseits der Kastanien ist die Welt . aus durchgestrichen: Das Dunkel laß , das dich gefangen hält !>*	Welt · (Ms 1944: Hochpunkt*) Welt. (G) Welt." (*HKA ergänzt das fehlende Anführungszeichen.)	Welt . . . « (SU/GW) Welt. « (FW) Welt... (HKA)
7*+	Da zirp tun – aus: tun ;* (+ linker Seitenrand: zwei Bleistiftstriche von Z.6 bis Z. 8)	*Da zirp (Ms 1944) tun : (Ms 1944) tun: (G/HKA)	Dann zirp tun,
8+	da halt da muß verwehren :	da halt *da muß (Ms 1944) verwehren ! (Ms 1944) verwehren! (G/HKA)	dann halt dann muß verwehren : (SU) verwehren: (GW/FW/HKA)
9	ihm Gelenk . . .	*(Ihm (Ms 1944) Gelenk . .) (Ms 1944/G) Gelenk..) (HKA)	ihm Gelenk ! (SU) Gelenk! (GW/FW/HKA)
10	wiederkehren	wiederkehren : (Ms 1944) wiederkehren: (G/HKA)	wiederkehren : (SU) wiederkehren: (GW/FW)
11*	< Bei uns (*Anführungszeichen ausgerückt geschrieben.) eng . . >	*" Bei uns (Ms 1944/HKA) »Bei uns (G) eng . . , " (Ms 1944) eng... " (HKA)	»Bei mir (SU/GW/FW) eng . . . « (SU/GW/FW) eng... (HKA)
12	Da zirp ich leise	*Da zirp ich leise ,(Ms 1944) Da zirp ich leise,(G/HKA)	Dann zirp ich leise, (SU/ GW/FW/HKA)
13	sich heute nicht	auch heut sich nicht	auch heut sich nicht
14	wiederkommt (möglich: wieder kommt)	wiederkommt	wiederkommt
15*	< Bei mir (*Anführungszeichen ausgerückt geschrieben.) bei mir !> (hochgestelltes Ausrufungszeichen; vielleicht nachträglich eingefügt.)	"Bei mir (Ms 1944 / HKA) »Bei mir (G) bei mir !" (Ms 1944 / HKA) bei mir!« (G)	»Bei mir (SU/GW/FW) bei mir!« (SU/GW/FW) bei mir! (HKA)
16	und	Und	Und
17	Da halt ,da halt (unregelmäßiger Zeichenabstand) hier . .	dann halt, dann halt hier . . . (Ms 1944/G) hier . . (HKA)	dann halt, dann halt hier... (HKA) hier . . . (SU/GW/FW)
17 ½	kein Strophenzwischenraum	Strophenzwischenraum	Strophenzwischenraum

1   Der Stern in der zweiten Tabellenspalte markiert auch Abweichungen, die im HKA-Text zwar wiedergegeben, aber im HKA-Apparat nicht verzeichnet werden; weitere Auslassungen im HKA-Apparat wie die unterschiedliche Schreibweise der Anführungs- und Auslassungszeichen und die Spatien zwischen Wörtern und Satzzeichen werden hier und in den anderen Tabellen zwar verzeichnet, aber nicht mit einem Stern markiert.

0   Fackelzug .

1   Kamerad , die Fackel heb
2   und den Fuß setz stramm .
3   Ferne ist nur Drahtgeweb –
4   Uund die Erde Schlamm .

5   Kamerad, die Fackel schwing ,
6   meine Fackel raucht .
7   Deine Seele ist ~~Di~~ ein Ding ,
8   das jetzt Feuer braucht .

9   Kamerad , die Fackel senk ,–
10   und verlösche sie ·
11   Wie das Leben ist bedenk .
12   Und das Sterben wie .

13   x

Fackelzug.

Kamerad, die Fackel heb
und den Fuß setz stramm.
Ferne ist nur Drahtgeweb.
Und die Erde Schlamm.

Kamerad, die Fackel schwing,
Meine Fackel raucht.
Deine Seele ist ein Ding,
das jetzt Feuer braucht.

Kamerad, die Fackel senk,
und erlösche sie.
Wie das Leben ist bedenk.
Und das Sterben wie.

×

Manuskript:
Paul Antschels Handschrift mit handschriftlichen Sofortkorrekturen; schwarze Tinte; Heftseite; elfenbeinfarbenes, glattes Papier mit abgerundeten Kanten: 19,2 x 15,4; Abrisskante links. Die *Historisch-kritische Ausgabe* (I. Abteilung, Bd. 1, 2. Teil, S. 305) gibt dieses Manuskript (H^{2*}) als die früheste überlieferte Fassung dieses Gedichtes an.

Datierung:
In der *Historisch-kritischen Ausgabe* wird auf das „Typoskript 1944" verwiesen, das eine Kopie des Gedichtes enthält. Im *Frühwerk* erfolgt der Abdruck nach „einem" Bukowiner Typoskript, das „etwa 1944" entstanden sein soll. Edith Silbermann konnte sich erinnern, dass Antschel ihr dieses Manuskript schenkte, weil er es in ihrem Elternhaus aufgezeichnet hatte, doch sie konnte das Jahr 1944 als Entstehungsdatum nicht mit Sicherheit bestätigen. Das genaue Entstehungsdatum dieses Gedichtes ist aus folgenden Gründen bislang nicht genau feststellbar: Das Gedicht, „Ich lebe unter tausend weißen Steinen" („Einsamkeit"), das laut Ruth Kraft um 1943 entstanden sein soll, ist auf einer identisch aussehenden Seite aufgezeichnet und legt den Gedanken nahe, der Lyriker habe beide Texte auf zwei Seiten desselben Heftes um die gleiche Zeit geschrieben. Es ist daher möglich, dass beide Gedichte im Jahre 1943 oder früher entstanden sind. In *Akzente* 19 (1972) wird das Gedicht auf das Jahr 1942 – ohne Quellenangabe – datiert. Wie im Falle des Gedichtes „Fackelzug" stammen indes die einzigen anderen Textzeugen des Gedichtes „Einsamkeit" aus dem Jahre 1944. Daher ist auch die Datierung 1944 möglich.

Veröffentlichungen anderer Gedichtfassung:
Historisch-kritische Ausgabe (2003), I. Abteilung, Bd. 1, 1. Teil, S. 154, Vorlage: „Typoskript 1944".
Das Frühwerk (1989), S. 67, Vorlage: „Erstdruck nach einem etwa 1944 entstandenen bukowiner (sic) Typoskript" – keine genaue Quellenangabe (*Frühwerk*, Anmerkung, S. 245); *Die Gedichte* (2005), S. 399, Vorlage: „Typoskript 1944".
Akzente 19 (1972), S. 16-17, (wie S. 60, Anm. 27), Erstdruck.

Variante „Ms (Konvolut Silbermann)":
In der *Historisch-kritischen Ausgabe*, I. Abteilung, Bd. 1, 2. Teil, S. 305, ist die Handschrift, H^{2*} Ms (Konvolut Silbermann), der Textzeuge mit dem höchsten Stufenexponenten, wobei die in „Typoskript 1944" enthaltene Gedichtfassung, der Textzeuge H^1, als der Ausgangspunkt für den Variantenvergleich verwendet wird. Die Wiedergabe einiger Abweichungen in der Handschrift H^{2*} stimmt nicht mit dem Original überein. In Z. 9 des Originals steht: „senk,– " und nicht „senk;" (*HKA*); diese Abweichung entspricht der Abschrift im Kittner-Konvolut (Konvolut B), vgl. *HKA*, Bd. 1, 2. Teil, S. 305; in Z. 13 steht ein Abgrenzungszeichen. Die *HKA* verzeichnet nicht den Schreibansatz, der sich auf der Rückseite des Manuskriptblattes befindet; es sind zwei französische Wörter, „vos cle" (vermutlich clé), von Antschels Hand mit schwarzer Tinte geschrieben; die Tinte ist leicht verwischt.

Abweichungen des Manuskriptes von veröffentlichten Gedichtfassungen:

	Ms (Konvolut Silbermann)	T 1944 HKA-Text/Apparat[1]	FW (1989/2005)
0	Fackelzug . (*Titel: zentriert; Schlußpunkt; diese Angaben ebenso im HKA-Apparat.*)	Fackelzug. (*T 1944/HKA-Apparat: Titel gesperrt; Schlußpunkt.*) Fackelzug. (*HKA-Text*)	FACKELZUG
1	heb	heb	heb, (*FW 1989*)[2] heb (*FW 2005*)
2	und (*eingerückt geschrieben.*)	und (*T 1944: nicht eingerückt geschrieben; Tippfehler.*) und (*HKA: eingerückt geschrieben.*)	und (*eingerückt geschrieben.*)
3*	Drahtgeweb –* (*ungenaue Angabe im HKA-Apparat: Punkt, vielleicht Gedankenstrich.*)	*Drahtgeweb, (*T 1944 / HKA-Apparat: Tippfehler: Komma.*) Drahtgeweb. (*HKA*)	Drahtgeweb.
4	Und *aus:* und	Und	Und
6	meine (*undeutlich, vielleicht Großschreibung: Meine*)	meine	meine
7	Seele	Seele *aus:* Sehle (*T 1944 / HKA-Apparat: Tippfehler.*) Seele (*HKA*)	Seele
	D̶i̶ ein (*Sofortkorrektur*)	ein	ein
9 *	*senk ,̶–̶ (*abweichende Angabe im HKA-Apparat:* senk, *aus:* senk;)[3]	senk,	senk,
10*	sie · (*Hochpunkt)	sie (*T 1944/HKA-Text/HKA-Apparat: fehlendes Satzzeichen in T 1944: „Tippfehler?"*)	sie.
11	Wie das Leben ist bedenk .	Wie das Leben ist bedenk.	Wie das Leben ist bedenk.[4]
13	x (*Abgrenzungszeichen*)		

Die Strophenzwischenräume in den verglichenen Gedichtfassungen befinden sich zwischen den Zeilen 4/5 und 8/9.

1 Die Vorlage der im *HKA*-Textteil veröffentlichten und im *HKA*-Apparat für den Variantenvergleich verwendeten Gedichtfassung ist der Textzeuge aus „Typoskript 1944" (Gedicht Nr. 82). Die *HKA* macht auf eine Reihe von Tippfehlern in diesem Typoskript aufmerksam: Z. 2 (fehlender Einzug), Z. 3 (Komma statt Punkt), Z. 7 (Seele *aus:* Sehle oder Selle), Z. 10 (sie *statt* sie.); der Zeuge aus T 1944 enthält indes auch die handschriftliche Korrektur eines Tippfehlers (verlösche *aus:* verlosche).

2 *Das Frühwerk*, S. 67, fügt in Z. 1 die Abweichung, „heb," statt „heb", ein; in *Die Gedichte* (2005) wird diese Abweichung als Druckfehler angegeben und berichtigt.

3 Der *HKA*-Apparat verweist auf die Abweichung „senk.–" in der Abschrift „Kittner (Konvolut A)" und auf „senk,–" in der Abschrift „Kittner (Konvolut B)", die als Abweichung vom Manuskript aus dem Konvolut Silbermann verzeichnet wird; im Textzeugen aus dem Konvolut Silbermann steht indes ebenfalls: „senk,–" und nicht „senk;" (wie im *HKA*-Apparat angegeben); daher gibt es keinen Unterschied zwischen den beiden Manuskripten.

4 In *Die Gedichte* (2005) verwendet die Herausgeberin als Druckvorlage ebenfalls die Gedichtfassung aus „Typoskript 1944" und hebt hervor, dass in Z. 11 ein Satzzeichen ergänzt worden ist (*Die Gedichte*, S. 892); die *HKA* verzeichnet jedoch kein fehlendes Satzzeichen in Z. 11, wohl aber in Z. 10 nach „sie". Auch die in *Akzente* 19 (1972) abgedruckte Gedichtfassung weist eine Interpunktionsvariante in Z. 11 (Wie das Leben ist, bedenk.") auf, die allerdings in keinem verzeichneten Textzeugen enthalten ist.

0   Stundenwechsel

1   Im Glas des Herzens seltsam grünen Schweiß ,
2   versäumt mein Mund den Schluck vom letzten Wein ?
3   ' Was innen zittert – heb es und befrei's ,
4   und wieg, und wiege es nicht ein ! '

5   Der Nacht sind die Kobolde nackt entsprungen ,
6   (um zu erzählen , wie die Tränenkette würgt ?)
7   Sie haben an der Herzwand lang gerungen ,
8   und für die Zeit mit ihrem Blut gebürgt . .

9   Die Stunde aber überholt sie , unbekümmert , –
10   Ddaß sie statt Flammen Rosenkränze zähle . . .
11   und aus den Krügen , die ihr Schritt zertrümmert
12   taucht in dein schwarzes Auge meine Seele .

Stundenwechsel

Im Glas des Herzens seltsam grünen Schweiß,
versäumt mein Mund den Schluck vom letzten Wein?
das innen zittert – heb es und befrei's,
und wieg, und wiege es nicht ein!'

Der Nacht sind die Kobolde nackt entsprungen,
(um zu erzählen, wie die Tränen kelle würgt)
sie haben es der Herzwand lang gerungen,
und für die Zeit mit ihrem Blut gebürgt..

die Stunde aber überholt sie, unbekümmert, –
lass sie statt Flammen Rosenkränze zähle...
und aus den Krügen, die ihr Schritt zertrümmert
taucht in dein schwarzes Auge meine Seele.

Manuskript:

Paul Antschels Handschrift; schwarze Tinte; linierte Schulheftseite: 19,2 x 15,2; blaue Linien; Abrisskante rechts. Die *Historisch-kritische Ausgabe* (I. Abteilung, Bd. 1, 2. Teil, S. 177) verzeichnet diese Handschrift (H^{4*}) als die früheste überlieferte Fassung des Gedichtes.

Datierung:

Die *Historisch-kritische Ausgabe* erwähnt kein Entstehungsdatum und bezieht sich dabei auf den Band *Gedichte 1938-1944*, in dem keine Datierung angegeben wird. Nach Auskunft von Edith Silbermann hat Antschel dieses Gedicht in ihrem Haus in Czernowitz aufgezeichnet und ihr geschenkt; es befand sich bereits vor seiner Zwangsinternierung im Arbeitslager (Sommer 1942, vgl. S. 15) in ihrem Besitz.

Veröffentlichungen anderer Gedichtfassungen:

Historisch-kritische Ausgabe (2003), I. Abteilung, Bd. 1, 1. Teil, S. 72, Vorlage: „Manuskript 1944" (Bl. 35^r).

Das Frühwerk (1989), S. 83, Anmerkung, S. 247, Vorlage: *Gedichte 1938-1944*; Wiederabdruck in *Die Gedichte*, S. 406.

Gedichte 1938-1944 (1985), S. 74; Vorlage: „Manuskript 1944".

Variante „Ms (Konvolut Silbermann)":

In der *Historisch-kritischen Ausgabe* (2003), I. Abteilung, Bd. 1, 2. Teil, S. 177-178, ist diese Handschrift, „H^{4*} Ms (Konvolut Silbermann)", der Textzeuge mit dem höchsten Stufenexponenten, wobei die in „Manuskript 1944" enthaltene Gedichtfassung, der Textzeuge H^1, als der Ausgangspunkt für den Variantenvergleich dient. Da die verwendete Fotokopie der Handschrift H^{4*} undeutlich ist, markieren die *HKA*-Herausgeber einige Abweichungen mit einem Fragezeichen (Z. 3, Z. 5, Z. 9); im Original sind diese Abweichungen indes deutlich erkennbar; es fehlt ein Hinweis auf die jeweils andere Schreibweise der Auslassungspunkte in Z. 8 und Z. 10 der Gedichtfassungen.

Abweichungen des Manuskriptes von anderen Gedichtfassungen:

	Ms (Konvolut Silbermann)	Manuskript 1944 / G HKA-Text/Apparat	FW (1989/2005)
0	Stundenwechsel (*Titel zentriert; größerer Schreibduktus; diese Angaben ebenso im HKA-Apparat.*)	Stundenwechsel (*Ms 1944: Titel gesperrt; rote Tinte; diese Angaben ebenso im HKA-Apparat; G / HKA-Text: Titel kursiv.*)	STUNDENWECHSEL
3*	' Was innen zittert – * (**Anführungszeichen ausgerückt geschrieben; *Tintentropfen unter dem Gedankenstrich; abweichende Angabe im HKA-Apparat: Schreibfehlerkorrektur.*)	' Was innen zittert – (*Ms 1944: Anführungszeichen ausgerückt geschrieben.* *) ›Was innen zittert – (G) 'Was innen zittert – (*HKA-Text*)	›Was innen zittert –
	befrei's ,	befreis , (*Ms 1944*) befreis, (*G/HKA-Text*)	befreis,
4*	ein !' *	ein ! ' * (*Ms 1944*) ein!‹ (G) ein!' (*HKA-Text*)	ein!‹
5	entsprungen ,	entsprungen · (*Ms 1944: Hochpunkt *) entsprungen. (*G/HKA*)	entsprungen.
6	(um	(Um (*Ms 1944*) (Um (*G/HKA*)	(Um
8	gebürgt . .	gebürgt . . . (*Ms 1944/G*) gebürgt... (*HKA*)	gebürgt…
9	unbekümmert , – (*im Manuskript deutlich erkennbarer Gedankenstrich; *abweichende Angabe im HKA-Apparat: "nach Komma vielleicht Gedankenstrich".*)	unbekümmert , (*Ms 1944*) unbekümmert, (*G/HKA*)	unbekümmert,
10	daß *aus:* Daß (*Sofortkorrektur*) zähle . . .	daß zähle . . . (*Ms 1944/G*) zähle… (*HKA*)	daß zähle…
11	zertrümmert	zertrümmert , (*Ms 1944*) zertrümmert, (*G/HKA*)	zertrümmert,
*	*vertikaler Bleistiftstrich; vielleicht ein Abgrenzungszeichen: x*		

Die Strophenzwischenräume in den verglichenen Gedichtfassungen befinden sich zwischen den Zeilen 4/5 und 8/9.

0   Am Brunnen

1   Wie heb ich , sag , auf brüchigen Gelenken
2   den Krug voll Nacht und Übermaß ?
3   Versonnen ist dein Aug von Angedenken ,
4   von meinem Schritt versengt das hohe Gras .

5   Wie dir das Blut , wenn Sterne es befielen ,
6   ward mir die Schulter einsam , weil sie trug .
7   Blühst du der Art von wechselnden Gespielen ,
8   lebt sie der Stille aus dem großen Krug .

9   Wenn sich die Wasser dir und mir verfinstern ,
10   sehn wir uns an − doch was verwandeln sie ?
11   Dein Herz besinnt sich seltsam vor den Ginstern ,
12   der Schierling streift mir träumerisch die Knie .

Am Brunnen

Wie heb ich, sag, auf flüchtigen Gelenken
den Krug voll Nacht und Übermaß?
Versonnen ist dein Aug von Angedenken,
von meinem Schritt versengt das hohe Gras.

Wie dir das Blut, wenn Sterne es beschielen,
ward mir die Schulter einsam, weil sie trug.
Rührst du den Arm von wechselnden Gespielen,
lebt nie die Stille aus dem großen Krug.

Wenn sich die Wasser dir und mir verfinstern,
sehn wir uns an — doch was verwandeln sie?
Dein Herz besinnt sich seltsam von den Gürtern,
der Schierling streift uns träumerisch die Knie.

Manuskript:

Paul Antschels Handschrift; schwarze Tinte; cremefarbiges, kartoniertes Papier: 18,6 x 14; auf der Rückseite steht das Gedicht „Herbst", vgl. S. 162-163.

Datierung:

Die *Historisch-kritische Ausgabe,* Abteilung I, Bd. 2-3, 2. Teil, S. 75-77, verzeichnet zwei Datierungen: „20.VI. 43", aufgrund eines im „Notizbuch 1943" enthaltenen, datierten Manuskriptes, und die Jahresangabe „41/42", die auf Celans spätere handschriftliche Datierung des Gedichtes in seinem Handexemplar von *Der Sand aus den Urnen* basiert. Die Handschrift aus der Sammlung Silbermann stellt die in der *HKA* angegebene Zeugenfolge in Frage. Im Falle des auf der Rückseite dieses Manuskriptes aufgeschriebenen Gedichtes „Herbst" wird in der *HKA* die Handschrift aus dem Konvolut Silbermann, H^2, als die Erstfassung identifiziert. Die Variante H^1 des Gedichtes „Herbst" ist eine spätere, im „Notizbuch 1943" eingetragene Fassung; sie enthält nämlich H^2, aber auch zusätzliche Abweichungen. Das doppelseitig beschriebene Manuskript mit den Gedichten „Am Brunnen" und „Herbst" aus dem Konvolut Silbermann legt den Gedanken nahe, der Lyriker habe auch die Handschrift „Am Brunnen", die in der HKA als Fassung H^4 des Gedichtes figuriert, vor der Textvariante H^5 aus dem „Notizbuch 1943" aufgezeichnet, die eine Reinschrift ist. In diesem Falle wäre H^4 die früheste überlieferte Fassung des Gedichtes „Am Brunnen". Das bestätigt indes nicht zwingend die Richtigkeit von Celans Datierung des Gedichtes „Am Brunnen" aus seinem Exemplar von *Der Sand aus den Urnen,* deutet aber auf die Wahrscheinlichkeit dieser Datierung hin.

Veröffentlichungen anderer Gedichtfassungen:

In der *Historisch-kritischen Ausgabe* (2003), I. Abteilung, Bd. 1, 1. Teil, S. 111, Vorlage: „Manuskript 1944" (Bl. 56^r); Bd. 2,1/3,1, S. 14, Vorlage: *Der Sand aus den Urnen* (1948). *Das Frühwerk* (1989), S. 117, Vorlage: „Zitiert nach einem auf 1950 datierten Pariser Typoskript" (*FW*, Anmerkung, S. 252); *Die Gedichte* (2005), S. 14, Vorlage: *SU* (1948). *Gedichte 1938-1944* (1985), S. 117, Vorlage: „Manuskript 1944". *Gesammelte Werke* (1983), Bd. 3, S. 14, Vorlage: *SU* (1948). *Der Sand aus den Urnen* (1948), S. 8. *Plan* 2, Nr. 6, Wien (1948), S. 363, Erstveröffentlichung.

Variante „Ms (Konvolut Silbermann)":

In der *Historisch-kritischen Ausgabe,* Abteilung I, Bd. 2-3, 2. Teil, S. 75-77, figuriert die Gedichtfassung aus *Der Sand aus den Urnen* (1948) als der Textzeuge mit dem höchsten Stufenexponenten (H^5), der somit die früheste überlieferte Textstufe repräsentiert, und das Manuskript aus der Sammlung Silbermann als der Textzeuge mit dem zweithöchsten Stufenexponenten (H^4). Aufgrund der erwähnten Erwägungen über die Datierung des Gedichtes müßte aber Handschrift „H^{4*} Ms (Konvolut Silbermann)" an oberster Stelle in der *HKA*-Zeugenreihe verzeichnet stehen. Die Wiedergabe einiger Abweichungen aus Handschrift H^{4*} ist ungenau: in Z. 8 liegt keine „Verschreibung" vor, wie in *HKA* angenommen; in Z. 3 wohl eine Sofortkorrektur des Buchstabens „k" in „Angedenken"; in Z. 7 ist „du" und in Z. 8 ist „sie" nicht kursiv geschrieben.

Abweichungen des Manuskriptes von anderen Gedichtfassungen:

	Ms (Konvolut Silbermann)	N 1943 Manuskript 1944 / G HKA-Text	Plan (1948) SU (1948) HKA-Apparat	GW (1983) FW (1989/2005)
0*	Am Brunnen (*größerer Schriftduktus; *hängender Einzug; nur die erste Angabe ebenso im HKA-Apparat.*)	Am Brunnen. (*N: Titel: Einzug; Punkt; grüne Tinte; diese Angaben ebenso im HKA-Apparat.*) Am Brunnen (*Ms 1944: Titel gesperrt; rote Tinte; diese Angaben ebenso im HKA-Apparat; G/HKA-Text: Titel kursiv.*)	AM BRUNNEN (*P/SU/HKA-Apparat*)	AM BRUNNEN
2	Übermaß ?	Übermaß ? (*N/Ms 1944*) Übermaß? (*G/HKA*)	*Übermaß? (*P*) *Uebermaß ? (*SU*) (* *fehlende Angabe im HKA-Apparat: Druckweise des Umlauts.*)	Übermaß?
3	Versonnen Angedengken , (*Sofortkorrektur*)	versonnen (*N: vielleicht Großschreibung; *keine Angabe im HKA-Apparat.*) Versonnen (*Ms 1944 G/HKA*) Angedenken , (*N*) Angedenken ; (*Ms 1944*) Angedenken; (*G/HKA*)	Versonnen Angedenken ; (*P*) Angedenken; (*SU/HKA*)	Versonnen Angedenken, (*FW 1989*) Angedenken; (*GW/FW 2005*)
7*	Blühst du* (**nicht kursiv*) Gespielen ,	blühst du (*N*) Blühst du (*Ms 1944/G/HKA*) Gespielen (*N*) Gespielen – (*Ms 1944/G/HKA*)	Blühst *du* (*P/SU/HKA*) Gespielen – (*P*) Gespielen, (*SU/HKA*)	Blühst du (*FW 1989*) Blühst *du* (*GW/FW 2005*) Gespielen,
8*	lebt sie* (**nicht kursiv; *weitere Angabe im HKA-Apparat abweichend vom Manuskript: Verschreibung.*)	lebt sie	lebt *sie*	lebt sie (*FW1989*) lebt *sie* (*GW/FW 2005*)
10	an –	an, (*N*) an – (*Ms 1944/G/HKA*)	an –	an –
11	Ginstern ,	Ginstern, (*N*) Ginstern . . (*Ms 1944/G*) Ginstern.. (*HKA*)	Ginstern, (*P*) Ginstern. (*SU/HKA*)	Ginstern.
12*	der Knie .*	der (*N*) Der (*Ms 1944/G/HKA*) die / Knie . (*N: Zeilenbrechung aus Raumgründen*) Knie ... (*Ms 1944/HKA*) Knie . . . (*G*)	der (*P*) Der (*SU/HKA*) Knie . . . (*P*) Knie. (*SU/HKA*)	Der Knie.
13		x *Abgrenzungszeichen* (*N*)		
14		20 · VI · 43 (*N*)		

Die Strophenzwischenräume in den verglichenen Gedichtfassungen befinden sich zwischen den Zeilen 4/5 und 8/9.

0   Herbst

1   Der Abend (ach Irrtum der Wimpern . .)
2   bekümmert dein Aug , ich löse euch beiden das Haar .

3   an den Schwellen des Herzens
4   ist mir überlassen das einzige Licht .

5a   Verteilt ist der sündige Efeu . Die Fahnen
5b   niedergeholt .
6   Erklungen sind Sense und Speer und Leier
7   vielleicht .

[handschriftliches Gedicht]

Herbst

Der Abend (ach im Saum der Wimpern..)
bekümmert dein Aug, ich löse euch beiden das Haar.

an den Schwellen des Herzens
ist mir überlassen das einzige Licht.

Verteilt ist der sündige Gfeu. Die Fahnen
niedergeholt.
Erklingen sind Sense und Speer und Leier
vielleicht.

Manuskript:
Paul Antschels Handschrift; schwarze Tinte; cremefarbiges, kartoniertes Papier: 18,6 x 14; auf der Rückseite steht das Gedicht „Am Brunnen", vgl. S. 158-159. In der *Historisch-kritischen Ausgabe* (I. Abteilung, Bd. 1, 2. Teil, S. 310) figuriert dieses Manuskript (H²*) als die früheste überlieferte Fassung des Gedichtes; der Textzeuge H¹ ist das Manuskript aus dem „Notizbuch 1943" (Bl. 32ʳ).

Datierung:
Die *Historisch-kritische Ausgabe*, I. Abteilung, Bd. 1, 2. Teil, S. 310, verzeichnet als Entstehungsjahr 1943 aufgrund des Manuskriptes im „Notizbuch 1943"; vgl. Anmerkung zu „Am Brunnen"; beide Texte gehören – laut Edith Silbermanns Angaben – zu den Gedichten, die Antschel im Haus ihrer Familie (in der Bibliothek ihres Vaters) aufgezeichnet und ihr geschenkt hatte, ehe er diese in sein „Notizbuch 1943" eintrug.

Veröffentlichungen anderer Gedichtfassungen:
Historisch-kritische Ausgabe (2003), I. Abteilung, Bd. 1, 1. Teil, S. 158, Vorlage: „Notizbuch 1943" (Bl. 32ʳ).
Das Frühwerk (1989), S. 128, Vorlage: „*Erstdruck* nach einem bukowiner (sic) Manuskript" – ohne Quellenangabe (*Frühwerk*, Anmerkung, S. 254). Da *HKA* nur zwei Varianten des Gedichtes verzeichnet, und es keine Unterschiede zwischen dem Erstdruck im *Frühwerk* und der Fassung aus dem „Notizbuch 1943" gibt, ist die letztere Variante wohl Vorlage des Erstdruckes; Wiederabdruck in *Die Gedichte* (2005), S. 422, Vorlage: Manuskript „aus der Bukowiner Zeit" – ohne eine weitere Quellenangabe (*Die Gedichte*, S. 906).

Variante „Ms (Konvolut Silbermann)":
In der *Historisch-kritischen Ausgabe*, I. Abteilung, Bd. 1, 2. Teil, S. 310, ist diese Handschrift, „H²* MS (Konvolut Silbermann)", eine von zwei Varianten, wobei H¹ die Gedichtfassung aus „Notizbuch 1943" ist. Zwei Satzzeichen in H²* sind aufgrund der verwendeten Kopie als undeutlich markiert (Z. 2, Z. 5); sie sind aber im Original erkennbar. Das Satzzeichen in Z. 2 ist eine im *HKA-Apparat* nicht verzeichnete Abweichung.

Abweichungen des Manuskriptes von veröffentlichten Gedichtfassungen:

	Ms (Konvolut Silbermann)	N 1943 [1] / HKA-Text/Apparat
0	Herbst *(Einzug; größerer Schriftduktus*.)*	Herbst . (*N: schwarze Tinte; Einzug.*) Herbst. (*HKA-Text/Apparat*)
1	Wimpern . .)	Wimpern ..) aus: Wimpern) (*N/HKA-Apparat*) Wimpern ..) (*HKA-Text*)
2*	beiden das Haar .	beiden / das Haar.. (*N/HKA-Apparat*) beiden das Haar.. (*HKA-Text*)
5a/b*	Fahnen / niedergeholt . *(Zeilenbrechung aus Raumgründen)*	Fahnen / niedergeholt . (*N/HKA-* *Apparat: Zeilenbrechung aus Raumgründen;* *HKA-Apparat:* niedergeholt.) Fahnen niedergeholt. (*HKA-Text*)
6	Erklungen sind Sense und Speer und Leier	Erklungen sind Sense und Speer: aus: Erklungen sind Sense und Speer und Leier (*N: durchgestr.:* und Leier *; eingefügter* *Doppelpunkt nach* Speer *; undeutliche* *Darstellung im HKA-Apparat.*)[2] Erklungen sind Sense und Speer: (*HKA-Text*)
7	vielleicht .	die Leier aus durchgestr.: vielleicht. (*N: Einzug/HKA-Apparat*) die Leier (*HKA-Text*)
8		vielleicht . (*N: Einzug*) vielleicht. (*HKA-Text/Apparat*)

	FW (1989/2005)
0	Herbst
1	Wimpern . .)
2*	beiden das Haar . .
5a/b*	Fahnen niedergeholt.
6	Erklungen sind Sense und Speer:
7	die Leier
8	vielleicht.

Die Strophenzwischenräume in den verglichenen Gedichtfassungen befinden sich zwischen den Zeilen 2/3 und 4/5.

1   Im „Notizbuch 1943" steht unter dem Gedicht eine offensichtlich nachträglich mit einem blauen Stift eingefügte Notiz, die in Klammern gesetzt und dreimal unterstrichen, danach aber ausgestrichen wurde; die einzelnen Wörter sind nicht mehr erkennbar. Der *HKA*-Apparat gibt an, diese Notiz stamme von Ruth Kraft und laute: „nirgends vorhanden".

2   Die Abweichungen in den Zeilen 6-8 dieses Textzeugen verändern den Sinn des Gedichtes; der *HKA*-Apparat verweist indes weder auf die Streichungen noch auf den Einzug.

0   x

1   Ich lebe unter tausend weißen Steinen ,
2   die alle Nächte schleuderten nach mir .
3   Ich häufe sie ~~inauf~~ meinem schwarzen Leinen .
4   Daß du vorbeikommst , wart ich hier .

5   Den Sonnenuhren raubte ich die Stunden .
6   Und nur den Blumen ließ ich ~~meine~~ ^ihre^ Zeit .
7   Die teilen sie mit meinen schwarzen Hunden ,
8   und meinen Käfern sagen sie Bescheid .

9   Dem Bogenschützen reichte ich die Pfeile .
10   Den Raben machte ich die Herzen keck .
11   Nun hat es mit dem Leben keine Eile .
12   Ich seh dir zu , über das Meer hinweg .

13   Ich weiß den Mond um sieben Jahr verspäten .
14   Doch daß ich irgend dich mit Sternen streif ,
15   laß ich die Steine schwärmen als Kometen ,
16   und meine Seelen häng ich dran als Schweif .

Ich lebe unter tausend weißen Steinen,
die alle Nächte schleuderten nach mir.
Ich häufe sie auf meinen schwarzen Leinen.
Daß du vorbeikommst, wart ich hier.

Den Sonnenuhren raubte ich die Stunden.
Und nur den Blumen ließ ich ihre Zeit.
Die teilen sie mit meinen schwarzen Hunden,
und meinen Käfern sagen sie Bescheid.

Dem Bogenschützen reichte ich die Pfeile.
Den Raben machte ich die Herzen keck.
Nun hat es mit dem Leben keine Eile.
Ich seh dir zu, über das Meer hinweg.

Ich weiß den Mond um sieben Jahr verspäten.
Doch daß ich irgend dich mit Sternen streif,
laß ich die Steine schwärmen als Kometen,
und meine Seelen häng ich dran als Schweif.

Manuskript:

Paul Antschels Handschrift mit seinen handschriftlichen Korrekturen; dunkelblaue Tinte; Heftseite; elfenbeinfarbiges, glattes Papier mit abgerundeten Ecken: 19,2 x ca. 15,4; Abrisskante links; das verwendete Papier ist mit dem Papier identisch, auf dem „Fackelzug" geschrieben ist; das Abgrenzungszeichen am Anfang deutet an, dieser Text sei möglicherweise Teil einer Gedichtfolge. In der *Historisch-kritischen Ausgabe* (I. Abteilung, Bd. 1, 2. Teil, S. 172) figuriert diese Handschrift (H³) als früheste überlieferte Fassung des Gedichtes.

Datierung:

In der *Historisch-kritischen Ausgabe* und im *Frühwerk* basiert die Datierung auf dem in *Gedichte 1938 -1944* von Ruth Kraft angegebenen Entstehungsjahr: 1943. Edith Silbermann konnte sich mit Sicherheit nur daran erinnern, dass Antschel dieses Gedicht in ihrem Elternhaus aufgezeichnet und ihr geschenkt hatte, als er bei ihrer Familie wohnte; vgl. Datierung des Gedichtes „Fackelzug", S. 152. Dieses Gedicht ist auf einer identisch aussehenden Seite geschrieben; das legt den Gedanken nahe, der Lyriker habe beide Texte um die gleiche Zeit aufgezeichnet.

Veröffentlichungen anderer Gedichtfassungen:

Historisch-kritische Ausgabe (2003), I. Abteilung, Bd. 1, 1. Teil, S. 69, Vorlage: „Manuskript 1944" (Bl. 33ᵛ), Titel: „Einsamkeit".

Das Frühwerk (1989), S. 80, Vorlage: „Zitiert nach einem Bukarester Typoskript" – ohne Quellenangabe (Frühwerk, Anmerkung, S. 247, Titel: „Einsamkeit"; Wiederabdruck in *Die Gedichte* (2005), S. 405.

Gedichte 1938 -1944 (1985), S. 71, Erstdruck unter dem Titel „Einsamkeit", Vorlage: „Manuskript 1944".

Variante „Ms (Konvolut Silbermann)":

In der *Historisch-kritischen Ausgabe*, I. Abteilung, Bd. 1, 2. Teil, S. 172-173, ist das Manuskript „H[3] Ms (Konvolut Silbermann)" der Textzeuge mit dem höchsten Stufenexponenten, wobei die Gedichtfassung aus „Manuskript 1944" als der Ausgangspunkt für den Variantenvergleich verwendet wird. In der *HKA*-Liste der Abweichungen wird der Zeilenschluß in Z. 16 als undeutlich angegeben; er ist indes im Original deutlich erkennbar. Es fehlt ein Hinweis auf das Abgrenzungszeichen am Anfang des Gedichtes; durch Schreibfehlerkorrekturen in Z. 3 und Z. 6 gestrichene Wörter werden nicht angegeben.

Das Frühwerk, Anmerkung, S. 247, verweist zwar auf eine frühere Fassung ohne Titel, gibt aber keine Quelle an.

Abweichungen des Manuskriptes von veröffentlichten Gedichtfassungen:

	Ms (Konvolut Silbermann)	*Manuskript 1944 / G HKA-Text/Apparat*	*FW (1989/2005)*
0*	*Kein Titel* x *(Abgrenzungszeichen*)*	Einsamkeit *(Ms 1944: Titel gesperrt; rote Tinte; HKA-Apparat: kein Hinweis auf den gesperrt geschriebenen Titel; G/HKA-Text: Titel kursiv.)*	EINSAMKEIT
3*	auf *aus:* in *	auf	auf
6*	ihre *aus:* meine *	ihre	ihre
7	Hunden ,	Hunden . *(Ms 1944)* Hunden. *(G/HKA)*	Hunden,
8	und	Und	und
12	hinweg .	hinweg . *(Ms 1944/HKA-Apparat: vielleicht zwei Punkte:* hinweg . . *)* hinweg. *(G/HKA-Text)*	hinweg.
16	Schweif .	Schweif . *(Ms 1944)* Schweif. *(G/HKA)*	Schweif.

Die Strophenzwischenräume in den verglichenen Gedichtfassungen befinden sich zwischen den Zeilen 4/5, 8/9 und 12/13.

0   Finale .

1   Herbst hab ich in Gottes Herz gesponnen ,
2   eine Träne neben seinem Aug geweint .
3   Wie dein Mund war , sündig , hat die Nacht begonnen
4   Dir zu Häupten , finster , ist die Welt versteint .

5   Fangen sie nun an zu kommen mit den Krügen ?
6   Wie das Laub verstreuet ist vertan der Wein .
7   Missest du den Himmel mit den Vogelzügen ?
8   Laß den Stein die Wolke , mich den Kranich sein .

Finale.

Herbst hab ich in Gottes Herz gesponnen.
eine Träne neben deinem Aug geweint.
die dein Mund war, sündig, hat die Nacht begonnen
die zu Häupten, finster, ist die Welt versteint.

Fangen sie nun an zu kommen mit den Krügen?
die das Laub verstreuet ist unter den Wein.
Missest du den Himmel mit den Vogelzügen?
Lass du Stein die Wolke, mich den Kranich sein.

Manuskript:
Paul Antschels Handschrift; schwarze Tinte; festes, glattes, gelb-bräunliches Papier: 29,8 x 20,7. In der *Historisch-kritischen Ausgabe* (I. Abteilung, Bd. 1, 2. Teil, S. 113) figuriert das Manuskript (H^{4*}) als früheste überlieferte Fassung des Gedichtes.

Datierung:
In der *Historisch-kritischen Ausgabe* wird das Gedicht „Finale", in *SU* unter dem Titel „Am letzten Tor" abgedruckt, aufgrund von Celans Handexemplar von *Der Sand aus den Urnen* mit dem Vermerk „CZ. (Czernowitz) 44?" versehen. Das Gedicht ist nicht im „Manuskript 1944" enthalten. In der *HKA* wird die Handschrift im Konvolut Silbermann als erste Fassung des Gedichtes verzeichnet. Nach Edith Silbermanns Auskunft hatte Antschel auch dieses Gedicht in der Bibliothek von Karl Horowitz verfaßt und ihr geschenkt; ein genaues Entstehungsdatum nannte sie nicht.

Veröffentlichungen anderer Gedichtfassungen:
Historisch-kritische Ausgabe (2003), I. Abteilung, Bd. 2-3, 1. Teil, S. 27, Vorlage: *Der Sand aus den Urnen* (1948), Gedichttitel: „Am letzten Tor".
Das Frühwerk (1989) S. 141, Vorlage: „nach einem auf 1950 datierten Pariser Typoskript zitiert" – ohne weitere Quellenangabe (*Frühwerk*, Anmerkung, S. 256), Titel, „Am letzten Tor"; Wiederabdruck in *Die Gedichte* (2005), S. 20, Vorlage: *SU* (1948).
Gesammelte Werke (1983), Bd. 3, S. 27; Titel: „Am letzten Tor", Vorlage: *Der Sand aus den Urnen* (1948).
Der Sand aus den Urnen (1948), S. 21, Titel: „Am letzten Tor", Erstpublikation.

Variante „Ms (Konvolut Silbermann)":

In der *Historisch-kritischen Ausgabe*, I. Abteilung, Bd. 2-3, 2. Teil, S. 113-114, ist „H⁴* Ms (Konvolut Silbermann)" der Textzeuge mit dem höchsten Stufenexponenten, wobei die Gedichtfassung aus *Der Sand aus den Urnen* (1948) als Ausgangspunkt des Variantenvergleichs dient. Es liegt ein Irrtum bei der Wiedergabe einer Abweichung in H⁴* vor: in Z. 3 der Handschrift „H⁴* Ms (Konvolut Silbermann)" heißt es im Original: „Wie dein Mund", nicht: „Die dein Mund"; eine andere Abweichung in Z. 3 ist übersehen worden. *Das Frühwerk*, Anmerkung, S. 256, verweist zwar auf eine frühere Fassung, die den Titel „Finale" trägt, gibt aber keine Quelle an.

Abweichungen des Manuskriptes von veröffentlichten Gedichtfassungen:

	Ms (Konvolut Silbermann)	*SU* **(1948)** / *HKA-Text/Apparat*[1] *GW* **(1983)** / *FW* **(1989/2005)**
0	Finale . *(Titel mit Schlußpunkt; *Einzug; nur die erste Angabe ebenso im HKA-Apparat.)*	AM LETZTEN TOR
2	geweint .	geweint . . . (*SU* / *GW* / *FW* 2005) geweint... (*HKA*) geweint. (*FW* 1989)
3*	*Wie dein Mund *(Angabe im HKA-Apparat abweichend vom Manuskript:* Die dein Mund *)*	Wie dein Mund
	begonnen (**kein Satzzeichen/HKA-Apparat: am rR Textverlust; im Manuskript kein Textverlust.)*	begonnen.
6	verstreuet ist	verstreuet, ist

Der Strophenzwischenraum in den verglichenen Gedichtfassungen befindet sich zwischen den Zeilen 4/5.

1   Die Vorlage des edierten Textes in der *HKA* ist die in *SU* (1948) abgedruckte Gedichtfassung; sie ist auch die Vorlage für den Wiederabdruck in *GW* (1983); in beiden Ausgaben wird der Abstand zwischen Fragezeichen und Wort in Z. 5 (Krügen ?) und Z. 7 (Vogelzügen ?) nicht verzeichnet, obwohl solche Spatien der Schreibweise des Lyrikers entsprechen und auch im Gedichtmanuskript aus dem Konvolut Silbermann wiederkehren.

0 ~~Chanson juive~~ · An den Wassern
½ Babels

1 Wieder an dunkelnden Teichen
2 murmelst Du , Weide , gram .
3 Weh oder wundersam
4 Keinem zu gleichen ?

5 Den deine Kralle zaust
6 sucht sich in Sünden .
7 Wendet sich von deinem Zünden
8 flammende Faust .

9 Kehr mit grausem Getös
10 ein in kauernde Hütten .
11 Komm unser Blut verschütten .
12 Den Lehm erlös .

Chanson juive.   An den Wassern
                              Babels

Vieler an dunkelnden Teichen
murmelst du, Weile, Strom.
Ach oder wundersam
reihem zu gleichen?

den keine Knalle zaust
sucht sich in Sünden.
wendet sich von deinem täulen
flammende Faust.

Kehr mit grausem Getös
ein in rauesche Hütten.
Komm unser Blut verschütten.
den Lehm erlös.

Manuskript:
Paul Antschels Handschrift, mit Bleistift verzeichnete Korrekturen des Titels; schwarze Tinte; weißes, glattes Papier: 20,7 x ca. 16,5; Abrisskante rechts. In der *Historisch-kritischen Ausgabe* (I. Abteilung, Bd. 1, 2. Teil, S. 318) wird das Manuskript (H^2) als die früheste überlieferte Fassung des Gedichtes betrachtet.

Datierung:
Die *Historisch-kritische Ausgabe* gibt keine Datierung an. Auch in den Bänden *Das Frühwerk* (1989) und *Die Gedichte* (2005) ist kein Entstehungsdatum verzeichnet. Nach Edith Silbermanns Angaben hat der Lyriker dieses Gedicht mit Sicherheit in der Bibliothek ihres Elternhauses verfasst, als er bei ihrer Familie wohnte.[1] Das Manuskript, das er ihr in Czernowitz schenkte, ist die erste Fassung des Textes.

Veröffentlichungen anderer Gedichtfassungen:
Historisch-kritische Ausgabe (2003), I. Abteilung, Bd. 1, 1. Teil, S. 167, Vorlage: „Übrige Gedichte" (21. 123/129).
Das Frühwerk (1989), S. 70, Vorlage: „Erstdruck nach einem bukowiner (sic) Manuskript" – ohne Quellenangabe (*Frühwerk*, Anmerkung, S. 246). Da es laut *HKA* nur zwei Varianten dieses Gedichtes gibt, kann es sich bei der verwendeten Vorlage nur um das Manuskript aus dem Konvolut Silbermann oder aus dem Konvolut Kittner handeln. Dennoch stimmt die im *Frühwerk* publizierte Gedichtfassung mit diesen Vorlagen nicht überein. Wiederabdruck in *Die Gedichte* (2005), S. 400, Vorlage: „Manuskript aus der Bukowiner Zeit" – keine Quellenangabe (ebd., S. 893.)

Variante „Ms (Konvolut Silbermann)":
In der *Historisch-kritischen Ausgabe*, I. Abteilung, Bd. 1, 2. Teil, S. 318, figuriert das Manuskript „H^2 Ms (Konvolut Silbermann)" als einer von nur zwei Textzeugen und als der Zeuge mit dem höchsten Stufenexponenten, wobei der zweite Zeuge, eine von Celan angefertigte Abschrift im Konvolut von Alfred Kittner, „H^1 Ms (A Celan 81.672; Konvolut Kittner)", ist. Die Herausgeber verweisen nicht auf den Umstand, dass Antschels handschriftliche Korrektur des Titels mit Bleistift offensichtlich nachträglich gemacht

---

1 Meine Notizen zu Gesprächen, die ich mit Edith Silbermann führte, enthalten keine weiteren Einzelheiten zur Datierung dieses Manuskriptes. Einige Entstehungsdaten sind denkbar, doch diese sind nicht gesichert: Antschel kann dieses Gedicht in der Bibliothek von Karl Horowitz verfasst haben, als er während der Deportationen im Juni 1942 Zuflucht in Ediths Elternhaus fand oder später, zum Beispiel im Winter 1942/1943 oder im Februar 1944, als er aus dem Arbeitslager kommend bei Edith Horowitz wohnte, oder Anfang des Jahres 1945, nachdem er „Manuskript 1944" abgeschlossen hatte. Edith Silbermann machte auch keine Angaben über die ihrer Ansicht nach möglichen Beweggründe Antschels, dieses Gedicht nicht in seine frühen Lyriksammlungen „Manuskript 1944" und „Der Sand aus den Urnen" (1946) aufzunehmen. In einem ihrer Vorträge verweist sie allerdings auf „Babylonische Klage" von I. Weißglas; der Vergleich der Gedichte ihrer Jugendfreunde zeige, dass sie ähnliche Motive behandelten, aber eine jeweils völlig andere dichterische Gestaltungsweise wählten.

wurde. Der erste Titel, „Chanson juive", ist nämlich mit Bleistift durchgestrichen; daneben steht: „An den Wassern/ Babels".

Das Frühwerk, Anmerkung, S. 246, verweist zwar auf eine Gedichtfassung mit dem Titel „Chanson juive" („Eine frühere Fassung trägt den Titel ›Chanson juive‹"), ohne indes die Quelle anzugeben und die Manuskripte aus der Sammlung von Silbermann bzw. Kittner zu erwähnen.

Abweichungen des Manuskriptes vom Textzeugen aus der Sammlung Kittner und von den veröffentlichten Gedichtfassungen:

	Ms (Konvolut Silbermann)	*Ms (Konvolut Kittner) HKA-Text/Apparat*	*FW (1989/2005)*
0 *1/2	An den Wassern / Babels (*mit Bleistift geschriebener Titel; kein größerer Schriftduktus; *kein Punkt; *Zeilenbrechung; zweiter Titel rechts vom ursprünglichen Titel;) aus gestrichen: Chanson juive · (ursprünglicher Titel mit Schlußpunkt/Hochpunkt*; Titel zentriert; größerer Schriftduktus.)	An den Wassern Babels . (*Ms Konvolut Kittner: kein Einzug; größerer Schriftduktus.*) An den Wassern Babels. (*HKA-Text: Hervorhebung, kein Einzug.*)	AN DEN WASSERN BABELS
2	murmelst Du , (*undeutlich, vielleicht Kleinschreibung: du) gram . (*undeutlich, vielleicht Großschreibung: Gram*)	murmelst du , (*Ms Konvolut Kittner*) murmelst du, (*HKA*) Gram . (*Ms Konvolut Kittner*) Gram. (*HKA*)	murmelst du, gram.
3	wundersam	wundersam : (*Ms Konvolut Kittner*) wundersam: (*HKA*)	wundersam:
4	Keinem (*undeutlich, vielleicht Kleinschreibung:* keinem)	keinem (*Ms Konvolut Kittner: vielleicht Großschreibung*) keinem (*HKA*)	keinem (*FW* 1989) Keinem (*FW* 2005: Kleinschreibung in *FW* 1989 als Druckfehler verzeichnet.)
5	zaust	zaust , (*Ms Konvolut Kittner*) zaust, (*HKA*)	zaust,
7	Zünden	Zünden , (*Ms Konvolut Kittner*) Zünden, (*HKA*)	Zünden,
8	flammende	Flammende	Flammende
9	Kehr	Kehr du	Kehr du
10	ein in aus: in (*hängender Einzug*)	ein in	ein in
12	erlös .	erlös . . . (*Ms Konvolut Kittner*) erlös... (*HKA*)	erlös . . .

Die Strophenzwischenräume in den verglichenen Gedichtfassungen befinden sich zwischen den Zeilen 4/5 und 8/9.

1   Es fällt nun , Mutter , Schnee in der Ukraine :

2   des Heilands ~~empfang den~~ Kranz aus tausend Körnchen Kummer ..

3   Von meinen Tränen hier erreicht dich keine ;

4   von frühern Winken nur ein stolzer Stummer . .

5   Wir sterben schon : was schläfst du nicht , Baracke ?

6   Auch dieser Wind geht um , wie ein verscheuchter ..

7   ~~Denn~~ Sind sie ~~'s noch~~ es denn , die frieren in der Schlacke –

8   die Herzen Fahnen und die Arme Leuchter ?

9   Ich blieb derselbe in den Finsternissen :

10   erlöst das Linde und entblößt das Scharfe ?

11   Durch meine ~~Blutbahn~~ Sterne nur wehn noch **zerrissen**

12   die Saiten einer überlauten Harfe ..

13   Dran hängt zuweilen eine Rosenstunde .

14   Verlöschend : eine .. wieder eine …

15   Was ~~wär's~~ wär/es, ~~dies~~ Mutter : ~~Wun u~~ Wachstum oder Wunde –

16   versänk ich mit im Schneewehn der Ukraine ? . .

Es fällt nun, Mutter, Schnee in der Ukraine:
Des Heilands Kranz aus tausend Körnchen Kummer..
Von meinen Tränen hier erreicht dich keiner.
von frühern Winken nur ein stolzer stummer..

Wir sterben schon: was schläfst du nicht, Baracke?
Auch dieser Wind geht um, wie ein verscheuchter..
Sind sie es denn, die frieren in der Schlacke -
die Herzen Fahnen und die Arme Leuchter?

Ich blieb derselbe in den Finsternissen:
erlöst das Linde und entblößt das Scharfe?
Durch meine Sterne nur wehn noch zerrissen
die Saiten einer überlauten Harfe..

Dran hängt zuweilen eine Rosenstunde.
Verlöschend: eine.. wieder eine...
Was wär es, Mutter: Wachstum oder Wunde -
versänk ich mit im Schneewehn der Ukraine?..

Manuskript:
Paul Antschels Handschrift mit seinen handschriftliche Korrekturen; schwarze Tinte, Korrekturen mit Tinte und Bleistift; linierte Schulheftseite: 16,6 x ca. 15,5; Abrisskante rechts. In der *Historisch-kritischen Ausgabe* (I. Abteilung, Bd. 1, 2. Teil, S. 231) wird dieses Manuskript (H^4) als die früheste überlieferte Fassung des Gedichtes verzeichnet.

Datierung:
Die in der *Historisch-kritischen Ausgabe*, im *Frühwerk* (1989) und in *Die Gedichte* (2005) erwähnte Datierung basiert auf einer Information von Ruth Kraft, die auch in *Gedichte 1938-1944* veröffentlicht ist. Ruth Kraft hatte angenommen, das Gedicht sei im „Winter 1942/1943" entstanden. Nach Aussage von Edith Silbermann hatte der Lyriker dieses Gedicht in ihrem Elternhaus zu Beginn des Jahres 1943 verfaßt, nachdem er von einem aus Transnistrien geflüchteten Verwandten erfahren hatte, dass seine Mutter ermordet worden war; vgl. S. 54-56.

Veröffentlichungen anderer Gedichtfassungen:
Historisch-kritische Ausgabe (2003), I. Abteilung, Bd. 1, 1. Teil, S. 106, Vorlage: „Manuskript 1944" (Bl. 53^v).
Das Frühwerk (1989), S. 68; Vorlage: „Zitiert nach einem Bukarester Typoskript" – ohne Quellenangabe (*Frühwerk*, Anmerkung, S. 245).
Die Gedichte (2005), S. 399, Vorlage: „Typoskript aus der Bukarester Zeit" (ebd., S. 893)[1] – keine Quellenangabe.
Gedichte 1938-1944 (1985), S. 112, Vorlage: „Manuskript 1944".
Neue Literatur, Heft 5, Bukarest 1970, S. 99, Erstdruck, Vorlage: handschriftliche Abschrift, die Paul Ancel (Antschel) in Bukarest Alfred Kittner anvertraute; vgl. Kittners Brief an Celan, S. 240-242; zitiert in: *Akzente* 19 (1972), S. 21f. (wie S. 60, Anm. 27).

Variante „Ms (Konvolut Silbermann)":
In der *Historisch-kritischen Ausgabe*, I. Abteilung, Bd. 1, 2. Teil, 231-233, ist diese Handschrift, „H^4 Ms (Konvolut Silbermann)", der Textzeuge mit dem höchsten Stufenexponenten, wobei die Gedichtfassung aus „Manuskript 1944" als Vorlage des edierten Textes und als der Ausgangspunkt für den Variantenvergleich dient. Aufgrund der verwendeten Fotokopien von H^4 werden Korrekturen in Z. 7 und Z. 15 als undeutlich bzw. sehr undeutlich markiert und nicht genau wiedergegeben; diese handschriftlichen Korrekturen sind aber im Original klar erkennbar, vgl. Text und (*); einige handschriftliche Korrekturen in H^4 sind nicht erfasst worden; vgl. (*). Im Gegensatz zu allen anderen Gedichttiteln aus „Manuskript 1944" ist der Titel dieses Gedichtes mit schwarzer statt mit roter Tinte geschrieben.

---

1   *Die Gedichte*, S. 399, S. 893: Die Abweichungen in den Zeilen 1, 2, 16 (Z. 1: Großschreibung der ersten Wörter, Z. 2: „Des Heilands" statt „des Heilands", Z. 16: „versänk ich mit" statt „versänk auch ich") der im *Frühwerk* (1989), S. 68, publizierten Gedichtfassung werden als Druckfehler verzeichnet und korrigiert; vgl. Tabelle, S. 181.

Abweichungen des Manuskriptes von anderen Gedichtfassungen:

	Ms (Konvolut Silbermann)	Manuskript 1944 / G HKA-Text/Apparat	NL (1970)	FW (1989/2005)
0	Kein Titel	Winter (Ms 1944: Titel mit schwarzer Tinte und gesperrt geschrieben; diese Angaben ebenso im HKA-Apparat; G: Titel kursiv; HKA-Text: keine Hervorhebung des Titels.)	Kein Titel	Kein Titel
1	Ukraine :	Ukraine … (Ms 1944/G) Ukraine… (HKA)	Ukraine:	(FW 1989: die ersten Wörter des Zeilenanfangs in Großbuchstaben; FW 2005: Berichtigung dieser Druckweise.) Ukraine:
2*	des Heilands Kranz aus gestrichen: empfang den (Korrektur mit Bleistift*) Kummer . .	Des Heilands Kranz Kummer … (Ms 1944/G) Kummer… (HKA)	des Heilands Kreuz* (*HKA-Apparat: kein Hinweis auf Kreuz .) Kummer…	Des Heilands Kranz (FW 1989: Druckfehler) des Heilands Kranz (FW 2005: Berichtigung) Kummer.
3	dich keine ; (Tintenfleck)	die keine . (Ms 1944) die keine. (G/HKA)	dich keine;	dich keine.
4*	von stolzer *Stummer . . (HKA-Apparat: stummer kein Hinweis auf die Großschreibung.)	Von stolzer stummer … (Ms 1944/G) stolzer stummer… (HKA)	von stolzer, stummer…	Von stolzer stummer . . .
5*	nicht* (undeutlich: Tintenfleck oder durchgestr. Komma.)	nicht , (Ms 1944) nicht, (G/HKA)	nicht,	nicht,
6	geht um , verscheuchter . . (vielleicht Großschreibung: Verscheuchter)	geht um Verscheuchter … (Ms 1944/G) Verscheuchter… (HKA)	geht um verscheuchter…	geht um Verscheuchter . . .
7*	Sind sie es denn aus gestrichen: Denn sind sie's noch (Korrektur mit *Bleistift; *nicht gesperrt: Sind) Schlacke –	S i n d sie es denn (S i n d gesperrt in Ms 1944/HKA; kursiv in G.) Sind sie es denn (G) Schlacke : (Ms 1944) Schlacke: (G/HKA)	Sind sie es denn (nicht gesperrt: Sind) Schlacke –	S i n d sie es denn (gesperrt: S i n d) Schlacke –
8	Fahnen und Leuchter	Fahnen und Leuchter	Fahnen und Leuchter	F a h n e n und L e u c h t e r (gesperrt)
11*	Durch meine Sterne *mit schwarzer Tinte geschrieben, aus gestrichen: Blutbahn z e r r i s s e n (*keine Angabe im HKA-Apparat.)	Von meinen Sternen zerrissen	Durch meine Sterne zerrissen	Von meinen Sternen zerrissen
12	Harfe . .	Harfe . . . (Ms 1944) Harfe… (G/HKA)	Harfe…	Harfe . . .
14	Verlöschend : eine .. wieder eine …	Verlöschend . (Ms 1944) Verlöschend. (G/HKA) Eine … Immer eine …(Ms 1944/G) Eine… Immer eine… (G/HKA)	Verlöschend: eine… wieder eine…	Verlöschend. Eine. Immer eine . . .
15*	Was wär/es, Mutter : (wär/es, aus gestrichen: wär' dies Korrektur mit *schwarzer Tinte aus: wär';s); HKA-Apparat: dir* statt dies Wachstum aus: Wun u	Was wär es, Mutter : (Ms 1944) Was wär es, Mutter: (G/HKA-Text/HKA-Apparat: vielleicht: was statt Was) Wachstum	Was wär es, Mutter: Wachstum	Was wär es, Mutter: Wachstum
16	versänk ich mit Ukraine ? . .	versänk ich mit Ukraine .? (Ms 1944) Ukraine? (G/HKA)	versänk ich mit Ukraine?	versänk auch ich (FW 2005: Berichtigung v. FW 1989) Ukraine?

Die Strophenzwischenräume in den verglichenen Gedichtfassungen befinden sich zwischen den Zeilen 4/5, 8/9, und 12/13.

0   Die Schwelle des Traumes

1   Mit schwieligen Händen liest du mir auf die Körner der Stille .
2   Es war meine Seele ihr Sieb , gefüllt sind nun siebenzehn Krüge :
3   Die Stadt wo du weilst über Nacht . . . Im Fenster starb die Kamille :
4   ich aß hier vom Staub ihrer Blüte . . . Ertrüge

5a   auch sie dieses Schweigen wie du ? Und sind nicht zwei Schwestern
5b   zu viel ?

6   Ich geh noch vors Haus zu forschen nach Wasser im Sande :
7a   leer blieb der letzte , der achtzehnte Krug , dem die Blume
7b   der Wiesen entfiel . .
8a   Wie seltsam dahingilbt dein Haar ! Ich löse die blaue
8b   Girlande .

Manuskript:
Paul Antschels Handschrift; hellblauer Bleistift; das Gedicht ist auf Packpapier geschrieben; Papiergröße: 29,7 x 20,8. In der *Historisch-kritischen Ausgabe* (I. Abteilung, Bd. 2/3, 2. Teil, S. 110-112) wird dieses Manuskript (H^{6*}) als die früheste überlieferte Fassung des Gedichtes angegeben.

Datierung:
In der *Historisch-kritischen Ausgabe* basiert das angegebene Entstehungsjahr auf dem mit Bleistift datierten Gedicht in Celans Handexemplar von *Der Sand aus den Urnen*. Im *HKA*-Apparat heißt es: „Cz. (Czernowitz), 44? (korrigiert aus 43?)", ebd., S. 110. Nach Aussage von Edith Silbermann hat der Lyriker dieses Gedicht in ihrem Haus auf Packpapier aufgezeichnet; das Manuskript aus ihrer Sammlung sei die früheste Fassung des Gedichtes, betonte Edith Silbermann. Die *HKA* bestätigt dies, da sie diese Handschrift als den frühesten überlieferten Textzeugen verzeichnet.

Veröffentlichungen anderer Gedichtfassungen:
Historisch-kritische Ausgabe (2003), I. Abteilung, Bd. 2-3, 1. Teil, S. 26, Vorlage: *SU* (1948).
Das Frühwerk (1989), S. 146, Vorlage: „zitiert nach einem auf 1950 datierten Typoskript" – ohne Quellenangabe (*FW*, S. 257); Wiederabdruck in *Die Gedichte* (2005), S. 20.
Gesammelte Werke (1983), Bd. 3, S. 26, Vorlage: *Der Sand aus den Urnen* (1948).
Der Sand aus den Urnen (1948), S. 20, Erstdruck.

Variante „Ms (Konvolut Silbermann)":
In der *Historisch-kritischen Ausgabe*, I. Abteilung, Bd. 2-3, 2. Teil, S. 110-112, ist diese Handschrift, „H^{6*} Ms (Konvolut Silbermann)", der Textzeuge mit dem höchsten Stufenexponenten; als Ausgangspunkt für den Variantenvergleich dient die *HKA*-Textvorlage, die Gedichtfassung aus *Der Sand aus den Urnen* (1948). Abweichungen zwischen H^{6*} und den veröffentlichten Textfassungen sind bis auf wenige erfasst; in Z. 3 steht: „Stadt wo" nicht: „Stadt, wo" (*HKA*).

Kommentar zur Deutung eines „Druckfehlers":
Im *Frühwerk*, S. 257, vertritt die Herausgeberin die Ansicht, die Ablösung der Z. 5 von der zweiten Strophe in der Gedichtfassung aus *Der Sand aus den Urnen* sei ein Druckfehler, der in den *Gesammelten Werken*, Bd. 3, S. 26, korrigiert wurde; vgl. Tabelle, hier: S. 185. Das Manuskript aus der Sammlung Silbermann lässt den Schluss zu, dass Z. 5 nicht allein aufgrund einer Zeilenbrechung von der zweiten Strophe abgetrennt ist; die aus zwei Fragen bestehende Zeile stellt optisch eine Zäsur im Gedicht dar.

Abweichungen des Manuskriptes von veröffentlichten Gedichtfassungen:

	Ms (Konvolut Silbermann)	SU (1948) GW (1983) / HKA-Text/Apparat
0*	Die Schwelle des Traumes (*größerer Schriftduktus; keine Angabe im HKA-Apparat.)	DIE SCHWELLE DES TRAUMES
1	der Stille	der / Stille (SU: Zeilenbrechung aus Raumgründen) der Stille (GW/HKA)
2	Sieb ,	Sieb,
3*	Die Stadt* wo (vielleicht Kleinschreibung: Die) Nacht . . . Im Fenster starb die Kamille :	die Stadt, wo Nacht. Im Fenster schwankt / die Kamille : (SU: Zeilenbrechung aus Raumgründen) Im Fenster schwankt die / Kamille: (GW: Zeilenbrechung aus Raumgründen) Im Fenster schwankt die Kamille: (HKA)
4	ich aß hier vom Staub ihrer Blüte . . .	ich aß hier zu Abend vom Staub ihrer Blüte . . . (SU/GW) ihrer Blüte... (HKA)
5a/b*	Und sind nicht zwei Schwestern / zu viel ? (Zeilenbrechung aus Raumgründen) *Zeile 5 – optische Zäsur im Gedicht	Und sind nicht zwei / Schwestern zuviel ? (SU: Zeilenbrechung aus Raumgründen) Und sind nicht zwei / Schwestern zuviel? (GW: Zeilenbrechung aus Raumgründen) Und sind nicht zwei Schwestern zuviel? (HKA)
6	im Sande :	im / Sande : (SU: Zeilenbrechung aus Raumgründen) im Sande: (GW/HKA)
7a/b*	die Blume / der Wiesen entfiel . .* (Zeilenbrechung aus Raumgründen; im HKA-Apparat fehlt ein Hinweis auf die Auslassungszeichen.)	die Blume / der Wiesen entfiel. (SU) die Blume der / Wiesen entfiel. (GW) (SU/GW: Zeilenbrechung aus Raumgründen) die Blume der Wiesen entfiel. (HKA)
8a/b*	blaue / Girlande . (Zeilenbrechung, vielleicht aus Raumgründen; vielleicht optische Hervorhebung der Wörter.)	blaue / Girlande. (SU: Zeilenbrechung aus Raumgründen) blaue Girlande. (GW/HKA)

	FW (1989/2005)
0	DIE SCHWELLE DES TRAUMES
1	der Stille
2	Sieb,
3	die Stadt, wo Nacht. Im Fenster schwankt / die Kamille: (FW 1989: Zeilenbrechung aus Raumgründen) (FW 2005: keine Zeilenbrechung)
4	ich aß hier zu Abend vom Staub ihrer Blüte . . .
5a/b	Und sind nicht zwei / Schwestern zuviel? (FW 1989: Zeilenbrechung aus Raumgründen) (FW 2005: zwei ist kursiv gedruckt.)
6	im Sande:
7a/b	die Blume / der Wiesen entfiel. (FW 1989: Zeilenbrechung aus Raumgründen) die Blume der / Wiesen entfiel. (FW 2005: Zeilenbrechung aus Raumgründen)
8a/b	blaue Girlande.

Die Strophenzwischenräume im Manuskript aus dem Konvolut Silbermann und in *SU* (1948) befinden sich zwischen den Zeilen 4/5 und 5/6; der *HKA*-Apparat gibt an, der zweite Strophenzwischenraum (Z. 5/6) sei in Celans Handexemplar von *SU* "aufgehoben" und daher ein Druckfehler; in den anderen verglichenen Gedichtfassungen gibt es nur den Strophenzwischenraum zwischen Zeilen 4/5.

0   Der nächste Frühling

1   Gott kam einen Schatz zu bergen hier im Tal :
2   junges Laub vom kommenden April :
3   – ~~Leichter~~ Leiser als der Mondstrahl sei der Wasserstrahl .
4   Über leichten Blättern wandle still .

5   Gott hat einen Knecht gedungen hier im Ort ,
6   ihm ein Wams geschenkt aus grünem Samt :
7   – Leichter als die Wolke ist mein ~~Amt~~ Hort .
8   Süßer als die Liebe dieses Amt .

9   Rot fliegt der September durch mein Haar :
10   Fort ! Und rasch sei Reif statt Tau !
11   Grün wie nie ein Jahr war kommt ein Jahr !
12   Aber Mirjams Augen waren blau ·

der nächste Frühling

Gott kam einen Schatz zu bergen hier im Tal:
jünger Laub vom kommenden April:
Leiser
– leichter als der Mondstrahl zu der Wassenstall.
über leichten Mütern wandle still.

Gott hat einen Knecht gedungen hier im Ort,
ihm ein Haus gedenkt auf grünem Sand:
– leichter als die Hölle ist mein Hort.
süßer als die Liebe dieser Hut.

Rot fliegt der September durch mein Haar:
Fort! und rasch zu Reif statt Tau!
Grün wie nie ein Jahr vor kommt ein Jahr!
Aber Miriams Augen waren blau.

Manuskript:
Paul Antschels Handschrift mit seiner handschriftlichen Sofortkorrektur; schwarze Tinte; bräunliches, glattes Papier: 29,6 x 20,6. In der *Historisch-kritischen Ausgabe* (I. Abteilung, Bd. 1, 2. Teil, S. 276) figuriert das Manuskript (H^{3*}) als die früheste überlieferte Fassung des Gedichtes.

Datierung:
Die *Historisch-kritische Ausgabe,* Bd. 1, 2. Teil, S. 276, verweist auf ein datiertes Typoskript und einen Durchschlag (AA 3.2, 36; 3.3.19); das Typoskript ist vom Lyriker zunächst auf 1947, dann auf 1945 mit Kugelschreiber datiert; das erste Datum ist durchgestrichen; der Durchschlag ist von Celan mit Bleistift auf 1945 datiert. Die *HKA*, ebd., S. 276, gibt indes auch an, Ruth Kraft habe das Gedicht auf das Jahr 1942 datiert. Nach Aussage von E. Silbermann ist „Der nächste Frühling" eines der Gedichte, die Antschel in ihrem Elternhaus in Czernowitz verfasst und ihr geschenkt hatte. Meine Notizen zu Gesprächen, die ich mit E. Silbermann führte, enthalten keine weiteren Angaben zur Datierung.

Veröffentlichungen:
Historisch-kritische Ausgabe (2003), I. Abteilung, Bd. 1, 1. Teil, S. 136, Vorlage: „Der Sand aus den Urnen" (Bukarest, 1946) aus dem Celan-Nachlaß, DLA.
Das Frühwerk (1989), S. 120, Vorlage: „Erstdruck nach einem Typoskript wohl der Wiener Zeit." – ohne Quellenangabe (*Frühwerk*, Anmerkung, S. 253); Wiederabdruck in *Die Gedichte* (2005), S. 420.

Variante „Ms (Konvolut Silbermann)":
In der *Historisch-kritischen Ausgabe* (2003), I. Abteilung, Bd. 1, 2. Teil, S. 276-277, figuriert die Handschrift, „H^{3*} Ms (Konvolut Silbermann)", als Textzeuge mit dem höchsten Stufenexponenten. Die *HKA*-Textvorlage, die Gedichtfassung in „Der Sand aus den Urnen" (Bukarest, 1946), dient als Ausgangspunkt für den Variantenvergleich. Im Verzeichnis der Abweichung in H^{3*} gibt es einen Irrtum und einige Auslassungen: in Z. 2 steht ein im Original klar erkennbarer Doppelpunkt nach „April" und keine Auslassungszeichen (..), vgl. *HKA*, S. 276, S. 277; die Herausgeber vermerken Schreibfehlerkorrekturen in Z. 3 und Z. 7, aber es sind Zweifel an dieser Angabe anzumelden. Es handelt sich hier eher um Textstufen, da die Korrekturen einen anderen Sinn ergeben: „Leichter" statt „Leiser", „Amt" statt „Hort". Das Gedicht weist eine Zeichensetzung wie im Französischen auf: zwischen dem Wort und dem Satzzeichen ist ein Abstand; Antschel lässt auch in anderen Gedichten einen Abstand zwischen einzelnen Wörtern und Satzzeichen, aber in diesem Gedicht ist diese Eigentümlichkeit besonders auffällig.

Abweichungen des Manuskriptes von veröffentlichten Gedichtfassungen:

	Ms (Konvolut Silbermann)	SU (1946) HKA-Text/Apparat	FW (1989/2005)
0	Der nächste Frühling (*Titel nicht hervorgehoben; diese Angabe ebenso im HKA-Apparat.*)	Der nächste Frühling (*SU: Ds (AA 2.1, 47)[1] /HKA-Text: Titel gesperrt; HKA-Apparat: kein Hinweis auf die Hervorhebung des Titels in SU.*)	DER NÄCHSTE FRÜHLING
2*	April :* (**im Manuskript klar erkennbarer Doppelpunkt; HKA-Apparat: „am Zeilenende vielleicht Doppelpunkt;" weitere Angabe im HKA-Apparat abweichend vom Manuskript:* April ..).	April.	April.
3	Leiser *aus durchgestrichen:* Leichter Wasserstrahl .	Leiser Wasserstrahl!	Leiser Wasserstrahl!
4	Über (*Einzug entsprechend der Länge des Gedankenstrichs in Zeile 3.*)	Über (*kein Einzug*)	Über (*kein Einzug*)
5	Ort ,	Ort.	Ort.
6	ihm Samt :	Ihm Samt:	Ihm Samt.
7	Hort . *aus durchgestrichen:* Amt (*Sofortkorrektur*)	Hort.	Hort.
8	Süßer (*Einzug entsprechend der Länge des Gedankenstrichs in Zeile 7.*)	Süsser (*kein Einzug*)	Süßer (*kein Einzug*)
9	Haar :	Haar (*kein Punkt*)	Haar.
10*	Fort ! Und rasch Tau ! (**hochgestelltes Ausrufungszeichen*)	Fort! Und rasch Tau!	Fort! und rasch Tau!
12*	blau · (**Hochpunkt*)	blau.	blau.

Die Strophenzwischenräume in den verglichenen Gedichtfassungen befinden sich zwischen den Zeilen 4/5 und 8/9.

1 Handschriftliche Datierung: „42"; laut *HKA-Apparat* (I. Abteilung, Bd. 1, 2. Teil, S. 276) handelt es sich hier um Ruth Krafts Handschrift.

II.

0   Spätsommer

1   Glänzt nun (und wer ist gefeit ?) von den Augenblicken
2   der Hände dein Haar , die Nacht meines Herzens? Berührt
3   nicht dein Mund die Geräusche des Sommers? Schicken
4   die Bäume ihr Laub in den Tanz , der uns beide entführt?

5a   Wenn wir uns drehen nun, leicht , auf verwundeter
5b   Sohle,
6a   brennt noch das Gras unter dir ✳? Oder trieft es von
6b   schmerzlichem Tau ?
7a   Die Welt , die ich träumend den Büschen und dir
7b   wiederhole,
8a   läßt uns, wie Wolken , allein mit dem dunkelnden
8b   Blau ..

9   Drüben wird bald ein bekehrter Kobold die versehrten
10a Seelen verklären im Spieglein, das funkelt und
10b   schäumt.
11   Hier aber heftet ein Stern unser Blut an die Gärten,
12a wo deinen Knieen zulieb meine steigende
12b   Jahreszeit säumt.

13   x

Spätsommer

glänzt nun (und wer ist gefeit?) von den Augenblicken
der Hände dein Haar, die Nacht meines Herzens? Berührt
nicht dein Mund die Geräusche des Sommers? Schicken
die Bäume ihr Laub in den Tanz, der uns beide entführt?

Wenn wir uns drehen nun, leicht, auf verwundeter
                                              Sohle,
brennt noch das Gras unter dir? Oder trieft es von
                              schmerzlichem Tau?
Die Welt, die ich träumend den Büschen und dir
                                      wiederhole,
läßt uns, wie Wolken, allein mit dem dunkelnden
                                              Blau..

Drüben wird bald ein bekehrter Kobold die verschrten
Seelen verklären im Spieglein, das funkelt und
                                          schäumt.
Hier aber heftet ein Stern unser Blut an die Gärten,
wo deinen Knieen zuliebe meine steigende
                              Jahreszeit säumt.

Manuskript:
Paul Antschels Handschrift; stilisierte Druckschrift; blaue Tinte; Briefkarte mit Bütten-rand; Kartengröße: 14,4 x 9,5. Handschrift und Briefkarte wie im Falle des Gedichtes „Sternenlied", vgl. S. 196. In der *Historisch-kritischen Ausgabe* (I. Abteilung, Bd. 1, 2. Teil, S. 13, S. 241) wird dieses Manuskript der Zeugengruppe F zugeordnet, einer nach Typo-graphie und Papiersorten geordneten Sammlung von Handschriften in einem Paul-Ce-lan-Konvolut (AA 2.2), das zu den Beständen des Deutschen Literaturarchivs in Marbach zählt.

Datierung:
Die *Historisch-kritische Ausgabe* verweist auf eine Fassung des Gedichtes im „Notizbuch 1943" (Bl. 31/30); unter dieser Handschrift steht das undeutlich geschriebene Datum 18. oder 15. IX 43. Im *Frühwerk* wird ein datiertes Manuskript ohne Quellenangabe er-wähnt: „In einem Manuskript datiert auf den 15.9.1943." (*Frühwerk*, Anmerkung, S. 254).

Veröffentlichungen anderer Gedichtfassungen:
Historisch-kritische Ausgabe (2003), I. Abteilung, Bd. 1, 1. Teil, S. 114, Vorlage: „Manu-skript 1944" (Bl. 57^v).
Das Frühwerk (1989), S. 126, Vorlage: zitiert nach „einem Typoskript wohl der Wiener Zeit" (*Frühwerk*, Anmerkung, S. 254) – keine weitere Quellenangabe; Wiederabdruck in *Die Gedichte*, S. 421-422.
Gedichte 1938-1944 (1985), S. 120, Erstdruck, Vorlage: „Manuskript 1944".

Variante „Ms (Konvolut Silbermann)":
Die *Historisch-kritische Ausgabe*, I. Abteilung, Bd. 1, 2. Teil, S. 241-242, dokumentiert alle Abweichungen in Manuskript, „H^2 (Konvolut Silbermann)", wobei die Vorlage des edierten Textes, der als der Ausgangspunkt des Variantenvergleichs dient, die Gedichtfas-sung aus „Manuskript 1944" ist. In der *HKA* wird am Ende der Z. 10 ein Doppelpunkt angenommen; im Original steht ein Punkt.
Das Frühwerk, Anmerkung, S. 254: Hinweis auf einen Transkriptionsfehler („in der Tran-skription wurde „Tau" irrtümlich von der vorausgehenden Zeile 6 abgetrennt.") Aber auch im Manuskript aus dem Konvolut Silbermann stehen Zeilentrennungen aus Raum-gründen.

Abweichungen des Manuskriptes von anderen Gedichtfassungen:

	Ms (Konvolut Silbermann)	N 1943 Manuskript 1944 / G HKA-Text/Apparat	FW (1989/2005)
0	Spätsommer (*Titel gesperrt, stilisierter, ornamentaler Schriftduktus; diese Angaben ebenso im HKA-Apparat.*)	Spätsommer (*N: blaue Tinte; Titel teilweise unterstrichen; Seite quer beschrieben; diese Angaben auch im HKA-Apparat.*) *Spätsommer* (*Ms 1944: Titel gesperrt; rote Tinte; diese Angaben ebenso im HKA-Apparat; G/HKA-Text: Titel kursiv.*)	SPÄTSOMMER
4	beide entführt?	taumelnd entführt? (*N/G/HKA*) taumelnd ent- / führt ? (*Ms 1944: *Hervorhebung der Silben durch die Zeilenbrechung.*)	taumelnd entführt?
5a	Wenn wir	*Wenn wir *aus: *wa (*N: undeutliche Korrektur; keine Angabe darüber im HKA-Apparat.*) Wenn wir (*Ms 1944/G/HKA*)	Wenn wir
5a/b	leicht verwundeter / Sohle, (*Zeilenbrechung aus Raumgründen*)	leicht verwundeter Sohle, (*N*) verwundeter Sohle (*Ms 1944/G/HKA*)	rasch verwundeter Sohle,
6a	brennt noch	brennt noch (*N*) brennt noch (*Ms 1944/G/HKA*) dir ? Oder (*N und Ms 1944: vielleicht: *oder*)	brennt noch
6a/b	dir ✳ ? Oder (*unleserliche Korrektur: ✳ ; HKA-Apparat: vielleicht: ✳ = uns*) von / schmerzlichem Tau ? (*Zeilenbrechung aus Raumgründen*)	dir? Oder (*G/HKA*) von schmerzlichem / Tau ?(*N*) von / schmerzlichem Tau ? (*Ms 1944: *andere Gestaltung der Zeilenbrechung.*) von schmerzlichem / Tau? (*G: *Zeilenbrechung entspricht N, nicht Ms 1944.*) von schmerzlichem Tau?(*HKA*)	dir? Oder von / schmerzlichem Tau? (*FW 1989: Zeilenbrechung aus Raumgründen*) von schmerzlichem / Tau? (*FW 2005: andere Zeilenbrechung aus Raumgründen*)
7a/b	dir / wiederhole, (*Zeilenbrechung aus Raumgründen*)	dir wiederhole, (*N/G/HKA*) dir wieder- / hole , (*Ms 1944: *Hervorhebung der Silben durch die Zeilenbrechung.*)	dir wiederhole,
8b	dunkelnden / Blau .. (*Zeilenbrechung aus Raumgründen*)	dunkelnden Blau. (*N/G/HKA*) dunkelnden / Blau.* (*Ms 1944: Blau.* hochgestelltes Wort; Hervorhebung durch die Gestaltung der Zeilenbrechung.*)	dunkelnden Blau.
10a/b	und / schäumt. (*Zeilenbrechung aus Raumgründen; Schlußpunkt; *HKA-Apparat: „vielleicht zwei Punkte".*)	und schäumt . (*N/Ms 1944*) und schäumt. (*G/HKA*)	und schäumt.
12a/b	steigende / Jahreszeit säumt . (*Zeilenbrechung aus Raumgründen*)	steigende Jahreszeit / säumt · (*N*) steigende / Jahreszeit säumt . (*Ms 1944: *andere Gestaltung der Zeilenbrechung.*) steigende Jahreszeit säumt. (*G/HKA*)	steigende Jahreszeit säumt.
13	X (*Abgrenzungszeichen*)	undeutlich geschriebenes Datum: 18 (15?) · IX · 43 ·	

Die Strophenzwischenräume in den verglichenen Gedichtfassungen befinden sich zwischen den Zeilen 4/5 und 8/9.

0 Sternenlied

1 Nichts kann , das sich im Mondschein noch begibt ,
2 je sein wie damals , als der große Wagen

3 uns tönend aufnahm · Keinen den er liebt
4 wird er , wie einst uns zwei , begeistert tragen,

5 daß laut die Leier aufklingt , wenn sein Rad
6 durch Fernen hinrollt ; daß die unsichtbaren
7 Gestirne aufblühn , wenn er strahlend naht ,
8 und staunen , daß hier andre also fahren ;

9 und sich das Schwanenlied dort oben , bang
10 vor eignem Tod , bekennt zum fremden Leben ;
11 und Gold , das von der Himmelswage sank,
12 von Schwingen träumt , um neben uns zu schweben ;

13 und in den Wäldern, wo die Welt beginnt ,
14 der Bogenschütze schweift , an uns vorbei,
15 und seine Pfeile fächeln Frühlingswind
16 den Hirschen mit dem knospenden Geweih . . .

17 Uns kann im Mondschein keiner gleichen , seit
18 die Pracht dort oben unser eigen war .
19 Mein Herz strahlt wild vom herrlichen Bescheid .
20 Dein Haar vom Glanz aus Berenikes Haar .

Sternenlied

Nichts kann, das sich im Mondschein noch begibt,
je sein wie damals, als der große Wagen
uns tönend aufnahm. Keinen den er liebt
wird er, wie einst uns zwei, begeistert tragen.

daß laut die Leier aufklingt, wenn sein Rad
durch Fernen hinrollt; daß die unsichtbaren
Gestirne aufblühn, wenn er strahlend naht,
und staunen, daß hier andre also fahren;

und sich das Schwanenlied dort oben, bang
vor eignem Tod, bekennt zum fremden Leben;
und gold, das von der Himmelswage sank,
von Schwingen träumt, um neben uns zu schweben;

und in den Wäldern, wo die Welt beginnt,
der Bogenschütze schweift, an uns vorbei,
und seine Pfeile fächeln Frühlingswind
den Hirschen mit dem knospenden Geweih...

Uns kann im Mondschein keiner gleichen, seit
die Pracht dort oben unsereigen war.
Mein Herz strahlt wild vom herrlichen Bescheid.
Dein Haar vom Glanz aus Berenikes Haar.

Manuskript:
Paul Antschels Handschrift: stilisierte Druckschrift; blaue Tinte; Briefkarte mit Bütten-
rand; Kartengröße: 12,8 x ca. 9,5; Handschrift und Briefkarte wie im Falle des Gedichtes
„Spätsommer", vgl. S. 191. In der *Historisch-kritischen Ausgabe* (I. Abteilung, Bd. 1, 2.
Teil, S. 13) wird dieses Manuskript der Zeugengruppe F zugeordnet, einer nach Typogra-
phie und Papiersorten geordneten Sammlung von Handschriften in einem Paul-Celan-
Konvolut (AA 2.2), das zu den Beständen des Deutschen Literaturarchivs in Marbach
zählt.

Datierung:
In der *Historisch-kritischen Ausgabe* wird auf das Manuskript mit der Widmung für Ruth
Kraft verwiesen: „Meiner einzigen Ruth zum Geburtstag am 6ten Dezember 1943"; das
Gedicht lag seinem Brief vom 2.12.1943 zu ihrem Geburtstag (6.12.1943) bei.

Veröffentlichungen anderer Gedichtfassungen:
Historisch-kritische Ausgabe (2003), I. Abteilung, Bd. 1, 2. Teil, S. 119, Vorlage: „Manu-
skript 1944" (Bl. 60[r/v]).
Das Frühwerk (1989), S. 131, Vorlage: Zitiert nach der ersten Veröffentlichung (*Früh-
werk*, Anmerkung, S. 254); Wiederabdruck in *Die Gedichte* (2005), S. 423.
Gedichte 1938-1944 (1985), S. 125, Erstdruck, Vorlage: „Manuskript 1944".

Variante „Ms (Konvolut Silbermann)":
In der *Historisch-kritischen Ausgabe*, I. Abteilung, Bd. 1, 2. Teil, S. 253-254, sind fast alle
Abweichungen im Manuskript „H[2] Ms (Konvolut Silbermann)", dem Textzeugen mit
dem zweithöchsten Stufenexponenten, verzeichnet; es fehlt ein Hinweis auf „Himmelswage" in Z. 9. Die Vorlage des edierten Textes, der als der Ausgangspunkt des Variantenvergleichs in der *HKA* dient, ist die Gedichtfassung aus „Manuskript 1944".

Abweichungen des Manuskriptes von anderen Gedichtfassungen:

	Ms (Konvolut Silbermann)	Manuskript 1944[1] / G HKA-Text/Apparat	FW (1989/2005)
0	Sternenlied (Titel gesperrt; stilisierter, ornamentaler Schriftduktus; diese Angaben ebenso im HKA-Apparat.)	Sternenlied (Titel gesperrt; rote Tinte; *abweichende Angabe im HKA-Apparat: schwarze Tinte; G/HKA-Text: Titel kursiv.)	STERNENLIED
7	aufblühn ,	aufblühn, (Ms 1944/G/HKA)	aufblühn,
10	Tod ,	Tod, (Ms 1944/G/HKA)	Tod,
11*	Gold , Himmelswage*	Gold, (Ms 1944/G/HKA) Himmelswage (Ms 1944/HKA-Text/Apparat)[3] Himmelswaage (G)	Gold, Himmelswaage
12	träumt , um schweben ;	träumt um schweben ; (Ms 1944: Strichpunkt undeutlich; HKA-Apparat: undtl. Semikolon „aus Komma?") schweben; (G/HKA)	träumt um schweben;
16	Geweih . . .	Geweih . . . (Ms 1944) Geweih... (G/HKA)	Geweih . . .
17	gleichen , seit	gleichen seit (Seitenwechsel nach Z. 17)	gleichen seit
19	Bescheid .	Bescheid – (Ms 1944/G/HKA-Text: Gedankenstrich; abweichende Angabe im HKA-Apparat: Schlußpunkt strichförmig.)	Bescheid.[2]
20	Berenikes Haar .	Berenikes Haar · (Ms 1944: Hochpunkt; abweichende Angabe im HKA-Apparat: Schlußpunkt strichförmig.) Berenikes Haar. (G/HKA-Text)	Berenikes Haar.

Die Strophenzwischenräume in den verglichenen Gedichtfassungen befinden sich zwischen den Zeilen 4/5, 8/9, 12/13 und 16/17.

1   In diesem Textzeugen aus „Manuskript 1944" sind die Spatien zwischen Satzzeichen und Wörtern unterschiedlich groß.

2   Im Textzeugen aus „Manuskript 1944" steht ein kurzer Strich, wahrscheinlich ein Gedankenstrich, der auch in *Gedichte 1938-1944* und im *HKA*-Text abgedruckt ist; der *HKA*-Apparat gibt an, dieser Gedankenstrich könne vielleicht auch als ein „strichförmiger Punkt" betrachtet werden; in *FW* (1989/2005) wird ebenfalls der Textzeuge aus „Manuskript 1944" veröffentlicht; in Z. 19 dieses Wiederabdrucks steht ein Schlußpunkt; in den Anmerkungen wird auf den Gedankenstrich jedoch nicht hingewiesen.

3   Antschel verwendet die ältere Schreibweise des Wortes „Waage", d.h. „Wage", vgl. *Deutsches Wörterbuch*, Hrsg. Jacob und Wilhelm Grimm, Bd. 13 (W-Wegzwitschern), Leipzig: S. Hirzel Verlag, 1922, Wiederabdruck, München: DTV, 1984, Bd. 27, S. 340. Im *HKA*-Apparat wird diese Abweichung nur in H[1] (Ms 1944) und lediglich als „sic" verzeichnet; im *FW* (1989/2005) wird sie nicht erwähnt.

0   Aequinoctium –

_____

1   < Und in den Nächten, süßss vom Herbstgestirn ,
2   wird mein Herz stürzen, deines aber schweben ;
3   dein Weg sich klären , meiner sich verwirrn ;
4   mein Aug verlöschen, deines sich beleben ;

5   die Blüte trocknen und die Wurzel blühn ;
6   der Berg sich auftun und die Schlucht sich schliessen;
7   ein Arm sich fügen , einer sich bemühn ;
8   ein Mass sich leeren , eines überfliessen ;

9   mein Traum versickern und dein Traum sich staun;
10   die ~~Stu~~ Träne reden und die Träne schweigen ;
11   mein Blut nicht glauben und dein Blut vertraun;
12   mein Mund sich weigern und dein Mund sich neigen..>

13   < Ach, dieser Nacht gehört von deinen Sternen Keiner? >

14   < Er wartet , bis dein Krug sich füllt wie meiner . >

15   x

Aequinoctium —

‹Und in den Nächten, süß vom Herbstgestirn,
wird mein Herz stürzen, deines aber schweben;
dein Weg sich klären, meiner sich verwirrn;
mein Aug verlöschen, deines sich beleben;

die Blüte trocknen und die Wurzel blühn.
der Berg sich auftun und die Schlucht sich schliessen;
ein Arm sich fügen, einer sich bemühn;
ein Mass sich leeren, eines überfliessen;

mein Traum versickern und dein Traum sich stau'n;
die Träne reden und die Träne schweigen;
mein Blut nicht glauben und dein Blut vertrau'n;
mein Mund sich weigern und dein Mund sich neigen.›

‹Ach, dieser Nacht gehört von deinen Sternen Keiner?›

‹Er wartet, bis dein Krug sich füllt wie meiner.›

✕

Manuskript:
Paul Antschels Handschrift oder unbekannte Handschrift aus der Czernowitzer Zeit; blaue Tinte; liniertes Schulheftpapier: 19,2 x ca. 15,5; Abrißkante links. Dieses Papier ist mit dem Schulheftpapier identisch, auf dem Antschel die Gedichte „Stundenwechsel" und „Regennacht" aufgezeichnet hat, aber diese Gedichte sind mit jeweils anderer Tinte und anderem Stift geschrieben. In der *Historisch-kritischen Ausgabe* (I. Abteilung, Bd. 2, S. 202) wird der Text, H^{3*}, als Antschels Handschrift und die früheste Fassung des Ge- dichtes identifiziert; der Schriftduktus ist indes gerade, und die Buchstaben weisen Unter- schiede zu anderen Manuskripten von Antschels Hand auf.

Datierung:
In der *Historisch-kritischen Ausgabe,* in *Gedichte 1938-1944* und im *Frühwerk* wird kein Entstehungsdatum angegeben. Das Gedicht ist in den Sammlungen „Typoskript 1944" und „Manuskript 1944" enthalten.

Veröffentlichungen anderer Gedichtfassungen:
Historisch-kritische Ausgabe (2003), I. Abteilung, Bd. 1, 1. Teil, S. 89, Vorlage: „Manu- skript 1944" (Bl. 44ʳ).
Das Frühwerk (1989), S. 127, Anmerkungen, S. 254, Vorlage: Erstdruck in *Gedichte 1938-1944,* S. 93; Wiederabdruck in *Die Gedichte* (2005), S. 422.
Gedichte 1938-1944 (1985), S. 93, Erstdruck, Vorlage: „Manuskript 1944".

Variante „Ms (Konvolut Silbermann)":
In der *Historisch-kritischen Ausgabe*, I. Abteilung, Bd. 1, 2. Teil, S. 202, figuriert dieses Manuskript als H^{3*}, der Textzeuge mit dem höchsten Stufenexponenten, wobei die Ge- dichtfassung aus „Manuskript 1944" die Vorlage des edierten Textes und damit auch der Ausgangspunkt des Variantenvergleichs ist. Einige in H^{3*} enthaltenen Abweichungen sind nicht verzeichnet; vgl. (*). Die *HKA*-Herausgeber geben an, dass die Satzzeichen in Z. 6. 9, 11, 12 nicht deutlich erkennbar sind; im Original sind sie klar sichtbar.

Abweichungen des Manuskriptes von anderen Gedichtfassungen:

	Ms (Konvolut Silbermann)	Manuskript 1944 / G HKA-Text/Apparat	FW (1989/2005)
0	Aequinoctium – (*Titel gesperrt; *stilisierter Schreibduktus; Titel teilweise unterstrichen; Gedankenstrich; die letzten beiden Angaben ebenso im HKA-Apparat.)	Aequinoctium (Ms 1944: Titel gesperrt; rote Tinte; diese Angaben ebenso im HKA-Apparat; G / HKA-Text: Titel kursiv.)	AEQUINOCTIUM
1*	< Und (*hängender Einzug)	″ Und (Ms 1944: Anführungszeichen ausgerückt geschrieben.) »Und (G) ″Und (HKA)	»Und
	*süss aus: süß	süß	süß
2	mein Herz	mein Herz aus: Herzen (Ms 1944) mein Herz (G/HKA)	mein Herz
3	verwirrn;	verwirrn,	verwirrn,
6*	*schliessen;	schließen,	schließen,
7	ein Arm sich fügen , bemühn ;	ein Arm versagen , (Ms 1944) ein Arm versagen, (G/HKA) bemühn , (Ms 1944) bemühn, (G/HKA)	ein Arm versagen, bemühn,
8*	*Mass *überfliessen ;	Maß überfließen ; (Ms 1944) überfließen; (G/HKA-Text)	Maß überfließen;
9*	staun; *	staun,	staun,
10	Träne aus gestrichen: Stu (Sofortkorrektur) schweigen ;	Träne schweigen , (Ms 1944) schweigen, (G/HKA)	Träne schweigen,
11*	vertraun;*	vertraun,	vertraun,
12*	neigen..> *	neigen ;.. ″ (Ms 1944: durchgestr. Komma des Strichpunktes; abweichende Angabe im HKA-Apparat: Korrekturfolge undeutlich, „Anführungszeichen vielleicht nachträglich; korrigiertes Semikolon vielleicht aus Punkt".) neigen...« (G) neigen... ″ (HKA)	neigen...«
13*	< Ach, (*hängender Einzug) *Keiner? > (undeutliches „K", vielleicht Kleinschreibung aufgrund der Rechtschreibung oder Großschreibung als Mittel der Hervorhebung.)	″ Ach, (MS 1944: Anführungszeichen ausgerückt geschrieben.) »Ach, (G) ″Ach, (HKA) keiner ? ″ (Ms 1944) keiner?« (G) keiner?" (HKA-Text)	»Ach, keiner?«
14*	< Er wartet , bis (*hängender Einzug) meiner . >	″ Sie warten bis (MS 1944: Anführungszeichen ausgerückt geschrieben.) »Sie warten bis (G) ″Sie warten bis (HKA) meiner . ″ (Ms 1944) meiner.« (G) meiner." (HKA)	»Sie warten bis meiner.«
15	X (Abtrennungszeichen)		

Die Strophenzwischenräume in den verglichenen Gedichtfassungen befinden sich zwischen den Zeilen 4/5, 8/9, 12/13, 13/14.

0 Festland

1 Schwester im Dunkel , reiche die Arznei
2 dem weissen Leben und dem stummen Munde .
3 Aus deiner Schale , drin die Welle sei,
4 trink ich den Schimmer vom Korallengrunde ,

5 schöpf ich die Muschel, hebe ich das Ruder ,
6 das einem , den das Land nicht liess , entsank.
7 Die Insel blaut nicht mehr, mein junger Bruder,
8 und nur die Seele zerrt am Algenstrang .

9 Dann läutet seltsam jene Glocke Nie . .
10 Dann trieft der Tiefen Balsam, meine Fremde . .
11 Wen zu erhöhen, sank ich in die Knie ?
12 Aus welcher Wunde blut ich unterm Hemde ?

13 Mein Herz wirft Schatten , welche deine Hand
14 verlöscht , bis ich mich wehr und wähle :
15 Ich will nicht mehr hinauf ins Hügelland .
16 An jenen Seestern krall dich , meine Seele .

Festland

Schwester im Dunkel, reiche die Arznei
dem weissen Leben und dem stummen Munde.
Aus deiner Schale, drin die Welle sei,
trink ich den Schimmer vom Korallengrunde,

schöpf ich die Muschel, hebe ich das Ruder,
das einem, den das Land nicht liess, entsank.
Die Insel blaut nicht mehr, mein junger Bruder,
und nur die Seele zerrt am Algenstrang.

Dann läutet seltsam jene Glocke Nie..
Dann trieft der Tiefen Balsam, meine Fremde..
Wen zu erhöhen, sank ich in die Knie?
Aus welcher Wunde blut ich unterm Hemde?

Mein Herz wirft Schatten, welche deine Hand
verlöscht, bis ich mich wehr und wähle:
Ich will nicht mehr hinauf ins Hügelland.
An jenen Seestern krall dich, meine Seele.

Manuskript:
Paul Anschels Handschrift (?); blaue Tinte; linierte Schulheftseite: 20,9 x 17; andere Linienart als die anderen linierten Schulheftseiten; Abrißkante links. Die Manuskripte „Festland" und „Aequinoctium" sind von gleicher Hand aufgezeichnet worden; das Papier der Schulheftseiten aber ist verschieden: das Schulheftseitenpapier mit dem Gedicht „Festland" ist rau und hat dunkelblaue Linien; das andere Schulheftseitenpapier ist glatt, glänzend und hat hellblaue Linien; dies sind Handschriften, die sich seit Czernowitz in Edith Silbermanns Besitz befanden.

Datierung:
In der *Historisch-kritischen Ausgabe* wird die Datierung im Band *Gedichte 1938-1944* angegeben. *Das Frühwerk*, Anmerkungen, S. 244: „Als Manuskript lag es dem Brief an Ruth Kraft vom 2.8.1942 bei." Diesem Brief hatte Antschel eine andere Fassung des Gedichtes beigefügt; eine wichtige Abweichung liegt in Zeile 10 vor, in der es heisst: „Dann quillt der Tiefen Balsam". Edith Silbermann berichtete mir, sie habe dieses Gedicht von Antschel selbst als Geschenk erhalten; sie konnte mit Sicherheit sagen, dass er es auf dieser Schulheftseite im Juni 1942 in ihrem Elternhaus aufgezeichnet hatte.

Veröffentlichungen anderer Gedichtfassungen:
Historisch-kritische Ausgabe (2003), I. Abteilung, Bd. 1, 1. Teil, S. 57, Vorlage: „Manuskript 1944" (Bl. 27^v).
Das Frühwerk (1989), S. 57, Anmerkung, S. 244: zitiert nach „einem Typoskript wohl aus der Wiener Zeit" – ohne Quellenangaben; Wiederabdruck in *Die Gedichte*, S. 58.
Gedichte 1938-1944 (1985), S. 59, Vorlage: „Manuskript 1944".
Gesammelte Werke (1983), Bd. 3, S. 128; Vorlage: Erstdruck.
Die Tat, Zürich, 7.2.1948, Erstdruck.

Variante „Ms (Konvolut Silbermann)":
In der *Historisch-kritischen Ausgabe* (2003), I. Abteilung, Bd. 1, 2. Teil, S. 148-149, figuriert diese Handschrift als H^{2*} von H^4, wobei das Manuskript, das Antschel Ruth Kraft am 2. 8. 1942 schickte, der Textzeuge mit dem höchsten Stufenexponenten ist; die Gedichtfassung aus „Typoskript 1944" und der Durchschlag dieses getippten Textes, „Ds (Einhorn)", werden – trotz des späteren Entstehungsdatums und trotz Tippfehler – als der Textzeuge mit dem zweithöchsten Stufenexponenten, H^{3*}, verzeichnet. Als Vorlage des edierten Textes und als der Ausgangspunkt für den Variantenvergleich dient ein aufgrund der Gedichtfassung aus „Manuskript 1944" edierter Text. Einige Abweichungen des Manuskriptes H^{2*} aus dem Konvolut Silbermann sind nicht verzeichnet; vgl. (*); in Z. 6 ist das Satzzeichen am Zeilenende erkennbar, in der *HKA* indes aufgrund der verwendeten Kopien als „undeutlich" angegeben.

Abweichungen des Manuskriptes von anderen Gedichtfassungen:

	Ms (Konvolut Silbermann)	*Manuskript 1944 / G HKA-Text/Apparat*	*Die Tat* (1948) *GW* (1983) *FW* (1989/2005)
0	Festland *(Titel gesperrt*; größerer Schriftduktus; teilweise unterstrichen; nur die zweite Angabe auch im HKA-Apparat.)*	Festland *(Ms 1944: * Titel gesperrt; rote Tinte; nur die zweite Angabe ebenso im HKA-Apparat; G / HKA-Text: Titel kursiv.)*	FESTLAND
2*	*weissen	weißen	weißen
4	Korallengrunde ,	Korallengrunde ; (*Ms 1944: hochgestelltes, undeutliches Satzzeichen, vielleicht Semikolon oder Komma.*) Korallengrunde: (*G*) Korallengrunde; (*HKA-Text; HKA-Apparat: Semikolon undeutlich, vielleicht Komma aus Punkt.*)	Korallengrunde,
5	schöpf	schöpf (*Ms 1944/ G / HKA-Text; HKA-Apparat: vielleicht Großschreibung des Zeilenanfangs:* Schöpf)	schöpf
6*	*liess , entsank.[1]	ließ, (*Ms 1944/G/HKA*) entsank . (*Ms 1944*) entsank. (*G/HKA*)	ließ, entsank.
9	Nie . .	Nie . . (*Ms 1944/G*) Nie.. (*HKA*)	Nie . . .
10	Fremde . .	Fremde . . (*Ms 1944/G*) Fremde.. (*HKA*)	Fremde . . .
15	Ich	ich	Ich

Die Strophenzwischenräume in den verglichenen Gedichtfassungen befinden sich zwischen den Zeilen 4/5, 8/9 und 12/13.

1   In diesem Manuskript ist der Abstand zwischen den Satzzeichen jeglicher Art und den Wörtern unterschiedlich groß.

III.

0   Anemone nemorosa .

1 Die Buschwindröschen , die von Abend zittern ,
2 blühn schimmernd unsrer Dunkelheit voraus .
3 Du schliess dein Aug vor meinem Mund, dem bittern;
4 aus meiner Hand , der leisen , nimm den Strauss .

5 Ist, was sie deinen Wangen übertragen ,
6 nichts als der Frühling und das Regennass ?
7 vielleicht , dass sie dem Blumengott entsagen ,
8 dass ich mich , Kind , dir süsser überlass . .

9 Die Osterblumen hängen mit dem Leben
10 und meinem Mund dir träumend am Gesicht .
11 Du aber fühlst noch nicht mein Herz daneben
12 sich heimlich sehnen nach Vergissmeinnicht .

13   x

Anemone nemorosa.

Die Buschwindröschen, die von Abend zittern,
blühn schimmernd unsrer Dunkelheit voraus.
Du schliess dein Aug vor meinem Mund, dem bittern;
aus meiner Hand, der leisen, nimm den Strauss.

Ist, was sie deinen Wangen übertragen,
nichts als der Frühling und das Regennass?
vielleicht, dass sie dem Blumengott entsagen,
dass ich mich, Kind, dir süsser überlass..

Die Osterblumen hängen mit dem Leben
und meinem Mund dir träumend am Gesicht.
Du aber fühlst noch nicht mein Herz daneben
sich heimlich sehnen nach Vergissmeinnicht.

x

Manuskript:
Paul Antschels oder Ruth Krafts Handschrift (?), handschriftliche Korrektur zweier Buchstaben; hellblaue Tinte; gelblicher, gefalteter Papierbogen: 28, 3 x 21, 9; Vorderseite des gefalteten Papierbogens: 28,3 x 14,2; Wasserzeichen: „Original Writing Paper", Bild: Löwe mit einem Wappen. „Anemone nemorosa" steht auf der Vorderseite dieses Papierbogens; auf der Innenseite des gefalteten Papierbogens stehen die Gedichte „Rosenschimmer." und „Hörst du?", dazwischen ein Abgrenzungszeichen, „x"; vgl. S. 211 und S. 215. In der *Historisch-kritischen Ausgabe* (I. Abteilung, Bd. 1, 2. Teil, S. 216) wird dieses Manuskript (H^{5b}) als Abschrift von Ruth Kraft, „RK Ms (Konvolut Silbermann)", verzeichnet; H^{5b} weist Ähnlichkeit und Unterschiede sowohl zu Antschels als auch zu Ruth Krafts Handschrift auf, vgl. Erklärung S. 129-136.

Datierung:
Die *Historisch-kritische Ausgabe,* I. Abteilung, Bd. 1, 2. Teil, S. 216, weist auf das „Notizbuch 1943" hin, das dieses Gedicht als datiertes Manuskript, Ms (Bl. 11) 13. IV. 43, enthält; in der *HKA* wird auch die Postkarte erwähnt, auf die Antschel sein Gedicht geschrieben und aus dem Arbeitslager Tăbăreşti Ruth Kraft geschickt hatte: „‚zwischen Gedicht und Brieftext ein Abgrenzungszeichen'; Postabgangsstempel: 16.4.43." (*HKA,* ebd., S. 216). Die anderen Gedichte auf dem Papierbogen sind auch im „Notizbuch 1943" enthalten und datiert: „Hörst du?" (2. IV. 43), „Rosenschimmer." (12. IV. 43). Wie Edith Silbermann mir später berichtete, waren die drei Gedichte über Blumen, Liebe und Tod – auf dem in der Kriegs- und Nachkriegszeit wertvollen Papier mit dem englischen Wasserzeichen geschrieben – ein besonderes Geschenk, das sie von Antschel in Czernowitz erhalten und auf ihrer Flucht nach Bukarest mitgenommen hatte; vgl. S. 128, S. 133-134.

Veröffentlichungen anderer Gedichtfassungen:
Historisch-kritische Ausgabe (2003), I. Abteilung, Bd. 1, 1. Teil, S. 96, Vorlage: „Manuskript 1944" (Bl. 47^v), Titel: „Windröschen".
Das Frühwerk (1989), S. 103, Vorlage: „Zitiert nach einem Bukarester Typoskript" – ohne Quellenangabe (*Frühwerk,* Anmerkungen, S. 250); Wiederabdruck in *Die Gedichte* (2005), S. 413.
Gedichte 1938-1944 (1985), S. 100, Erstdruck, Vorlage: „Manuskript 1944".

Variante „Ms (Konvolut Silbermann)":
In der *Historisch-kritischen Ausgabe,* I. Abteilung, Bd. 1, 2. Teil, S. 216-218, figuriert dieses Manuskript als „H^{5b} Ms RK (Konvolut Silbermann)", wobei H^6 den Textzeugen mit dem höchsten Stufenexponenten, die Gedichtfassung aus dem „Notizbuch 1943", repräsentiert, und H^{5a} für das bereits erwähnte Gedicht auf der Postkarte an Ruth Kraft steht; in Z. 12 von H^{5b} wird die Interpunktion „als nicht erkennbar" angegeben, diese ist aber im Original deutlich sichtbar; in Z. 8 steht „überlass . ." und nicht „überlass ;" (*HKA*). Es fehlen Hinweise auf die Sofortkorrekturen und die Verwendung von „ss" statt „ß".

Abweichungen des Manuskriptes von anderen Gedichtfassungen:

	Ms (Konvolut Silbermann)	N 1943 Manuskript 1944 / G HKA-Text/Apparat	FW (1989/2005)
0	Anemone nemorosa . (*Titel zentriert; teilweise unterstrichen; Schluß-punkt; diese Angaben ebenso im HKA-Apparat.*)	Anemone nemorosa . (*N: schwarze Tinte; Korrektur: blaue Tinte; Titel ausgerückt geschrieben, durchgestrichen; in gleicher Höhe: ein Abgrenzungs-zeichen über dem Text; diese Angaben ebenso im HKA-Apparat.*) Windröschen (*Ms 1944: Titel gesperrt; rote Tinte; diese Angaben auch im HKA-Apparat; G / HKA-Text: Titel kursiv.*)	WINDRÖSCHEN
1*	*Buschwindröschen (*Sofortkorrektur des Buchstabens „w"*)	Buschwindröschen	Buschwindröschen
2*	*unsrer (*Sofortkorrektur des Buchstabens „r"*)	unsrer	unsrer
3*	*schliess bittern;	schließ bittern, (*N*) bittern; (*Ms 1944/G/HKA*)	schließ bittern;
4*	*Strauss · (*hochgestellter Punkt*)	Strauß · (*N/Ms 1944*) Strauß. (*G/HKA*)	Strauß.
5*	*Wangen (*Sofortkorrektur des Buchstabens „n"*)	Wangen	Wangen
6*	nichts als *Regennass ? (*Sofortkorrektur der Buchstaben „e" und „n"*)	nichts als Regennaß ? (*N/Ms 1944: hochgestelltes Satzzeichen.*) Regennaß? (*G/HKA*)	nichts, als (*FW 1989*) nichts als (*FW 2005: Berichtigung eines Druck-fehlers in FW 1989.*) Regennaß?
7*	vielleicht , *dass	Vielleicht , daß (*N/Ms 1944*) Vielleicht, daß (*G/HKA-Text; HKA-Apparat: Kleinschreibung von* vielleicht *möglich.*)	Vielleicht, daß
8*	*dass ich mich , Kind , dir *süsser *überlass . . (*Angabe im HKA-Apparat abweichend vom Manuskript:* überlass;)	daß ich mich, Kind, (*Ms 1944/G/HKA*) dir süßer überlaß . . (*N*) dir süßer überlaß ··· (*Ms 1944: hochgestelltes Auslassungszeichen.*) dir süßer überlaß . . . (*G*) dir süßer überlaß . . . (*HKA*)	daß ich mein Kind mit süßern Händen faß?
9	Osterblumen hängen dem Leben	Osterblumen aus: Osterblumen (*N: durchgestr., danach fett geschrieben:* n) Osterblumen (*Ms 1944/G/HKA*) hängen aus: hängt (*N*) hängen (*Ms 1944/G/HKA*) dem Leben (*N: dem aus:* ihrem) dem Leben (*Ms 1944/G/HKA*)	Osterblumen hängen dem Leben
11	daneben	daneben (*N*) daneben , (*Ms 1944*) daneben, (*G/HKA*)	daneben,
12*	Vergissmeinnicht . * (*HKA-Apparat: undeutlicher Punkt.*)	Vergißmeinnicht . (*N/Ms 1944*) Vergißmeinnicht. (*G/HKA*)	Vergißmeinnicht.
13	x (*Abgrenzungszeichen*)	13 · IV · 43 · (*N: Datum links ausgerückt geschrieben.*)	

Die Strophenzwischenräume in den verglichenen Gedichtfassungen befinden sich zwischen den Zeilen 4/5, 8/9 und 12/13.

0   Rosenschimmer .
                     ─────────────

1   Die wilden Rosen wissen um uns beide :
2   wär sonst ihr Licht der leise Gnadenschein ?
3   Ich tu dir leicht ein Wehendes zuleide :
4a   du darfst nur schweben und darfst trunken
4b   sein .

5   Wenn ich mich nun mit Wolkentuch verkleide ,
6   wird dir der Regen süsser sein als Wein ·
7   Dein Herz gehört den Rosen meiner Heide .
8   Ich aber denk ans Blau der Akelein .

9   x

Rosenschimmer.

Die wilden Rosen wissen um uns beide:
wär sonst ihr Licht der leise Gnadenschein?
Ich tu dir leicht ein Wehendes zuleide:
Du darfst nur schweben und darfst trunken
sein.

Wenn ich mich nun mit Wolkentuch verkleide,
wird dir der Regen süsser sein als Wein.
Dein Herz gehört den Rosen meiner Heide.
Ich aber denk ans Blau der Akelein.

*

Hörst du? Ich rede zu dir, wenn schwül
sie das Sterben vermehren.
Schweigsam entwerf ich mir Tod, leise begegn'
ich den Speeren.

Wahr ist der endlose Ritt. Gerecht ist der Huf.

Fühlst du, dass nichts sich begibt, als ein Weh
in den Rauten?
Blutend gehör ich getreu der Fremden und
rätselhaft Trauten..

Ich steh. Ich bekenne. Ich ruf.

Manuskript:
Paul Antschels oder Ruth Krafts Handschrift (?); keine handschriftlichen Korrekturen; hellblaue Tinte; gelblicher gefalteter Papierbogen: 28,3 x 21,9; Wasserzeichen: „Original Writing Paper", Bild: Löwe mit einem Wappen. Innenseite des Papierbogens: 14,1 x 21,9; das Gedicht steht auf der Innenseite des gefalteten Papierbogens; darunter steht das Gedicht „Hörst du?"; auf der Vorderseite das Gedicht „Anemone nemorosa"; vgl. S. 215, S. 207. In der *Historisch-kritischen Ausgabe* (I. Abteilung, Bd. 1, 2. Teil, S. 223-224), wird dieses Manuskript (H^2) als Abschrift von Ruth Kraft, „RK Ms (Konvolut Silbermann)", verzeichnet; das Manuskript im Konvolut Silbermann weist indes Ähnlichkeit und Unterschiede sowohl zu Antschels als auch zu Ruth Krafts Handschrift auf, vgl. Erklärung S. 127-136.

Datierung:
In der *Historisch-kritischen Ausgabe* wird das Gedicht aufgrund eines im „Notizbuch 1943" (Bl. 10) enthaltenen Manuskriptes auf den 12. IV. 43 datiert; die anderen Gedichte auf dem Papierbogen sind ebenfalls im „Notizbuch 1943" datiert: „Hörst, du? „ (2. IV. 43), „Anemone nemorosa" (13. IV. 43), vgl. S. 208.

Veröffentlichungen anderer Gedichtfassungen:
Historisch-kritische Ausgabe (2003), I. Abteilung, Bd. 1, 1. Teil, S. 99, Vorlage: „Manuskript 1944" (Bl. 49^r).
Das Frühwerk (1989), S. 102, Vorlage: „Zitiert nach einem Typoskript wohl der Wiener Zeit." (*Frühwerk*, Anmerkung, S. 250); Wiederabdruck in *Die Gedichte*, S. 413.
Gedichte 1938-1944 (1985), S. 103, Erstdruck, Vorlage: „Manuskript 1944".

Variante „Ms (Konvolut Silbermann)":
In der umgekehrten chronologischen Zeugenreihenfolge der *Historisch-kritischen Ausgabe*, I. Abteilung, Bd. 1, 2. Teil, S. 223-224, ist der Textzeuge mit dem höchsten Stufenexponenten, H^4, die Gedichtfassung aus dem „Notizbuch 1943". Die Variante aus „Typoskript 1944" und der Durchschlag dieses getippten Textes, „Ds (Einhorn)", figurieren als der Textzeuge H^{3*}, obwohl sie wahrscheinlich später als H^2, das Manuskript aus der Sammlung Silbermann, entstanden sind. Die Herausgeber der *HKA* erwähnen die Verwendung von „ss" statt „ß" in Z. 6 der Handschrift H^2 nicht; in Z. 3 der Vorlage aus dem „Manuskript 1944" wird „wehendes" in „leicht ein wehendes" mit kleinem Anfangsbuchstaben verzeichnet; dies wird als Abweichung in der *HKA* erwähnt, dennoch heißt es im *HKA*-Text: „Wehendes".
Das Frühwerk, S. 250: Hinweis auf den Erstdruck und auf „ein" datiertes Manuskript – ohne Quellenangabe.

Abweichungen des Manuskriptes von anderen Gedichtfassungen:

	Ms (Konvolut Silbermann)[1]	*N 1943* *Manuskript 1944 / G* *HKA-Text/Apparat*	*FW (1989/2005)*
0	Rosenschimmer . *(Titel zentriert; teilweise unterstrichen; Schluß-punkt; diese Angaben ebenso im HKA-Apparat.)*	Rosenschimmer · *(N: schwarze Tinte; Seite quer beschrieben; Titel ausgerückt geschrieben; Schlußpunkt; diese Angaben auch im HKA-Apparat.)* R o s e n s c h i m m e r *(Ms 1944: Titel gesperrt; rote Tinte; diese Angaben ebenso im HKA-Apparat; G / HKA-Text: Titel kursiv.)*	ROSENSCHIMMER
3*	Ich tu dir leicht ein *Wehendes zuleide :	Ich tu dir leicht *(N/Ms 1944/G/HKA)* ein Wehendes zuleide : *(N)* ein wehendes zuleide : *(MS 1944:* *Großschreibung möglich:* Wehendes ; **keine Angabe darüber im HKA-Apparat:* wehendes .) ein Wehendes zuleide: *(G/HKA-Text)*	Ich tu dir nichts als Morgenwind zuleide:
4a/b	und darfst trunken / sein . *(Zeilenbrechung aus Raumgründen)*	und darfst trunken sein . *(N/Ms 1944)* und darfst trunken sein. *(G/HKA)*	und nur trunken sein.
6*	*süsser sein als Wein ·	süßer ~~sein~~ als der Wein . *(N: Korrekturen: Ausstreichung:* sein ; *Einfügung:* der */HKA-Apparat:* *Korrektur mit anderer Tinte.)* süßer als der Wein . *(Ms 1944)* süßer als der Wein. *(G/HKA)*	süßer als der Wein.
7	gehört Heide .	gehorcht *(N)* gehört *(Ms 1944/G/HKA)* Heide . *(N/Ms 1944)* Heide. *(G/HKA)*	Heide.
8	Akelein .	Akelein . . *(N)* Akelein.. *(HKA-Apparat)* Akelein. *(Ms 1944/G/HKA)*	Akelein.
9	x *(Abgrenzungszeichen)*	12 · IV · 43 · *(N: Datum nach links ausgerückt geschrieben; hochgestellte Punkte.)*	

Die Strophenzwischenräume in den verglichenen Gedichtfassungen befinden sich zwischen den Zeilen 4/5 und 8/9.

1   Die im Konvolut Silbermann enthaltene Handschrift weist unregelmäßige Abstände zwischen Satzzeichen und Wörtern auf; diese Eigenheit findet sich auch in der Gedichtfassung aus „Manuskript 1944".

x

1a	Hörst du ? Ich rede zu dir, wenn schwül ⌣
1b	sie das Sterben vermehren .
2a	Schweigsam entwerf ich mir Tod , leise begegn ⌣
2b	ich den Speeren .

3	Wahr ist der endlose Ritt . Gerecht ist der ~~R~~Huf.

4a	Fühlst du , dass nichts sich begibt , als ein Wehn ⌣
4b	in den Rauten ?
5	Blutend gehör ich getreu der Fremden und ⌣
5b	rätselhaft Trauten . .
6	Ich steh . Ich bekenne . Ich ruf .

Rosenschimmer.

Die wilden Rosen wissen um uns beide :
wär sonst ihr Licht der leise Gnadenschein?
Ich tu dir leicht ein Wehendes zuleide :
Du darfst nur schweben und darfst trunken
sein.

Wenn ich mich nun mit Wolkentuch verkleid,
wird dir der Regen süsser sein als Wein.
Dein Herz gehört den Rosen meiner Heide.
Ich aber denk ans Blau der Akelein.

x

Hörst du ? Ich rede zu dir, wenn schwül
sie das Sterben vermehren.

Schweigsam entwerf ich mir Tod, leise begegn
ich den Speeren.

Wahr ist der endlose Ritt. Serecht ist der Huf.

Fühlst du, dass nichts sich begibt, als ein Wehn
in den Rauten?
Blutend gehör ich getreu der Fremden und
rätselhaft Trauten..

Ich steh. Ich bekenne. Ich ruf.

Manuskript:
Paul Antschels oder Ruth Krafts Handschrift (?); blaue Tinte; gelbliches Papier, gefalteter Papierbogen: 28,3 x 21,9; Wasserzeichen: „Original Writing Paper", Bild: Löwe mit einem Wappen. Innenseite des Papierbogens: 14,1 x 21,9; das Gedicht steht auf der Innenseite des gefalteten Papierbogens unterhalb des Textes „Rosenschimmer"; vgl. S. 211; auf der Vorderseite: „Anemone nemorosa", vgl. S. 207. In der *Historisch-kritischen Ausgabe* (Abteilung I, Bd. 2-3, S. 81) heißt es: „Blattabriß?". Es liegt ein Papierbogen und keine abgerissene Seite vor. In der *HKA* wird dieses Manuskript (H^{7*}) als „Ms Abschrift RK (Konvolut Silbermann)" verzeichnet; es weist indes Ähnlichkeit und Unterschiede sowohl zu Antschels als auch zu Ruth Krafts Handschrift auf, vgl. Erklärung S. 127-136.

Datierung:
In der *Historisch-kritischen Ausgabe*, Abteilung I, Bd. 2-3, 2. Teil, S. 81, wird auf das datierte Manuskript des Gedichtes im „Notizbuch 1943", Ms (Bl. 8), hingewiesen: „2. IV. 43". Die anderen Gedichte auf dem Papierbogen sind ebenfalls im Notizbuch enthalten und datiert: „Rosenschimmer" (12. IV. 43), „Anemone nemorosa" (13. IV. 43), vgl. S. 215, 207. Der Papierbogen mit den drei Gedichten war ein Geschenk, das Edith Horowitz von Antschel in Czernowitz erhalten hatte; vgl. Informationen zu den anderen Blumengedichten, S. 133-134.

Veröffentlichungen anderer Gedichtfassungen:
Historisch-kritische Ausgabe (2003), I. Abteilung, Bd. 1, 1. Teil, S. 103, Vorlage: „Manuskript 1944" (Bl. 52^r), Titel: „Ein Krieger"; Bd. 2-3,1, S. 16, Vorlage: Erstdruck.
Das Frühwerk (1989), S. 100, Vorlage: „Zitiert nach einem 1950 datierten Typoskript" – ohne Quellenangabe (*FW*, Anmerkung, S. 250); Wiederabdruck in *Die Gedichte*, S. 15.
Gedichte 1938-1944 (1985), S. 109, Vorlage: „Manuskript 1944".
Gesammelte Werke (1983), Bd. 3, S. 16, Vorlage: Erstdruck.
Der Sand aus den Urnen (1948), S. 10, Erstdruck.

Variante „Ms (Konvolut Silbermann)":
Historisch-kritische Ausgabe, I. Abteilung, Bd. 2-3, 2. Teil, S. 81, Vorlage: *SU* (1948); das Manuskript figuriert als „H^{7*} RK Ms (Konvolut Silbermann)" von H^9, wobei der Textzeuge mit dem höchsten Stufenexponenten das Manuskript des Gedichtes aus dem „Notizbuch 1943" ist. Die Gedichtfassung aus „Typoskript 1944" und der Durchschlag dieses getippten Textes, „Ds (Einhorn)", figurieren als der Textzeuge mit dem zweithöchsten Stufenexponenten, obwohl sie wahrscheinlich später als das Manuskript aus der Sammlung Silbermann entstanden sind. Die *HKA*-Herausgeber erwähnen die Zusammenstellung der Gedichte „Hörst du?", „Rosenschimmer" und „Anemone nemorosa" auf einem Papierbogen (aus dem Konvolut Silbermann) nicht, verweisen aber auf den Durchschlag „Ds (Segal, adAA 4)" im Besitz von Hersch Segal, wo der Text zusammen mit dem Gedicht „Rosenschimmer" aufgezeichnet ist.

Abweichungen des Manuskriptes von veröffentlichten Gedichtfassungen:

	Ms (Konvolut Silbermann)	N 1943 / Manuskript 1944 / G HKA-Text
0	Kein Titel. Abgrenzungszeichen: x (Angabe ebenso im HKA-Apparat.)	Ein Krieger . (N: Titel mit schwarzer Tinte geschrieben; Angabe ebenso im HKA-Apparat.) Ein Krieger (Ms 1944: Titel gesperrt; rote Tinte; HKA-Apparat: *kein Hinweis auf den gesperrt geschriebenen Titel; G/HKA-Text: Titel kursiv.)
1a	Hörst du ? Ich rede	Hörst du ? Ich rede (N) Hörst du : ich rede (Ms 1944)
1a/b*	wenn schwül / ⬐ sie das Sterben vermehren . (*Verbindungspfeil; Zeilenbrechung aus Raumgründen)	Hörst du: ich rede (G/HKA) wenn schwül sie das Sterben / vermehren · (N/HKA-Apparat: Zeilenbrechung) wenn schwül sie das Sterben vermehren. (Ms 1944/G/HKA-Text)
2a/b*	leise begegn / ⬐ ich den Speeren . (*Verbindungspfeil; Zeilenbrechung aus Raumgründen)	leise begegn ich den / Speeren . (N) leise begegn ich den Speeren . (Ms 1944) leise begegn ich den Speeren. (G/HKA)
3*	Ritt. Gerecht ist (fett*) Huf. aus: Ruf* nicht: Xuf (HKA-Apparat: Xuf oder Ruf.)	Ritt. Gerecht ist aus: Ritt, gerecht ist (N) Ritt. Gerecht ist (Ms 1944/HKA) *Ritt, gerecht ist (G) Huf .. (N) / Huf . (Ms 1944) / Huf. (G/HKA)
4a/b*	dass begibt , als ein Wehn / ⬐ in den Rauten ? (*Verbindungspfeil; Zeilenbrechung aus Raumgründen)	daß begibt als (N) begibt , als (Ms 1944) / begibt, als (G/HKA) ein Wehn in den / Rauten ? (N: Korrektur aus: Wehen von Rauten? Angabe ebenso im HKA-Apparat; Ms 1944: Rauten ? oberhalb der Zeile.[1]) ein Wehn in den Rauten? (G/HKA-Text)
5a/b*	und / ⬐ rätselhaft Trauten . . (*Verbindungspfeil; Zeilenbrechung aus Raumgründen)	und / rätselhaft Trauten. (N: Zeilenbrechung) und rätselhaft / Trauten . . . (Ms 1944: Zeilenbrechung, unterhalb der Zeile: Trauten . . .) und rätselhaft Trauten . . . (G) und rätselhaft Trauten... (G/HKA)
6	Ich steh . Ich bekenne . Ich ruf .	Ich steh , Ich bekenne . Ich ruf . (N/HKA-Apparat: Sofortkorrektur: steh. aus: steh,) Ich steh . Ich bekenne . Ich ruf . (Ms 1944) Ich steh. Ich bekenne. Ich ruf. (G/HKA)
7		2 . IV . 43 . (N: Datum eingerückt geschrieben.)

	SU (1948) / GW (1983) HKA-Apparat	FW (1989/2005)
0	EIN KRIEGER	EIN KRIEGER
1a/b	Hörst du: ich rede (GW/HKA) Hörst du : ich rede (SU) wenn schwül sie das Sterben / vermehren. (SU/GW: Zeilenbrechung aus Raumgründen)	Hörst du: ich rede wenn schwül sie das Sterben / vermehren. (FW 1989: Zeilenbrechung aus Raumgründen; FW 2005: keine Zeilenbrechung.)
2a/b	leise begegn ich den Speeren. (GW/HKA) leise begegn ich den / Speeren. (SU)	leise begegn ich den Speeren.
3	Ritt. Gerecht ist Huf.	Ritt. Gerecht ist Huf.
4a/b	daß begibt als (SU/GW/HKA) ein Wehn in den / Rauten ? (SU) ein Wehn in den Rauten? (GW/HKA)	daß begibt als ein Wehn in den Rauten?
5a/b	und rätselhaft / Trauten. (SU) und rätselhaft Trauten. (GW/HKA)	und rätselhaft Trauten.
6	Ich steh. Ich bekenne. Ich ruf.	Ich steh. Ich bekenne. Ich ruf.

Die Strophenzwischenräume in den verglichenen Gedichtfassungen befinden sich zwischen Zeilen 2/3, 3/4 und 5/6.

1   Die Zeilenbrechung ruft ein optisches Spiel mit den Wörtern „Rauten" und „Trauten" hervor.

1   Tulpen , ein stummes Gestirn
2   von Schwermut und süsser Gewalt ,
3   liess ich , dein Herz zu entwirrn :
4   findet ihr Leben dich bald ?

5   Was in den Kelchen geheim
6   ein Staubblatt mit Schimmer befiel ,
7   schwört den unsäglichen Reim
8   für deinen wehen Gespiel .

9   Sind es die Tulpen ; heut , sieh ,
10   die herrschen im Dämmergemach ,
11   hegst du ein Dunkles noch wie
12   einst , als ich Rotdorn dir brach ?

13   x

Tulpen, ein stummes Gestirn
von Schwermut und süsser Gewalt,
liess ich, dein Herz zu entwirren:
findet ihr Leben dich bald?

Was in den Kelchen geheim
ein Staubblatt mit Schimmer befiel,
schwört den unsäglichen Reim
für deinen wehen Gespiel.

Sind es die Tulpen, hauch, sich,
die herrschen im Dämmergemach,
hegst du ein Dunkles noch wie
einst, als ich Rotdorn dir brach?

x.

Manuskript:
Paul Antschels oder Ruth Krafts Handschrift (?), hellblaue Tinte; gelber Papierbogen: 28,5 x 22; Wasserzeichen: „Original Writing Paper", Bild: Löwe mit einem Wappen. In der *Historisch-kritischen Ausgabe* (I. Abteilung, Bd. 1, 2. Teil, S. 219) wird das Manuskript als Abschrift von Ruth Kraft, „RK Ms (Konvolut Edith Silbermann)", eingeordnet; das Manuskript im Konvolut Silbermann weist indes Ähnlichkeit und Unterschiede sowohl zu Antschels als auch zu Ruth Krafts Handschrift auf, vgl. Erklärung S. 127-136.

Datierung:
In der *Historisch-kritischen Ausgabe* wird auf die Datierung im „Notizbuch 1943" (Bl. 9) verwiesen; der Text trägt das vom Lyriker aufgezeichnete Datum vom 6. IV. 43; weitere Informationen zur Datierung, S. 133-134.

Veröffentlichungen anderer Gedichtfassungen:
Historisch-kritische Ausgabe (2003), I. Abteilung, Bd. 1, 1. Teil, S. 97, Vorlage: „Manuskript 1944" (Bl. 48^v).
Das Frühwerk (1989), S. 101, Vorlage: zitiert nach „einem Bukarester Typoskript" (*Frühwerk*, Anmerkung, S. 250) – ohne Quellenangabe; Veröffentlichung aufgrund „eines Bukarester Typoskriptes" auch in *Die Gedichte*, S. 412.
Gedichte 1938-1944 (1985), S. 101, Vorlage: „Manuskript 1944", Erstdruck.

Variante „Ms (Konvolut Silbermann)":
In der *Historisch-kritischen Ausgabe*, I. Abteilung, Bd. 1, 2. Teil, S. 219, figuriert dieses Manuskript als „H^{4*} Ms RK (Konvolut Silbermann)" von H^6, wobei die Gedichtfassung aus „Manuskript 1944" als Ausgangspunkt des Variantenvergleichs dient. In der *HKA*-Liste der Abweichungen im Manuskript H^{4*} fehlen: Z. 1 „stummes" versus „leuchtend"; Z. 4: „ findet ihr Leben dich bald?" versus „findet dein Leben sie bald?"; einige Abweichungen werden aufgrund der verwendeten Kopie nicht richtig wiedergegeben: in Z. 10 ist das Komma nicht gestrichen.
Das Frühwerk, S. 250, weist auf „eine" frühere „titellose" Fassung und auf eine Abweichung in der Anfangszeile: „Tulpen, ein stummes Gestirn" – ohne Quellenangabe hin.

Abweichungen des Manuskriptes von anderen Gedichtfassungen:

	Ms (Konvolut Silbermann)	N 1943 Manuskript 1944 / G HKA-Text/Apparat	FW (1989/2005)
0	Kein Titel (*Angabe ebenso im HKA-Apparat.*)	x (*N: schwarze Tinte; kein Titel; Abgrenzungszeichen; diese Angaben ebenso im HKA-Apparat.*) T u l p e n (*Ms 1944: Titel gesperrt; rote Tinte; diese Angaben auch im HKA-Apparat; G / HKA-Text: Titel kursiv.*)	TULPEN
1*	ein *stummes Gestirn	ein stummes Gestirn (*N*) ein leuchtend Gestirn (*Ms 1944/G/HKA*)	ein leuchtend Gestirn
2*	von Schwermut und	der ~~herben~~ stolzen und (*N*) von Schwermut und (*Ms 1944/ G/HKA*)	von Schwermut und
	*süsser Gewalt ,	süßen Gewalt , (*N*) süßer Gewalt , (*Ms 1944*) süßer Gewalt, (*G/HKA*)	süßer Gewalt,
3*	*liess ich ,	bleiben , (*N*) ließ ich , (*Ms 1944*) ließ ich, (*G/HKA*)	ließ ich,
4*	findet *ihr Leben *dich bald ?	findet ihr Leben dich bald ? (*N*) findet dein Leben sie bald ? (*Ms 1944*) findet dein Leben sie bald? (*G/HKA*)	findet dein Leben sie bald?
6	befiel ,	befiel , (*N: Korrektur:* l */ Ms 1944*) befiel, (*G/HKA*)	befiel,
8	für deinen wehen Gespiel .	für deinen wehen Gespiel . (*N/Ms 1944*) für deinen wehen Gespiel. (*G/HKA*)	für deinen wehen Gespiel. (*FW 1989: Druckfehler* [1]) für dein wehes Gespiel. (*FW 2005*)
9	Tulpen aus: Tulpen ~;~ heut , sieh ,	Tulpen heut , sieh , (*N/Ms 1944*) heut, sieh, (*G/HKA*)	Tulpen heut, sieh,
10*	Dämmergemach ,*	Dämmergemach : (*N/Ms 1944*) Dämmergemach: (*G/HKA*)	Dämmergemach:
11	Dunkles noch wie	Dunkles noch wie (*N:* *Korrektur:* **D**) Dunkel noch , wie (*Ms 1944*) Dunkel noch, wie (*G/HKA*)	Dunkel noch wie
13	x (*Abgrenzungszeichen*)	6. IV. 43 . (*N*)	

Die Strophenzwischenräume in den verglichenen Gedichtfassungen befinden sich zwischen den Zeilen 4/5 und 8/9.

1   In *Die Gedichte* (2005), S. 899, bezeichnet die Herausgeberin „für deinen wehen Gespiel" in Z. 8 der im *Frühwerk* (1989) abgedruckten Gedichtfassung als einen Druckfehler. In der berichtigten Ausgabe des Frühwerks (*Die Gedichte*, S. 412) steht an dieser Stelle: „für dein wehes Gespiel".

0   Die Geisterstunde .
              ─────────────────

1   Die Stille keucht . Macht Südwind so viel Müh ?
2   Komm Nelke ; kröne mich . Komm Leben blüh .

3   Im Spiegel wer? Was wandelt ? Lass die List .
4   Wer lauscht wie leis , wer sieht wie weiss du bist ?

5   Das Dunkel poltert . Ist die Nacht ein Schrei ?
6   Es ringt! Es reisst sich von den Ketten frei !

7   Vier lange Dolche jagt ein Stern danach .
8   Es wirbelt weiter . Wunder toben wach .

9   Da wächst es . Splittert durch das helle Haus .
10   Und fächelt singend unsre Seelen aus.

11   x

Die Geisterstunde.

Die Stille kracht. Macht Südwind so viel Müh?
Komm Nelke, kröne mich. Komm Leben blüh.

Im Spiegel wer? Was wandelt? Lass die List.
Wer lauscht wie leis, wer sieht wie weiss du bist?

Das Dunkel poltert. Ist die Nacht ein Schrei?
Es ringt! Es reisst sich von den Ketten frei!

Vier lange Dolche jagt ein Stern danach.
Es wirbelt weiter. Wunder toben wach.

Da wächst es. Splittert durch das helle Haus.
Und fächelt singend unsre Seelen aus.

x

Manuskript:
Paul Antschels oder Ruth Krafts Handschrift (?); keine handschriftlichen Korrekturen; blaue Tinte; raues, gelbliches Papier: 28,5 x 22; Wasserzeichen: „Original Writing Paper", Bild: Löwe mit einem Wappen. Die *Historisch-kritische Ausgabe* (I. Abteilung, Bd. 1, 2. Teil, S. 155) zählt dieses Manuskript zu den Abschriften von Ruth Kraft: „Ms RK (Konvolut Silbermann)"; auch dieses Manuskript im Konvolut Silbermann weist indes Ähnlichkeit und Unterschiede sowohl zu Antschels als auch zu Ruth Krafts Handschrift auf, vgl. Erklärung S. 127-136.

Datierung:
Die *Historisch-kritische Ausgabe* gibt als Entstehungsjahr 1941 an und bezieht sich dabei auf Ruth Krafts Datierung in *Gedichte 1938-1944*. Im „Manuskript 1944" ist das Gedicht handschriftlich mit schwarzer Tinte datiert: „ja. I, IV, 1946"; im Jahre 1946 war Celan bereits in Bukarest; „1946" ist – laut Ruth Kraft – eine später ins „Manuskript 1944" eingefügte Angabe. Die früheste überlieferte Fassung dieses Gedichtes ist aufgrund der im *HKA*-Apparat veröffentlichten Angaben ebenfalls auf einem Papier mit dem Wasserzeichen „Original Writing Paper" aufgezeichnet. Vor Sommer 1940 war ein solches Papier in Czernowitz erhältlich, später jedoch nicht, vgl. S. 133. Edith Silbermann konnte mit Sicherheit bestätigen, dass sie auch diese Handschrift in Czernowitz als Geschenk vom Lyriker selbst erhalten hatte.

Veröffentlichungen anderer Gedichtfassungen:
Historisch-kritische Ausgabe (2003), I. Abteilung, Bd. 1, 1. Teil, S. 60, Vorlage: „Manuskript 1944" (Bl. 29^r).
Das Frühwerk (1989), S. 63; zitiert nach „einem Bukarester Typoskript" (*Frühwerk*, Anmerkung, S. 245) – ohne Quellenangabe; Wiederabdruck in *Die Gedichte*, S. 397.
Gedichte 1938-1944 (1985), S. 62, Vorlage: „Manuskript 1944".
Neue Literatur, Heft 5, Bukarest 1970, S. 98-99, Erstdruck; Vorlage: handschriftliche Abschrift, die Paul Ancel (Antschel) in Bukarest Alfred Kittner anvertraute; vgl. Kittners Brief an Celan; vgl. S. 240-241.

Variante „Ms (Konvolut Silbermann)":
In der *Historisch-kritischen Ausgabe*, I. Abteilung, Bd. 1, 2. Teil, S. 155, figuriert diese Handschrift als H^2 von H^4, wobei die Gedichtfassung aus „Manuskript 1944" Ausgangspunkt des Variantenvergleichs ist. Die Wiedergabe einiger Abweichungen ist ungenau: Z. 2: das Komma nach Nelke ist durchgestrichen; die Verwendung von „ss" statt „ß" wird nicht erwähnt.

Abweichungen des Manuskriptes von anderen Gedichtfassungen:

	Ms (Konvolut Silbermann)	Manuskript 1944 / G HKA-Text/Apparat	NL (1970)	FW (1989/2005)
0	Die Geisterstunde . (Titel zentriert; unterstrichen; Schlußpunkt; diese Angaben auch im HKA-Apparat.)	Die Geisterstunde (Ms 1944: Titel gesperrt; rote Tinte; diese Angaben ebenso im HKA-Apparat; G / HKA-Text: Titel kursiv.)	DIE GEISTERSTUNDE	DIE GEISTERSTUNDE
2*	Komm Nelke aus: Komm Nelke ; (gestrichenes Komma) kröne mich (vielleicht Großschreibung: Kröne) Komm Leben	Komm Nelke kröne mich (Ms 1944: vielleicht Großschreibung: Kröne) Komm Leben	Komm, Nelke, kröne mich Komm, Leben,	Komm, Nelke, kröne mich Komm, Leben,
3	wer (nicht hervorgehoben) Lass*	w e r (Ms 1944/HKA: gesperrt) wer (G: nicht hervorgehoben) Laß	w e r (hervorgehoben) Laß	w e r (gesperrt) Laß
4*	weiss*	weiß	weiß	weiß
5	poltert	wandert	wandert	wandert
6*	reisst*	reißt	reißt	reißt
11	x (Abgrenzungszeichen)			

Die Strophenzwischenräume in den verglichenen Gedichtfassungen befinden sich zwischen den Zeilen 2/3, 4/5, 6/7, 8/9 und 12/13.

0   Regennacht .

1   Sieh , wie die Nacht mit schwankenden Skabiosen
2   die Zeichen meiner Seele schwarz ins Fenster schrieb !
3   Dein Aug , vom Himmel der in Russland blieb
4   noch schwärzer , will mein Herz verstossen ,
5   II ·
6   das mit dem Dunkel spielend , süss dein Haus beschlich . . .
7a   Du aber hast für diese Nacht die Haare seltsam
7b   hochgekämmt ,
8a   die grosse Silberspange steckst du in dein loses
8b   Hemd ,
9   und feierst Süden , fremd und ohne mich .
10   III ·
11   Und wiegst dich leise wie zu einem Flötenspiel
12   und gleitest schwebend über eine Marmortreppe
13a ~~hinüber~~ hinunter, wo der Freund der Wolken und
13b   der Steppe
14a aus Regen deinen Strom dir schuf : den blauen
14b   Nil .

Regennacht.

Sieh, wie die Nacht mit schwankenden Skabiosen
die Zeichen meiner Seele schwarz ins Fenster schrieb!
Dein Aug, vom Himmel der in Russland blieb
noch schwärzer, weil mein Herz verstossen,

II.

Das mit dem Dunkel spielend, süss dein Haus beschlich.
Du aber hast für diese Nacht die Haare seltsam
                                    hochgekämmt,
die grosse Silberspange steckst du in dein loses
                                    Haar,
und feierst Süden, fremd und ohne mich.

III.

Und wiegst dich leise wie zu einem Flötenspiel
und gleitest schwebend über eine Marmortreppe
hinüber hinunter, wo der Freund der Wolken und
                            der Steppe
aus Regen deinen Strom dir schuf: den blauen
                            Nil.

Manuskript:
Paul Antschels, Ruth Krafts oder unbekannte Handschrift (?); schwarze Tinte; liniertes
Schulheftblatt: 19,5 x 51,5; blaue Linien; Wasserzeichen: „Botoşani" (im Nordosten Ru-
mäniens, der Moldau, zwischen den Flüssen Sereth und Pruth gelegene Stadt). In der
Historisch-kritischen Ausgabe (I. Abteilung, Bd. 1, 2. Teil, S. 284) wird das Manuskript
Ruth Kraft zugeordnet: „RK Ms (Sammlung Edith Silbermann)"; das Manuskript im
Konvolut Silbermann weist deutliche Merkmale anderer früher Manuskripte Antschels
und Unterschiede zu Ruth Krafts Schriftzügen auf, vgl. S. 127-136.

Datierung:
Die *Historisch-kritische Ausgabe* verweist auf ein von Paul Celans Hand datiertes Typoskript aus dem Jahr „1945 (1944?)". In unseren letzten Gesprächen im Frühjahr 2008
betonte Edith Silbermann, dies sei ein Manuskript aus der Czernowitzer Zeit, konnte sich
aber nicht mehr an das genaue Entstehungsdatum erinnern; sie hatte das Gedicht unter
den in ihrem Haus aufgezeichneten Texten eingeordnet; das Schulheft mit dem Wasserzeichen „Botoşani" ist vermutlich durch Jacob Silbermanns Schwägerin, die aus Botoşani
stammte und ihre dortige Familie immer wieder besuchte, in den Besitz von Edith Horowitz gelangt.

Veröffentlichungen anderer Gedichtfassungen:
Historisch-kritische Ausgabe (2003), I. Abteilung, Bd. 1, 1. Teil, S. 140, Vorlage: „Der Sand
aus den Urnen" (1946) aus dem Celan-Nachlaß, DLA.
Das Frühwerk (1989), S. 135, Anmerkung, S. 255: „Erster autorisierter Druck, zitiert
nach einem Typoskript wohl der Wiener Zeit"; Wiederabdruck in *Die Gedichte* (2005),
S. 424.
Neue Literatur, Heft 5, Bukarest 1970, S. 100-101, Erstdruck, Vorlage: Manuskript, das
Paul Ancel (Antschel) in Bukarest Alfred Kittner anvertraute; vgl. Kittners Brief an Celan;
vgl. S. 240-241.

Variante „Ms (Konvolut Silbermann)":
In der *Historisch-kritischen Ausgabe*, I. Abteilung, Bd. 1, 2. Teil, S. 284, figuriert dieses
Manuskript als H²*, Textzeuge mit dem höchsten Stufenexponenten, wobei die Gedicht-
fassung aus „Der Sand aus den Urnen" (1946) Vorlage des Druckes im *HKA*-Textteil und
Ausgangspunkt des Variantenvergleichs ist. Im Verzeichnis der Abweichungen fehlt der
Hinweis auf die Verwendung von „ss" statt „ß". Die *HKA*-Herausgeber vermuten auf-
grund der verwendeten, undeutlichen Kopie, dass in Z. 2 ein Ausrufungszeichen nach
„beschlich" steht; im Original steht ein Punkt.

Abweichungen des Manuskriptes von veröffentlichten Gedichtfassungen:

	Ms (Konvolut Silbermann)	SU (1946) / HKA-Text /Apparat
0	Regennacht . *(Titel zentriert; Schlußpunkt; diese Angaben ebenso im HKA-Apparat.)*	Regennacht *(SU 1946: Ds (AA 2.1, 63)[1] / HKA-Text: Titel gesperrt; HKA-Apparat: *kein Hinweis auf die Hervorhebung des Titels in SU.)*
2*	schrieb!* *(HKA-Apparat: "Punkt am Zeilenende vielleicht Ausrufungszeichen".)*	schrieb.
3	Dein Aug , vom Himmel der in Russland blieb	Dein Aug, vom Himmel der in Russland blieb
4	noch schwärzer, will verstossen ,	noch schwärzer, will verstossen,
5	II · *(zentriert; Hochpunkt*)*	*Strophenzwischenraum*
6*	das süss dein Haus beschlich . . .*	das, auch dein Haus beschlich...
7a/b	seltsam / hochgekämmt , *(Zeilenbrechung aus Raumgründen)*	seltsam hochgekämmt, *(keine Zeilenbrechung)*
8a 8a/b	grosse loses / Hemd , *(Zeilenbrechung aus Raumgründen)*	grosse loses Hemd, *(keine Zeilenbrechung)*
10	III · *(zentriert; Hochpunkt*)*	*Strophenzwischenraum*
13a 13a/b	hinunter , aus: ~~hinüber~~ *(zwei Striche über: hinunter)* und / der Steppe *(Zeilenbrechung aus Raumgründen)*	hinunter, und der Steppe *(keine Zeilenbrechung)*
14a/b	blauen / Nil . *(Zeilenbrechung aus Raumgründen)*	gelben Nil. *(keine Zeilenbrechung)*

	NL (1970)	FW (1989/2005)
0	REGENNACHT	REGENNACHT
2	schrieb.	schrieb.
3	Dein Aug, vom Himmel, der in Rußland blieb,	Dein Aug, vom Himmel, der in Rußland blieb
4	noch schwärzer, will verstoßen,	noch schwärzer, will verstoßen,
5	*Strophenzwischenraum*	*Strophenzwischenraum*
6	das, süß dein Haus beschlich.	das, auch dein Haus beschlich . . .
7a/b	seltsam hochgekämmt, *(keine Zeilenbrechung)*	seltsam hochgekämmt, *(keine Zeilenbrechung)*
8a 8a/b	große loses Hemd, *(keine Zeilenbrechung)*	große loses Hemd, *(keine Zeilenbrechung)*
10	*Strophenzwischenraum*	*Strophenzwischenraum*
13a 13a/b	hinunter, und der Steppe *(keine Zeilenbrechung)*	hinunter, und der Steppe *(keine Zeilenbrechung)*
14a 14a/b	gelben Nil. *(keine Zeilenbrechung)*	gelben Nil. *(keine Zeilenbrechung)*

1   Handschriftliche Datierung: „57"; laut *HKA*-Apparat (I. Abteilung, Bd. 1, 2. Teil, S. 284) handelt es sich hier um Ruth Krafts Handschrift.

IV.

Manuskript: Übersetzung eines schwedischen Weihnachtsliedes „Tomtarnas julnatt"; Text von Alfred Smedberg, Musik von Vilhelm Sevfe-Svensson (1898). Antschel brachte Edith Horowitz dieses Manuskript im Jahre 1940, als sie als Musikpädagogin in Kindergärten tätig war, damit sie es mit den Kindern einstudierte. Ob er das Gedicht übersetzt oder lediglich abgeschrieben hatte, ist unklar.

Zwölf Uhr schlägts und alles , alles schweigt nun ,
      alles schweigt nun
und die Hitze in der Küche steigt nun
      steigt nun , steigt nun

Tipp tapp , tipp tapp , tippe tippe tipp tapp ,
      tipp tipp tapp .

Heinzelmännchen spähn nun durch die Ritzen ,
      durch die Ritzen ;
Nasen spitz und spitze Zipfelmützen ,
      Zipfelmützen ,
            tipp , etc .

Spähn sie sacht aus all ihren Verstecken ,
      dunkeln Ecken ,
huschen Schatten , die sie sehr erschrecken ,
      sehr erschrecken , . .

Was da alles war auf unsern breiten ,
      unsern breiten
Tischen voller , voller Süßigkeiten !
      Süßigkeiten !

Um den Weihnachtsbaum , vor dem sie wachen ,
      staunend wachen ,
Läutet laut ihr Lied , ihr helles Lachen ,
      helles Lachen
tipp . . .

Bis es Tag wird , lärmt der tolle Reigen ,
      tolle Reigen ;
Bis es tagt muß Ängstlichkeit schon schweigen ,
      ja , muß schweigen ,
tipp . . .

Doch wirds Tag , muß aller Reigen ruhen ,
      Reigen ruhen ,
Zwergvolk stiehlt sich fort auf leichten Schuhen ,
      leichten Schuhen ,
tipp, tapp . . . .

DOKUMENTATION II

1. *Paul Ancel: Gedichte* (1944),
hrsg. von Jacob Silbermann unter Mitwirkung von Hersch Segal

Vorbemerkung

Im Februar 1944 war Antschel aus dem Zwangsarbeitslager nach Czernowitz zurückkehrt. Die Deportation der Eltern in Vernichtungslager nach Transnistrien und jenseits des Flusses Bug, die Nachrichten von der Typhuserkrankung des Vaters, von seinem frühzeitigen Tod, von der Ermordung der Mutter durch Genickschuss, aber auch die eigenen Erlebnisse während der Nazi-Herrschaft in der Bukowina hatten ein Trauma ausgelöst, das ihn für immer zeichnen sollte. Um ihn zu ermutigen, wieder Anker ins Leben zu werfen und seiner inneren Berufung zum Dichter zu folgen, machte ihm Jacob Silbermann ein Überraschungsgeschenk: Es war die allererste broschierte Ausgabe seiner Gedichte.

Mit Hilfe seines Freundes Hersch Segal hatte Silbermann die Gedichtmanuskripte Antschels gesammelt. Da es damals sehr schwer war, Papier zu bekommen, konnte er diese Texte nur in einem Exemplar mit zwei Durchschlägen abtippen lassen. Aber auch dafür reichte das Papier nicht; daher mussten sie alle Tippfehler handschriftlich oder mit der Schreibmaschine auf der bereits getippten Seite berichtigten. Einige Korrekturen und eine Frage zum Gedicht „Einsamkeit" sind von Jacob Silbermanns Hand, andere Korrekturen erinnern an Antschels Handschrift. Vielleicht hatten Silbermann und Segal den Lyriker in das Geheimnis ihres Geschenkes eingeweiht, ehe sie das Typoskript und die Durchschläge binden ließen. Vielleicht hatte Antschel an der Anordnung der Gedichte mitgewirkt. Vielleicht sind einige der Korrekturen nachträglich eingefügt worden.[1] Die Zeitzeugen, die offene Fragen hätten beantworten können, sind nicht mehr am Leben. Aber die Texte „zeugen für die Zeugen" und die damaligen Bemühungen Jacob Silbermanns und Hersch Segals, ihren jüngeren Freund zu motivieren, seinen Weg als deutschsprachiger Lyriker – trotz allem,

---

1 In seinem Buch *Paul Celan: Eine Biographie seiner Jugend* schreibt Israel Chalfen, Antschel selbst habe dieses Typoskript mit Hilfe seiner Freunde zusammengestellt und „maschinenschriftlich vervielfältigt". Vgl. Israel Chalfen, *Paul Celan: Eine Biographie seiner Jugend*, Frankfurt/M.: Insel Verlag, 1979, S. 141. Als Chalfen mit der Arbeit an seiner Celan-Biographie begonnen hatte, besuchte er auch Jacob Silbermann in Düsseldorf und interviewte ihn, missverstand aber seinen Bericht. In Gesprächen mit Freunden und Verwandten hatte Silbermann immer wieder betont, dieses Typoskript sei seine Idee und sein Überraschungsgeschenk für Antschel gewesen. Dennoch können Silbermann und Segal im Verlauf der Vorbereitungen ihr Geheimnis gelüftet und den Lyriker zu Rate gezogen haben.

was geschehen war – zu gehen. Von Silbermann und Segal ermutigt, stellte Antschel einige Monate später eine zweite Sammlung seiner Gedichte zusammen und trug diese in das schwarze Notizbuch ein, das er Alfred Margul-Sperber nach Bukarest mit der Bitte sandte, seine Lyrik zu veröffentlichen.

Als Paul Antschel 1945 zusammen mit Jacob Silbermann und dank seiner Hilfe nach Rumänien auswanderte, nahm er sein Exemplar des broschierten Typoskripts mit, das er im Frühjahr 1944 als Geschenk erhalten hatte. Hersch Segal konnte seine broschierte Fassung der Durchschläge nach Rumänien und später nach Israel bringen. Jacob Silbermanns Exemplar kam ihm abhanden.

Im Deutschen Literaturarchiv in Marbach befindet sich heute ein broschiertes Exemplar der Durchschläge, das Erich Einhorn in Czernowitz erhielt, als er nach dem Krieg in seine Geburtsstadt zurückkehrte. Diese Fassung trägt weder einen Titel noch den Namen des Autors; sie hat auch kein Inhaltsverzeichnis; die dem Typoskript aus Segals Besitz entsprechenden Seiten mit dem Titel und dem Inhaltsverzeichnis sind offensichtlich herausgerissen worden. Hersch Segal sandte dem Literaturarchiv in Marbach Fotokopien seines broschierten Typoskripts mit dem Titel „Gedichte", das 93 Texte sowie ein handschriftlich korrigiertes Inhaltsverzeichnis umfasst, das mit derselben Schreibmaschine wie die Gedichte getippt wurde. (Das Gedicht mit dem bezeichnenden Titel „Unterwegs" figuriert zweimal sowohl im Inhaltsverzeichnis als auch in der Textsammlung.[2]) Die beiden in Marbach vorliegenden Gedichtsammlungen weisen dieselben Korrekturen auf, die teils mit der Schreibmaschine und teils mit der Hand hinzugefügt wurden. Diese Korrekturen zeigen, dass es sich hier – trotz einiger Unterschiede – um die beiden Exemplare der broschierten Durchschläge des Typoskripts handelt.

Wie im Falle des „Manuskriptes 1944" tragen diese broschierten Exemplare des Typoskripts nicht den Namen des Autors. Das war eine Schutz- oder Vorsichtsmaßnahme. Antschel, Silbermann und Segal wollten damals die Bukowina verlassen; sie dachten an Auswanderung oder Flucht; und sie hofften, diese Gedichtsammlung mitnehmen zu können. Wäre das Typoskript in die falschen Hände geraten, hätte der Name des Autors sie alle gefährden können.

In Hersch Segals Exemplar des Typoskripts steht oberhalb des Titels ein handschriftlicher, offensichtlich viel später von ihm selbst hinzugefügter Eintrag. Es ist der rumänische Name des Lyrikers: Paul Ancel.

Das Inhaltsverzeichnis dieser ersten Gedichtsammlung wird – soweit dies möglich ist – entsprechend der Vorlage, d. h. mit Korrekturen und Auslassungen, wiedergegeben. In der Celan-Forschung wird diese Gedichtsammlung „Typoskript 1944" genannt.

Amy-Diana Colin

---

2   In der Einleitung zum *HKA-Apparat*, ebd., S. 10, berichten die Herausgeber, diese Sammlung umfasse 94 Gedichte; vermutlich ist das Gedicht „Unterwegs" doppelt gezählt worden.

Inhaltsverzeichnis

2. Alfred Kittner: Brief an Paul Celan

Bukarest, 28. Januar 1967

Lieber Paul Celan,

in einem meiner letzten Gespräche mit Freund Fredi Sperber[1] erwähnte dieser flüchtig, Sie hätten sich jemandem – er wußte nicht, wem – gegenüber geäußert, ich besäße Manuskripte Ihrer Gedichte, und zwar solcher, von denen Sie möglicherweise keinerlei Abschrift besäßen. Das Ganze war recht unklar und mir nicht recht verständlich. Soweit ich mich erinnere, war tat ich zum letzten Mal gegenüber Ruth dieser Gedichte Erwähnung – es ist nun auch schon einige Jährchen her, und zwar war sie damals, nicht lange vor ihrer Abreise, damit befaßt, ihren eigenen handschriftlichen Bestand an Celan-Gedichten zu sichten und zu vervielfältigen, und da schlug ich ihr denn, da die Rede darauf kam, vor, sich daraufhin auch jene Abschriften anzusehen, die sie Sie mir seinerzeit überließen. Ich entsinne mich nicht mehr, weshalb es dann nicht mehr dazu kam, vermutlich überstürzten sich die Vorkehrungen ihrer Abreise.

Ich glaube zwar nicht, daß sich unter den bei mir befindlichen Handschriften solche finden, die nicht auch Sie besitzen, dessen ungeachtet lege ich diesem Schreiben eine Liste der Titel bei, mit dem Ersuchen, mir mitzuteilen, ob ich Ihnen etwas davon einsenden soll.

Augenblicklich bin ich damit beschäftigt, den dichterischen Nachlaß unseres verstorbenen Freundes im Hinblick auf einen, noch für dieses Jahr in Aussicht genommenen umfangreicheren bilinguen Gedenkband zu prüfen, ein Unternehmen, dessen sich Freund Philippide[2] wärmstens und mit seiner ganzen Autorität als Vorsitzender der Sektion für Literatur der Akademie unseres Landes annimmt. Da dieser bilingue Band aber außer Proben aus seinen Sperbers Originalschaffen auch eine nicht allzu knappe Auswahl aus seiner Übersetzertätigkeit enthalten soll, die also eine verhältnismäßig nur eine nur geringe Anzahl eigener Gedichte aufnehmen kann, denke ich daran, gleichzeitig einen streng zwar äußerst streg streng gewählten, aber dennoch umfangreicheren Band herauszubringen, der nur eigene Gedichte bringen und ein Bild seiner Entwicklung bieten soll. Gewiß, die Ausdrucksmittel, deren er sich in seiner Dichtung bediente, sind nicht die unserer Zeit, doch glaube ich, daß sein lyrisches Werk ruhig neben dem eines Fritz Diettrich[3] und Ludwig Friedrich

---

1 Alfred Margul-Sperber, Personenverzeichnis I, S. 331-332.
2 Alexandru Philippide (1900-1979), rumänischer Lyriker und Übersetzer.
3 Im Jahre 1963 wurde eine zweibändige Ausgabe der Werke von Fritz Diettrich (1902–1964) herausgebracht.

Barthel[4] bestehen kann – ich spreche nicht von Werner Bergengruen[5] oder Georg Britting[6] – von denen allen in den letzt vergangenen Jahren ja gleichfalls umfangreichere Gedenkausgaben erschienen sind. Ich glaube, daß wir, seine hinterbliebenen Freunde, es seinem Andenken schuldig sind, dahin zu wirken, daß er, wenigstens posthum zu seinem Rechte gelangt. Was an mir liegt, will ich jedenfalls dafür tun. In diesem Sinne grüße ich Sie herzlichst mit besten Wünschen für ein glückliches, ~~und~~ erfolgreiches und ergiebiges Jahr 1967
Ihr
Alfred Kittner

Liste der bei mir befindlichen Gedichte

Erinnerung (Wie waren die Hände?)
Unterwegs (Mit unsern Ketten hebt uns nicht)
Beieinander (Alle Stunden spielst du...)
Zwischenspiel (Spring ins Dunkel)
Von diesen Stauden mit den rötlich-weißen...
Die Nacht mit fremden Feuern zu versehen
Ballade von der erloschenen Welt (Der Sand. Der Sand.)
Legende (Nach dem rostigen Rätsel der Erde)
Ballade vom Auszug der Drei (Die rote Wolke...)
Die Märchenfluren (Das Zeichen ist heut Nacht der gelbe Mais)
Notturno (Schlaf nicht. Sei auf der Hut)
Trinklied (Possen von Gauklern...)
Jenseits (Aus den Spiegeln riß ich dich...)
An den Wassern Babels (Wieder an dunkelnden Teichen)
Sonnenwende (Die Nacht blüht blau)
Gemurmel der Toten (Unsere Augenhöhlen sind klar)
Mein Karren knarrt nicht mehr ... (Der Mond...)
Ich weiß vom Fels in den ich mich nicht traue...
Abend (Ist es das dunkel, ist es die Helle...)
Aus der Zeit (Gewaltsam entriß es uns...)
Liebeslied (Weiß sind die Tulpen; neige dich über mich)
Ferne (Den schwarzen [Der schwarze] Brunnen und nicht mehr Dein Auge)
Bergfrühling

---

4 Ludwig Friedrich Barthel (1898-1962): deutscher Lyriker, Erzähler, Essayist, Mitglied des Bamberger Kreises von Dichtern, die Hitler-Anhänger waren. In der Nazi-Zeit wandte er sich vom Nationalsozialismus ab.
5 Werner Bergengruen (1892-1964), deutschbaltischer Schriftsteller.
6 Georg Britting (1891-1964), Lyriker, Feuilletonist, Herausgeber.

Hier bei uns (Unter die stürzenden Lasten)
Drüben (Erst jenseits der Kastanien)
Perlenschnur (Aus lauter schwarzem Frühling sind ...)
Einer (Die schwebenden Seelen mit spitzen ...)
Dornenkranz (Laß von dem Purpur)
Lautlose, liebliche, leichte
Seelied (Liebe, über meinem Meer)
Stundenwechsel (Im Glas des Herzens)
Schlafendes Lieb (Es wachsen die Dämmergewebe)
Traumbesitz (So leg das Laub zusammen)
Müdigkeit (Jenes Licht, die Welt der Käfer)
Les Adieux (Seidner Falter der Sehnsucht)
Sternenleid (Nichts kann, das sich im Mondschein)
Aequinoctium (Und in den Nächten)
Ich lebe unter tausend weißen Steinen
Es fällt nun, Mutter, Schnee in der Ukraine
Fackelzug (Kamerad, die Fackel heb)
Es schwebt auch Dein Haar überm Meer
Nähe der Gräber
Schneebrand (Nachts ist Dein Leib)
Der Ölbaum (Die Hörner der Hölle)
Mohn (Die Nacht mit fremden Feuern)
Ein Lied in der Wüste
Am Brunnen (Wie heb ich, sag, auf brüchigen...)
Die Zeit tritt ehern...
Die Geisterstunde (Die Stille keucht)
Entsunkene, von meinen Nelken nimm
Ein Krieger (Hörst du: ich rede zu dir)
Es regnet, Schwester: die Erinnerungen
Taglied (Unendlich grün wächst Efeu)
Abschied (Den Zweigen gesenkt in dein Herz)
Der nächste Frühling (Gott kam einen Schatz...)
Der Einsame (Mehr als die Taube)
Marianne (Fliederlos ist dein Haar)
Spätsommer (Glänzt nun - [(] und wer ist gefeit?)
Sinbad (Der Frühling dunkelt)
Windröschen (Die Buschwindröschen..)
Tulpen (Tulpen, ein stummes Gestirn)
Regennacht (Sieh, wie die Nacht)
Russischer Frühling (Gestürzt ist der Helm)
Schöner Oktober (Den Fähnlein der Sterbenden)

Der Jäger (Im Auge, dem der Orion erlosch)
Es trommelt der Specht
Mutter (Espenbaum, dein Laub)
Schwarze Krone (Mit dem Blut aus den verworrnen)
Sand aus den Urnen
Schlaflied (Über die Ferne der finsteren Fluren)
Festland (Schwester im Dunkel)
Corona (Aus der Hand frißt der Herbst)
Zu dritt (Manches Dunkel hat ein Tier zuviel)
Nachtstrahl (Am lichtesten brannte das Haar)
Die Jahre von dir zu mir (Wieder wellt sich dein Haar)
Lob der Ferne (Im Quell deiner Augen)

„Zum Ableben Paul Celans" veröffentlichte die deutschsprachige Bukarester Literaturzeitschrift *Neuen Literatur*, Heft 5 (1970), einen Nachruf von Elisabeth Axmann („Zum Ableben Paul Celans", NL, S. 96) und von Alfred Kittner (NL, S. 97-102), der in diesem Kontext einige frühe Gedichte publizierte, die der Lyriker ihm anvertraut hatte: „Der Ölbaum", „Mohn", „Bergfrühling", „Die Geisterstunde", „Nähe der Gräber", „Es fällt nun, Mutter, Schnee", „Russischer Frühling", „Regennacht", „Abschied". Alfred Kittner fügte eine Erklärung hinzu:

„Nur zögernd und mit alles weniger als ruhigem Gewissen entnehme ich diese Handvoll Verse dem mir vom Dichter vor nahezu fünfundzwanzig Jahren zu treuen Händen anvertrauten Briefumschlag mit zahlreichen Gedichten, die etwa zwischen den Jahren 1938 und 1945 in Czernowitz und Bukarest entstanden sind und die der Dichter späterhin in keinen seiner Bände aufnahm, vermutlich, weil sie seinen seither gewonnenen Auffassungen über die Dichtung nicht mehr entsprachen. Bin ich mir doch dessen bewusst, dass er, befände er sich heute noch unter den Lebenden, kaum die Erlaubnis zu ihrer Veröffentlichung erteilt hätte. Ich setze mich auch gewiß nicht über sein unausgesprochenes Verbot hinweg, wäre ich nicht zutiefst vom außerordentlichen Wert dieser Zeugnisse seiner poetischen Anfänge überzeugt, die meines Erachtens, mögen sich da und dort auch gewisse Einflüsse geltend machen, schon ganz die unverwechselbare Handschrift des Dichters erkennen lassen und mir, wenn auch in anderem als dem vom Dichter erkannten Sinn seiner späteren, seinen Ruhm begründenden und Schule machenden Produktion in nichts nachzustehen scheinen. A. K."

3. Bildmaterial

3.1 Alfred Kittner auf der Herrngasse, Czernowitz 1926.

3.2 Alfred Kittner, Czernowitz 1926.

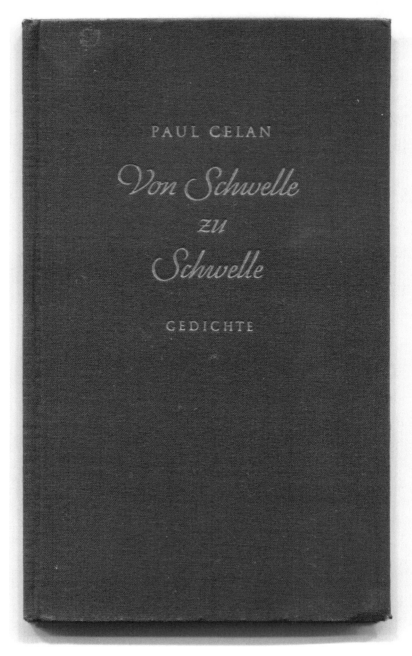

3.3 Paul Celans Band *Von Schwelle zu Schwelle*, den er Alfred Kittner geschenkt hatte.

VON SCHWELLE ZU SCHWELLE

3.4 Celans Widmung für Alfred Kittner.

III. Teil
Korrespondenz

Briefwechsel[1] zwischen Paul Celan und dem Ehepaar Edith Horowitz-Silbermann und Jacob Silbermann aus den Jahren 1963-1965

Vorbemerkung

Eigentlich hätte die vorliegende, bislang unveröffentlichte Korrespondenz mit drei Briefen Celans aus der Zeit vor 1963 beginnen müssen: einem Brief Paul Antschels (Celans) an Edith Horowitz (später Silbermann) aus dem Jahr 1938, einem zweiten Brief, den der Lyriker seiner Jugendfreundin aus einem rumänischen Zwangsarbeitslager im Juli 1942 sandte, und einem dritten Brief Paul Celans an ihre Eltern, Karl und Lisa Horowitz, aus dem Jahre 1962. Diese Briefe sind leider nur noch als Erinnerungsbericht und „intertextueller" oder eher „interepistolarer" Hinweis erhalten[2]; aber auch dieser „Rest" ist aufschlussreich.

Die Geschichte des ersten Briefes beginnt am 9. November 1938, als Paul Antschel seine Zugreise nach Tours antrat, um dort Medizin zu studieren. Von unterwegs sandte er Edith einen Brief, der sie so sehr erschütterte, dass sie sich viele Jahrzehnte später immer noch an dessen Inhalt erinnerte. In ihren „Erinnerungen an Paul" berichtet Edith Silbermann über Antschels Abreise und diesen ersten Brief:

> Es herrschte Abschiedsstimmung. Er war aufgeräumt und erwartungsvoll, ich eher traurig und deprimiert. Wir sprachen über die Birke, unseren liebsten Baum. Und daran anknüpfend, schrieb Paul mir von unterwegs – es war der 9. November 1938, an dem er seine Reise antrat, der Tag, welcher der berüchtigten „Reichskristallnacht" vorausging, was er damals aber noch nicht wissen konnte, er schrieb also ungefähr die Sätze: Ich fahre nun durch einen deutschen Birkenwald. Wie sehr ich mich nach dem Anblick dieser Landschaft gesehnt habe, weißt Du, Edith; doch wenn ich über den Wipfeln der Bäume die dichten Rauchschleier hängen sehe, graut es mir, denn ich frage mich, ob dort wohl Synagogen brennen oder gar Menschen....[3]

Einige Stunden vor Beginn der „Reichskristallnacht" hatte Antschel, der mit dem Zug durch Deutschland fuhr, seine Vorahnung der drohenden Gefahr aufgezeichnet, als Brief nach Czernowitz gesandt. Wollte er seine Freundin warnen? Wollte er ein beklemmendes Gefühl mitteilen?

---

1 Paul Celans Briefe © Copyright Eric Celan; Edith und Jacob Silbermanns Briefe © Copyright Amy-Diana Colin.
2 Es sind bislang nicht auffindbare oder für immer verlorengegangene Briefe.
3 E. Silbermann, *Begegnung mit Paul Celan*, S. 60.

Der zweite Brief an Edith wird in Antschels, ebenfalls aus dem Arbeitslager gesandten Botschaft vom 2. August 1942 an Ruth Kraft erwähnt. Dieser Hinweis auf den vorher abgeschickten Brief an Edith und ihre Erinnerungen daran belegen, dass der Lyriker im Juli 1942 Zwangsarbeit in der Moldau leistete. Edith berichtete mir, die bloße Anspielung auf diesen Brief hätte Ruth Krafts Eifersucht hervorgerufen. Antschels Brief vom 2. August 1942 an Ruth Kraft hat Eingang in die Celan-Forschung gefunden, weil er eine andere Fassung des Gedichtes „Festland" enthielt, die von derjenigen abweicht, die Edith vorher vom Lyriker selbst als Geschenk erhalten hatte; vgl. S. 203 und Original des Gedichtes „Festland" aus dem Konvolut von Ruth Kraft, DLA (Marbach).

Das dritte Schreiben, vermutlich Januar oder Februar 1962 verfasst, ist ein Dankesbrief des mittlerweile berühmt gewordenen Lyrikers an Karl Horowitz. Edith Silbermann berichtet, Paul Celan habe sich in diesem Brief für die empfangenen geistigen Anregungen, die Gespräche, die er mit ihrem Vater geführt, und die Bücher bedankt, die er zum ersten Mal durch Karl Horowitz kennen gelernt oder in seiner privaten Büchersammlung lesen konnte.[4]

Auf seinen Brief erhielt Celan indes keine Antwort; er konnte keine Antwort erhalten. Im kommunistischen Rumänien nahm die Sicherheitspolizei (Securitate) den Kontakt zum „kapitalistischen Ausland" – selbst einen Briefwechsel – zum Vorwand, Menschen zu schikanieren und zu verfolgen. Wegen ihrer Auswanderungsanträge waren Karl und Lisa Horowitz sowie ihre Töchter und deren Familien Repressalien ausgesetzt. Der Brief des mittlerweile angesehenen, mit dem Büchner-Preis ausgezeichneten Lyrikers, der aber von der rumänischen Geheimpolizei als ein „Abtrünniger" betrachtet wurde, weil er das Land illegal verlassen hatte, war einer der Gründe, warum die Geheimpolizei Karl Horowitz – trotz fortgeschrittenen Alters und schlechten Gesundheitszustandes – vorlud und verhörte. Karl Horowitz, seine Tochter Edith, sein Schwiegersohn Jacob blieben nur noch über Alfred Margul-Sperber mit Celan in Kontakt, weil sich der gemeinsame Freund als Anhänger des kommunistischen Regimes sicher fühlte und daher mit vielen im Ausland lebenden Autoren, selbst mit Celan korrespondierte.[5] Gerade deshalb erwähnte Celan in einem Postskriptum zu seinem Schreiben vom 12.3.1962 an Margul-Sperber den Brief an Ediths Eltern: „Wie geht es Edith? Ich habe vor ein paar Wochen an ihre Eltern geschrieben."[6] Das Postskriptum war sein „Lebenszeichen", ein Hinweis, dass er seine Freunde trotz ihres Schweigens nicht vergessen habe.[7]

---

4 E. Silbermann, *Begegnung mit Paul Celan*, 43.
5 Indes auch Alfred Margul-Sperber wurde von der Geheimpolizei ständig beobachtet und bespitzelt. Dies geht aus Dokumenten der nun zugänglichen rumänischen Geheimarchive hervor.
6 Vgl. Brief 1, Anm. 9, „Briefe an Alfred Margul-Sperber", in: *Neue Literatur*, Heft 7, Bukarest 1975, S. 59.
7 Erst als Edith und Jacob Silbermann im Jahre 1963 nach Wien kamen, konnte sie sich in ihrem allerersten Brief vom 21.8.1963 an Celan für seinen Brief an ihren Vater bedanken; vgl. B 1.

Auch in einem nicht abgeschickten Brief vom 26.2.1962 an seinen Jugendfreund und Verwandten Gustav Chomed[8], der Ediths einstiger Spielkamerad und
Nachbar in der Töpfergasse in Czernowitz war, erwähnt Celan seinen Brief an das
Ehepaar Horowitz und klagt zugleich, das einzige „Lebenszeichen" von Edith
seien ihre Arghezi-Übersetzungen in der (auch in Moskau erhältlichen) Zeitschrift *Sinn und Form*.[9] Chomed, Gustav oder Gustl, wie ihn seine Freunde
nannten, hatte vom gemeinsamen Freund Erich Einhorn aus Moskau die Pariser
Anschrift von Paul Celan erhalten und den Kontakt zu seinem Jugendfreund von
Czernowitz aus aufgenommen. Wie Edith Silbermann in ihren Erinnerungen
berichtete, waren Paul und Gustl in Czernowitz enge Freunde gewesen. Sie waren
Schüler in Parallelklassen desselben Gymnasiums, lernten einander 1930 in einer
für beide Klassen gemeinsam geplanten Botanikstunde kennen; da sie zufällig
nebeneinander saßen, kamen sie ins Gespräch; der Lehrer erschien nicht zur
Stunde. Und so führten sie ihr Gespräch immer weiter, entdeckten gemeinsame
Interessen, sprachen über Geschichte und Dichtung, und ihre Freundschaft war
besiegelt. Damals waren ihre gemeinsamen engen Freunde: Edith, Erich (Einhorn) und Oniu (Immanuel Weißglas). Jahrzehnte später berichtete Gustl in einem Brief vom 4.3.1972, den er Edith aus Czernowitz schrieb, – er hatte ihre
Anschrift von Immanuel Weißglas erhalten – der erste Autor, über den er damals
mit Paul gesprochen hätte, wäre Elieser Stejnbarg gewesen; Paul war von dessen
Gedichten und Fabeln fasziniert und las sie immer wieder in der Tat vor; später
begeisterten sie sich für Rilke, Verlaine, Eminescu und Jessenin. Aus Tours hatte
Paul seinem Freund lange Briefe geschickt; sie waren eine Art Wintermärchen in
Prosa, schrieb Gustl in seinem Brief vom 4.3.1972 an Edith Silbermann, vgl.
S. 310. Nach 1941 hatten sich die Freunde jahrzehntelang aus den Augen verloren. Umso größer war Gustls Freude, seinen Jugendfreund Paul wiedergefunden
zu haben. In einem Brief vom 17.2.1962 fragte er seinen Jugendfreund nach dem

---

8 Vgl. Personenverzeichnis zum Briefwechsel I, S. 320-321. … *ich brauche Deine Briefe … Paul
Celan – Gustav Chomed: Briefwechsel*. Hrsg. Jürgen Köchel und Barbara Wiedemann, Frankfurt/M.:
Suhrkamp Verlag, 2010, (Angaben von J. Köchel); zitiert nach dem unveröffentlichten Briefwechsel, Sammlung Edith Silbermann. Gustav Chomed stand mit Edith Silbermann im brieflichen Kontakt, sandte ihr Fotokopien seines Briefwechsels und bat sie, ihm zu helfen, die Originale zu verkaufen, was sie auch tat. Er unterstützte ihr Vorhaben, eine Briefedition, Paul Celans
Briefe an Czernowitzer Freunde, herauszugeben, vgl. S. 260-262, und gab ihr das Recht, aus
seinen Briefen zu zitieren. In seinem Brief vom 4.11.2001 schrieb ihr Chomed: „Liebe Edith, ich
war Dir sehr dankbar, dass Du Paul Celans zwischen 1962 und 1970 an mich nach Czernowitz
gerichteten sieben Briefe im Jahre 1991 für mich verkauft hast und mir den Erlös hast zukommen
lassen. Natürlich wäre ich sehr froh, wenn es Dir gelingen sollte, diese Briefe auch zu veröffentlichen. Die Vollmacht und Berechtigung hierfür erteile ich Dir hiermit und wünsche Dir von
ganzem Herzen viel Erfolg zu Deinem Vorhaben. Es umarmt Dich Gustav Chomed."
9 *Sinn und Form: Beiträge zur Literatur*, Hrsg. Deutsche Akademie der Künste, 10, Heft 4 (1958),
S. 591-594.

Schicksal der gemeinsamen Freunde[10]. In dem bereits erwähnten, nicht abgeschickten Brief schrieb ihm Celan: „Aber es gibt da unten doch noch ~~jemand~~ Menschen, an ~~den~~ die ich oft denke: Deine alten Nachbarn von der Ecke Bräuhaus- und Töpfergasse. Neulich stieß ich auf die Adresse: Karl und Lisa Horowitz, Bukarest, Str. Prof. Zoe Demarat № 8, Raionul T- Vladimirescu. […] Ich habe neulich – wie heißt es doch bei Novalis?[11] ″Wohin gehen wir? Immer nachhause″ – an die braven Leute geschrieben."[12] Im Englischen wird der jiddische Ausdruck „Mensch" als Sinnbild des Menschlichen, Humanen, der menschlichen Integrität und Hilfsbereitschaft verstanden. In diesem Sinne bezeichnet Celan auch das Ehepaar Karl und Lisa Horowitz als „Menschen". In einer Zeit der Unmenschlichkeit waren sie menschlich geblieben. Obwohl sie selbst an den Rand des Daseins getrieben wurden, hatten sie anderen Menschen in Not und auch Celan/Antschel in schweren Stunden immer wieder geholfen. Wie in der Einleitung zu diesem Buch bereits erwähnt, hatte Antschel-Celan in jener Nacht, als seine Eltern sich geweigert hatten, in ein Versteck zu gehen und deportiert wurden, Zuflucht in Ediths Elternhaus gefunden. Als er aus dem rumänischen Arbeitslager nach Czernowitz 1944 zurückkehrte und keine Bleibe hatte, nahm ihn Lisa Horowitz auf[13]. Das Briefeschreiben an Menschen, die menschlich blieben, war Celans Weg „nach Hause" (auch im Sinne von Novalis) – der Briefweg: ein Meridian. Es ist kein Zufall, dass Celan in einem früheren, abgeschickten Brief vom 6.2.1962 an Gustav Chomed über die in Bremen gehaltene Meridian-Rede schreibt: „es ist unser, Dein und mein, Meridian – –"[14]. Auch in diesem Brief erwähnt Celan die Töpfergasse als Sinnbild des „Menschlichen", als Gegenwelt, die er einer im „goldenen Westen" erlebten, als „regelrechte Dreyfus-Affaire" gedeuteten Diffamierungskampagne entgegenstellt. Das Schreiben endet mit den Worten: „Ach weißt Du, ich wollte, ich wohnte noch dort – nicht nur die Töpfergasse war … menschlich."[15]

Nüchtern, ernüchternd wirkt Chomeds Antwort vom 17.2.1962 auf Celans nostalgischen Brief: Die Töpfergasse gäbe es längst nicht mehr; sie existiere nur noch in der Erinnerung, im Herzen einiger Menschen, beteuert Chomed, der das Bild der „Töpfergasse" mit einer Interpretation Deutschlands verbindet, die aus Madame de Staëls *De l'Allemagne* stammt. Für Chomed war die „Töpfergas-

---

10 In seinem nicht abgeschickten Brief vom 26.2.1962 schrieb Celan seinem Freund nicht nur die Bukarester Anschrift meiner Großeltern, sondern berichtete auch kurz über Edith, ihre Heirat mit Jacob Silbermann, und über „Binzia", Ediths Schwester. Auch in Celans Brief vom 20.4.1965, den er Chomed sandte, wird die Horowitz-Familie erwähnt.

11 Celan spielt hier auf den unvollendeten, postum veröffentlichten Roman *Heinrich von Ofterdingen* (1802) von Novalis an.

12 Paul Celans Brief vom 26.2.1962 an Gustl Chomed (wie S. 255, Anm. 8).

13 Vgl. Einleitung, S. 13-17.

14 Paul Celans Brief vom 6.2.1962 an Gustav Chomed (wie S. 255, Anm. 8).

15 Ebd.

se" Sinnbild einer nur noch in der Phantasie der „Geisteskinder eines Deutschlands der Dichter und Denker" existierenden Welt. Und zu diesen Geisteskindern zählt er Celan und sich selbst. „Du brauchst also nichts zu bedauern. Die Tragödie unseres Lebens ist nicht die, dass die Töpfergasse verschwunden ist. Die Tragödie liegt darin, dass es sie eigentlich gar nicht gegeben hat, ausser in unserer Vorstellung. Wir sind die Geisteskinder eines Deutschlands der Dichter und Denker, das(s) es schon lang nicht mehr gibt."[16], schreibt Gustl Chomed. Aber Celan sollte trotzdem an seine Metapher der „Töpfergasse" und am Wunsch festhalten, die Geburtsstadt wieder zu sehen. In seinem Brief vom 18.3.1962 schreibt er, das „Verloren-Unverlorene, die Heimat, die bestehen bleibt, quia absurdum, mit der Töpfergasse, mit dem französischen Liedanfang…"[17]. „Au clair de la lune, mon ami Pierrot" war das Erkennungszeichen zwischen Paul, Edith und Gustl. Gustl hatte seinen Brief an seinen Freund mit diesem alten „Pfiff" geschlossen; und Celan antwortete ihm, dieses Lied gehe ihm und seiner Frau durchs Herz – „in diesem nun gar nicht mehr geträumten, oft so unmenschlichen Paris"[18]. Am 19.3.1970, einen Monat vor seinem Freitod, schreibt Celan noch einmal in einem Brief an Gustl Chomed, es sei ein „alter Wunsch" von ihm, die Sowjetunion zu besuchen, Moskau, Leningrad zu sehen, „ … und natürlich" auch seine Geburtsstadt.[19]

Die „Töpfergasse" als Welt der Geisteskinder eines nicht existierenden Deutschlands der Dichter und Denker lebte indes nicht nur in der Vorstellungskraft deutschsprachiger Juden. Sie hatte im Haus von Karl Horowitz in der Töpfergasse/Ecke Bräuhausgasse, vor allem in seiner Bibliothek, Gestalt angenommen. Karl Horowitz hatte sich eine Bücheroase geschaffen, wo er, aber auch Paul und Edith Zuflucht fanden; die Lektüre dieser Bücher gab ihnen eine Richtung, einen Sinn.

Paul Antschel verbrachte viele Stunden in der Bibliothek von Karl Horowitz in Czernowitz: „Mein Vater", berichtet Edith Silbermann, „versuchte uns für Eduard Mörike und Theodor Storm, für Conrad Ferdinand Meyer und Gottfried Keller, für Jakob Wassermann und Leonhard Frank zu gewinnen, uns auf Hermann Hesse festzulegen, dessen Frau Ninon die Schulbank mit ihm gedrückt hatte und den er sehr verehrte; er machte uns aber im Verlauf der Jahre auch mit mittelhochdeutscher und frühexpressionistischer Dichtung bekannt."[20]

---

16 Gustav Chomeds Brief vom 17.2.1962 an Paul Celan, ebd. (im Original: „Denker, dass" sollte vielleicht einen anderen Nebensatz einleiten.)

17 Paul Celans Brief vom 18.3.1962 an Gustav Chomed, zitiert auch nach Marina Dmitrieva-Einhorn, „Paul Celan – Erich Einhorn: Briefe", *Celan-Jahrbuch,* (wie S. 15, Anm. 40), S. 25.

18 *Celan-Jahrbuch*, ebd.

19 Paul Celans Brief vom 19.3.1970 an Gustav Chomed (wie S. 255, Anm. 8).

20 E. Silbermann, *Begegnung mit Paul Celan*, S. 43.

Die Bibliothek ist nicht Opfer der Nazis geworden. Als Czernowitz von den Sowjettruppen besetzt wurde, bemühten sich das Ehepaar Horowitz und ihre Töchter, nach Rumänien auszuwandern, um von Bukarest aus nach Westeuropa zu gelangen. Unter falschem Namen überquerte Edith Horowitz im Frühjahr 1945 die Grenze nach Rumänien und reiste dann nach Bukarest. Karl Horowitz gab damals Freunden seiner Tochter, die eine Ausreisemöglichkeit nach Bukarest hatten, einen Wäschekorb voller wertvoller Bücher mit. Ein Jahr später gelang es Karl und Lisa Horowitz, auch für sich und ihre jüngste Tochter Binzia (Sabine) Passierscheine, „Propuska", zu besorgen; sie verließen auf legalem Wege die Sowjetbukowina. Um einen Lastwagen mieten zu können, der sie nach Rumänien bringen sollte und die Genehmigung zu erhalten, wenigstens einen Teil seiner Büchersammlung mitzunehmen, hatte Karl Horowitz den größten Teil seiner Sammlung der Czernowitzer Universitätsbibliothek geschenkt. Die offiziell genehmigten Bücher, die er mitnehmen durfte, verpackte er in eigens zu diesem Zweck angefertigte Kisten aus Blech und aus Holz. Der LKW brachte das Ehepaar Horowitz, Binzia und 36 Bücherkisten zum Grenzpunkt Sereth; sie passierten die strengen Kontrollen und reisten weiter nach Bukarest. Die „aus- und mit-gewanderten" Bücher sollten eine Lebensgrundlage für Karl und Lisa Horowitz werden. Denn in Bukarest lebte das Ehepaar in Not. Karl Horowitz konnte zunächst keine Anstellung finden. So schwer es ihm auch fiel, er musste viele der Bücher verkaufen, um sich und seine Familie zu ernähren. Einige Bücher konnten Edith und Jacob Silbermann sowie Ediths Eltern mitnehmen, als sie aus Rumänien auswanderten. Diesen „Rest" der Bibliothek sollte Celan in Düsseldorf nach fast zwei Jahrzehnten wieder sehen, als er im Herbst 1964 seine Freunde zum ersten Mal besuchte. Die Widmung, die er damals in ein für Karl Horowitz bestimmtes Exemplar des Gedichtbandes *Mohn und Gedächtnis* schrieb, lautete: „Für Karl Horowitz, in dankbarer Erinnerung an sein Haus, an seine Bücher, an vieles noch immer Gegenwärtige."[21] In diesem Sinne hatte er auch den Dankesbrief an Karl Horowitz verfasst, den er ihm 1962 nach Bukarest geschickt hatte. Die Widmung im Buch ist auf Oktober 1964 datiert.

Der in diesem Band veröffentlichte Briefwechsel beginnt ein Jahr zuvor, am 21. August 1963, zwei Wochen nach Edith und Jacob Silbermanns Ankunft in der „freien Welt". Nach siebzehn Jahren vergeblicher Bemühungen, die kommunistische Diktatur in Rumänien zu verlassen, war es ihnen schließlich gelungen, eine Ausreisegenehmigung zu erhalten. Am 8. August 1963 waren sie mit einer Maschine der rumänischen Fluggesellschaft TAROM in Wien gelandet. Der letzte Brief aus dieser kleinen Sammlung von dreizehn Handschriften stammt aus dem Jahr 1965, als sich das Ehepaar nach „Wirrungen" und vor allem „verlorenen Illusionen" in Düsseldorf niedergelassen hatte und für sich selbst wie

---

21 Vgl. S. 110.

auch für Ediths Eltern, Karl und Lisa Horowitz, die mittlerweile ebenfalls aus Rumänien in die Bundesrepublik ausgewandert waren, ein neues Zuhause aufbauen konnte.

Die Briefe dokumentieren Probleme, von denen manche auch unsere Zeit bewegen:

– die Not der Auswanderer, insbesondere der osteuropäischen Auswanderer, die in einem demokratischen Staat, „freie Welt" genannt, mit den Härten des Flüchtlingsdaseins konfrontiert werden und allmählich oder unvermittelt ihre Illusionen über den erträumten „goldenen Westen" verlieren; die Verzweiflung dieser Menschen, die – wie Jacob Silbermann in seinem Brief vom 30.10.1963 an Celan schreibt –, wie „ungebetene Zaungäste" an den Toren einer „freien Welt" stehen, aber nicht die Möglichkeit erhalten, einen Neuanfang zu machen, das heißt, sich niederzulassen und frei zu reisen[22].

– die schwere Enttäuschung über die österreichische Bürokratie und deren Beamte in den 1960er Jahren, die ehemaligen österreichischen Staatsbürgern jüdischer Herkunft, selbst den Söhnen und Töchtern von jüdischen k. u. k. Kriegsveteranen, die als osteuropäische Auswanderer in Wien ankommen, eine Verlängerung der Aufenthaltserlaubnis und neue Reisedokumente verweigern; die Verwunderung über die Tatsache, dass ein Justizminister wie Christian Broda[23] zu intervenieren verspricht, aber angeblich keinen Erfolg hat;

– die schweren Entscheidungen, vor denen Flüchtlinge und Auswanderer stehen, die nicht wissen, welches Land sie aufnehmen wird;

– der schwierige, aber doch mögliche Neuanfang der Auswanderer in der Bundesrepublik;

– Paul Celans Lage, die er in seinem Brief vom 8.9.1963 an Edith Silbermann treffend beschreibt: „Ich habe, als Jude und deutscher Schriftsteller, keinen leichten Stand; hinzu kommt, daß ich nicht gesonnen bin, Zugeständnisse an die herrschenden Literatursitten zu machen – was alles andere noch um einiges schwerer macht."[24]

– die Diffamierungskampagne, die Celans Leben überschattet. Celans Bedauern, den erfahrenen Juristen Jacob Silbermann nicht an seiner Seite gehabt zu haben, um sich gegen die schweren Angriffe und Verleumdungen besser verteidigen zu können.

– der Linksantisemitismus, den Celan als einen Motor der Diffamierungskampagne betrachtet.

– Celans Krankheit, die er in seinen Briefen erwähnt.

---

22 Vgl., S. 294.
23 Vgl. Personenverzeichnis zum Briefwechsel I, S. 319.
24 Vgl., S. 280.

– die Übersetzertätigkeit, die Celan mit Edith und Jacob Silbermann verbindet;
– rumänische Autoren, die Edith Silbermann bereits in den 1950er Jahren ins
  Deutsche übersetzt, die aber erst viele Jahrzehnte später weltweit und auch in
  der Bundesrepublik bekannt werden. Zu ihnen zählt Mihail Sebastian[25], dessen postum veröffentlichte, den Antisemitismus und Faschismus in Rumäni-
  en in den Jahren 1935-44 dokumentierende Tagebücher heute in vielen Sprachen übersetzt und weltweit bekannt sind[26];
– Tudor Arghezi, der bedeutende rumänische Dichter und Neuerer der rumänischen Sprache, dessen Prosawerk Edith Silbermann ins Deutsche übersetzen
  und im Suhrkamp Verlag veröffentlichen sollte; die Schwierigkeiten, seine Lyrik ins Deutsche zu übertragen; der politische Wandel dieses Dichters, der
  zunächst ein Gegner der kommunistischen Diktatur ist, unter dem Druck der
  rumänischen Machthaber seinen Widerstand aufgibt[27];

Diese Themen verbinden sich mit Anspielungen auf Czernowitz. Die in der Ein-
leitung zu diesem Band geschilderte Geschichte dieser Freundschaft steht zwischen den Zeilen der Briefe und ist für deren Verständnis unerlässlich.
   Im Jahre 1994 wollte Edith Silbermann gemeinsam mit Marina Dmitrieva-
Einhorn[28], Tochter von Erich Einhorn, eine kommentierte Ausgabe der Briefe Paul
Celans an seine Bukowiner Freunde, Alfred Margul-Sperber, Erich Einhorn, Gustav
Chomed und Edith Silbermann, herausgeben. Obwohl Paul Celan zu den meist-
edierten und -zitierten deutschsprachigen Autoren gehörte, war die Korrespondenz
mit seinen aus Czernowitz und Bukarest stammenden Freunden nicht erschienen.
Edith Silbermann schlug ihrem Verleger, Siegfried Unseld, und der angesehenen
Lektorin Elisabeth Borchers[29] dieses wichtige Publikationsprojekt vor. Wie bereits
betont, hatte Edith Silbermann ein abgeschlossenes Germanistik- und Anglistikstudium sowie langjährige Erfahrung mit der Herausgabe literarischer Werke auf-
zuweisen; sie hatte drei Jahrzehnte lang für den Suhrkamp Verlag als Übersetzerin
gearbeitet; ihr im Band *Argumentum e Silentio: Internationales Paul Celan-Symposium* (Walter de Gruyter Verlag, 1987) veröffentlichter Essay über Paul Celan und
ihr Buch *Begegnung mit Paul Celan* (Rimbaud Verlag, 1993) gewährten einen Einblick in ihr Wissen über die Zeit; zudem enthielt ihr Buch nicht nur ihre Erinnerungen an Paul Antschel in Czernowitz und an die Aktivitäten der politisch enga-

---

25 Vgl. Personenverzeichnis zum Briefwechsel I, S. 335.
26 In der Bundesrepublik sind diese Tagebücher unter dem Titel *Voller Entsetzen, aber nicht verzwei-
    felt*, Übers. E. Kanterian und R. Erb, 2005 erschienen und ein Jahr später mit dem „Geschwister-
    Scholl-Preis" ausgezeichnet worden; vgl. Personenverzeichnis zum Briefwechsel I, S. 335.
27 Vgl., Personenverzeichnis zum Briefwechsel I, S. 315-316.
28 Vgl., Personenverzeichnis I, S. 321.
29 Vgl., Personenverzeichnis I, S. 319.

gierten Freunde und Mitschüler[30], sondern auch Gedichtinterpretationen und Berichtigungen von Mythen und Irrtümern in der Celan-Forschung.

Sowohl Siegfried Unseld als auch Elisabeth Borchers schienen von diesem Vorhaben angetan zu sein. Elisabeth Borchers bat Edith Silbermann, Fotokopien der Briefe, die sich zum Teil in ihrem eigenen sowie in Marina Dmitrieva-Einhorns Besitz befanden, zur unverbindlichen Einsicht zu senden. Kurze Zeit danach bat Siegfried Unseld sie auch um Transkriptionen der Briefe und Anmerkungen. Edith Silbermann und Marina Dmitrieva-Einhorn fertigten Transkriptionen an, fügten eine Reihe von Anmerkungen hinzu und sandten diese Unterlagen als „work in progress" dem Verlag ein. Elisabeth Borchers war zwar mit Edith Silbermanns Idee einverstanden, bestand aber darauf, ihr Projekt von einer anderen Germanistin verwirklichen zu lassen, einer *im Höchstmaße* eingearbeiteten Herausgeberin,[31] wie sie in ihrem Brief vom 28.11.1994 an Edith Silbermann betonte. Nichts sei heikler als Briefausgaben, vor allem wenn „Namen, Orte, Begleitumstände eingebunden" seien, argumentierte Elisabeth Borchers in diesem Schreiben.[32] Sie schlug vor, Barbara Wiedemann mit dieser Arbeit zu beauftragen[33]. Vielleicht kannte Elisabeth Borchers die einige Jahre zuvor geführte Auseinandersetzung bezüglich des Frühwerks Paul Celans nicht[34]. Als ausgebildete Germanistin, Kennerin der Bukowiner Dichtung sowie von Paul Celans Beziehungen zu seinen Bukowiner Freunden empfand Edith Silbermann, die als Zeitzeugin gerade über „Namen, Orte und Begleitumstände" unschätzbare Informationen besaß, die von Elisabeth Borchers gestellte Forderung als Zumutung.[35] Ohne die Verdienste von Barbara Wiedemann als Herausgeberin von Gedichtbänden und Briefen schmälern zu wollen, lehnte Edith Silbermann die Bedingung von Elisabeth Borchers ab. In ihrem Antwortschreiben an Edith Silbermann betonte Elisabeth Borchers, sie hätte ihren Vorschlag keineswegs als Affront gemeint; Inkonsequenz in der Zeichensetzung, die in den Transkriptionen der Briefe Celans ihrer Ansicht nach deutlich wurden, vor allem ein Ausdrucksfehler in den Anmerkungen hätten sie dazu bewogen, diesen Vorschlag zu

---

30 Ein für das Verständnis des politischen Engagements Celans besonders wichtiger Aspekt, den Edith Silbermann in diesem Buch beschreibt, war seine Mitarbeit in der kommunistischen Jugendorganisation, zu deren Wortführer Monia Kauschanski (vgl. S. 325-326) und Ilse Goldmann (vgl. S. 323-324) zählten; aufschlussreich ist auch die Bekanntschaft mit Ediths engster Jugendfreundin Ruth Kissmann (vgl. S. 325), deren Vater ein angesehener Bundist war (vgl. S. 326).

31 Elisabeth Borchers unveröffentlichter Brief vom 28.11.1994 an Edith Silbermann, Sammlung Silbermann.

32 Elisabeth Borchers Brief vom 28.11.1994 an Edith Silbermann, Sammlung Silbermann.

33 Zu diesem Zeitpunkt hatte Barbara Wiedemann bereits den Band *Das Frühwerk* sowie einen ersten Briefwechsel, Paul Celans Korrespondenz mit Nelly Sachs, herausgebracht; sie arbeitete damals auch an der Ausgabe des Briefwechsels zwischen Celan und Franz Wurm.

34 Vgl. S. 118-123.

35 Edith Silbermanns Brief vom 10.12.1994 an Elisabeth Borchers, Sammlung Silbermann.

machen; sie führte einige Beispiele an und stritt schließlich sowohl Edith Silbermann als auch Marina Dmitrieva-Einhorn die Kompetenz ab, diesen Briefwechsel herauszugeben.[36] „Yes, we can!" war der Sinn von Edith Silbermanns Antwort: Es sei nicht ihre Absicht gewesen, zu diesem Zeitpunkt eine vollständig edierte und kommentierte Fassung der Briefe einzusenden, sondern den Verlag lediglich von der inhaltlichen Bedeutung des Briefwechsels zu überzeugen. Da auch sie die Sprache beim Wort nahm, wies sie Elisabeth Borchers nach, dass einige der vermeintlichen Fehler, die sie ihr und ihrer Mitarbeiterin ankreidete, wie der Ausdruck „um eine Ausreise ansuchen" statt „nachsuchen" gar keine waren, da der Ausdruck „ansuchen" sogar im Duden stand und in Österreich häufig verwendet wurde. Zudem sei es Celan selbst, der nach einer Jahreszahl einmal einen Punkt setze und ein andermal keinen, argumentierte Edith Silbermann. Die Transkriptionen hätten diese unterschiedliche Zeichensetzung wiedergegeben. Der Verlag könne doch nicht erwarten, noch vor Abschluss eines Vertrages eine druckreife Briefedition zu erhalten. Edith Silbermann schlug Elisabeth Borchers einen Kompromiss vor, nämlich die Herausgabe des Briefwechsels in Zusammenarbeit mit einem Philologen ihres eigenen Vertrauens und ihrer eigenen Wahl, stand sie doch in Kontakt mit einer Reihe in der Bundesrepublik und in Österreich tätigen Literaturwissenschaftlern, die qualifizierte Herausgeber waren. Ihr Argument, der Verlag brauche nicht alle Briefe Celans von einem einzigen Germanisten oder einer Germanistin herausbringen zu lassen, stieß auf taube Ohren. Elisabeth Borchers war zu keinem Kompromiss bereit. Edith Silbermann wandte sich an Gottfried Honnefelder[37], unter dessen Lektorat sie eine beträchtliche Anzahl von Büchern übersetzt hatte, und bat ihn, in dieser Angelegenheit zu vermitteln[38], aber auch seine Bemühungen scheiterten. Daher zog Edith Silbermann ihren Vorschlag und alle Unterlagen zurück. Die Vorstellung, eine bestimmte Repräsentantin eines Verlages und ihre Berater bestimmten, wer befugt sei, Celan zu edieren, hatte sie zutiefst befremdet. Das Projekt wurde auf Eis gelegt.

Im Jahre 2001 veröffentlichte Marina Dmitrieva-Einhorn ihre kommentierte Ausgabe des Briefwechsels zwischen Paul Celan und Erich Einhorn[39] in der Friedenauer Presse (Berlin). Auch im *Celan-Jahrbuch*[40] hatte sie diesen Briefwechsel mit einer ausführlichen Einleitung publiziert. Die hohe wissenschaftliche Qualität ihrer Ausgaben dieser Briefe beweist, dass Elisabeth Borchers Unrecht hatte. Edith Silbermann und Marina Dmitrieva-Einhorn hätten eine ausgezeich-

---

36 Elisabeth Borchers Brief vom 13.12.1994 an Edith Silbermann, Sammlung Silbermann.
37 Gottfried Honnefelder war von 1979 bis 1996 Geschäftsführer der Verlagsgruppe Suhrkamp/Insel/Deutscher Klassiker Verlag.
38 Edith Silbermanns Brief vom 10.1.1995 an Gottfried Honnefelder, Sammlung Silbermann.
39 Paul Celan – Erich Einhorn, *Einhorn: du weißt um die Steine…, Briefwechsel*, Hrsg. und kommentiert von Marina Dmitrieva-Einhorn. Berlin: Friedenauer Presse 2001.
40 *Celan-Jahrbuch 7* (1997/98), S. 7-49, wie hier: S. 15, Anm. 40.

nete Briefedition herausgebracht. „Yes, they could have!" – wenn der Verlag ihnen eine Chance gegeben hätte. Edith Silbermanns Projekt, Celans Briefe an seine Bukowiner Freunde in einem Band herauszubringen, hätte der Forschung wichtige Impulse gegeben. Der Verlag, für den sie fast dreißig Jahre gearbeitet hatte, wollte ihr keine Chance geben. Die Ablehnung ihres Editionsvorhabens war eine schwere Enttäuschung für Edith Silbermann, und das betonte sie auch in ihrem Briefwechsel mit Elisabeth Borchers.[41]

Im Jahre 2002 wandte sich Edith Silbermann an Hans-Michael Speier[42], den Herausgeber des *Celan-Jahrbuches*, mit der Anfrage, ob auch sie ihren Briefwechsel mit Paul Celan in seinem *Jahrbuch* herausbringen könnte, weil Marina Dmitrieva-Einhorn mittlerweile den Briefwechsel ihres Vaters mit Celan dort veröffentlicht hatte. Hans-Michael Speier versprach, sich an Eric Celan mit der Bitte um die Genehmigung zur Publikation zu wenden, da dieser nach dem Tod seiner Mutter die Verwaltung des Celan-Nachlasses übernommen hatte. In einem Schreiben vom 14.2.2002 teilte ihr Hans-Michael Speier mit, dass Eric Celan in eine Publikation nicht einwillige.[43] Es traf Edith Silbermann schwer, dass ausgerechnet der Sohn ihres Jugendfreundes ihr das Recht verweigerte, ihren Briefwechsel mit seinem Vater zu veröffentlichen, Briefe, in denen Celan betonte, welchen Dank er ihr, ihren Eltern und ihrem Mann, Jacob Silbermann, schuldete. Sie war befremdet, weil Eric Celan in Zusammenarbeit mit seinem Mitherausgeber Bertrand Badiou und auch Barbara Wiedemann, die für die deutsche Übersetzung der Anmerkungen zuständig war, im Jahre 2001 in der Korrespondenz Paul Celans mit Gisèle Celan-Lestrange[44] eine abfällige Bemerkung des bereits jähen und extremen Stimmungswechseln unterworfenen Lyrikers kommentarlos und ohne Rücksicht auf Persönlichkeitsschutz über sie publiziert hatte und ihr nun die Möglichkeit nahm, das verzerrte Bild zu berichtigen, das durch diese Veröffentlichung entstanden war[45]. Sie verzichtete darauf, Eric Celan für diese Verunglimpfung ihrer Person vor Gericht zu bringen. Sie wollte keine Prozesse, keine Kontroversen. Sie bestand auch nicht mehr auf die Veröffentlichung der Briefe.

Der Vermittlung von Jürgen Köchel[46] verdankt Edith Silbermann die Genehmigung zur Publikation ihrer Briefe. Er war es, der Eric Celan bewog, der schwer kranken, damals sechsundachtzigjährigen Edith Silbermann doch noch das Recht zu gewähren, die Korrespondenz mit Celan herauszubringen. Jürgen Köchel hatte Edith Silbermann anlässlich einer ihrer Vorträge kennen gelernt und

---

41 Edith Silbermanns Brief vom 10.12.1994 an Elisabeth Borchers, Sammlung Silbermann.
42 Vgl. Personenverzeichnis zum Briefwechsel I, S. 336.
43 Hans-Michael Speiers Brief vom 14.2.2002 an Edith Silbermann, Sammlung Silbermann.
44 Vgl. Personenverzeichnis I, S. 320.
45 Vgl. S. 270.
46 Vgl. Personenverzeichnis I, S. 328.

war mit ihr bis zu ihrem Lebensende in Kontakt geblieben. Jürgen Köchel, der Gustav Chomeds Briefe erworben hatte, bringt diese gemeinsam mit Barbara Wiedemann im Suhrkamp Verlag heraus.

Trotz schwerer Krankheit hat Edith Silbermann bis zum letzten Atemzug an der Herausgabe dieses Briefwechsels mit Paul Celan gearbeitet. Im Herbst 2007 bemühte sie sich, den Briefwechsel in der *Zeitschrift für Religions- und Geistesgeschichte* herauszubringen; aber der Umfang des Briefwechsels sprengte den Rahmen der in dieser Zeitschrift üblicherweise veröffentlichten Beiträge. Daher zog sie ihren Artikel zurück. Sie ahnte, dass sie die Publikation ihres Briefwechsels mit Paul Celan in diesem Buch nicht mehr erleben würde.

Der hier veröffentlichte Briefwechsel umfasst dreizehn Handschriften: fünf mit schwarzer Tinte auf weißem Papier geschriebene Briefe Paul Celans sowie sechs Briefe und eine Postkarte von Edith und Jacob Silbermann, die verschiedene Stifte und Papierbögen verwendeten. Auf Wunsch des Suhrkamp Verlages werden Celans Briefe entsprechend der Vorlage, d. h. mit seinen vereinzelten Korrekturen und zwischen den Zeilen stehenden Ergänzungen abgedruckt. Erläuterungen zu den im Briefwechsel erwähnten Namen sind in den Anmerkungen und im kommentierten Personenverzeichnis enthalten.

Amy-Diana Colin

Editorische Anmerkung

Edith Silbermann verwendete alle drei Namen Edith Horowitz, Horowitz-Silbermann und Silbermann. Der von ihr selbst in einer Veröffentlichung benutzte Name wird in den Anmerkungen entsprechend übernommen; in allen anderen Fällen steht ES. In den Anmerkungen zu den Briefen werden diese Namen abgekürzt: ES = Edith Silbermann, EH = Edith Horowitz, H-S = Horowitz-Silbermann; JS steht für Jacob Silbermann; V = Kommentiertes Personenverzeichnis, I, II, III; B = Brief; E = Einleitung. Vgl. Verzeichnis der Abkürzungen.

Der Abdruck der Briefe erfolgt entsprechend der Vorlage. Bei der Wiedergabe der Briefe von Paul Celan werden aber die Eigenheiten seiner Schreibweise, wie die auffällig großen Abstände zwischen Satzzeichen und Wörtern, hier nicht berücksichtigt.

Die Herausgeberinnen

Briefwechsel zwischen Paul Celan und dem Ehepaar Edith Horowitz-Silbermann und Jacob Silbermann aus den Jahren 1963-1965

1. An Paul Celan[1]

Wien, 21/VIII 63

Bin bloß seit wenigen Tagen in Wien[2], und das erste große Erlebnis, das ich hier hatte, war eine von jungen Leuten im franz. Pavillon des Künstlerhauses[3], inmitten abstrakter Bilder, von denen ich recht wenig verstehe, veranstaltete Vorlesung Deiner Gedichte. Es war bloß eine Handvoll Menschen da, aber die Atmosphäre war sehr stimmungsvoll – bei Kerzenlicht wie bei Stefan George – und vor allem wurde sehr schön gelesen; Du kannst Dir meine Freude kaum vorstellen. Die in Bremen gehaltene Ansprache[4] wie auch die meisten Gedichte kenne ich bereits aus Bukarest, da ich zwei Deiner Bändchen[5] schon dort besaß und auch das Sprachgitter gelesen habe. Nur das Prosastück[6], das mich tief beeindruckt hat, und die Gedichte aus dem Band, der angeblich jetzt im Herbst erscheinen soll[7], waren mir neu. Ich hatte noch viele Deiner alten Gedichte, die ich leider nicht mitnehmen konnte, da sie ja handgeschrieben sind, aber vielleicht wird man sie mir in Briefen nachschicken. Sperber[8] lässt Dich herzlich grüssen, er hat mir Deine Briefe gezeigt und spricht immer voller Rührung und Bewunderung über Dich. Daß weder Papa noch ich Dir auf Deinen so lieben Brief[9] geantwortet haben, darfst Du uns nicht übel nehmen. Wir hatten große Angst, mit dem Ausland zu korrespondieren, weil Bekannte von uns damit bittere Erfahrungen gemacht haben[10]. Wird auch Hilde[11] das verstehen und uns verzeihen? Sie hat uns einmal einen sehr herzlichen Brief geschrieben, sich erbötig gemacht, uns ein Embergement[12] zu schicken und speziell mich eingeladen, einige Wochen bei ihr zu verbringen; glaubst Du, daß diese Einladung ernst gemeint war, und daß Hilde sie auch jetzt, wo ich ihr ja Folge leisten könnte, aufrecht erhalten würde? Sende mir, bitte, ihre genaue Adresse, damit ich ihr schreiben kann.

Lieber Paul, wie Du ja bereits erfahren hast, habe ich mich in letzter Zeit mit Übersetzungen befasst. Unter anderem habe ich für Arghezi[13], der jetzt zwecks ärztlicher Behandlung in der Schweiz weilt, einen übrigens miserablen Roman „Lina"[14] und einen Auswahlband kleiner Prosa[15] übersetzt, die er im Ausland bekannt machen möchte, ~~das~~ was vom materiellen und auch vom beruflichen Standpunkt vielleicht auch mir zunutze kommen könnte. Als er ins Ausland fuhr, wußte ich noch nicht, daß ich so bald nachkommen würde und habe ihm

Deine Adresse gegeben, damit Du ihm eventuell hilfst, das eine oder andere bei einem Verlag unterzubringen. Hat seine Tochter[16] Dir geschrieben und konntest Du etwas für ihn tun? Ist René Biemel, mit dem ich seinerzeit recht gut war[17], noch Direktor bei Grasset? Wir sind noch sehr verwirrt und wissen nicht, wo wir uns niederlassen werden. Um nicht gleich nach Israel abgeschoben zu werden, wohin zu fahren uns als letzter Ausweg ja noch immer frei steht,[18] haben wir uns zur Auswanderung nach Australien eingetragen, wodurch wir vorderhand einen Aufenthalt für 2 Monate erhielten, der natürlich verlängert werden kann. Inzwischen rät man uns wegen unserer Wiedergutmachungsansprüche nach Deutschland zu gehen, wo wir angeblich auch eher Verdienstmöglichkeiten hätten. Wie denkst Du darüber? Ich habe große Sorgen meiner Eltern wegen, die wiewohl mit uns zusammen eingetragen, nicht die Pässe bekommen haben und also dort bleiben mussten. Und selbst wenn sie bald nachkämen, weiß ich auch nicht, ob es uns gelingen wird, sie hier aufzufangen[19], besonders wenn wir nach Deutschland ziehen, und außerdem wären sie hier ganz von uns abhängig. Also, wie Du siehst, Probleme über Probleme, die mich sehr bedrücken, so daß ich die „freie Welt" noch kaum genießen kann. Verzeih, bitte, das wirre Durcheinander meiner Gedanken, aber es fällt mir noch schwer, mich zu konzentrieren, und es ist nicht jedem gegeben, sich kurz und dabei kristallen zu fassen. Bitte antworte mir gleich, grüsse, wenn möglich, Hilde und Alexander[20], und vor allem Deine Frau[21] und den Kleinen[22].
Herzlichst
Edith

P.S. Kubi[23] ist nicht zu Hause, lässt Dich aber auch herzlich grüssen.

---

1 Auf Aerogramm-Briefpapier verfasster Brief von ES an ihren Jugendfreund. Anschrift: Mr. Paul Celan, Rue de Longchamps 78, Paris 16, France. Absender: ES bei A. [Amalie] Picker (Czernowitzer Freundin), Linke Wienzeile 8/9, Wien VI.

2 Nach siebzehn Jahren vergeblicher Auswanderungsversuche gelang es dem Ehepaar Silbermann, eine offizielle Genehmigung zur Ausreise zu erhalten und Rumänien am 8. August 1963 zu verlassen. An diesem Tag landeten ES und JS mit einer Maschine der rumänischen Fluggesellschaft Tarom in Wien. Noch bevor ES diesen ersten Brief an Celan schrieb, hatte sie ihren Jugendfreund telefonisch über ihre Ankunft in Wien verständigt.

3 ES bezieht sich hier auf den „französischen Saal" des Wiener Künstlerhauses, ein an der Ringstraße gelegenes, in den Jahren 1865-68 errichtetes Gebäude der *Gesellschaft bildender Künstler Österreichs*, das auch heute noch als Ausstellungszentrum für Malerei, Bildhauerei, Architektur und angewandte Kunst dient. Im Wiener Künstlerhaus fanden vom 2. bis 31. August 1963 sowohl die Ausstellung „Das Bild, das Wort" der „Gruppe 3" als auch „Moderne Österreichische Dichterlesungen" statt, zu denen die im Brief erwähnte „Paul-Celan-Veranstaltung" vom 14. August 1963 zählte. Aus Bukarest ausgewanderte Bekannte, die sich in der gleichen verzweifelten Situation wie ES und JS befanden, hatten sie auf diesen Rezitationsabend und die Möglichkeit aufmerksam gemacht, in diesem besonderen Rahmen auch Marcel Faust (V, I), den Leiter des International Rescue Committee, kennen zu lernen, der Celans Lyrik sehr schätzte. ES betonte, die Begegnung mit M. Faust sei eine günstige Fügung des Schicksals gewesen, denn er sollte ihr und

JS in den folgenden, schwierigen Monaten immer wieder mit Rat und Tat zur Seite stehen; vgl. B 5.

4   Celan, *Ansprache anläßlich der Entgegennahme des Literaturpreises der Freien Hansestadt Bremen,* 26.1.1958, Stuttgart: Deutsche Verlags-Anstalt, 1958.

5   Celan, *Mohn und Gedächtnis,* Stuttgart: Deutsche Verlags-Anstalt, 1952; Ders., *Von Schwelle zu Schwelle,* Stuttgart: Deutsche Verlags-Anstalt, 1955; das waren die beiden Erstausgaben, die ES in Bukarest besaß, aber bei der Ausreise nicht mitnehmen durfte.

6   Nach Ansicht von ES war es Celans Prosatext „Gespräch im Gebirg" (August 1959), der damals vorgetragen wurde. Da kein Programm der Celan-Lesung mehr auffindbar ist, kann diese Information nicht überprüft werden. [Celan, „Gespräch im Gebirg," in: *Neue Rundschau,* H. 2, 1960 S. 199-202.]

7   ES bezieht sich auf: Celan, *Die Niemandsrose,* Frankfurt/M: S. Fischer Verlag, 1963.

8   Alfred Margul-Sperber (V, I), Celans Freund und Förderer.

9   ES bezieht sich auf einen Dankesbrief Celans an Karl Horowitz; dieser bisher unauffindbare Brief (vermutlich vom Februar 1962) wird auch in Celans Schreiben vom 12.3.1962 an Alfred Margul-Sperber erwähnt: „Wie geht es Edith? Ich habe vor ein paar Wochen an ihre Eltern geschrieben", „Briefe an Alfred Margul-Sperber", in: *Neue Literatur* (wie S. 15, Anm. 40) S. 59; Celan erwähnt diesen Brief auch in einem nicht abgeschickten Schreiben vom 26.2.1962 an Gustav Chomed (V, I); vgl. S. 254-255.

10 Wegen ihrer Auswanderungsanträge hatten ES und JS viele Repressalien erdulden müssen; ein Briefwechsel mit Celan nach seiner Flucht aus Rumänien hätte sie noch mehr gefährdet, denn die rumänische Sicherheitspolizei nahm jeglichen Kontakt zum „kapitalistischen Ausland", selbst einen harmlosen Briefwechsel mit Freunden oder Verwandten, zum Vorwand, Menschen zu schikanieren und zu verfolgen. Daher blieben ES und JS mit Celan nur noch durch ihren gemeinsamen Freund Alfred Margul-Sperber in Verbindung, dessen Stellung in Rumänien ihm den Briefverkehr mit Autoren im Ausland erleichterte; vgl. S. 254.

11 Hilde Ehrlich (V, II), Cousine zweiten Grades von Karl Horowitz und auch Verwandte von Paul Celan, dessen Großmutter eine Ehrlich war. Seit 1924 lebten Hilde und ihr Ehemann, Charles (Karl) Knappek (V, II), in Paris.

12 Von ES verwendete Bezeichnung für eine Einladung, die auch ein „hébèrgement" (Unterkunft) sicherte.

13 Tudor Arghezi (V, I).

14 ES konnte ihre deutsche Übersetzung seines Romans *Lina: Poem* (1942) nicht herausbringen. [Arghezi, *Lina: Poem,* Bukarest: Editura pentru Literatură, 1965.] Trotz ihrer Kritik an diesem Buch schätzte sie den rumänischen Dichter und nannte ihn den „kühnsten Neuerer der rumänischen Poesie". Arghezi schenkte ihr die rumänische Ausgabe seines Buches; auf der Titelseite schrieb er folgende Widmung: „Der Mitarbeiterin an diesem Band, Frau Edith Horowitz-Silbermann, in Dankbarkeit. Tudor Arghezi. 21 Mai 1965 Bucureşti."

15 ES bezieht sich hier auf ihre veröffentlichten sowie unveröffentlichten Übersetzungen der Prosa Arghezis; ES hatte die Typoskripte ihrer Übersetzungen binden lassen und sollte die mit blauen Buchdeckeln versehenen Bände, die sie aus Rumänien mitgenommen hatte, bis zu ihrem Tod sorgfältig aufbewahren. Einer dieser gebundenen Typoskriptbände enthält ihre Auswahl und Übersetzung einiger Prosatexte Arghezis: „Der Regen", „Mila", „Die Eule", „Die Herde", „Flug zum Meere", „Die Fliege", „Der Rauhreiffalter", „Die Adler" „Der Zeichensetzer", „Der Tonkrug", „Marie Nichifor"; ES veröffentlichte sie einige Jahre später in: Arghezi, *Kleine Prosa,* Hrsg. und Übers. EH (ES), Frankfurt/M.: Suhrkamp Verlag, 1965. Zu ihren bereits in Rumänien publizierten Arghezi-Übertragungen zählen: Arghezi, „Vertrauliches Schreiben", „Der Regen", „Die Mutter", „Die Stufenleiter der Abgaben", „Maria Nichifor", Übers. v. EH, in: *Rumänische Rundschau,* IX, Nr. 4 (1955), S. 49-61; Ders., „Kleine Prosa", Übers. ES, in: *Sinn und Form: Beiträge zur Literatur,* Hg. Deutsche Akademie der Künste, 10, Heft 4 (1958), S. 591-594.

16 Mitzura Arghezi (V, I).

17 EH lernte René Biemel (V, I) in Bukarest kennen, als Alfred Kittner (V, I) sie zu Biemels Dichterabenden mitnahm, die auch von Margul-Sperber, Oskar Walter Cisek (1897-1966) und Alexandru Philippide (1859-1933) besucht wurden; im Rahmen dieser Dichterabende trug sie mehrmals deutschsprachige Dichtung vor, unter anderem Manfred Hausmanns *Lilofee* (1929).

18 Da Edith und Jacob Silbermann keine Verlängerung der Aufenthaltsgenehmigung in Österreich erhalten konnten, hätten sie in der Tat nach Ablauf der Frist in ein anderes Land „abgeschoben" werden können. Auf meine Frage, wie ihre Bemerkungen über Israel in dieser Zeile gemeint waren, betonte Edith Silbermann, sie sei nicht grundsätzlich gegen eine Auswanderung nach Israel gewesen. Da sie und Jacob Silbermann aber eine innige Beziehung zur deutschsprachigen Kultur und Literatur hatten und zudem überzeugt waren, ihre Berufe, die eine gute Kenntnis der Sprache und Kultur des Landes erforderten, eher in einem deutschsprachigen Land ausüben zu können, hätten sie jahrelang versucht, nach Westeuropa, insbesondere Österreich auszuwandern. Als Jacob Silbermanns Mutter und Geschwister nach ebenfalls jahrelangen Bemühungen, Rumänien zu verlassen, eine Ausreisegenehmigung erhalten und beschlossen hatten, sich in Israel niederzulassen, hätten sie selbst und Jacob Silbermann ihre Pläne geändert. In Wien angekommen, wurde ihnen noch einmal bewusst, welche Rolle diese Stadt in ihrem Leben spielte und wie sehr sie immer noch und trotz allem, was geschehen war, an der deutschen Sprache hingen. Auf meine frühere, noch zu Lebzeiten Jacob Silbermanns gestellte Frage, warum sie trotz der Holocaust-Erfahrung in Österreich bleiben wollten bzw. nach Deutschland gezogen sind, antworteten sie beide, dass sie sich der deutschen Sprache und Kultur nach wie vor verbunden fühlten und in diesem Sprachraum wirken wollten; Friede werde nicht mit Freunden, sondern mit Feinden geschlossen; ihrer Ansicht nach wäre die Zeit endlich gekommen, Frieden zu machen und Brücken zwischen deutscher und jüdischer Kulturtradition neu aufzubauen. Dieses Ziel haben sie beide durch ihre Tätigkeit verwirklicht. Edith und insbesondere Jacob Silbermann waren oft in Israel, besuchten ihre Verwandten und unterstützten sie wie auch andere Freunde. Sie begrüßten die späteren intensiven Bemühungen des israelischen Staates, Bürgern jüdischen Glaubens zu helfen, der rumänischen Diktatur zu entkommen und nach Israel auszuwandern. Sie vertraten zugleich die Ansicht, dass demokratische Staaten den aus Diktaturen Ausgewanderten die Entscheidung überlassen müssten, in welches Land sie ziehen, um eine neue Existenz aufzubauen.

19 Karl und Lisa Horowitz waren auf die Hilfe ihrer Töchter angewiesen, da sie beide schwer vom Erlebten gezeichnet waren, erkrankt waren und daher allein keine neue Existenz in einem fremden Land hätten aufbauen können.

20 Hilde Ehrlich und ihr Bruder, Alexander Ehrlich (V, II); vgl. B 1, Anm. 11; B 4, Anm. 5.

21 Gisèle de Lestrange (V, I).

22 Eric Celan (V, I).

23 Spitzname von JS.

2. An Edith Silbermann

78, rue de Longchamp
Tel. : Poincaré 39-63   Paris, den 29. VIII. 63

Meine liebe Edith,

ich war, als Dein Brief kam, in Tübingen – verzeih also, bitte, daß ich Dir erst heute antworte.

Wie sehr ich mich freue, daß Du, daß Ihr beide nun „draußen" seid, brauche ich Dir wohl kaum erst zu sagen; hoffentlich – und auch das sage ich nur mit ein paar Worten, in denen, Du weißt es, vieles und von weit her, mitspielt –, hoffentlich sind nun bald auch Deine Eltern bei Euch.

Dir zu raten, ist schwer. Gut wäre es, glaube ich, wenn Ihr eine Weile – eine längere Weile – in Wien bliebet: hier muß es Euch, trotz so manchem, denn doch ein wenig heimatlich anmuten, und auch die Sprache fällt ja, für Euch beide, schwer genug ins Gewicht, auch beruflich.

Von Deutschland will ich, obwohl es da viel zu sagen gibt – es gibt da, unter ~~neben dem~~ anderem, auch einen Linksnationalismus und Links-Antisemitismus –, auch nicht ganz abraten, schon allein deshalb, weil ich Euch, da Ihr nun endlich einmal freiere Luft atmen könnt, nicht gerne zu den Känguruhs gehen sehe.

Am schönsten wäre es natürlich, wenn Du nach Paris kommen könntest, aber Paris ist, leider, ein(e)[1] sehr, sehr hartes Pflaster. Aber ganz von der Hand weisen möchte ich auch diesen Gedanken nicht, und Du darfst dessen sicher sein, daß ich, wenn Ihr Euch dazu entschließen solltet, alles tun will, um Euch dabei behilflich zu sein.

——

Jetzt kommt eine traurige Nachricht, Edith: Hilde[2] lebt nicht mehr, sie ist vor über einem Jahr gestorben, an Krebs. – Vielleicht schreibst Du ein paar Zeilen an Ihren Mann – Karl[3] – , die Adresse ist wohl noch die alte.

——

Rainer Biemel[4] ist nicht mehr bei Grasset, ich glaube, er hat jetzt so etwas wie einen „eigenen Laden" – hier seine Privatadresse: R. B., 69 ~~Ave~~ Avenue Bosquet, Paris 7ᵉ.

Und jetzt möchte ich Dich, ehe ich Dir Deine anderen Fragen beantworte, vor allem, auch im Namen von Gisèle[5], fragen, ob Du nicht für einen Monat als unser Gast nach Paris kommen möchtest. Unsere Wohnung ist sehr klein, wir werden Dich daher nicht, wie wir es wünschten, bei uns, sondern in einem kleinen Hotel in der Nähe unterbringen können – aber Du kommst und bist in jeder Hinsicht unser Gast. (Dann hast Du ja auch Gelegenheit, Dich hier umzusehen.) Entscheide Du über den Zeitpunkt und gib es uns bald Nachricht.[6] (Ich selbst komme wohl erst im März nach Wien.)

Für Deine Übersetzung der kleinen Prosa von Arghezi – einiges, nämlich das in „Sinn und Form"[7] Erschienene, kenn ich ja bereits – werde ich sicherlich etwas tun können, wahrscheinlich bei S. Fischer, wo jetzt eine – auch dafür – günstigere Konstellation besteht; vermutlich wird dann auch der Roman irgendwo untergebracht werden können. Laß also zunächst Dein Manuskript vervielfältigen und schick mir ein Exemplar; wenn Du auch das rumänische Original besitzt, so laß mir, bitte, auch dieses zugehen. (Von Arghezi selbst habe ich nichts gehört; daß er sich in der Schweiz befindet, erfahre ich von Dir.)

Hier hätte ich nun noch manche Frage gerne hinzugefügt – ich unterlasse es und sage Dir nur noch einmal, wie sehr ich mich freue, daß Ihr da seid.

> Alles, alles Gute!
> Herzliche Grüße an
> Euch beide
> Paul

---

1 Im Brief steht „eine"; Celan hat wohl ein anderes Substantiv zunächst im Sinn gehabt und den Artikel zu korrigieren vergessen.
2 Hilde Ehrlich (V, II), vgl. B 1, Anm. 11.
3 Charles Knappek (V, II); vgl. B 1, Anm. 11.
4 R. Biemel (V, I), vgl. B 1, Anm. 17.
5 Gisèle de Lestrange (V, I).
6 ES und JS konnten dieser Einladung zunächst nicht Folge leisten; sie kamen erst Mitte Januar 1965 nach Paris, wohnten auf eigene Kosten im Hôtel de l'Athénée, 19, rue Caumartin, 75009 Paris, wo Celan für sie ein Zimmer reserviert hatte. In seinem Brief vom 2.3.1965 an Celan bedankt sich JS „für den freundlichen Empfang", den der Lyriker ihnen in Paris bereitet hatte, vgl. B 13, S. 304. Dies war nicht die erste, sondern eine von mehreren Begegnungen. ES beschrieb nur das erste Wiedersehen mit dem Lyriker im Oktober 1964, als er anlässlich der Preisverleihung des Landes Nordrhein-Westfalen gemeinsam mit seiner Frau, Gisèle Celan-Lestrange, nach Düsseldorf gekommen war, seine Jugendfreunde besuchte und ihnen eine ganze Nacht lang sein Leid klagte; vgl. *Begegnungen mit Paul Celan*, S. 69; vgl. auch Einleitung, S. 19. Celan selbst erwähnt den Pariser Besuch dieser Freunde in einem an seine Frau gerichteten Brief, in dem er sich allerdings herablassend, sogar abfällig über sie äußerte. ES sagte mir, sie wäre verwundert und befremdet gewesen, als sie Jahrzehnte später diese Bemerkungen las, denn sie standen im krassen Gegensatz zu seinen an sie gerichteten Briefen und persönlichen Äußerungen, vor allem zu seinen Beteuerungen der tiefen Verbundenheit, Wertschätzung sowie den wiederholten Danksagungen für die geleistete Hilfe in Zeiten schwerer Not (vgl. B 6); auch nach der Pariser Begegnung rief Celan sie und JS immer wieder an, sandte ihnen seine Gedichtbände mit handschriftlichen Widmungen, besuchte sie in Düsseldorf, und sah sie anlässlich anderer seiner Aufenthalte in der Bundesrepublik wieder; wenige Tage vor seinem Freitod rief er sie zum letzten Mal an und fragte, ob sie nicht nach Paris kommen könnten.
7 B 1, Anm. 15.

78, rue de Longchamp   Paris, den 29.VIII.63
Tel.: Poincaré 39-63

Meine liebe Edith,

ich war, als Dein Brief kam, in
Tübingen – verzeih also, bitte, daß ich
Dir erst heute antworte.

Wie sehr ich mich freue, daß Du,
daß Ihr beide nun "draußen" seid.
Brauche ich Dir wohl kaum erst zu
sagen; hoffentlich – und auch das
sage ich Dir mit ein paar Worten, in
denen, Du weißt es, vieles und von weit
her, mitspielt –, hoffentlich sind wir
bald auch deine Eltern bei Dir.

Dir zu raten, ist schwer. Gut wäre es,

glaube ich, wenn Ihr eine Weile – eine
längere Weile – in Wien bleibt: hier
viel
müßt es, trotz zu manchem, den doch ein
wenig heimatlich gewinnen, und auch
die Sprache fällt ja, für Euch beide,
wohl ganz ins Gewicht, auch beruflich.

Von Deutschland will ich, obwohl es
da viel zu sagen gibt, – es gibt da,
neben dem anderen, auch einen Linksnationalismus und Links-Antisemitismus –
und nicht ganz abraten, schon allein
deshalb, weil ich Euch, da Ihr nun
endlich einmal freier läßt atmen
könnt, nicht jene zu den Kärrnerns
gehen sehe.

Am schönsten wäre es natürlich,

wenn Du nach Paris kommen könntest,
aber Paris ist, leider, eine sehr, sehr
harte Pflaster.. Aber ganz von der
Hand weisen möchte ich dir diesen
Schritten nicht, und du hast seinerzeit recht, daß ich, wenn Ihr Euch
dazu entschließen wolltet, alles tun
will, um Euch dabei behilflich zu
sein.
—

Jetzt kommt eine traurige Nachricht,
Edith: Hilde lebt nicht mehr, sie
ist vor über einem Jahr gestorben, an
Krebs. — Vielleicht schreibst Du ein paar
Zeilen an ihren Mann — Karl —, die
Adresse ist wohl noch die alte.
—

Rainer Biemel ist nicht mehr bei
Franxet, ich glaube, er hat jetzt so
etwas wie einen "eigenen Laden" — hier
seine Privatadresse: R.B., 69 Avenue/Bosquet,
Paris 7ᵉ.

Und jetzt möchte ich, ehe ich Dir
Deine anderen Fragen beantworte, in
allem, wie in kaum wo zuvor,
fragen, ob Du nicht für einen
Monat als unser Gast nach Paris
kommen möchtest. Unsere Wohnung
ist sehr klein, wir werden Dich daher
nicht, wie wir es wünschten, bei
uns, sondern in einem kleinen Hotel
in der Nähe unterbringen können —
aber Du kommst und bist in jeder

Hinsicht unsern Gast. (Dann hast du
ja auch Gelegenheit, Dich hier umzusehen.) Entscheide Du über den Zeitpunkt und gib es uns bald Nachricht.
(Ich selbst komme wohl erst im März
nach Wien.)

Für Deine Übersetzung der kleinen
Prosa von Aichezi — einiges, nämlich
das in "Sinn und Form" Erschienene,
kenne ich ja bereits — werde ich
vielleicht etwas tun können, wahrscheinlich bei S. Fischer, wo jetzt eine
— auch dafür — günstigere Konstellation
besteht; vermutlich wird dann auch
der Roman irgendwo untergebracht
werden können. Laß also zunächst
Deine Manuskript vervielfältigen u.)

schick mir ein Exemplar; wenn Du
auch das rumänische Original besitzt,
so laß mir, bitte, auch dieses zukommen.
(Von Arghezi selbst habe ich nichts
gehört; daß er sich in der Schweiz befindet, erfahre ich von Dir.)

Hier hätte ich nun noch manche
Frage ganz hinzugefügt — ich
unterlasse es und sage Dir nur
noch einmal, wie sehr ich mich freue,
daß Ihr da seid.

Alles, alles Gute!

Herzliche Grüße an
Euch beide

Paul

3. An Paul Celan

Wien, den 3. <u>VIII</u> 63[1]
IX

Lieber Paul,

Ich danke Dir für Deine herzlichen Zeilen und für Euer beider Einladung, nach Paris zu kommen, der ich natürlich nur allzu gerne Folge leisten würde; leider wird das, glaube ich, nicht so bald zu verwirklichen sein, da die Franzosen Leuten, die von jenseits des Eisernen Vorhangs kommen und dazu wie wir noch nicht einmal einen Fremdenpass besitzen, sondern lediglich ein „certificat de călătorie"[2] nach Israel, sehr schwer ein Einreisevisum geben. Dazu müßte man schon besondere Protektion haben … Aber aufgeschoben ist nicht aufgehoben, und ich will hoffen, daß es nun, da wir endlich draußen sind, doch nicht allzu lange dauern wird, bis wir uns wiedersehen. Könntest Du uns vielleicht die Adresse des Dr. Reinhold Kern[3] einsenden? Er ist ein ehemaliger Freund von Kubi, soll es beruflich sehr weit gebracht haben und De Gaulle[4] sehr gut kennen; vielleicht könnte er uns zu einem Besuchsvisum verhelfen…

Inzwischen bemühen wir uns, nach Deutschland zu kommen, was auch überaus schwierig ist. Man rät uns, uns dort als Volksdeutsche zu melden, in ein Flüchtlingslager zu gehen, um für die erste Zeit, bis wir Arbeit finden, Unterstützung zu bekommen und von dort aus unsere Wiedergutmachungsangelegenheiten schneller und günstiger zu betreiben[5]. Letztens lassen aber auch die Deutschen Staatenlose und ehemalige Bürger des Ostblocks nicht herein, und einfach schwarz über die Grenze zu gehen, erscheint uns denn doch ein wenig gewagt…[6] Zu den Känguruhs gedenken wir keineswegs zu gehen, schon eher, wenn alle Stricke reissen, nach Israel. Wir haben diesen Weg nur eingeschlagen, um Zeit zu gewinnen und nicht gleich weiter befördert zu werden. Daß Arghezi nicht an Dich herangetreten ist, kann ich mir nicht recht erklären. Mitzura war sehr froh, als ich ihr von Dir erzählte und ihr Deine Adresse gab. Vielleicht hat sie Dich zu erreichen versucht, als Du fort warst. Es ist aber auch möglich, daß Dumitrescu[7], der ehemalige Botschafter in Wien und jetzige Gesandte in Paris, ein großer Bewunderer und Förderer Arghezis, sich für ihn eingesetzt und die Übersetzung des Romans bei irgendeinem Verlag angebracht hat. Könntest Du vielleicht beim Fischer-Verlag ermitteln, ob die irgendein Manuskript von Arghezi erhalten haben, oder könntest Du vielleicht bei der rumänischen Gesandtschaft in Paris oder in der Schweiz anfragen, ob er noch in der Schweiz ist und wo er sich aufhält? Er ist Mitte Juli für zwei Monate ins Ausland gefahren, hauptsächlich um sich von einem Züricher Arzt behandeln zu lassen. Ich selber habe Bedenken, nach seiner Adresse zu fragen, weil es mir und ihm schaden oder zumindest unangenehm sein könnte. Die Manuskripte sind bei ihm, ich durfte derlei Dinge nicht mitnehmen, habe aber geschrieben, daß man mir die Kopie, die ich in Bukarest gelassen habe, nachschicken soll. Sobald ich etwas erhalte, lass ich's Dir gleich zukommen und werde Dir dankbar sein, wenn Du das eine oder andere anbringen kannst. Hoffe demnächst aus Israel eine Nummer der Rumänischen Rundschau[8] zu bekommen, in der einige von mir übersetzte Sachen aus dem ~~gleichen~~ bereits erwähnten Sammelband[9] erschienen sind. Das würde vielleicht zusammen mit dem in Sinn und Form Erschienenen[10] vorderhand genügen, damit sich ein Lektor von Arghezis Kleiner Prosa ein Bild macht.

Lieber Paul, unter meinen Fotografien habe ich auch eins von Dir gefunden, das ich in doppeltem Exemplar besitze; da ich annehme, das es Gisèle und den Kleinen freuen wird zu sehen, wie Du als Maturant ausgesehen hast, lege ich es dem Brief bei[11]. Wenn wir mal zusammen sind, zeige ich ihnen auch andere Bildchen von Dir …

Hildes Tod hat mich sehr getroffen, sende mir, bitte, die Adresse, damit ich ihrem Mann schreibe. Lebt Hildes Bruder Alexander in Paris? Warum schreibst Du so gar nichts über Dich? Du weißt doch, wie sehr mich alles interessiert.

Herzliche Grüsse
Edith

---

1 Zwei unterschiedliche Monatsangaben; es kann sich nur um den 3.9.1963 handeln, da ES und JS am 3.8.1963 Bukarest noch nicht verlassen hatten.

2 Rumänische Bezeichnung für „Reisezertifikat" (Reisedokument); vgl. Einleitung, S. 17. ES und JS hatten sich fast siebzehn Jahre lang bemüht, nach Westeuropa auszuwandern; sie wollten im deutschsprachigen Raum leben. Als Jacob Silbermanns Mutter, Geschwister, Schwägerin und Neffe 1961/1962 aus Bukarest nach Israel auswanderten, beschlossen ES und JS, ihnen zu folgen. In Wien angekommen, kehrten sie indes zum ursprünglichen Plan zurück, da sie beruflich auf eine Tätigkeit in einem deutschsprachigen Raum angewiesen waren; vgl. B 1, Anm. 18.

3 Ernest-Reinhold Kern (V, I), Jugendfreund von JS.

4 Charles de Gaulle (V, I).

5 Edith Silbermann berichtet hier von Ratschlägen, die ihr Rechtsanwälte oder Bekannte damals gaben. Edith und Jacob Silbermann betonten in Gesprächen mit mir, dass sie die vom deutschen Staat gezahlte Wiedergutmachung als eine politische Entscheidung und als wichtigen Schritt im Prozess des Neuanfangs und des Friedens betrachteten. Sie glaubten nicht, dass Geld das Erlittene wiedergutmache; das Anstellungsangebot des S. Fischer Verlages war der Grund für die Weiterreise in die BRD; vgl. B 3, Anm. 6, B. 11, Anm. 2.

6 Edith und Jacob Silbermann sollten später durch Janko von Musulins Intervention eine Anstellung als Übersetzer des S. Fischer Verlages (Frankfurt am Main) erhalten. Daher konnte sie sich in der Bundesrepublik niederlassen; vgl. S. 300, B 11, Anm. 2.

7 Informationen über einen rumänischen Botschafter namens Dumitrescu konnten die Herausgeberinnen weder von der rumänischen Botschaft noch vom rumänischen Ministerium für Auswärtige Angelegenheiten erhalten. Vielleicht handelt es sich hier um eine Verwechslung aufgrund der Ähnlichkeit von Namen, denn es gab einen rumänischen Minister, Victor Dimitriu, der von 1960-63 Gesandter Rumäniens in Wien und von 1963-67 Botschafter in Paris war.

8 ES bezieht sich auf ihre Übersetzungen von Arghezis Prosa, vgl. B 1, Anm. 15.

9 Vgl. B 1, Anm. 15.

10 ES bezieht sich auf ihre Veröffentlichung, Arghezi, „Kleine Prosa", Übers. EH, in: *Sinn und Form*, vgl. B 1, Anm. 15.

11 Photo, vgl. S. 78.

4. An Edith Silbermann

78 rue de Longchamp   Paris, den 8. September 1963

Liebe Edith,

vielen Dank für Deinen Brief. (Mittlerweile hast Du wohl auch die Gedichte und Übersetzungen bekommen[1], die, wenn es keinen Eisernen Vorhang gäbe, sicherlich schon lange in Deinem – in Eurem – Besitz gewesen wären. Sobald ich wieder Exemplare der beiden früheren Gedichtbände habe, schicke ich Dir auch diese; das neue Buch[2] erscheint Ende September oder Anfang Oktober – es macht sich dann ebenfalls gleich auf den Weg.)

Hier nun die beiden Adressen :

Docteur R. Kern[3]
28, Ave Emma
La Celle Saint-Cloud
(Seine-et-Oise)   Tel. : 926 – 14 – 09

Charles Knappek[4]
22, Ave de la Porte Brunet
Paris 18[e]

Alexander Ehrlich lebt in Australien. In früheren Jahren hörte ich manchmal – selten – durch Hilde von ihm, einmal hat mich auch sein Sohn, der seinerzeit in England Medizin studierte, besucht; seine Tochter hat, Hilde erzählte das mit unüberhörbarem Stolz, sehr reich geheiratet, ebenfalls in Australien.[5]

Ich verstehe Deine – Eure – Sorgen, Edith. Davon, daß Ihr schwarz über die Grenze geht, um in Deutschland in ein Flüchtlingslager zu gelangen, als „Volksdeutsche", möchte ich abraten. Ich höre auch, daß es mit den Wiedergutmachungsansprüchen seine Schwierigkeiten hat – am ratsamsten erscheint mir also, so lange als möglich in Wien zu bleiben und darauf hinzuarbeiten, daß Ihr ein besseres Papier als eben dieses „certificat de călătorie"[6] in die Hände bekommt. – Gibt es denn keine Wege, eine längere Aufenthaltsbewilligung zu erreichen? Wie ich weiß, hat Ruth Kraft[7] das durchsetzen können – ich hoffe, es gelingt auch Euch.

Ich selbst will, wenn ich wieder in Deutschland bin, ein wenig herumfragen, was zu tun wäre – auf anderem Wege als über ein Flüchtlingslager; aber dazu müßte ich eben wieder einmal dorthin, und das läßt sich vor Jänner oder Feber kaum einrichten. Auf jeden Fall wäre es, scheint mir, gut, wenn Ihr mit Fremdenpässen – die ja wohl immer noch die IRO[8] ausstellt – ausgerüstet wäret.

Was Arghezi betrifft, so kann ich mich, versteh das, bitte, natürlich nicht an die hiesige rumänische Botschaft wenden: vergiß nicht, auf welchem Wege ich selbst hierher gekommen bin; vergiß auch nicht, was und ich schreibe.
Wichtig wäre, das(ß)[9] Du mir das Manuskript Deiner Übersetzung der Arghezi'schen Prosa schickst (nicht den Roman: der muß warten, bis die Prosa untergebracht ist). Bei S. Fischer besteht eine Möglichkeit, und es gibt sogar jemanden, der da sehr genau Bescheid wüßte: den (Französisch-) Lektor Petru Dumitriu[10]. Ich war vor kurzem, auf der Rückreise von Tübingen, in Frankfurt, und Petru Dumitriu hätte mir, wenn Arghezi sich an den Fischer Verlag gewandt hätte, gewiß davon erzählt. Nicht ganz günstig wäre es meiner Ansicht nach, wenn Deine Übersetzung zuerst bei andern Verlegern, zumal österreichischen – im Bergland-Verlag sind ja Sperbers – leider sehr bescheidene – Übertragungen der Gedichte erschienen[11] –, die Runde machte; bei S. Fischer kann ich das sehr gut befürworten, sowohl bei Gottfried Bermann Fischer[12] selbst als auch beim Chef-Lektor Klaus Wagenbach[13] – der mit Peter Huchel[14], dem früheren Chefredakteur von "Sinn und Form" befreundet ist –, und ich möchte dazu noch hinzufügen, daß das dann für Dich auch in Hinsicht des Honorars vorteilhafter aussähe als anderswo.

Du fragst mich, warum ich nichts über mich schreibe –: weil es mir nicht leicht fällt, Edith. Ich habe, als Jude und deutscher Schriftsteller, keinen leichten Stand; hinzu kommt, daß ich nicht gesonnen bin, Zugeständnisse an die herrschenden Literatursitten zu machen – was alles andere noch um einiges schwerer macht. Aber davon erzähl ich Dir, wenn Du in Paris bist.

Laß recht bald wieder von Dir hören!
                    Herzlich
                         Paul
Vielen Dank für das Photo!

---

1 Celans Geschenk enthielt ein Exemplar seiner Büchner-Preis-Rede „Der Meridian" mit der folgenden handschriftlichen Widmung auf der Titelseite: „Für Edith und Jakob Silbermann, herzlich, Paul Celan, 2. IX. 63" [Celan, *Der Meridian: Rede anlässlich der Verleihung des Georg-Büchner-Preises 1960*, Frankfurt/M.: S. Fischer Verlag, 1961]; Celan hatte auch seine Übersetzungen

der Gedichte Mandelstams und Jessenins beigefügt: Sergej Jessenin, *Gedichte*, Ausw./Übers. Paul Celan, Frankfurt/M.: S. Fischer Verlag, 1961; Ossip Mandelstam, *Gedichte*, Übers. Paul Celan, Frankfurt/M.: S. Fischer Verlag, 1959.

2 Celan bezieht sich auf seinen Gedichtband, *Die Niemandsrose* (1963), den er seinen Freunden einige Wochen später zusenden sollte; vgl. B. 1, Anm. 7; B 6, Anm. 8; B 8, Anm. 2; B 13, Anm. 1.

3 R. Kern (V, I), vgl. B 3, Anm. 3.

4 Charles Knappek (V, II), vgl. B 1, Anm. 11.

5 Alexander Ehrlich (V, II), Hildes Bruder, Verwandter von ES und Celan. 1945 war auch Alexander Ehrlich mit seiner Familie von Czernowitz nach Bukarest geflüchtet, musste zwei Jahre in einem DP-Lager (für „displaced persons") verbringen, ehe er – dank der Intervention eines Verwandten –, die rumänische Hauptstadt verlassen und über Paris nach Sydney auswandern konnte. Während seines Medizinstudiums in England besuchte sein Sohn, Frederick Ehrlich (V, II), Celan in Paris; vgl. B 1, Anm. 11.

6 Reisedokument, vgl. B 3, Anm. 2.

7 Ruth Kraft (V, I). Im Jahre 1957 war sie von Bukarest nach Wien ausgewandert; ab 1963 konnte sie sich in Köln niederlassen, weil ihr die Eheleute Pohne eine Stelle bei der Deutschen Welle verschafft hatten.

8 *International Rescue Organization*, Hilfsorganisation für Flüchtlinge und „displaced persons".

9 Vgl. Faksimile des Briefes: „Wichtig wäre, das"; „das" bezieht sich vermutlich auf „Manuskript"; der Nebensatz sollte wohl einen anderen Gedanken oder eine andere Formulierung einleiten. In „Wichtig wäre, das(ß)" ist „(ß)" eine Ergänzung, die nicht im Original enthalten ist.

10 Petru Dumitriu (V, I).

11 Arghezi, *Gedichte*, Hrsg./Übers. Alfred Margul-Sperber, Wien: Bergland-Verlag, 1961.

12 Gottfried Bermann Fischer (V, I), damaliger Verleger Celans.

13 Klaus Wagenbach (V, I).

14 Peter Huchel (V, I); von 1949 bis 1962 war er Chefredakteur der Zeitschrift *Sinn und Form*.

48 rue de longchamp   Paris, den 8. September 1963

Liebe Edith,

vielen Dank für Deinen Brief. (Mittlerweile hast
Du wohl auch die Gedichte und Übersetzungen bekommen,
die, wenn es keinen Eisernen Vorhang gäbe, vielleicht
schon lange in Deinem – in Eurem – Besitz gewesen wären.
Sobald ich weitere Exemplare der beiden früheren Gedichtbände
habe, schicke ich Dir auch diese; das neue Buch erscheint
Ende September oder Anfang Oktober – es macht sich dann
ebenfalls gleich auf den Weg.)

Hier nun die beiden Adressen:

Docteur R. Kern
28, Ave Emma
La Celle Saint-Cloud
(Seine-et-Oise)   Tel.: 926-14-09

Charles Knappek
22, Ave de la Porte Brunet
Paris 18ᵉ

Alexander Ehrlich lebt in Australien. In früheren Jahren hörte ich manchmal – selten – durch Hilde von ihm, einmal hat mich auch sein Sohn, der seinerzeit in England Medizin studierte, besucht; seine Tochter hat, Hilde erzählte das mit unverhohlenem Stolz, sehr reich geheiratet, ebenfalls in Australien.

Ich verstehe deine – Eure – Sorgen, Edith. Davon, daß Ihr schwarz über die Grenze geht, um in Deutschland in ein Flüchtlingslager zu gelangen, als "Volksdeutsche", möchte ich abraten. Ich höre auch, daß es mit den Wiedergutmachungsansprüchen seine Schwierigkeiten hat – am vernünftigsten erscheint mir also, so lange als möglich in Wien zu bleiben und darauf hinzuarbeiten, daß Ihr ein besseres Papier als eben dieses "certificat de catégorie" in die Hände bekommt. – Gibt es denn keine Wege, eine längere Aufenthaltsbewilligung zu erreichen? Wie ich weiß, hat Ruth Kraft das durchsetzen können – ich hoffe, es gelingt auch Euch.

Ich selbst will, wenn ich wieder in Deutschland bin, ein wenig herumfragen, was zu tun wäre – auf anderem Wege als über ein Flüchtlingslager; aber dazu müßte ich eben wieder einmal dorthin, und das läßt sich vor Jänner oder Feber kaum einrichten. Auf jeden Fall wäre es, scheint mir, gut,

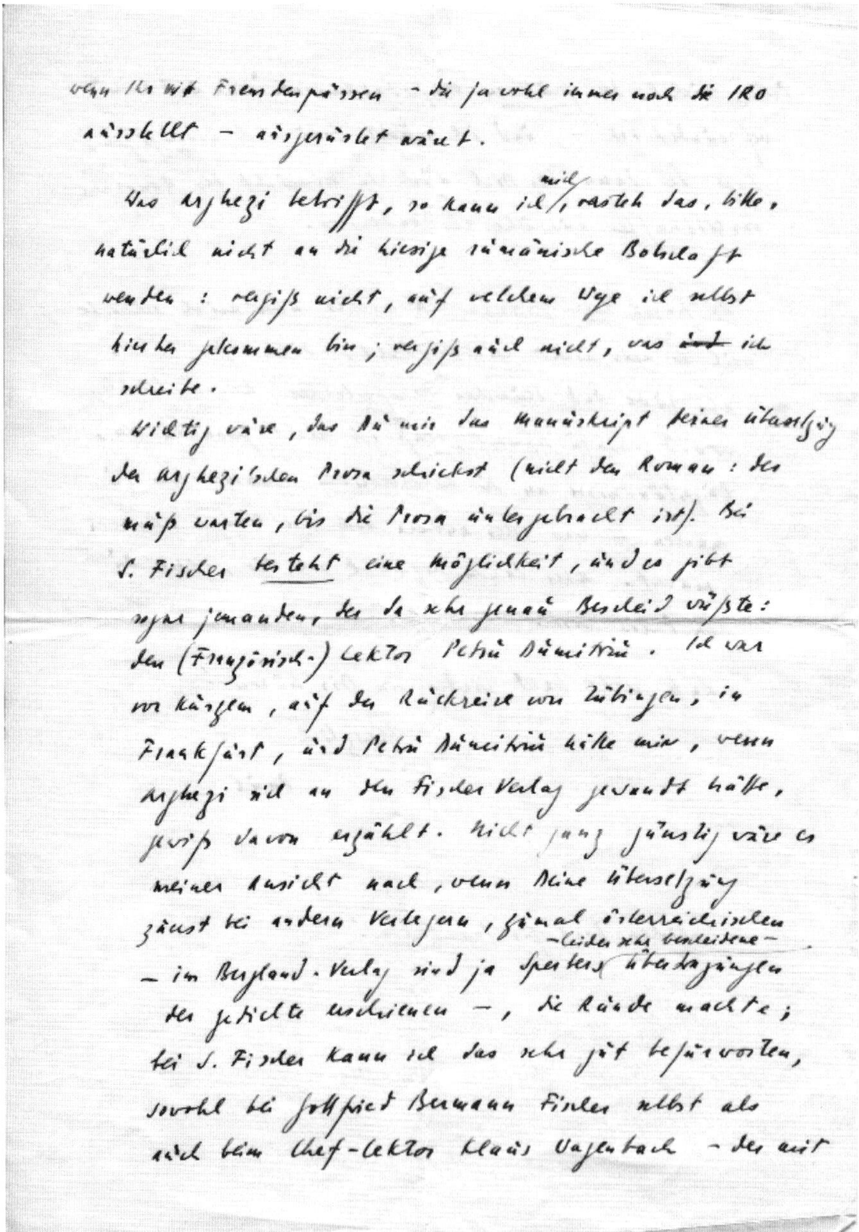

wenn Ihr mit Fremdenpässen – die ja wohl immer noch die IRO ausstellt – ausgerüstet würdet.

Was Arghezi betrifft, so kann ich mich, versteh das, bitte, natürlich nicht an die hiesige rumänische Botschaft wenden: weißt nicht, auf welchem Wege ich selbst hierher gekommen bin; weißt auch nicht, was ~~ich~~ ich schreibe.

Wichtig wäre, daß Du mir das Manuskript Deiner Übersetzung der Arghezi'schen Prosa schickst (nicht den Roman: der muß warten, bis die Prosa untergebracht ist). Bei S. Fischer besteht eine Möglichkeit, und es gibt sogar jemanden, der da sehr genau Bescheid wüßte: den (Französisch-)Lektor Petru Dumitriu. Ich war vor kurzem, auf der Rückreise von Tübingen, in Frankfurt, und Petru Dumitriu hätte mir, wenn Arghezi sich an den Fischer Verlag gewandt hätte, gewiß davon erzählt. Nicht ganz günstig wäre es meiner Ansicht nach, wenn Deine Übersetzung zuerst bei anderen Verlegern, zumal österreichischen – im Bergland-Verlag sind ja Sperbers – leider sehr bescheidene – Übertragungen der Gedichte erschienen –, die Runde machte; bei S. Fischer kann ich das sehr gut befürworten, sowohl bei Gottfried Bermann Fischer selbst als auch beim Chef-Lektor Klaus Wagenbach – der mit

Peter Michel, dem früheren Chefredakteur von "Sinn und Form"
befreundet ist –, und ich möchte sogar noch hinzufügen,
daß er dann für Dich auch in Hinsicht des Honorars
vorteilhafter aussähe als anderes.

Du fragst mich, warum ich willens über mich schreibe –:
weil es mir nicht leicht fällt, Schillo. Ich habe,
als Jude und deutscher Schriftsteller, keinen leichten
Stand; hinzu kommt, daß ich nicht gesonnen bin,
Zugeständnisse an die herrschenden Literatursitten zu
machen – was alles andere noch um einiges schwerer
macht. Aber davon erzähle ich Dir, wenn Du
in Paris bist.

Laß recht bald wieder von Dir hören!
                            Herzlich
                                Paul

Vielen Dank für das Photo!

5. An Paul Celan

Wien, den 12/ IX 1963

Lieber Paul,

Vielen herzlichen Dank für Deinen Brief und vor allem für die schönen Bücher.
Ich war beglückt wie ein Kind, das eine Weihnachtsbescherung erhält, als meine
Freundin mir das Paket brachte, und freue mich schon auf die Entdeckungen, die
ich darin machen werde. Besonders neugierig bin ich auf die Gedichte von Ossip
Mandelstamm[1], den ich nicht einmal den Namen nach kannte. Die meisten Jessenin Übersetzungen[2] habe ich bereits in Bukarest gelesen und manche kenne ich
noch von viel früher, nur vermisse ich eines, das mir das liebste war; ich erinnere
mich nur an die Zeile: „Stumme Rosen flichn (ziehn) das Tal entlang…"[3], die wie
ein Refrain in allen Strophen, glaube ich, wiederkehrt. Beginnt es nicht mit
„Schaganeh, Du mein Lieb, Schaganeh"?[4] Oder ist das ein anderes Gedicht?
     Lieber Paul, der Zufall führte mich gleich in den ersten Tagen mit zwei Men-
schen zusammen, die Deine Dichtung über alles schätzen und Dich sehr gern
persönlich kennenlernen würden. Die eine, eine entzückende Frau, die aus Czernowitz stammt[5], aber bereits seit dreiundzwanzig Jahren in Wien lebt, ist heuer,
als sie in Südfrankreich war, eigens nach Paris gefahren, um Dich kennenzuler-
nen, aber Du warst irgendwo auf Sommerfrische fort. Sie ist meine interessantes-
te Bekanntschaft hier und würde Dir gewiss sehr gut gefallen. Mit ihr sprechen
wir sehr oft über Dich und dann sagt sie immer wieder: „wieviel er doch in so
knapper Form zum Ausdruck bringt, wo doch andere so viel Worte dazu brau-
chen…" Leider wird sie nicht lange hierbleiben, denn ihr Freund, ein junger
Schweizer Cellist,[6] der mit Vorliebe Viola da Gamba spielt und übrigens ein etwas Welt zugewandterer christlicher Huschke Segall[7] ist, fährt in paar Tagen
nach Afghanistan, wo er zwei Jahre als Konservatoriumsdirektor tätig sein wird,
und so wird sie ihm bis Ende des Jahres nachkommen. Der andere, Marcel
Faust[8], Leiter des International Rescue Commitee und somit unser Beschützer
– ihm verdanken wir momentan unseren Aufenthalt – ist ein sehr netter, hoch-
gebildeter Mann, der gehofft hat, Dich damals bei der Vorlesung im französischen Pavillon zu treffen und sehr enttäuscht war, das andere Deine Gedichte
vorgetragen haben.[9] Da er demnächst in die Schweiz fährt und vielleicht auch in
Paris sein wird, hat er mich um Deine Adresse gebeten. Hoffentlich bist Du mir
nicht böse, daß ich sie ihm gegeben habe. Auch Dr. Faust rät uns von Australien
ab und zieht die Vereinigten Staaten für uns in Erwägung. Wir können ihm,
wiewohl er sehr einsichtig ist, denn doch nicht sagen, daß wir all diese Wege bloß
einschlagen, um Zeit zu gewinnen[10]. Heute haben wir mit ihm das Problem erörtert, ob ich nicht noch ein Jahr lang studieren könnte, um in Wien oder anderswo in Europa auf Grund eines UNESCO-Stipendiums ein Doktorat zu ma-

chen, das mir gewiss einen anderen Start ermöglichen würde als mein Bukarester Diplom. Was meinst Du dazu? Ich habe eine Bekannte, die mittels eines solchen Stipendiums zwei Jahre in Rom studiert hat. Nur ist es nicht so einfach, ein solches zu erlangen. Hier einen Fremdenpass zu bekommen, den nur die Fremdenpolizei ausfolgt, ist heutzutage viel schwieriger, als es vor Jahren war. Den Gedanken, illegal über die Grenze zu gehen, haben wir, wiewohl uns viele dazu raten, fallen gelassen. Indessen ist es uns bisher nicht gelungen, eine Protektion zum hiesigen deutschen Konsulat zu finden, damit wir ein Einreisevisum erhalten. Am besten wäre es natürlich, wenn einer von uns in Deutschland eine Stelle – es könnte auch eine fiktive sein[11] – fände und man uns auf diese Weise anfordern würde. Aber die einzigen, die uns bis nunzu dabei hätten behilflich sein können, und zwar die Pohnes[12], von denen wir ganz genau wissen, daß sie fieberhaft nach Mitarbeitern und Übersetzern für die rumänische Sendung der Deutschen Welle suchen, scheinen uns nicht gewogen zu sein. Vielleicht ist es ihnen auch peinlich, etwas für uns zu tun, weil sie, wie sie behaupten, Schritte unternommen haben, um Ruth Kraft dort unterzubringen.

Von meinen Übersetzungen habe ich vorderhand nur ein Paket erhalten, das ich seinerzeit nach Israel geschickt habe. Es enthält einen Band von Geo Bogza[13], ein Märchenbuch[14], das Kindern sehr gut gefällt – liest Eric deutsch? – einen ganz schönen Roman von Camil Petrescu „Ultima noapte de dragoste, prima noapte de război"[15] und ein sehr nettes Lustspiel von Mihail Sebastian „Jocul de-a vacanţa"[16]. Glaubst Du, daß etwas davon in Frage kommt? Sobald ich das Manuskript der Arghezi Übersetzung erhalte, schicke ich es Dir natürlich und wäre froh, wenn Du es bei S. Fischer unterbringen könntest. Ob Petru Dumitriu[17] der richtige Fürsprecher für Arghezi ist, muß ich allerdings bezweifeln. Sollte er nicht den Artikel kennen, den Arghezi nach seiner Flucht geschrieben hat?[18]

Verzeih, bitte, die vielen Worte und schreib bald wieder.

Herzlichst

Edith

P.S.

Da ich die Hoffnung, einmal doch nach Paris zu kommen, nicht aufgeben möchte, würde ich gern meine Französischkenntnisse auffrischen, um nicht eines Tages wie eine Stumme dazustehen, darum wäre ich Dir sehr dankbar, wenn Du mir ein Konversationsbüchlein und eine Grammatik, am liebsten die von Claude Augé, Cours moyen pour l'élève[19], schicken könntest, aber es kann auch etwas anderes sein. Vielen Dank. Edith

Den Dank für die freundliche Widmung verbinde ich mit dem Ausdruck meiner Bewunderung für den märchenhaften Aufstieg eines Dichters aus meiner Heimatstadt. Silb.

1 Ossip Mandelstam (V, I), vgl. B 4, Anm. 1.

2 Sergej Jessenin (V, I), vgl. B 4, Anm. 1; ES kannte bereits Celans in Czernowitz und Bukarest entstandenen Übersetzungen.

3 „Still die Rosen gehn über Feld" ist eine Verszeile aus Jessenins Gedicht „Spätes Licht, safranfarben" (1924), Übersetzung von Friedrich Bolge, zit. nach Jessenin, *Gesammelte Werke*, Hg. Leonhard Kossuth, Bd. 1, Berlin: Verlag Volk und Welt, 1995, S. 258; in diesem Text fällt der Name „Schaganeh" oder „Schagane" indes nicht.

4 ES bezieht sich auf Jessenins Gedicht, „Schagane, du mein Glück" (1924), zit. nach der Übersetzung von Rainer Kirsch, in: Jessenin, *Gesammelte Werke*, ebd., S. 261. Hier taucht die von ES erwähnte Verszeile nicht auf; beide Gedichte (vgl. Anm. 3) sind im Zyklus „Persische Motive", ebd., enthalten.

5 Diese neue Bekannte von ES war Magda Wenček (V, I), eine in Wien lebende Bukowinerin, die sich leidenschaftlich für Literatur, Kunst und Musik interessierte.

6 Der Lebensgefährte von Magda Wenček war Thomas Hürsch (V, I), ein Schweizer Cellist, der von 1963 bis 1966 eine Musikschule in Kabul leitete.

7 Hersch (Herschke) Segal (V, I), Czernowitzer Mathematiklehrer, enger Freund von JS und erster Herausgeber der Gedichte seiner in Transnistrien umgekommenen Schülerin, Selma Meerbaum-Eisinger (15.8.1924 in Czernowitz – 16.12.1942 im Lager, in Transnistrien), die Celans Cousine war. Selma Meerbaum-Eisinger, *Blütenlese*, Hg. Hersch Segal, eigener Druck, Rechovot 1976.

8 Marcel Faust (V, I), Leiter des *International Rescue Committee*; vgl. B 1, Anm. 3; weitere Informationen über IRC in: Eric Thomas Chester, *Covert Network: Progressives, the International Rescue Committee, and the CIA,* London: M. E. Sharpe, 1995; Aaron Levenstein, *Escape to Freedom: The Story of the International Rescue Committee*, Westport CT: Greenwood Press, 1983.

9 Vgl. B 1, Anm. 3.

10 Das Ehepaar Silbermann hoffte, in Wien oder zumindest im deutschsprachigen Raum bleiben zu können.

11 Edith Silbermann berichtet hier zwar ihrem Jugendfreund über diesen Rat, den man ihr erteilt hatte; sie selbst ist aber nicht auf diese Weise in die BRD gelangt. Die legale Basis für ihre Weiterreise wurde etwas anderes: Wenige Monate später, dank der Intervention von Janko von Musulin, Chef-Lektor des S. Fischer Verlages, erhielt sie eine Anstellung als Übersetzerin im S. Fischer Verlag.

12 Marcel und Nadja Pohne (V, I) hatten Ruth Kraft zu einer Anstellung in ihrer Abteilung der Deutschen Welle verholfen.

13 ES hatte zwei Bände dieses Autors übersetzt, konnte sich indes nicht mehr erinnern, welches der Bücher sie aus Israel erhalten hatte: Geo Bogza (V, I), *Jahre des Widerstandes, Reportagen, Pamphlete, Aufsätze*, Textauswahl von Ion Ghimeşan, Übers. EH, Bukarest: Verlag „Das Buch", 1955, 376 S.; Ders., *Das Steinerne Land, Reportagen, Pamphlete, Aufsätze*, Textwahl: Verlag der Nation. Übers. ES, Berlin: Verlag der Nation, 1959.

14 Zu ihren deutschen Übersetzungen rumänischer Märchen zählen Al. (Alexandru) Mitru, *Märchen rauscht das Meer*, Bukarest: Jugendverlag, 1959; D. Nagyschkins *Der tapfere Asmun. Ein Märchen vom Amur*, Bukarest: Jugendverlag, 1959; in ihrer Bibliothek stehen beide Bücher in ihrer Übersetzung.

15 Camil Petrescu (V, I), *Ultima noapte de dragoste, întâia noapte de război* (1930), Bukarest: Editura pentru literatură, 1965; der Titel der Erstausgabe (1930) enthielt das Wort „prima" statt „întâia"; es handelt sich hier um Synonyme. ES hatte ihre Übersetzung dieses Werkes bereits in Rumänien veröffentlicht: „Die letzte Liebesnacht, die erste Kriegsnacht", Übers. ES, in: *Rumänische Rundschau*, X, Nr. 4 (1956), S. 6-171.

16 Mihail Sebastian (V, I), „Ferienspiel", Übers. ES, in: *Rumänische Rundschau*, XII, Nr. 1, (1958), S. 23-108; auch in: Ders., *Ausgewählte Werke*, Bukarest: Staatsverlag für Kunst und Literatur, 1960, S. 157-285.

17 ES hat an dieser Stelle Petru Dimitriu geschrieben, aber Petru Dumitriu (V, I) gemeint.

18 Arghezi hatte den abtrünnigen rumänischen Schriftsteller P. Dumitriu scharf kritisiert, weil er sich ins Ausland abgesetzt hatte.

19 Claude Augé, *Grammaire. Cours moyen. Livre de l'Élève*, Paris: Librarie Larousse, ohne Datum. Celan sandte ihr ein Exemplar dieses Buches für Lehrer, *Livre du Maître*, das sich auch heute noch in ihrer Bibliothek befindet.

6. An Edith und Jacob Silbermann

Paris, am 25. Oktober 1963

Liebe Edith, lieber Dr. Silbermann,

es hat mich bedrückt, Euch von hier aus so gar nicht helfen zu können, und so ist Euer Brief lange unbeantwortet geblieben. (Hinzu kam auch, daß es mir nicht sonderlich gut geht.)

Nun bin ich, vor ein paar Tagen, in Frankfurt gewesen und habe mit meinem Verleger Gottfried Bermann Fischer und dessen Geschäftsführer Janko von Musulin[1] über Eure Lage gesprochen.

Baron von Musulin hat daraufhin ; an den Wiener Vertreter des Fischer Verlags, Dr. Heribert Umfahrer[2], und an seine in Wien lebende Frau[3] geschrieben, mit der Bitte, Euch bei der Erlangung der für den Aufenthalt in Österreich und zur eventuellen Weiterreise nach Deutschland nötigen Papiere behilflich zu sein. Ich nehme an, daß Ihr schon in den nächsten Tagen von Dr. Umfahrer und Baronin Stella Musulin[4] Nachricht erhaltet und in nicht allzu langer Zeit in den Besitz der no Papiere gelangt, die Ihr braucht. Baron von Musulin will sich auch, wenn dies nötig sein sollte, bei Justizminister N. Broda[5] und dem Bundeskanzler in spe Dr. Klaus[6] für Euch verwenden. – Ich hoffe, daß diese Schritte Erfolg haben werden.

Ich brauche Euch nicht erst zu sagen, wie viel mir daran liegt, daß Ihr Euer Leben so einrichten könnt, wie Ihr es wünscht. Sowohl Dr. Fischer als auch Herr von Musulin wissen, welchen Dank ich Euch schulde[7].

In den nächsten Tagen schicke ich Euch mein neues Buch[8].

Ich hätte viel darum gegeben, Euch in den letzten drei Jahren, die mir die bittersten Erfahrungen gebracht haben, hier zu haben. Besonders Sie, lieber Dr. Silbermann, hätten mir beistehen können.[9] – Gebt mir bitte bald Nachricht!

Herzlich
Euer
Paul

---

1 Freiherr Janko von Musulin (V, I).
2 Dr. Heribert Umfahrer (V, I) war der damalige Vertreter des S. Fischer Verlages in Wien; Baron Janko von Musulin wandte sich daher an ihn mit der Bitte, sich für ES und JS einzusetzen.
3 Gemeint ist Stella von Musulin (V, I); vgl. Einleitung, S. 18; B 7, Anm. 2.

4 Vgl. Anm. 3; B 7, Anm. 2.

5 Christian Broda (V, I), Justizminister (1960-66, 1970-83). Da Janko von Musulin ein ehemaliger Schulkollege des Politikers war, hoffte er, diesen persönlichen Kontakt nutzen zu können, um ES und JS zu helfen.

6 Josef Klaus (V, I), damals Bundeskanzler in spe; ein Jahr später wurde er Bundeskanzler der ÖVP-SPÖ-Koalition (1964-66) und danach Bundeskanzler der ÖVP-Alleinregierung (1966-70).

7 Celan bezieht sich hier auf die Hilfe und Unterstützung, die er von der Familie Horowitz sowie von JS in Czernowitz in der Kriegszeit und im kommunistischen Rumänien erhalten hatte; vgl. Einleitung, S. 13-16.

8 Gemeint ist Celan, *Die Niemandsrose* (1963), vgl. B 1, Anm. 7; B 4, Anm. 2; B 8, Anm. 2; B 13, Anm. 1.

9 Vgl. Einleitung, S. 19.

Paris, am 25. Oktober 1963

Liebe Edith, lieber Dr. Silbermann,

es hat mich betrübt, Euch von hier aus so gar
nicht helfen zu können, und weiß Euer Brief
lange unbeantwortet geblieben. (Things kann sein,
daß es mir nicht verziehen gut geht.)

Ich bin ich, vor ein paar Tagen, in Frankfurt
gewesen und habe mit meinem Verleger Siegfried
Unseld Finder und dessen Geschäftsführer Sanko
von Marseille über Eure Lage gesprochen.

Auch er, Marseille, hat zwischenzeitig an den Wiener
Vertreter des Fischer Verlags, Dr. Heribert Umfahrer,
und an eine in Wien Unbekannte geschrieben, mit
der Bitte, Euch bei der Erlangung der für den
Aufenthalt in Österreich und zur eventuellen Weiterreise

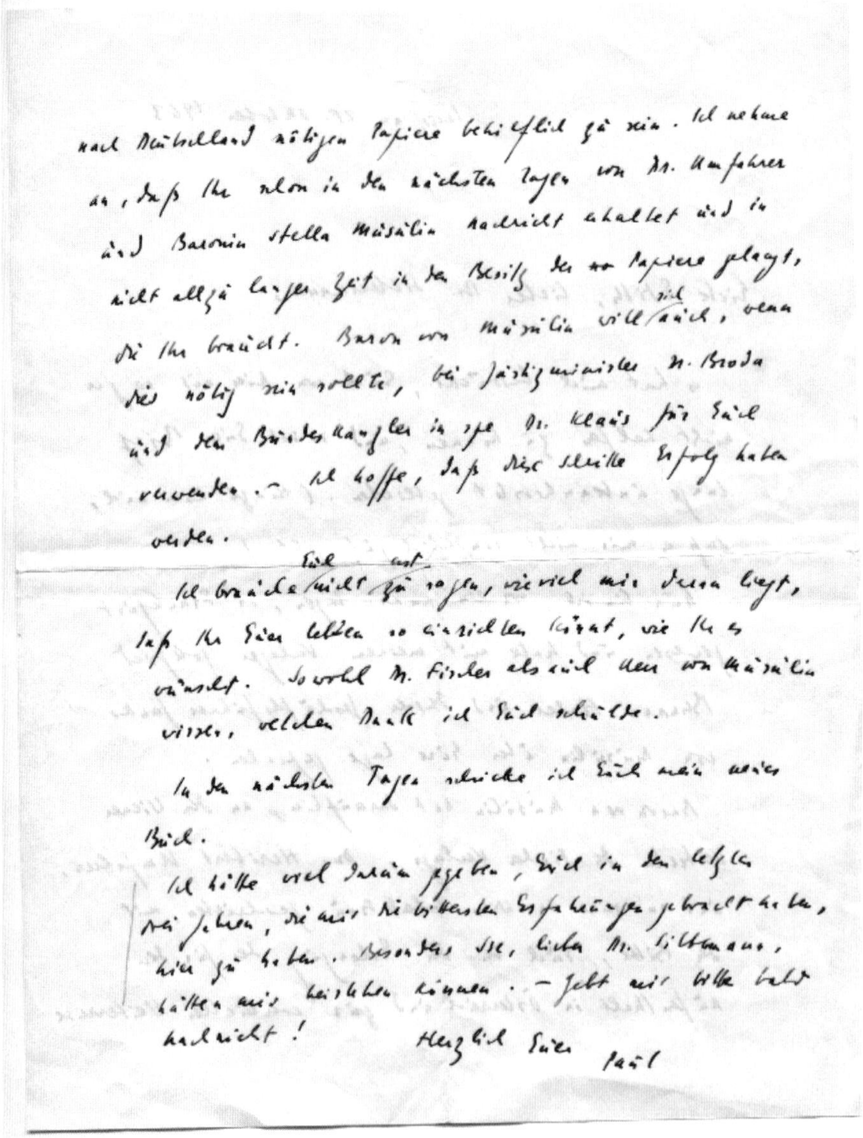
nach Deutschland nötigen Papiere schließlich zu sein. Ich nehme an, daß Ihr schon in den nächsten Tagen von Dr. Umfahrer und Baronin Stella Musulin Nachricht erhaltet und in nicht allzu langer Zeit in den Besitz der so Papiere gelangt, die Ihr braucht. Baron von Musulin will sich auch, wenn es nötig sein sollte, bei Justizminister Dr. Broda und dem Bundeskanzler in spe Dr. Klaus für Euch verwenden. – Ich hoffe, daß diese Schritte Erfolg haben werden.

Ich brauche Euch nicht erst zu sagen, wieviel mir daran liegt, daß Ihr Euer Leben so einrichten könnt, wie Ihr es wünscht. Sowohl Dr. Fischer als auch Herr von Musulin wissen, welchen Dank ich Euch schulde.

In den nächsten Tagen schicke ich Euch mein neues Buch.

Ich hätte viel darum gegeben, Euch in den letzten drei Jahren, die mir die bittersten Erfahrungen gebracht haben, hier zu haben. Besonders Sie, liebe Dr. Sillmann, hätten mir beistehen können. – Gebt mir bitte bald Nachricht!

Herzlich Euer Paul

7. An Paul Celan

Wien, den 30/x 1963

Lieber Paul!

Wir waren sehr traurig, daß Du unser letztes Schreiben so lange unbeantwortet gelassen hast und dachten schon, Du hättest uns vergessen. Um so überraschender war Dein Brief, den wir gestern erhielten und für den wir Dir von ganzem Herzen danken. Nur bin ich betrübt, daß Du Dich schlecht fühlst, besonders weil Du nur so andeutungsweise darüber schreibst; geht es Dir jetzt etwas besser? Nimm mir, bitte, das viele Fragen nicht übel, aber Du weißt doch, wie sehr ich an allem, was Dich betrifft, was Dich bewegt oder bedrückt, Anteil nehme.

Um auf uns zurückzukommen, will ich Dir sagen, daß sowohl Herr Umfahrer[1] als auch Frau Stella von Musulin[2] uns angerufen, eingeladen und sich reizend zu uns benommen haben. Wir haben ihnen unsere Lage klargelegt und sie ersucht, Baron von Musulin[3] zu bitten, uns eine Zuzugsgenehmigung nach Deutschland zu erwirken oder, was noch günstiger wäre, bei Justizminister Dr. Broda[4] zu intervenieren, daß man uns Flüchtlingspässe gibt, mit denen wir dann frei fahren könnten, wohin wir wollen. Alle Leute halten es nämlich nach wie vor für ratsam, daß wir nach Deutschland gehen. Dort werden angeblich Anwälte gesucht. Herr Umfahrer glaubt auch, daß ich leicht bei einem Verlag, höchstwahrscheinlich sogar bei Fischer selbst, ankommen könnte. Eine andere Möglichkeit für mich wäre eine Lehrerstelle an einer Mittelschule. Nun, wir wollen ja sehen, was daraus wird.

Ich habe inzwischen erfahren, daß Arghezi, der anfangs Oktober hier war, den ich aber leider verpasst habe, die Übersetzung seines Romans[5] sowie vermutlich auch die sechzig Seiten der kleinen Prosa, die ich ihm als Probe[6] mitgegeben habe, hier im Unterrichtsministerium gelassen hat, daß sich der Ber(g)landverlag[7] jedoch nicht entschließen kann, vorderhand etwas von ihm zu bringen, da sein Gedichtband so wenig Anklang gefunden hat. Ich habe inzwischen auch schon die sechzig Seiten sowie das Original der „Cartea cu jucării"[8] und der „Pagini din trecut"[9] erhalten und hoffe demnächst auch den Rest zu bekommen. Nun weiß ich nicht, was damit anzufangen; soll ich das Material Dir zukommen lassen oder es direkt an Herrn von Musulin schicken? Herr Umfahrer meint, wir müßten zunächst in Erfahrung bringen, ob Arghezi nicht mit dem Ber(g)landverlag[10] irgendwelche Vereinbarung getroffen hat, und ich will das nun durch Herrn Dr. Schönwiese[11] vom Rundfunk oder Wolfgang Kraus[12] von der Österreichischen Gesellschaft für Literatur herauszubekommen versuchen. Nur befürchte ich, wie ich Dir, glaube ich, bereits einmal schrieb, daß Petre Dumitriu

sich dem Erscheinen von Arghezis Werken entgegensetzen könnte. Oder hat er
kein entscheidendes Wort dort zu sprechen(?) Kubi hat auch Bedenken, ob Arghezi es sich gestatten darf, seine Sachen in dem gleichen Verlag erscheinen zu
lassen, in dem Petru Dumitriu solche Hetzromane gegen Rumänien herausgibt.[13] Ich dachte mir, ob es nicht am ratsamsten wäre, fürs erste einen Sammelband herauszubringen: Gedichte – vielleicht in Deiner Übersetzung, das Original könnte ich Dir einschicken – ausgewählte kleine Prosastücke, ein – zwei
Kindergeschichten und ein Fragment aus dem Roman.[14]

Wir erwarten nun voller Ungeduld Nachricht von unseren neuen Schutz-
engeln und werden Dich natürlich über alles auf dem laufenden halten.

Mit den herzlichsten Grüßen
Deine
Edith

Lieber Paul,

gerade als wir in unserer schwierigen Lage vor unbehaglichen Entscheidungen
standen, hat ein Wort von Ihnen wie durch einen Zauberspruch uns wieder
Hoffnung gegeben.

Vielleicht wird es uns doch vergönnt sein, sich in der „freien Welt" auch bewegen
zu dürfen – vorderhand sind wir nur ungebetene Zaungäste an den Toren dieser
Welt – dann wird es mich freuen, Sie wieder zu sehen und zu sprechen.

Es grüßt Sie in alter Freundschaft
Ihr
Silb[15]

---

1 Heribert Umfahrer (V, I).
2 Stella von Musulin (V, I); sie sollte später die engste Freundin von ES werden. Stella von Musulin
  und Christine von Kohl (V, I), zwei Freundinnen und politisch engagierte Journalistinnen, versuchten, ES und JS in dieser schwierigen Zeit beizustehen; gemeinsam mieteten sie ein Theater,
  in dem ES ihr jiddisches Rezitationsprogramm zum ersten Mal in Wien präsentieren konnte; der
  Abend war ein großer Erfolg und verhalf ES zu weiteren Engagements; vgl. B. 6, Anm. 3, Anm. 4.
3 Janko von Musulin (V, I), vgl. B 6, B 8.
4 Janko von Musulin wandte sich in der Tat an Justizminister Christian Broda (V, I) und bat diesen
  Politiker, sich für ES und JS einzusetzen. Der Justizminister gewährte Jacob Silbermann eine
  Audienz, hörte sich sein Anliegen an und versprach ihm, bei den zuständigen Behörden zu intervenieren, damit er in Österreich bleiben oder zumindest neue Reisedokumente erhalten solle; vgl.
  S. 87; vgl. auch Brief 9, Anm. 2.
5 ES bezieht sich auf Arghezis Roman *Lina*, vgl. B 1, Anm. 14.

6 Die Probe waren Beispiele aus ihrer Übersetzung von Arghezis „Kleiner Prosa"; vgl. B 1, Anm. 15.

7 ES schreibt hier irrtümlicherweise Berland-Verlag, meint aber den Berglandverlag.

8 Arghezi, *Cartea du jucării* (Das Spielzeugbuch), Bukarest: Editura Cultură natională, 1931; Bukarest: Regis, 2006, Neuauflauge; vgl. B 11, Anm. 9.

9 Arghezi, *Pagini din trecut* (Blätter aus der Vergangenheit), Bukarest: Editura de Stat pentru Literatură şi Artă, 1955.

10 Vgl. Anm. 8.

11 Ernst Schönwiese (V, I).

12 Wolfgang Kraus (V, I).

13 JS bezieht sich auf Dumitrius Abrechnung mit dem rumänischen Kommunismus, die zunächst in französischer Sprache und dann in einer deutschen Übersetzung im S. Fischer Verlag erschienen war: Dumitriu, *Rendez-vous au Jugement dernier*, Paris: Seuil, 1961; Ders., *Treffpunkt Jüngstes Gericht*, Übers. Hanns Grössel, Frankfurt/M.: S. Fischer Verlag, 1962; vgl. Petre Dumitriu (V, I).

14 Arghezi, *Lina*, vgl. B 1, Anm. 14.

15 JS Unterschrift.

8. An Paul Celan[1]

Wien, den 15/XI 63

Lieber Paul!

Vielen Dank für den neuen Gedichtband[2], in dem wir nun allabendlich mit großem Interesse lesen, und alles Gute, viel Glück und Gesundheit zu Deinem bevorstehenden Geburtstag. Herr Baron von Musulin war Sonntag in Wien und hat uns zu helfen versucht. Nur meint er, es könnte noch eine lange Weile dauern, bis er Bescheid hat, und so müssen wir Geduld haben. Auch von P. Dumitriu erhielt ich einen Brief mit einem Arbeitsangebot.
Es grüßt Dich herzlichst Edith

Vielen Dank und herzliche Grüße
K. Silb[3]

---

1 Kunstpostkarte, Angabe auf der Rückseite: Egon Schiele (1890-1918) „Drei Bäume, Three trees, Trois arbres, Tres arboles." / Anschrift: Paul Celan, 78 rue de Longchamp, Paris 16ᵉ, France.

2 JS bezieht sich auf Celans Gedichtband, *Die Niemandsrose* (1963), der im Briefwechsel mehrmals erwähnt wird; vgl. B 1, Anm. 7, B. 4, Anm. 2, B 6, Anm. 8, B 13, Anm. 1; das von Celan eingesandte Exemplar trug eine handschriftliche Widmung: „Für Edith und Jakob Silbermann, in Erinnerung an unsere Heimat, auf das herzlichste, Paul Celan, 6. XI. 63".

3 JS Unterschrift: Abkürzung für Kubi Silbermann.

9. An Paul Celan

Wien, den 24. Dezember 1963 [1964][1]

Lieber Paul,

Baron Musulins Bemühungen, uns ins richtige Fahrwasser zu bringen, sind dankenswert. Er hat mir nach seiner Unterredung mit Dr. Broda eine Audienz ermöglicht, in der ich die Bitte um Ausstellung gültiger Reisedokumente vorbringen konnte. Der Minister erklärte sich bereit, bei den zuständigen Behörden vorzusprechen; das Ergebnis seiner Intervention wird uns am 8. Jänner bekannt gegeben werden[2].

Baron Musulin hat sich zu uns reizend benommen; er hat seine in Wien lebende Gattin, eine ungemein gütige und geistig sehr hochstehende Dame, gebeten, sich unserer anzunehmen; sie hat uns mehrmals zu sich geladen, einmal sogar auf ihren Landsitz[3], und bekundet uns gegenüber eine menschliche Anteilnahme, die uns in dieser schwierigen Lage großen Trost bietet.[4]

In diesem kurzen Bericht will ich nicht versuchen, unsere Dankesschuld abzustatten, sobald wir etwas erfahren, schreibe ich ausführlich.

Alles Gute, lieber Paul, und vielen Dank!

In alter Freundschaft

Ihr

Silb

Wir wünschen Dir, Deiner Frau und Deinem Kind ein glückliches Neues Jahr

Edith und Silb

---

1 Neujahrsgruß von ES und JS aus Wien, den JS irrtümlich 24.12.1964 statt 24.12.1963 datierte.
2 Der Justizminister hatte JS wie auch seinem einstigen Schulkameraden Janko von Musulin versprochen, bis zu einem ganz bestimmten Stichtag, dem 8.1.1963, ihn und ES über den Ausgang seiner Intervention zu informieren. JS und ES hatten sich zunächst viel von der Fürsprache des Justizministers erhofft, doch je tiefer der Einblick war, den sie in die österreichische Bürokratie gewannen, umso größer wurden ihre Zweifel an einem glücklichen Ausgang der Bemühungen; als der Stichtag nahte, saßen sie bereits auf gepackten Koffern.
3 Gemeint ist Schloss Fridau im Besitz der Familie Musulin.
4 Vgl. B 7, Anm. 2.

10. An Edith und Jacob Silbermann

20.1.64[1]

Liebe Edith, lieber Dr. Silbermann,

verzeiht, daß ich Eure Wünsche erst heute beantworte. ~~Ich~~ Ihr wißt, daß ich
Euch alles Gute wünsche, nicht nur zu Jahresbeginn.

Der Stichtag des 8. Jänner[2] ist nun vorbei – ich wüßte nur allzu gerne, ob Ihr
jetzt im Besitz der Papiere seid. Schreibt, bitte, ein paar Zeilen.

Herzlich

Euer

Paul

---

1 Keine Ortsangabe.
2 Vgl. B 11, Anm. 2.

11. An Paul Celan[1]

Nürnberg, den 7. Februar 1964

Lieber Paul!

Da Baron von Musulins Bemühungen endgültig gescheitert sind[2], haben wir uns entschlossen, Juleks[3] Weg einzuschlagen und sind vor einer Woche nach Frankfurt gekommen.

Um unsere Rechtslage zu ordnen und endlich wenigstens zu einem Fremdenpass zu gelangen, mit dem wir frei reisen können, müssen wir durch mehrere Lager: von Zirndorf nach Nürnberg, von da nach Massen usw.[4] Wir wissen noch nicht, wo wir unseren festen Wohnsitz wählen werden, denken an Frankfurt, wo ein Rechtsanwalt Kubi angetragen hat, bei ihm zu arbeiten, oder an Düsseldorf, beziehungsweise Köln, wo man angeblich beim Rundfunk Übersetzer für die rumänische Sendung sucht. Ich habe allerdings Bedenken, einen solchen Posten aufzunehmen, so lange meine Leute noch in Rumänien sind. Petru Dumitriu hat mir unter Berufung auf eine Rücksprache mit Dir noch vor zwei Monaten angeboten, ein Sammelbändchen „Rumänien erzählt"[5] zu übersetzen. Aber die Rumänen haben immer noch nicht die Lizenz erteilt – vielleicht eben darum, weil Dumitriu dahintersteht – und so kann ich die Arbeit nicht in Angriff nehmen. Ich habe ihm vorgeschlagen, einen Band Prosadichtungen von Arghezi herauszubringen – das Manuskript des Romans „Lina"[6] wie auch die ungefähr dreihundert Seiten kleiner Prosa[7] hat man mir inzwischen zusammen mit den Originaltexten geschickt, aber er scheint sich, wie ich richtig angenommen habe, nicht für Arghezi einsetzen zu wollen. Baron von Musulin meint, das Beste wäre ein Doppelbändchen – Poesie und Prosa – das Du herausgeben solltest. Würdest Du Dich entschließen, eine Auswahl von Gedichten zu übersetzen? Die rumänischen Texte könnte ich Dir zur Verfügung stellen. Vielleicht könnte man auch einiges von Sperber verwenden? Der Prosateil könnte dann ein Kapitel aus dem Roman und Stücke aus „Ce-ai cu mine vîntule"[8] und der „Cartea du jucării"[9] enthalten. Bitte schreibe mir, wie Du Dich dazu verhältst. Es liegt mir sehr daran, Arghezi den Beweis zu erbringen, daß ich mich redlich bemühe, ihn jenseits der Grenzen bekannt zu machen, und das nicht nur, weil ich ihn tatsächlich für einen großen Dichter halte, sondern weil er sich reizend zu mir und nach meiner Abreise auch zu meinen Eltern benommen hat. In Frankreich ist vor kurzem in der Übersetzung eines gewissen André Marcel[10] – wer ist das übrigens? – eine Auswahl seiner Gedichte erschienen, die in der Zeitung „Le Monde" sehr günstig besprochen wurde, und Arghezi soll aus diesem Anlaß nun den 14ten Februar, also in paar Tagen nach Paris kommen. Mitzura Arghezi hat mich gebeten, Dir das mitzuteilen und Dich zu fragen, ob Du die französische Übersetzung gelesen hast und wie Du sie findest. Sie würde Dich auch sehr gerne kennenlernen. Da sie nicht weiß, daß wir bei Nacht und Nebel Österreich verlassen haben, wird sie mich auf der Durchreise, wie sie es mir in ihrem letzten Brief angekündigt hat, bestimmt zu erreichen trachten. Und wieder werden wir uns verfehlt haben. Wie schade!

Bitte laß uns nicht allzu lange auf eine Antwort warten, die Post wird uns von der angegebenen Adresse überall nachgeschickt werden.

Mit besten Grüßen
Deine Edith

Herzliche Grüße und vielen Dank!

Silb

---

1 In Nürnberg verfasster Brief von ES mit Frankfurter Absenderanschrift eines Freundes aus Jugendtagen, Heinrich Goldmann (V, I), ein damals auch in der BRD bekannter Journalist. Handschriftlicher Vermerk auf dem Briefumschlag: Express / Anschrift: Mr. Paul Celan, 78 rue de Longchamps, Paris 16ᵉ France / Absender: Edith Silbermann c/o H. Goldmann, Stiftstrasse. 36 I. Stock, Frankfurt/M.

2 Es war Baron Janko von Musulin gewesen, der mit besten Absichten das Ehepaar Silbermann zum Justizminister Broda geschickt hatte. Aber am 8.1.1964, dem langerwarteten Stichtag, verständigte der Justizminister das Ehepaar Silbermann, dass seine „Intervention" gescheitert war; spätere Erkenntnisse über die durchaus geglückten Bemühungen des Justizministers, NS-Verbrechern zu helfen, werfen ein neues Licht auf sein Verhalten diesem jüdischen Ehepaar gegenüber; vgl. V, I, S. 319. Am gleichen Tag, dem 8. Januar 1964, verließen ES und JS Österreich. Da ihnen Janko von Musulin, Geschäftsführer des S. Fischer Verlages, eine Anstellung in seinem Verlag in Aussicht gestellt hatte, beschlossen sie, nach Frankfurt am Main zu fahren. Am 4.2.1964 erhielten sie auch eine von Janko von Musulin unterzeichnete offizielle Bestätigung, dass sie vom S. Fischer Verlag als literarische Übersetzer aus dem Rumänischen ins Deutsche verpflichtet worden waren. In diesem Schreiben erwähnt Janko von Musulin, dass Paul Celan das Ehepaar Silbermann dem Verlag empfohlen hatte. (Unveröffentlichter Brief von Janko von Musulin vom 4.2.1964 an JS und ES).

3 Julek Fränkel (V, I), in Frankfurt/M. lebender Czernowitzer Geschäftsmann, Bekannter von ES und JS, hatte sie in Wien aufgesucht und ihnen geraten, sich in der BRD niederzulassen.

4 In Zirndorf, Nürnberg und Massen befanden sich Auffanglager für Flüchtlinge und Auswanderer. ES und JS blieben zwei Tage in einer Frankfurter Pension, meldeten sich dann im Flüchtlingslager Zirndorf, wurden am nächsten Tag an die Durchgangsstelle für Aussiedler nach Nürnberg geschickt, wo sie drei Wochen verbringen mussten, ehe sie zu einer Freundin, Hannah Cavin-Schauer (V, I), nach Düsseldorf ziehen konnten; B 12, Anm. 2.

5 P. Dumitriu (Hg.), *Rumänien erzählt*, Frankfurt/M.: S. Fischer Verlag, 1967. Am 26.2.1964 schrieb Petru Dumitriu an ES, sein Verlag habe das grundsätzliche Einverständnis des rumänischen Literaturfonds erhalten, um die Sammlung „Rumänien erzählt" herauszubringen, und er könne ihr und JS daher einen Übersetzervertrag anbieten. (Unveröffentlichter Brief von Petru Dumitriu an das Ehepaar Silbermann, 26.2.1964). Einige Jahre später publizierte ES ihre eigene Textauswahl in einem anderen Verlag: *Die Schwarze Truhe und andere rumänische Erzählungen*, Auswahl und Redaktion: EH-S und Michael Rehs; Übers. EH-S, Tübingen: Horst Erdmann Verlag, 1970.

6 Arghezi, *Lina*, vgl. B 1, Anm. 14.

7 Vgl. B 1, Anm. 15; ES sollte ihre Auswahl und Übersetzung der Prosa Arghezis einige Jahre später im Suhrkamp Verlag veröffentlichen: Arghezi, *Kleine Prosa*, Übers. ES (wie S. 267, Anm. 15).

8 Ders., *Ce-ai cu mine vîntule* (Was willst du, Wind, von mir?), (1937), Bukarest: Editura pentru literatură, 1964, Neuauflage.
9 Ders., *Cartea cu jucării* (Das Spielzeugbuch), vgl. B 7, Anm. 8.
10 Luc-André Marcel (Hg.), *Tudor Arghezi*, Paris: P. Seghers 1963; Ders., *Tudor Arghezi: poète roumain.* Cahiers du Sud, Nr. 348 (1958).

12. An Edith Silbermann

5.3.1964[1]

Liebe Edith,

Du mußt entschuldigen, daß ich Dir erst heute schreibe: es ging – und geht – mir nicht besonders.

Gestern rief Frau Cavin[2] an, und so erfuhr ich Näheres über Euch beide, d. h. ich weiß jetzt, daß Ihr Euch in Düsseldorf niederzulassen gedenkt und daß der Weg übers Lager doch kürzer war, als ich es nach Deinem ersten Brief aus Deutschland befürchtet hatte.[3]

Ich habe hier Arghezi gesehen, auch seine Tochter Mitzura. Seltsam. 1934 oder 1935 hätte ich mir das kaum zu erträumen gewagt[4]; heute kann ich nicht umhin, daran zu denken, wie viel Opportunismus den Weg dieses Dichters mitbestimmt[5]. Aber ich bin nicht da, um hier Urteile zu sprechen. Arghezis waren überaus freundlich, ich hatte auch dessen eingedenk zu bleiben, was Du mir über deren Haltung Deinen Eltern gegenüber berichtet hast[6], und so ging alles so gut, als man es wünschen kann. – Deine beiden Übersetzungen sind nun – auch – bei mir. Aber die Situation im Fischer Verlag hat sich mittlerweile für mich kompliziert: durch das Ausscheiden des Cheflektors Klaus Wagenbach. Arghezi ist seinerseits auf P. Dumitriu nicht gut zu sprechen …

Du fragst, ob ich nicht einiges übersetzen würde – ich würde es ganz gern, aber – ich halte die Poesie Arghezis für unübersetzbar – Sperber hat das ~~durch~~ mit seinen Übertragungen letztlich bestätigt – und … ich habe eine schlechte Zeit, schon seit längerem. Du siehst: ich bin im Augenblick außerstande, diese Sache in der Weise und in dem Maße zu fördern, wie ich es gern möchte.

Überhaupt, das Übersetzen ist ein hartes Brot, zumal für den, der, wie ich, auf Einflüsterungen und ähnliche höhere Gunst angewiesen bleibt.

Ich höre von Frau Cavin, daß Du Dich als Lehrerin zu betätigen gedenkst: das ist ein schöner Beruf, aber ich weiß nicht, ob es Dir, zumal in Deutschland, die Genugtuung bringt, die Du Dir erhoffst[7]. Auf jeden Fall wünsche ich sie Dir, was immer Du auch beginnst.

So, das wäre nun, vorläufig, das "Lebenszeichen", das so lange auf sich warten ließ, gegen meinen Willen. Düsseldorf ist nicht so weit wie Wien – hoffentlich habe ich bald Gelegenheit, mit Euch zu sprechen. In mir haben sich seit 1947, also dem Jahr, in dem ich Bukarest verlassen habe, viele Dinge angesammelt – manchmal, insbesondere seit drei Jahren, habe ich Mühe, damit fertig zu werden. Ich bin, mit anderen Worten, alles andere als ein begeisterter Anhänger der westlichen Welt, und daß ich die Entwicklung der Dinge in Deutschland mit – um es nur so zu nennen – Skepsis verfolge, weißt Du ja bereits. Gerne hätte ich Dir Enthusiastischeres gesagt, aber mein Enthusiasmus – der groß war – ist dahin.

Ich wünsche Dir, ich wünsche Euch beiden von Herzen alles Gute!

Paul

Was hörst Du von Deinen Eltern?

---

1 Keine Ortsangabe.

2 Die jüdische Bildhauerin Hannah Cavin-Schauer (V, I), deren Ehemann ein entfernter Verwandter von Karl Horowitz war und deren eigene Familie auch aus der Bukowina stammte, lud das Ehepaar Silbermann zu sich nach Düsseldorf ein.

3 Vgl. Einleitung, S. 19.

4 „Als Vierzehnjähriger bewunderte Paul den bedeutenden Dichter und beneidete seinen Mitschüler Immanuel Weißglas (V, I), der den spracherneuernden Meister persönlich kennengelernt hatte und von ihm gefördert wurde", heißt es in einer Aufzeichnung von ES zum Briefwechsel.

5 ES betonte immer wieder, dass Celan damals nichts über Arghezis Zwangslage wusste; vgl. (V, I), S. 316; „Arghezi hatte eine Hymne auf den ‚neuen Menschen' verfaßt und war zum gefeierten Staatsdichter aufgestiegen, was Celan ihm offenkundig übelnahm. Mit ‚Genosse' ließ er sich allerdings auch dann nie ansprechen, sondern nur mit ‚Herr.' Als Mensch war er hilfsbereit und integer", schrieb ES in ihren Aufzeichnungen zum Briefwechsel.

6 ES hatte Celan erzählt, dass Arghezi nach ihrer Auswanderung aus Rumänien ihren in Bukarest verbliebenen Eltern eine für deren Ausreise dringend benötigte finanzielle Unterstützung anbot: es war das Honorar für ihre Übersetzung seines Romans *Lina*, obwohl diese damals nicht veröffentlicht werden konnte.

7 ES liebte diesen Beruf und sollte jahrzehntelang deutsche Sprache und Literatur an der VHS Düsseldorf und zeitweilig auch Rumänisch an der Universität Düsseldorf unterrichten.

13. An Paul Celan

Düsseldorf, den 2. März 1965

Lieber Paul,

da ich Dir versprochen habe, Dich über deutsche Publikationen auf dem laufenden zu halten, erfülle ich die diesmal sehr angenehme Pflicht, Dich auf den schönen Aufsatz in der jüngsten Nummer der „Zeit" aufmerksam zu machen, den ich beifüge.[1]

Ohne Deinem Urteil vorgreifen zu wollen, finde ich diesen Aufsatz ausgezeichnet; ich hatte jedenfalls große Freude an ihm: er überragt – rein stilistisch betrachtet – das übliche Niveau deutscher Literaturkritik bei weitem. –

Edith ist nach Wien gefahren, sie hat der Einladung des Regisseurs C. Meyer[2] Folge geleistet, doch ist es fraglich, ob aus dem ganzen Projekt etwas wird.[3] –

Bei dieser Gelegenheit will ich Dir nochmals für den freundlichen Empfang danken, den Du uns in Paris bereitet hast; die ersten Schritte an Deiner Seite waren für unseren ganzen Aufenthalt bestimmend.

Grüße Giselle[4] und das Kind
und sei herzlichst gegrüßt von
Kubi

---

1 Der von JS eingesandte Artikel ist eine lobende Rezension von Celans *Die Niemandsrose*: Edgar Lohner, „Dem Verderben abgewonnen: Paul Celans lyrische Kunst", in: *Die Zeit*, 26.2.1965, Nr. 9, S. 27; vgl. B 1, Anm. 7; B 4, Anm. 2; B 6, Anm. 8; B 8, Anm. 2.

2 Conny Hannes Meyer (V, I) war vom ersten Wiener Auftritt der Schauspielerin so begeistert gewesen, dass er einen weiteren Rezitationsabend für sie im Wiener Theater am Börseplatz (April 1965) organisierte. Vom Gitarristen Gerhard Richter begleitet, trug ES ihr jiddisches Rezitations- und Liederprogramm „Sichroines – Kindheitserinnerungen" vor und begeisterte das Publikum und die anwesende Journalisten wie Elisabeth Pablé, die in ihrem Artikel „Volkspoesie am ‚Börseplatz'" (*Kronen-Zeitung*, 8.4.1965) Edith Horowitz mit der Duse verglich. In den *Salzburger Nachrichten* vom 24.3.1965 wurde ihr Auftritt als der „bedeutendste Abend seit langem … in der Wiener Theatersaison 1964/65" gerühmt.

3 JS stand der Zusammenarbeit seiner Frau mit C. H. Meyer skeptisch gegenüber. Im August 1965 trat ES im Berliner Theater Tangente mit dem jiddischen Rezitationsprogramm, „Sichroines: Erinnerungen – jiddische Lieder", auf; Meyer führte Regie, aber die Zusammenarbeit war von vielen Schwierigkeiten überschattet; danach trennten sich ihre Wege. In den folgenden Jahren hielt ES Vorträge über jiddische Dichtung, die sie mit Rezitationen und Sprechgesang verband; vgl. S. 344.

4 Gemeint ist Gisèle de Lestrange.

DOKUMENTATION III

1. Gustav Chomed an Edith Silbermann: Briefliche Auskünfte zu seiner Freundschaft mit Paul Celan[1]

Gustav Chomed hat Edith Silbermanns Vorhaben unterstützt, eine Edition der Korrespondenz zwischen Paul Celan und ihren gemeinsamen Czernowitzer Jugendfreunden herauszugeben. Er stellte ihr Kopien aller Briefe zur Verfügung, die er von Celan erhalten hatte, und gab ihr das Recht, seine eigenen Antwortschreiben zu veröffentlichen. Wie in der Vorbemerkung zum Briefwechsel zwischen Paul Celan und dem Ehepaar Silbermann berichtet, wurde Edith Silbermann daran gehindert, ihr Editionsprojekt zu verwirklichen, vgl. S. 260-264.

Einige Briefe Gustav Chomeds an Edith Silbermann enthalten wichtige Informationen über seine Begegnung mit Antschel (Celan) in Czernowitz; es war vorgesehen, diese Informationen in den Anmerkungen zur geplanten Briefwechseledition aufzunehmen. Aus diesem Grunde werden drei dieser Briefe in der vorliegenden Dokumentation publiziert.

1. An Edith Silbermann[2]

15 - II - 72

Liebe Edith!

Es sind nun anderthalb Monate her, seit ich an Dich geschrieben habe und da bisher keine Antwort eingetroffen ist, nehme ich an, dass mein Brief Dich entweder nicht erreicht hat oder das die Rückadresse auf den Umschlag nicht leserlich war. Die dritte Hypothese, u. zw. dass Du aus irgendeinem Grunde keinen Briefwechsel führen willst, möchte ich sehr ungern in Erwägung ziehen. Wenn aber auch dieses Schreiben unbeantwortet bleibt, werde ich wohl annehmen müssen, dass es doch so ist und Dich nicht weiter belästigen. Wie gesagt aber, mit diesem Gedanken will ich mich vorläufig nicht vertraut machen.

Da ich also nicht weiss, ob Du mein Schreiben erhalten hast oder nicht, will ich heute nicht mechanisch all das wiederholen, was und worüber ich geschrieben habe. Es sei nur kurz gesagt, dass ich Deine Adresse durch James Emmanuel Weissglas[3], meinem Jugendfreund, erfahren habe, als ich ihn bei meinem letzten Besuch in Bukarest, im November 71, ausfindig machte.

Wenn Du also nicht abgeneigt bist zu schreiben, so gib wenigstens ein Lebenszeichen, ein paar Zeilen, wie, wo, mit wem Du lebst, usw. Solltest Du tatsächlich meinen Brief nicht erhalten haben, so will ich natürlich brav wiederholen, wovon dort die Rede war.

In alter, inniger Jugendfreundschaft,

Gustav Chomed

P. S. Hier meine Anschrift auf russisch:

CCCP
г. Черновцы
ул. Шиллера, д. № 7, кв. 11
Г.Хомед

auf deutsch, glaube ich, genügt es, wenn Du darüber schreibst:
UdSSR – Tschernovtsy.

---

1 Der Abdruck der Briefe erfolgt mit freundlicher Genehmigung von Lilli Muchnik, Tochter und Rechtsnachfolgerin von Gustav Chomed. Einige Stellen sind aus Rücksicht auf noch lebende Personen gestrichen worden.
2 Gustav Chomeds Brief vom 15. Februar 1972, den er Edith Silbermann aus Czernowitz, damals Sowjetunion, nach Düsseldorf geschickt hatte.
3 Immanuel Weißglas, vgl. Personenverzeichnis I, S. 338.

2. Gustav Chomed an Edith Silbermann[1]

4. III. 72

Liebe Edith !

Dein Brief mit den zwei Photos – er ist vor mehr als einer Woche eingetroffen
– hat mir natürlich grosse Freude bereitet. Du musst schon entschuldigen, dass
ich unterdess so ungeduldig war und ohne Deine Antwort abzuwarten, einen
zweiten Brief hintendrein schickte. Geduld war eben niemals meine Tugend.
Aber – Ende gut, alles gut.

Vielen Dank also für Dein ausführliches Schreiben. Schön, das bei Dir alles in
Ordnung zu sein scheint, besonders freut mich, dass Mama wohlauf ist; ich kann
mich noch sehr gut an sie erinnern, sie war ja immer der Kommandeur in Eue-
rem Hause. Lasse sie besonders herzlich grüssen. Grüsse auch Binzia[2] von mir,
ebenso wie Ruth Kissmann[3], wenn Du ihr schreibst oder sie siehst (kann mich
noch erinnern wie ich Euch beide im Volksgarten Schachspielen gelehrt habe)
und natürlich, wenn auch unbekannter Weise, Deinen Mann.

Wie geht es Dir gesundheitlich? [...]

Schade, dass ich im Augenblick keine gelungenen Aufnahmen von mir habe.
Hoffentlich kann ich aber in nächster Zeit Dir auch ein Bildchen von uns einsenden.

Danke für Dein Kompliment, was mein Deutsch betrifft. Ich selber bin nicht so
guter Meinung darüber, besonders was die Rechtschreibung betrifft. Bin eben
schon zu tief ins Russische hineingewachsen. Ich schreibe in dieser Sprache ja
viel mehr als in deutscher und spreche und lese fast nur russisch. Kann nicht
sagen, dass es mir leid tut. Da ich ja beide Sprachen vergleichen kann, glaube ich,
behaupten zu dürfen, dass die russische Sprache mächtiger, reicher und aus-
drucksvoller ist, als die deutsche.

Dass ich im Kriege verwundet war, entspricht nicht den Tatsachen. Hatte das
seltene Glück, mitten im Feuer ganz und heil zu bleiben. [...]

Natürlich hat mich alles, was Du über Paul schreibst, sehr interessiert, obwohl
ich, in grossen Zügen, ja alles wusste. Im Laufe der letzten 8 Jahre vor seinem
Tode habe ich ungefähr ebenso viele Briefe von ihm erhalten, wie auch je ein

Photo von ihm und von Gisèle[4] und Eric[5]. Auch habe ich einige seiner Gedichtbände mit persönlichen Widmungen sowie eine Graphik von Gisèle erhalten
(weiss übrigens bis heute nicht, was sie darstellen soll).

Es fällt mir nicht leicht, mich an die fast vier Jahrzehnte zurückliegende Zeit zu
erinnern. Im Gegensatz zu Deiner Annahme, lebe ich nicht in der Vergangenheit, sondern in der Gegenwart und, vielleicht, auch in der Zukunft. Jedenfalls
erinnere ich mich, dass zum ersten Male als zwischen Paul und mir von Poesie
die Rede war, es sich um die Gedichte und Fabeln von Eliezer Steinberg[6] handelte, von denen Paul ganz begeistert war und die er mir, in jiddisch, sehr schön
vorlas. Den Anstoß dazu hatte ihm, glaube ich, sein Onkel[7] gegeben, ein Bruder
seiner Mutter und alter Sonderling. [...] An seine Mutter hing Paul immer mit
einer beinahe abgöttischen Verehrung, die uns, eingebildeten Lümmels, die wir
damals waren, immer ein bißchen komisch erschien. Nach Steinberg kamen in
rascher Folge Rilke, Verlaine, Eminescus „Luceafărul"[8], den sowohl Paul als auch
Oniu[9] ins Deutsche übersetzten. Seither auch datierte ihre Rivalität. Während
Oniu der schärfere und geschliffenere Verstand war, so war Paul der begabtere
und gefühlvollere und deshalb verwundbarere. Ich war so etwas wie der Kataly-
sator zwischen ihnen. In den letzten Vorkriegsjahren kamen wir leider etwas auseinander und deshalb bin ich über diese Zeit nicht so genau im Bilde. Aus Pauls
Studienzeit in Tours datierten ein paar seiner Briefe, die eigentlich keine Briefe
waren, sondern so etwas wie ein Wintermärchen in Prosa. Schade, dass sie verloren gegangen sind.[10] Später, im Herbst 1940, als er gerade mit der neuen Sprache
Bekanntschaft gemacht hatte, hörte ich von Paul zum erstenmal den Namen
Jessenin, dessen Poesie schon damals scheinbar grossen Eindruck auf ihn gemacht hatte. Nun, und dann kam der Sommer 41 und alles war mit einem
Schlage zu Ende.

In Moskau lebt Erich Einhorn[11]. Hast Du ihn gekannt oder kannst Du Dich an
ihn erinnern? Er ist Übersetzer und bemüht sich, dass wenigstens eine Auswahl
von Pauls Gedichten hier übersetzt und herausgegeben wird.[12] Es ist dort auch
eine Summe von ungefähr 600 Rubel vorhanden gewesen auf Pauls Namen oder
den seiner Erben, für einige seiner Gedichte (darunter die Todesfuge), die hier in
einer Anthologie in Übersetzung erschienen sind.[13]

Das wäre so alles, was ich Dir im Zusammenhang mit Paul mitteilen kann. Nicht
viel.

Du hast mir auf meine Frage nicht geantwortet, ob es noch Czernowitzer gibt,
die ich gekannt habe und die in Düsseldorf leben. Wo ist z. B. Deine Cousine
Ruth Glasberg[14]?

Ich will hoffen, dass Dein Brief nicht der letzte war und dass wir, nach dem wir nach einem Menschenleben wieder Verbindung miteinander aufgenommen haben, sie nicht wieder verlieren werden.

Mit den herzlichsten Wünschen an Dich und den Deinen. Gustl

1 Gustav Chomeds Brief vom 4. 3. 1972, den er Edith Silbermann aus Czernowitz, damals Sowjetunion, nach Düsseldorf sandte.
2 Sabine Colin, vgl. Personenverzeichnis II, S. 340.
3 Vgl. Personenverzeichnis I, S. 325.
4 Gisèle Celan-Lestrange, vgl. Personenverzeichnis I, S. 320.
5 Eric Celan, vgl. Personenverzeichnis I, S. 320.
6 Elieser Stejnbarg (1880-1932), vgl. S. 32, 255.
7 Chomed bezieht sich hier auf Bruno Schrager, der Paul Antschel zu seinem 12. Geburtstag eine Ausgabe der berühmten Fabeln Elieser Stejnbargs schenkte. Im Jahre 1938 sollte Paul seinen Onkel, den Bruder seiner Mutter, in Paris besuchen.
8 Vgl. S. 32.
9 Immanuel Weißglas, Vgl. Personenverzeichnis I, S. 338.
10 Antschels Brief vom 7.12.1938 aus Tours ist allerdings nicht verlorengegangen und wird in der Briefwechseledition *Paul Celan – Gustav Chomed*, vgl. S. 255, Anm. 8, veröffentlicht werden.
11 Vgl. Paul Celan – Erich Einhorn, *Einhorn: du weißt um die Steine...*, *Briefwechsel*, Hrsg. und kommentiert von Marina Dmitrieva-Einhorn (wie S. 262, Anm. 39).
12 Vgl. Personenverzeichnis I, S. 322.
13 Für Informationen über Erich Einhorns Bemühungen, Celans Gedichte in russischer Übersetzung zu veröffentlichen, siehe: Paul Celan – Erich Einhorn, *Einhorn: du weißt um die Steine...*, *Briefwechsel*, Hrsg. Marina Dmitrieva-Einhorn. ebd., S. 8, 15, 24; der Sammelband *Stroki vremeni Molodyje poety FRG, Avstrii, Švejcarii, Zapadnogo Berlina.* Hrsg. P. L. Ginzburga (1967) brachte auch fünf Gedichte von Paul Celan in russischer Übersetzung; vgl. auch *Celan-Jahrbuch* 7 (1997/98), S. 33-34.
14 In ihren Memoiren *Czernowitz – Stadt der Dichter* (hier: S. 23, Anm. 1) berichtet Edith Silbermann auch über ihre Freundschaft mit Ruth Glasberg, verh. Tal (1921 – 1986), die keine Cousine, sondern eine Mitschülerin und enge Freundin war; sie entstammte einer wohlhabenden zionistisch gesinnten Familie und war bereits 1941 mit ihren Eltern nach Palästina ausgewandert; die gleichaltrigen Jugendfreundinnen sahen sich 1965 in Tel Aviv wieder.

3. Gustav Chomed an Edith Silbermann[1]

Rechovot, 27. 12. 93

Liebe Edith!

Dein Brief v. 4. 12. war mir eine grosse Freude und ich beantworte ihn deshalb unverzüglich. Physisch bin ich, wie Du schreibst, ausser „altersbedingten Wehwechen" wohlauf, seelisch aber bei weitem nicht. Allerdings aber dürfte das auch altersbedingt sein. Von einer unheilbaren Krankheit bei Dir lese ich zum erstenmal und bin natürlich unliebsam überrascht. Worum handelt es sich? Gut ist es aber (und auch schön), dass Du ein so aktives Leben führst, um das ich Dich beneide. Und nun zu Deinen Fragen:

1. Bin am 22 Januar 1920 in Czernowitz geboren.

2. Paul habe ich im Herbst 1930 in der 2-en Lyzealklasse (er war in der parallelen) bei einer gemeinsamen Botanikstunde (zu der Professor nicht erschien) kennengelernt. Wir kamen zufällig bei einander zu sitzen und so ins Gespräch. Wir fanden gemeinsame Interessen und nach Unterrichtsstunde begleitete ich ihn nach Hause, und unsere Freundschaft war besiegelt. Wir sprachen über alles Mögliche, was zwischen Geschichte und Dichtung liegt, ohne zu streiten, da jeder auf seinem Gebiet beherrschend war.

3. In Cz. habe ich mich im Februar 1947 niedergelassen und in Israel bin ich im Dezember 1972 eingetroffen, mit Tanja und Lilli.

4. Soweit ich mich erinnere, habe ich Pauls Pariser Adresse durch Erich erhalten. Obwohl es noch nicht richtiges Tauwetter herrschte, war es nicht mehr gefährlich, mit dem Westen zu korrespondieren.

5. Ich glaube, er gratulierte mir zum Geburtstag. Natürlich befanden wir uns damals noch in Cz.[2]

In Israel sind wir erst im Dezember 1972 eingetroffen.

6. Tanja Adler[3] (sie trägt schon seit Langem den Familiennamen ihres verstorbenen Gatten – Sternberg) ist um dieselbe Zeit wie wir in Israel eingetroffen und auch direkt aus Cz.

Paul hat weder von mir, noch von Erich ihre Adresse erhalten. Sie besitzt einen einzigen Brief von ihm, den sie in Cz. erhalten hat. Weder sie noch Rosoc[4] waren das Mädchen, das Paul bat, zum Schlafen nach Hause zu nehmen.[5] Tanja war so wie ich ins Innere der SU[6] geflüchtet und verbrachte dort den ganzen Krieg. Sie konnte also nicht das Mädchen sein, das er Dich bat zum Übernachten zu nehmen, jedenfalls nicht während des Krieges, es sei denn 1945 oder später (wenn er noch damals in Cz. war).

Vielen Dank für das Photo, natürlich erkannte ich mein Elternhaus trotz der Veränderungen wieder.

Nun schliesse auch diesen schon zu lang gewordenen Brief und wünsche Dir vor allem gute Gesundheit.

Aller, aller herzlichst,
Gustl

---

1 Gustav Chomeds Brief vom 27. 12. 1993, den er Edith Silbermann aus Rechovot, Israel, nach Düsseldorf sandte.

2 Cz.= Czernowitz

3 Tanja Adler (1920-1994), verh. Sternberg, war eine gemeinsame Jugendfreundin von Paul Antschel und Gustav Chomed, die auch Celan in seinen späteren Briefen an Erich Einhorn und Gustav Chomed erwähnt. Vgl. Personenverzeichnis I, S. 315.

4 Es ist unklar, auf wen sich Gustav Chomed hier bezieht.

5 In ihrem Buch *Czernowitz – Stadt der Dichter* berichtet Edith Silbermann von einer kranken Obdachlosen, die sie auf Wunsch von Paul Antschel in ihrem Elternhaus übernachten ließ; da sich Edith Silbermann an den Namen des Mädchens nicht erinnern konnte, fragte sie Gustav Chomed danach.

6 SU = Sowjetunion.

2. Kommentiertes Personenverzeichnis zum Briefwechsel

Ausgewählte bio-bibliographische Daten*

I.

ADLER, Tanja, verheiratete Sternberg (1. 10. 1920 in Belz, damals Bessarabien, heute Ukraine – 16. 10. 1994 in Yehud, Israel): seit ihrem zweiten Lebensjahr lebte Tanja Adler in Iaşi (Rumänien), zog 1940 in das von den Sowjets besetzte Czernowitz, um sich vor der rumänischen faschistischen Regierung in Sicherheit zu bringen und Romanistik an der Universität Czernowitz zu studieren; in diesem Jahr lernte sie auch Paul Antschel, Gustav Chomed und Erich Einhorn kennen und blieb ihnen bis zu ihrem Lebensende freundschaftlich verbunden; 1941 wurde sie mit anderen Studenten ins Innere der Sowjetunion evakuiert; in Alma-Ata (Kasachstan) setzte sie ihr Studium in Anglistik fort, kehrte 1944 nach Czernowitz zurück, wo sie nach ihrem Studiumsabschluss als Lehrerin tätig wurde. Im Jahre 1961/62 – zur Zeit des sogenannten „Tauwetters" in der Chruschtschow-Ära – wurde ihr ebenfalls aus Bessarabien stammender Ehemann Hirsch Sternberg gemeinsam mit seinem alten Vater und fünfzehn anderen Personen verhaftet, ins Gefängnis geworfen und wegen angeblicher „wirtschaftsschädigender Aktivitäten" in einem Schauprozess für schuldig gesprochen. Drei der Mitangeklagten erhielten die Todesstrafe; Hirsch Sternbergs Vater, zu lebenslänglicher Haft verurteilt, starb im Gefängnis an den Folgen seines Hungerstreiks; er hatte gehofft, auf diese Weise den Sohn zu entlasten; doch dieser wurde zu fünfzehn Jahren Gefängnis verurteilt; nach elf Jahren starb er im Gefängnis. 1973, kurz vor Ausbruch des Yom-Kippur-Krieges, wanderten Tanja und ihr Sohn Arieh nach Israel aus, wo sie sich eine neue Existenz aufbauten. Paul Celan erwähnt Tanja Adler immer wieder in seinen Briefen an Erich Einhorn und Gustav Chomed; ein Brief Paul Celans an Tanja Adler ist erhalten geblieben.
Dokumentation III, S. 312-313.

ARGHEZI, Tudor, eigentlich Ion N. Theodorescu, weiteres Pseudonym: Ion Theo (21.5.1880 in Bukarest, damals Königreich Rumänien – 14.7.1967 in Bukarest, damals Sozialistische Republik Rumänien): Lyriker, Prosaautor, Essayist, Journalist. Mit elf Jahren verläßt er sein Elternhaus, verdient den eigenen Lebensunterhalt u.a. als Arbeiter in einer Zuckerfabrik, besucht zugleich das Gymnasium „Hl. Slava" (1891-96); 1896 literarisches Debüt mit der Veröffentlichung des Gedichtes „Tatăl meu" („Mein Vater") in Alexandru Macedonskis Zeitschrift *Liga ortodoxă* (Orthodoxe Liga); nach einem mystischen Erlebnis wird Arghezi Mönch im Kloster Cernica (1900-1904); fast drei Jahrzehnte später veröffentlicht er seine im Kloster verfassten antiklerikalen Pamphlete in *Icoane de lemn* (1929, Holzikonen) und seine Gedichte in seinem ersten Lyrikband *Cuvinte potrivite* (1927, Wohlgefügte Worte) und in *Agate negre* (1927, Schwarze Achate); 1905, nach der geheimgehaltenen Geburt seines Sohnes Eliazar Lotar (V, I) in Bondy (Frankreich), Auslandsstudienreise mit offizieller Genehmigung des Metropoliten; Aufenthalte in Paris, Fribourg, Genf, London und Messina; ab 1910 wieder in Bukarest Tätigkeit als Redakteur der Zeitung *Seara* (1913, Der Abend) und Mitherausgeber der Zeitschrift *Cronica* (1915, Die Chronik); seiner 1916 geschlossenen Ehe mit Paraschiva Burda entstammen die Tochter Domnica-Mitzura (V, I) und der Sohn Iosif-Baruțu (28.12.1925); 1918 wird der für Neutralität eintretende Arghezi

---

* Die kurzen Bio-Bibliographien verweisen auch auf andere Kapitel des vorliegenden Bandes, die für das Verständnis des Briefwechsels relevant sind.

gemeinsam mit elf anderen Journalisten des Landesverrats und einer pro-deutschen Haltung beschuldigt und ins Gefängnis Văcăreşti gesperrt; nach der Haftentlassung (1919) rege journalistische und literarische Tätigkeit; zu seinen Veröffentlichungen aus der Zwischenkriegszeit zählen: die Zeitschrift *Bilete de papagal* (1928, 1930, 1937-38, Papageienblätter), für die er unter anderen auch Eugène Ionesco als Mitarbeiter gewinnt, Gedichtbände, Kriegs- und Gefängniserlebnisse in *Poarta neagră* (1930, Die schwarze Pforte) und *Flori de mucegai* (1931, Schimmelblüten), scharfe Gesellschaftskritik in den Allegorien *Tablete din ţara de Kuty* (1933, Tabletten aus dem Kutyland), aber auch Kindergeschichten, *Cartea cu jucării* (1931, Das Spielzeugbuch) und der Roman *Cimitirul Buna-Vestire* (1936, Der Friedhof Mariä Verkündigung); 1943-44 Internierung in einem Lager für politische Häftlinge wegen der Publikation eines antifaschistischen Pamphletes; nach der Befreiung Publikation weiterer Nummern der Zeitschrift *Bilete de papagal* (1946) und des Gedichtbandes *Una sută una poeme* (1947, Hundertein Gedichte); 1946 Ehrung des Dichters mit dem „Nationalpreis für Literatur und für Verdienste um die Kultur"; ab 1948 Opfer von Repressalien wegen seiner Kritik am Kommunismus; trotz Verfolgung und aufgezwungener Armut ist er zu keinem Kompromiss mit den neuen Machthabern bereit; Arghezi erhält sich und seine Familie notdürftig durch Übersetzungen u.a. der Werke von Rabelais, Anatole France, La Fontaine, Molière, Baudelaire, Dostojewski, Gogol, Krylow, Saltykow-Schtschedrin, Brecht; als sein Sohn Baruţu verhaftet, ein Jahr lang eingesperrt und als Mittel benutzt wird, um ihn zu erpressen, gibt Arghezi seinen Widerstand gegen das Regime auf; 1952-67 allmähliche „Rehabilitierung" des Dichters, der im hohen Alter als Nationaldichter gefeiert wird; weitere Veröffentlichungen: *1907-Peizaje* (1955, 1907-Landschaften, ein Poem über den Bauernaufstand), *Cîntare omului* (1956, Hymnus an den Menschen), *Stihuri pestriţe* (1957, *Bunte Verse*), *Noaptea* (1967, Nacht); manche dieser Publikationen wie sein *Hymnus an den Menschen* werden von Regimekritikern als Zugeständnisse an die kommunistischen Machthaber abgelehnt; 1955 Wahl zum Mitglied der rumänischen Akademie; 1965 Gottfried-von-Herder-Preis der Universität Wien. Celan, der in seiner Jugend Arghezi bewundert hatte, verurteilte die „Wende" in Arghezis Leben als Opportunismus, ohne indes die näheren Umstände dieses Gesinnungswandels zu kennen; erst nach der Wiederbegegnung mit Edith Silbermann (1964) erfährt Celan Einzelheiten über die Situation des Dichters nach 1947. In ihren Briefen wendet sich Edith Silbermann immer wieder an Celan, um seine Unterstützung für ihre Pläne zu erhalten, Arghezis Prosa ins Deutsche zu übertragen.

1. Gesammelte Werke: *Opere*, Hrsg. Mitzura Arghezi (2000); 2. Übersetzungen ins Deutsche (Auswahl): *Gedichte*, Übers. Alfred Margul-Sperber (1961), *Ausgewählte Gedichte*, Übers. Alfred Margul-Sperber (1964), *Kleine Prosa*, Übers. Edith Horowitz (1965), *Schreibe, Feder…Prosastücke*, Übers. Oskar Pastior (1964), *Ketzerbeichte*, Übers. Paul Schuster, Nachdichtung v. Heinz Kahlau (1968), *Der Friedhof Mariä Verkündigung* (*Cimitirul Buna-Vestire*), Übers. Roland Erb (1984), „In der Klosterruine", übers. aus: *Lina* (Roman, 1942, 1965), in: *Die Schwarze Truhe*, Hrsg. Edith Horowitz-Silbermann (1970), S. 28-36, *Das Spielzeugbuch* (*Cartea cu jucării*), Auszug, Übers. Edith Horowitz, in: *Rumänische Rundschau*, IX, Nr. 4, 1955, S. 49-61; „Tudor Arghezi", Übers. Celan, *Gesammelte Werke* (1983), Bd. 5, II. Übersetzungen, S. 555-557.
     Erinnerungen, S. 32; Vorbemerkung zum Briefwechsel, S. 255, 260, Briefe 1, 2, 3, 4, 5, 7, 11, 12; Personenverzeichnis, vgl. M. Arghezi, E. Lotar, E. Silbermann.

ARGHEZI, Mitzura, eigentlich Domnica-Mitzura (10.12.1928 in Bukarest, damals Königreich Rumänien): Tochter von Tudor Arghezi und Paraschiva Burda, Schauspielerin, Journalistin, Politikerin, Ehrendirektorin der Gedächtnisstätte „Tudor Arghezi". 1995 Staatssekretärin, 1996-2000 Repräsentantin der Partei Partidul România Mare, Mitglied des Administrationskomitees der rumänischen Rundfunkgesellschaft; Schauspielauftritte in mehr als hundert Theaterstücken und siebzehn Filmen, u. a. *Doi vecini* (1958, Zwei Nachbarn), *Anotimpuri* (1963, Jahreszeiten), *Hyperion* (1975), *Grăbeşte-te încet* (1981, Eile langsam), *Secretul lui Nemesis* (1985, Das Geheimnis der Nemesis); Veröffentlichung der kritischen Ausgabe der Werke ihres Vaters: Tudor Arghezi, *Opere*, Hrsg. Mitzura Arghezi (2000).

Briefe 1, 11, 12; vgl. Personenverzeichnis T. Arghezi, S. 315.

BADIOU, Bertrand (28.12.1957 in Saint-Marie-aux-Mines, Frankreich): Chercheur (Forscher) am CNRS und an der École Normale Supérieure (Paris), leitet gemeinsam mit Jean-Pierre Lefebvre das Paul-Celan-Forschungszentrum an der ENS und betreut gemeinsam mit Erich Celan den Nachlaß des Lyrikers.

Mit-/Herausgeberschaft (Auswahl): Paul Celan, *Eingedunkelt*, Hrsg. gem. mit Jean-Claude Rambach (1991); Celan, *Die Gedichte aus dem Nachlaß*, Hrsg. gem. mit J.-C. Rambach, Barbara Wiedemann (1997), Paul Celan – Gisèle Celan-Lestrange, *Correspondance*, Hrsg. gem. mit Eric Celan, 2 Bde. (2001), Paul Celan, *„Mikrolithen sinds, Steinchen" – Die Prosa aus dem Nachlaß*, Hrsg. gem. mit B. Wiedemann (2005), Ingeborg Bachmann, Paul Celan, *Herzzeit. Ingeborg Bachmann – Paul Celan. Der Briefwechsel*, Hrsg. gem. mit Hans Höller, Andrea Stoll, B. Wiedemann (2008).

Vorbemerkung zum Briefwechsel, S. 263; Danksagung, S. 351.

BERMANN FISCHER, Gottfried (31.7.1897 in Gleiwitz, Oberschlesien, damals Deutsches Reich, heute Polen – 17.9.1995 in Camaione, Italien): Verleger und Leiter des S. Fischer Verlages. Medizinstudium, Tätigkeit als Assistenzarzt; 1925 Ernennung zum Vorstandsmitglied des S. Fischer Verlages; 1926 Heirat mit Brigitte Fischer, Tochter des Verlagsgründers; zu diesem Zeitpunkt sind Thomas Mann, Hermann Hesse, Jakob Wassermann, Alfred Döblin, Joseph Conrad, Walt Whitman und andere bedeutende Schriftsteller Autoren des S. Fischer Verlages; 1936 erzwungene Aufspaltung des Verlages aufgrund wachsender Beschränkungen und Zensurauflagen in Nazi-Deutschland: Peter Suhrkamp übernimmt die Leitung des in Deutschland verbliebenen S. Fischer Verlages, den Gottfried Bermann an eine dem Propagandaministerium genehme Firma verkaufen muss; Auswanderung des Verlegers und seiner Familie nach Wien, wo er den Verlag „Bermann-Fischer" etabliert, der Werke von Thomas Mann, Carl Zuckmayer, Hugo von Hofmannsthal, Hermann Hesse, Mechtilde Lichnowsky und von anderen Nazi-Kritikern herausbringt; 1938 wegen des Anschlusses Österreichs an Nazi-Deutschland Flucht über Italien in die Schweiz; Neuanfang und Verlagsneugründung in Schweden (Stockholm); nach einer fünfwöchigen „Schutzhaft" Flucht aus dem in die Einflusssphäre Nazi-Deutschlands geratenen Landes in die USA (1940); Neugründung eines US-Verlages für Exilautoren wie Lion Feuchtwanger, Thomas Mann, Franz Werfel, Carl Zuckmayer; 1942 Umbenennung des von Peter Suhrkamp geleiteten, in Nazi-Deutschland verbliebenen S. Fischer Verlages; nach dem Krieg Rückkehr zum Sitz seines Verlages nach Stockholm; ab 1948 Leitung des Bermann-Fischer/Querido Verlages von Amsterdam aus; 1950 endgültige Trennung von Peter Suhrkamp, Wiederaufbau des S. Fischer Verlages in Frankfurt am Main; 1963 tritt Bermann Fischer in den Ruhestand, widmet sich danach der Malerei und Bildhauerei. In den Jahren 1958-1966 ist Celan Autor des S. Fischer Verlages; daher wendet er sich an seinen Verleger Bermann Fischer und an Geschäftsführer Janko von Musulin (V, I) mit der Bitte, seinen in Not geratenen Czernowitzer Freunden, Edith und Jacob Silbermann, zu helfen.

1. Schriften (Auswahl): *Bedroht – Bewahrt. Weg eines Verlegers* (1967, 1981, 1982, 1987, 1994); *Wanderer durch ein Jahrhundert. Erlebtes und Erfahrenes* (1994); gem. mit Brigitte Bermann Fischer, *In Memoriam S. Fischer. 24. Dezember 1859-1959* (1960); *Lebendige Ge-*

genwart: Reden und Aufsätze (1977); 2. Korrespondenz (Auswahl): Thomas Mann, *Briefwech-sel mit seinem Verleger Gottfried Bermann Fischer. 1932 – 1955*, Hrsg. von Peter de Mendels-sohn (1975), Gottfried Bermann Fischer, Brigitte Bermann Fischer, *Briefwechsel mit Autoren*, Hrsg. von Reiner Stach (1990), darin: Briefwechsel mit Paul Celan; Carl Zuckmayer, Gott-fried Bermann Fischer, *Briefwechsel 1935-1977*, Hrsg. Irene Nawrocka (2007).
    Einleitung, S. 9; Briefe 4, 6.

BIEMEL, René (Rainer), Pseudonym: Jean Rounault (14.4.1910 in Kronstadt, Siebenbür-gen, damals Ungarn, heute Rumänien – 1.8.1987 in Mesnil, Frankreich): aus Siebenbürgen stammender Journalist, Schriftsteller, Übersetzer, Bruder des Kulturphilosophen Walter Bie-mel. Philosophie-Studium u.a. an der Sorbonne, Zusammenarbeit mit Bernard Grasset, ge-meinsame französische Übersetzungen deutscher Dichtung u. a. R. M. Rilke, *Lettres à un jeune poète*, in: *Les Cahiers Rouges* (1937); während des Zweiten Weltkrieges Widerstands-kämpfer im deutsch besetzten Frankreich; 1945 Rückkehr nach Rumänien; die Sowjets de-portieren ihn wie auch andere siebenbürgisch-sächsische Schriftsteller, die keine Nazi-Kolla-borateure waren, nach Sibirien (Donbass); 1946 Ruckkehr zunächst nach Bukarest, danach Paris; Arbeit für Rundfunk und Verlage, insbesondere Grasset. Edith Silbermann lernt Bie-mel in Bukarest kennen; im Rahmen seiner literarischen Abende tritt sie als Rezitatorin auf.

1. Schriften (Auswahl): unter dem Pseudonym Jean Rounault, *Mon ami Vassia* (1949); *Mein Freund Wassja*, Übers. aus dem Französischen von Claudia Brink (1999), *Prietenul meu Va-sea. Amintiri din Doneț*, Hrsg. von Walter Biemel (2000); 2. Übersetzungen (Auswahl): R. M. Rilke, *Lettres à un jeune poète,* Übers. gem. mit Bernard Grasset (1937); Ders., *Elégies de Duino*, Übers. R. Biemel (1951); Thomas Mann, *Avertissement à l'Europe*, Übers. R. Biemel, Vorwort von André Gide (1937).
    Briefe 1, 2.

BOGZA, Geo, eigentlich Gheorghe (6.2.1908 in Blejoi, Königreich Rumänien – 14.9.1993 in Bukarest, Rumänien): Schriftsteller, Journalist, Verfasser innovativer literarischer Repor-tagen, Theoretiker der rumänischen Avantgarde, nach 1945 Vertreter des Sozialistischen Realismus. Nach Abschluss der Marine-Schule in Galaț und Constanța (1921-25) wendet sich Geo Bogza dem Journalismus und der Literatur zu; 1928 Redakteur des literarischen Journals *Urmuz*, Mitarbeit am Avantgardeblatt *Unu* (Eins) und der von Tudor Arghezi he-rausgebrachten Zeitschrift *Bilete de papagal*; 1929-33 Mitarbeiter diverser Zeitungen, u.a. *Vremea* (Die Zeit), *Cuvântul Liber* (Das Freie Wort); Verfasser avantgardistischer Texte wie *Urmuz premergătorul* (Urmuz, der Wegbereiter), *Exasperarea creatoare* (Schöpferische Ver-zweiflung), *Reabilitarea visului* (Rehabilitierung des Traums); Verurteilung zu einer Gefäng-nisstrafe wegen seines provokativen, als Pornographie missverstandenen *Sex-Tagebuches* (*Jurnal de sex*, 1929) und seines *Schmähgedichtes* (*Poemul invectivă*, 1933); 1936-37 Tätig-keit als Journalist in Spanien und Frankreich; im Gegensatz zu Radu Tudoran, eig. Nicolae Bogza (1910-1992), seinem in der kommunistischen Zeit verfolgten Bruder, ist Bogza ein Anhänger des Regimes; erst in den sechziger Jahren übt auch er Kritik an den kommunisti-schen Machthabern; seit 1955 Mitglied der rumänischen Akademie und des Nationalen Konsiliums zur Verteidigung des Friedens; 1978 Staatspreisträger des Schriftstellerverbandes.

1. Lyrik (Auswahl): *Poemul invectivă* (1933, Das Schmähgedicht), *Cîntec de revoltă, de dra-goste și de moarte* (1947, Lied vom Umsturz, von der Liebe und vom Tod), *Orion* (1976); 2. Reportagen (Auswahl): *Țări de piatră, de foc, de pământ* (1939, Länder des Steins, Feuers und Erde), *Țara Oltului* (1945, *Das Buch vom Alt*), *Țara de piatră* (1946, *Das steinerne Land*), *Oameni și cărbuni în Valea Jiului* (1947, Die Menschen und die Kohle im Schil-Tal);

Anii împotrivirii (1953, *Jahre des Widerstandes*); *Meridiane sovietice* (1953, Sowjetische Meridiane), *Tablou geografic* (1953, Geographisches Bild); 3. Übersetzungen ins Deutsche (Auswahl): *Das Buch vom Alt,* Übers. Gisela Richter (1964), *Das steinerne Land*, Übers. Edith Horowitz (1954), *Jahre des Widerstandes*, Übers. Edith Horowitz (1955).
Brief 5.

BORCHERS, Elisabeth (27.2.1926 in Homberg, Hessen, damals Weimarer Republik): Lyrikerin, Kinderbuchautorin, Herausgeberin zahlreicher literarischer Anthologien und Kinderbücher, Übersetzerin, Verlagslektorin. Kindheit in Homberg, während des Zweiten Weltkrieges im Elsaß, später Flucht nach Oberschwaben; 1945-54 Tätigkeit als Dolmetscherin in der franz. Besatzungszone; 1958 Aufenthalt in den USA; 1959-60 Mitarbeiterin der Volkshochschule Ulm; 1961 Publikation des ersten Lyrikbandes, *Gedichte*; 1960-71 Lektorin im Luchterhand Verlag, 1971-98 im Suhrkamp Verlag und Insel Verlag; seit 1961 zahlreiche Veröffentlichungen, Gedicht- und Prosabände, Übersetzungen, u. a. Pierre Jean Jouve, *Paulina 1880* (dt. 1964), Marguerite Duras, *Ach, Ernesto!* (dt. 1972), Marcel Proust, *Der Gleichgültige* (dt. 1978); Mitglied der Akademie der Wissenschaften und der Literatur in Mainz (1969), der Deutschen Akademie für Sprache und Dichtung in Darmstadt (1989), des PEN-Zentrums der BRD, der Internationalen Erich-Fried-Gesellschaft für Literatur und Sprache, der Académie Européenne de Poésie (Luxemburg); Preise: Erzählpreis des Süddeutschen Rundfunks (1965); Kulturpreis des Bundesverbandes der deutschen Industrie (1967); Roswitha von Gandersheim-Literaturpreis der Stadt Bad Gandersheim (1976); Friedrich–Hölderlin–Preis der Stadt Bad Homburg (1986); Verdienstorden 1. Kl. der Bundesrepublik Deutschlands (1996).

1. Lyrik (Auswahl): *Gedichte* (1961), *Gedichte* (1976), *Von der Grammatik des heutigen Tages* (1992), *Alles redet, schweigt und ruft. Gesammelte Gedichte*, Hrsg. Arnold Stadler (2001); *Eine Geschichte auf Erden* (2002, Gedichte), *Zeit, Zeit* (2006); 2. Prosa (Auswahl): *Der Tisch an dem wir sitzen* (1967); *Eine glückliche Familie und andere Prosa* (1970); 3. Literaturtheorie: *Lichtwelten. Abgedunkelte Räume. Frankfurter Poetikvorlesung* (2003); 4. Herausgeberschaft (Auswahl): *Gedichte berühmter Frauen* (1996); Marie Luise Kaschnitz, *„Ziemlich viel Mut in der Welt"* – *Gedichte und Geschichten* (2002), Dies., *Liebesgeschichten* (1999, 2003).
Vorbemerkung zum Briefwechsel, S. 260-263.

BRODA, Christian (12.3.1916 in Wien, damals Habsburgermonarchie – 1.2.1987 in Wien, Österreich): österreichischer Rechtsanwalt, der Widerstand gegen das NS-Regime leistet. 1940 Abschluss des Rechtswissenschaftsstudiums in Wien, Einberufung als Soldat bei der Deutschen Wehrmacht; 1934 Verhaftung und Gefängnisstrafe wegen kommunistischer Gesinnung; nach der Freilassung schließt er sich der Widerstandsgruppe „Freies Österreich" an; 1943 erneute Verhaftung wegen „Nichtanzeige eines hochverräterischen Unternehmens"; ab 1945 Tätigkeit als Rechtsanwalt und Mitgliedschaft in der SPÖ; 1957-59 SPÖ Mitglied des Bundesrats, 1959-83 im Nationalrat; 1960-66, 1970-83 (unter Bruno Kreisky) Justizminister, der für Reformen des Familien- und Sozialrechts eintritt; zu seinen Errungenschaften zählen: die Gleichstellung von Mann und Frau im bürgerlichen Recht (1975), die Neuordnung des Kindschaftsrechts (1977), die Aufhebung der Strafbarkeit von Homosexualität (1975), die Aufhebung der Todesstrafe (1968). 1987 Ehrung des Politikers mit dem Menschenrechtspreis des Europarats. Broda wird beschuldigt, als Justizminister für das Einstellen von Strafverfahren wegen NS-Verbrechen und für die „Karriereförderung" ehemaliger Nazis verantwortlich zu sein; zu den schärfsten Kritikern dieser Art von Politik, auch „kalte Amnestie" genannt, zählt Simon Wiesenthal.
Einleitung, S. 10, 19; Vorbemerkung zum Briefwechsel, S. 259; Briefe 6, 7, 9, 11.

CAVIN-SCHAUER, Hannah (24.2.1918 in Wien, Österreich – 28.7.2002 in Düsseldorf, BRD): Bildhauerin. Kindheit und Jugend in Wien und Sereth (Bukowina), Wohnort der Familie, die in dieser Stadt eine Kartonfabrik besitzt; Heirat mit dem Bukowiner Ingenieur und Architekten Fritz Cavin (eigentlich Kaujuk), dessen Mutter eine Verwandte von Karl Horowitz ist; Auswanderung aus Rumänien über Israel in die Bundesrepublik (Düsseldorf); Freundschaft mit dem Lyriker Moses Rosenkranz (20.6.1904 in Berhometh – 17.5.2003 in Kappel, BRD). Dank seiner Fürsprache nimmt Hannah Cavin das Ehepaar Silbermann bei sich auf.
     Einleitung, S. 19; Briefe 11, 12.

CELAN, Eric (6.6.1955 in Paris, Frankreich): Sohn von Paul Celan und Gisèle Celan-Lestrange, französischer Zauberkünstler, Verwalter des Celan-Nachlasses, Mitarbeit an der Veröffentlichung der Korrespondenz zwischen seinen Eltern: Paul Celan – Gisèle Celan-Lestrange, *Correspondance*, Hrsg. gem. mit B. Badiou, 2 Bde. (2001). Edith Silbermann lernt Eric Celan erst anlässlich ihres Besuches in der Maison Suger/MSH in Paris in den spaten achtziger Jahren kennen; im Verlauf einer Wiederbegegnung in Paris bittet sie ihn persönlich um das Publikationsrecht für ihr Editionsvorhaben, doch Eric Celan lehnt ab.
     Vorbemerkung zum Briefwechsel, S. 253, 263; Danksagung, S. 351; Briefe 1, 3, 5, 9, 13.

CELAN-LESTRANGE, Gisèle, geborene de Lestrange (19.3.1927 in Paris – 9.12.1991 in Paris, Frankreich): französische Graphikerin. Kindheit in Paris und Evry-Petit-Bourg (im Schloss Beauvoir, Besitz der Familie); Schulbesuch als Externe im Kloster-Internat Notre-Dame de Sion; Anfang 1941 Vertreibung der Familie vom Schloss Beauvoir durch die deutsche Besatzungsmacht; Fortsetzung des Schulbesuches als Interne; ab Oktober 1941 Besuch der Klosterschule Les Oiseaux (Paris); 1945-49 Kunststudium (Malerei, Zeichnen) an der Akademie Julian in Paris; 1950 längerer Aufenthalt in Madrid; November 1951 Begegnung mit Celan in Paris; ihre Heirat mit dem Lyriker (23.12.1952) löst schwere Konflikte mit ihrer Mutter und Schwester aus, die Celan als Juden und Deutschsprachigen ablehnen; 1955 Geburt des Sohnes Eric; 1954-57 Kunststudien (Radierung) im Atelier Friedlaender (Paris); ab 1958 Teilnahme an Gruppenausstellungen; Einzelausstellungen in Frankreich (Paris), der Bundesrepublik (Wuppertal, Bremen, Frankfurt am Main, Stuttgart u.a.), Schweden (Göteborg, Larvik), USA (Seattle); ihr Dialog mit Celan kommt nicht nur in ihrem Briefwechsel, Paul Celan – Gisèle Celan-Lestrange, *Correspondance* (wie S. 53, Anm. 1), sondern auch in ihren Radierungen zum Ausdruck, die Celans Gedichte und Wortschöpfungen begleiten, aber auch inspirieren; zu den gemeinsamen Publikationen zählen: Celan, *Atemkristall* (1965) mit 8 Radierungen und *Schwarzmaut* (1968) mit 15 Radierungen von Gisèle Celan-Lestrange; Veröffentlichung von Radierungen zu Texten anderer Lyriker, wie Philippe Denis, *Les Cendres de la voix* (1975), auch von selbstständigen Radierungsfolgen, u. a. *L'Inachevé* (1975). Im Oktober 1964 ist Gisèle Celan-Lestrange gemeinsam mit ihrem Mann Gast von Edith und Jacob Silbermann in Düsseldorf; spätere Wiederbegegnungen u.a. in Frankfurt am Main.

Veröffentlichungen (Auswahl): gem. mit Celan, *Atemkristall* (1965), gem. mit Celan, *Schwarzmaut* (1969), gem. mit Philippe Denis, *Les Cendres de la voix* (1975), Paul Celan – Gisèle Celan-Lestrange, *Correspondance* (2001), ebd., S. 385-500, vgl. auch Werkverzeichnis, ebd. S. 5003-5008.
     Einleitung, S. 19; Vorbemerkung zum Frühwerk, S. 118-121; Briefe 1, 2, 3, 9, 13.

CHOMED, Gustav (22. Januar 1920 in Czernowitz, Bukowina, damals Königreich Rumänien, heute Ukraine – 22.11.2002 in Rechovot, Israel): Freund und Schulkollege Antschels (Celans); Freund und Nachbar von Edith Horowitz in der Töpfergasse in Czernowitz; Abschluss des Gymnasiums in Czernowitz; Studium an der Czernowitzer Universität; 1941 beim Abzug der sowjetischen Truppen aus Czernowitz flüchtet er ins Innere der Sowjetunion; 1941-44 Aufenthalt in Swerdlowsk; 1944 Reise über Sibirien und Zentralasien zurück in die Ukraine; Einberufung zur Roten Armee; sechs Monate lang Frontkämpfer im Sturmbataillon; danach mit der Sowjetarmee über Warschau nach Berlin, wo er die halbverkohlte Leiche von Goebbels im Bunker der Berliner Reichskanzlei zu identifizieren hilft; Kriegsdienst als Militärdolmetscher für den Stab der Besatzungsarmee in den wichtigsten deutschen Städten (u. a. Übersetzer bei den Nürnberger Prozessen), danach auch in Wien, Prag und Budapest; Februar 1947 läßt er sich in Czernowitz nieder; Tätigkeit als Chefbuchhalter im Amt für Gesundheitswesen des Czernowitzer Landrayons; Dezember 1972 gemeinsam mit Ehefrau Tanja Chomed (geborene Zusman) und Tochter Lilli (Rachel) Auswanderung nach Israel (Rechovot).

Erinnerungen, S. 23, 29; Mythen, S. 54; Vorbemerkung zum Briefwechsel, S. 255-258, 260, 264, 267; Gustav Chomed an Edith Silbermann, S. 307-313.

DMITRIEVA-EINHORN (4.8.1953 in Moskau, damals Sowjetunion, heute Russische Föderation): Tochter von Erich Einhorn, Kunsthistorikerin. Kindheit und Jugend in Moskau, Studium an der Historischen Fakultät der Lomonossov-Universität Moskau (Fachbereiche Kunstgeschichte und Geschichte); 1984 Promotion in Kunstgeschichte, Dissertation über *Antike Motive in der Kunst der deutschen Renaissance*; 1984 bis 1992 wissenschaftliche Mitarbeiterin am Institut für Kunstgeschichte, Moskau; 1991-1995 Lehrbeauftragte an den Universitäten Freiburg i. Br., Basel, Hamburg und Bremen; seit September 1996 wissenschaftliche Mitarbeiterin an der Universität Leipzig.

Veröffentlichungen (Auswahl): *Bibliographie zur kunstgeschichtlichen Literatur in ost-, mittelost- und südeuropäischen Zeitschriften* (1990, 1992); gem. mit Karen Lambrecht, *Krakau, Prag und Wien. Funktionen von Metropolen im frühmodernen Staat* (2000); Paul Celan – Erich Einhorn, *Einhorn: du weißt um die Steine..., Briefwechsel* (2001); gem. mit Heidemarie Petersen, *Jüdische Kultur(en) im Neuen Europa: Wilna 1918-1939* (2004); *Neue Staaten – neue Bilder? Visuelle Kultur im Dienst staatlicher Selbstdarstellung in Zentral- und Osteuropa seit 1918*, Hrsg. gem. mit Arnold Bartetzky, Stefan Troebst (2005); *Italien in Sarmatien. Studien zum Kulturtransfer im östlichen Europa in der Zeit der Renaissance* (2008).

Vorbemerkung zum Briefwechsel, S. 260-263.

DUMITRIU, Petru (8.5.1924 Baziaş, Caraş-Severin, Banat, damals Königreich Rumänien – 6.5.2002 in Metz, Frankreich): rumänisch- und französischsprachiger Schriftsteller. 1942-44 Studium der Philosophie in München; 1945 rumänischer literarischer Preis für die beste Novelle des Jahres; Journalist und Redakteur der Zeitungen *Flacăra* (1948, Die Flamme), danach *Viaţa românească* (Rumänisches Leben), ab 1953 deren Chefredakteur; als Anhänger des kommunistischen Regimes verkehrt er im Kreis des Präsidenten Gheorghe Gheorghiu-Dej und des Außenministers Gheorghe Maurer; 1935 Verherrlichung des stalinistischen Regimes in einem Roman über den geplanten Donau-Schwarzmeer-Kanal, *Drum fără pulbere* (Der Kanal), obwohl der Bau mit Hilfe von Zwangsarbeitern vorangetrieben wird; 1957 Publikation des weiteren stalinistischen Romans *Pasărea furtunii* (Sturmvogel); Veröffentlichung seines Hauptwerkes, *Cronica de familie* (1957, Familienchronik); 1960 Flucht in die BRD während eines offiziellen Besuchs; Tätigkeit als Französisch-Lektor im S. Fischer Verlag in Frankfurt am Main; zweiter Wohnsitz in Metz (Frankreich); in seinen späteren Werken, insbesondere in *Treffpunkt Jüngstes Gericht* (1961, dt. 1962) übt er scharfe Kritik am kommunistischen Regime.

1. Gesammelte Werke: *Opere*, 3 Bde. (2004); 2. Romanübersetzungen aus dem Rumänischen und Französischen ins Deutsche (Auswahl): *Der Kanal* (*Drum fără pulbere*, 1953), Übers. Friedrich Kollmann (1953), *Sturmvogel* (*Pasărea furtunii*, 1957), Übers. Valentin Heinrich, Überarbeitung Klaus Marschke (1957); *Die Bojaren – Der Familienschmuck* (*Cronica de familie*, 3 Bde., 1957), Übers. Elmar Tophoven (1960); *Treffpunkt Jüngstes Gericht* (*Rendez-vous au Jugement dernier*, 1961), Übers. Hanns Grössel (1962), *Inkognito* (*Incognito*, 1962, 1993), Übers. Erika und Elmar Tophoven (1963), *Das sardische Lächeln* (*Le sourire sarde*, 1967), Übers. Justus Franz Wittkop (1967), *Der Mann mit den grauen Augen* (*L'Homme aux yeux gris*, 1968), Übers. Erika Ziha (1969, 1972); 3. Theoretische Schriften (Auswahl): *Die Transmoderne: Zur Situation des Romans* (1965), *ABC der neuen Medien*, u. M. v. Rolf Wissmann (1985); 4. Herausgeberschaft: *Rumänien erzählt*, Hrsg. Dumitriu (1967).
Briefe 4, 5, 7, 8, 11, 12.

EINHORN, Erich (2.6.1920 in Czernowitz, Bukowina, damals Königreich Rumänien – 11.3.1974 in Moskau, damals UdSSR, heute Russische Föderation): enger Kindheits- und Jugendfreund Antschels (Celans), entfernter Verwandter. Besuch des Gymnasiums in Czernowitz; Studium an der philologischen Fakultät der Czernowitzer Universität; 1941, beim Abzug der sowjetischen Truppen aus Czernowitz, gemeinsam mit anderen Studenten Evakuierung ins Innere der Sowjetunion; Aufenthalt in Stavropol; 1942 in Oš (Kirgisien); ab 1944 Fortsetzung des Studiums an der Universität Rostov; September 1944 Einberufung in die Rote Armee; Tätigkeit als Militärdolmetscher; 1945-46 Stationierung in Berlin; 1946-49 Stationierung in Wien, Wiederbegegnung mit Celan; 1949 Rückkehr in die UdSSR; ab 1949 Dozent für Rumänisch in der Akademie für Außenhandel und für Italienisch am Institut für Fremdsprachen in Moskau, wo seine Wohnung Mittelpunkt der Musiker und Literaten ist; 1952 Entlassung aufgrund der antisemitischen Kampagnen Stalins, danach Tätigkeit als Redakteur und literarischer Übersetzer für die Zeitschrift *Die Neue Zeit*. Sein Briefwechsel mit Paul Celan gewährt einen Einblick in ihre enge Freundschaft, ihr frühes politisches Engagement und ihr Interesse für russische Dichtung, insbesondere Jessenin und Mandelstam. Paul Celan – Erich Einhorn, *Einhorn: du weißt um die Steine …, Briefwechsel*, Hrsg. Marina Dmitrieva-Einhorn (2001).
Einleitung, S. 12, 15f.; Mythen, S. 54; Vorbemerkung zum Briefwechsel, S. 255, 260-262, 310-313.

ESENIN, vgl. JESSENIN.

FAUST, Marcel (3.4.1912 in Wien, damals Habsburgermonarchie – 21.9.2005 in Wien, Österreich): politisch engagierter Intellektueller, Leiter des International Rescue Committees (IRC) in Wien, Initiator der Zeitschrift *Forum*. Kindheit und Jugend in Wien; Kunstgeschichts- und Philosophiestudium an der Wiener Universität, Kunststudium bei Alfred Roller an der Wiener Kunstgewerbeschule; Freundschaft mit Elias Canetti, Franz Theodor Csokor, Hermann Kesten, Alfred Polgar, Friedrich Torberg; 1938 Flucht aus Wien, zunächst nach Paris, dann über Antwerpen und Oslo nach New York, Tätigkeit für das auf Initiative Albert Einsteins gegründete International Rescue Committee und für das Civil War Department der US-Armee; als amerikanischer Staatsbürger wird er auch zur Vorbereitung von Kriegsverbrecherprozessen in München eingesetzt; 1947 – 1997 Leitung des IRC-Büros in Wien, im Rahmen seiner Tätigkeit hilft er Flüchtlingen aus Osteuropa; 1952 Zusammenarbeit mit dem Berliner „Congress for Cultural Freedom"; Initiator der Zeitschrift *Forum*; sein literarischer Salon, in dem Friedrich Torberg, Alexander Lernet-Holenia, Ingeborg Bachmann und Helmut Qualtinger verkehren, wird zum Sammelpunkt des „anderen Wiens"; Herausgeberschaft der akustischen Collage „Silvester 1932" (Neuauflage 1997 als

CD), Mitwirkung an der deutschen Ausgabe von Allan Janiks und Stephen Toulmins *Wittgenstein's Vienna* (1984).
Briefe 1, 5.

FRÄNKEL, Julius, auch Julek (26.4.1919 in Zürich, Schweiz – 30.10.2007 in Frankfurt am Main, BRD): kulturell und sozial engagierter Geschäftsmann und Diamantenhändler. Da sein aus Czernowitz stammender Vater mit seiner Familie während des Ersten Weltkrieges in die Schweiz flüchtet, kommt er in Zürich zur Welt, verbringt die ersten Kindheitsjahre in Berlin, kehrt 1922 mit den Eltern nach Czernowitz zurück; Jugend in Czernowitz; Studienjahre in Bukarest; während des Zweiten Weltkrieges Deportation aus Czernowitz nach Transnistrien; ab 1945 Tätigkeit als Fotograf für das Bukarester gerontologische Institut von Dr. Ana Aslan; 1956 Verurteilung zur Zwangsarbeit am Bau des Donau-Schwarzmeer-Kanals; 1962 Auswanderung aus Rumänien; Fränkel gelangt über Wien nach Frankfurt am Main, wo er seine Tätigkeit als Geschäftsmann und Diamantenhändler wieder aufnimmt und zahlreichen Flüchtlingen aus der Bukowina und Rumänien hilft, sich in der BRD niederzulassen. Edith und Jacob Silbermann, die Fränkel in Wien Herbst 1963 treffen, beschließen, seinem Rat zu folgen und in der Bundesrepublik einen Neuanfang zu wagen.
Brief 11.

GAULLE, Charles de (André Joseph Marie) (22.11.1890 in Lille – 9.11.1970 in Colombey-les-Deux-Églises, Frankreich): französischer General und Politiker, der den Widerstand des *Freien Frankreichs* gegen die deutsche Besatzung anführt; 1944-46 Chef der Übergangsregierung; 1959-69 Präsident der Fünften Republik. Reinhold Kern, Freund von Jacob Silbermann, hatte unter General de Gaulle im Zweiten Weltkrieg gekämpft und kannte ihn persönlich; Jacob Silbermann wandte sich auch an seinen Jugendfreund Kern in der Hoffnung, dieser könnte ihm, dank dieses politischen Kontaktes, in der schwierigen Situation helfen.
Brief 3.

GOLDMANN, Heinrich; Pseudonyme: Felix Herbert, Pierre, Peter Trauschau, Heinrich Wassermann (5.1.1909 in Hermannstadt/Sibiu, damals Habsburgermonarchie – 7. 5. 1982 in Frankfurt/M., BRD): Journalist, Verfasser von politischen Verssatiren und Glossen; in den 1930er Jahren ist Goldmann Mitredakteur der in Czernowitz publizierten Tageszeitung *Der Tag*, Mitarbeiter des *Czernowitzer Morgenblattes*, der *Temesvarer Zeitung*; nach dem Zweiten Weltkrieg ist er als Reisejournalist und als freier Mitarbeiter der *Frankfurter Allgemeinen Zeitung* tätig. Seine in der FAZ veröffentlichten Glossen erscheinen im Waldemar Kramer Verlag: Heinrich Wassermann, *Frankfurt in flagranti. Notizen aus dem Frankfurter Alltag* (1980). H. Goldmann und seine Schwester helfen Edith und Jacob Silbermann, als sie Wien verlassen müssen und nach Frankfurt/M. reisen.
Brief 11.

GOLDMANN, Ilse (29.3.1921 in Czernowitz, Bukowina, damals Königreich Rumänien, heute Ukraine – 13.3.1983 in Bukarest, damals Sozialistische Republik Rumänien): Übersetzerin, politisch engagierte Intellektuelle. In Jugendtagen Mitglied der illegalen kommunistischen Jugendorganisation in Czernowitz, Mitschülerin von Edith Silbermann (damals Horowitz), die auch im Kreis ihrer linksgerichteten Freunde verkehrt; in ihrem Haus fand ein Lesezirkel der politisch engagierten Jugendlichen statt, zu denen auch Paul Antschel und Edith Horowitz gehörten. 1940-41, während der Sowjetherrschaft in der Bukowina, soll sie ins Innere der UDSSR deportiert worden sein; nach dem Krieg Rückkehr in ihre Geburtsstadt; danach Auswanderung nach Bukarest; jahrzehntelange Mitarbeit an der deutschsprachigen Bukarester Tageszeitung *Neuer Weg*, Tätigkeit als Übersetzerin vorwiegend aus dem Rumänischen ins Deutsche.

Übertragungen (Auswahl): Alecu I. Ghilia, *Das Ende der Apokalypse* (1961), Radu Boureanu, *Holbein* (1977), Victor H. Andrian, Wilhelm von Bode, *Rembrandt* (1978), Nicolae Iorga, *Schriften und Briefe* (1978).

Erinnerungen, S. 34-38, Mythen, S. 53; Vorbemerkung zum Briefwechsel, S. 261.

HUCHEL, Peter, eigentlich Hellmut Huchel (3.4.1903 in Berlin, damals deutsches Kaiserreich – 30.4.1980 in Staufen, BRD): Lyriker aus der ehemaligen DDR, Freund von Ernst Bloch (1885-1977), Alfred Kantorowitz (1899-1979) und Fritz Sternberg (1895-1963). 1923-26 Studium der Literaturwissenschaft und Philosophie in Berlin, Freiburg/Breisgau und Wien; ab 1930 Veröffentlichung der ersten Gedichte in *Die literarische Welt, Das Innere Reich, Die Kolonne, Vossische Zeitung*; der Prosastudie über einen NS-Mitläufer, *Im Jahre 1930* (1931), des Gedichtbandes *Der Knabenteich*, für den er 1932 den Lyrikpreis der Zeitschrift *Kolonne* erhält; 1934-40 Hörspielautor für den Reichssender Berlin; ab 1941 Kriegsdienst bei der Luftwaffe, 1945 sowjetische Kriegsgefangenschaft; ab 1945 Tätigkeit beim Ost-Berliner Rundfunk als Dramaturg, danach Chefdramaturg, künstlerischer Direktor (1947); 1949-62 Chefredakteur der von Johannes R. Becher und Paul Wiegeler gegründeten literarischen Zeitschrift *Sinn und Form* der Deutschen Akademie der Künste zu Berlin; 1952-71 Mitglied der Deutschen Akademie der Künste in Ost-Berlin; 1956 offizieller Vertreter der DDR auf der Biennale der Dichtung in Knokke (Belgien); ab 1961 wird er Zielscheibe von Angriffen wegen seiner künstlerischen Konzeption; 1962 Protestrücktritt vom Amt des Chefredakteurs von *Sinn und Form*; 1963 Publikations- und Reiseverbot wegen seiner Weigerung, den Theodor-Fontane-Preis Berlin (West) abzulehnen; 1971 die Intervention der West-Berliner Akademie der Künste, des Internationalen PEN-Zentrums und Heinrich Bölls ermöglichen ihm die Ausreise in die Bundesrepublik; ab 1979 Mitglied der Bayerischen Akademie der Schönen Künste und der Deutschen Akademie für Sprache und Dichtung (Darmstadt); Preise: 1951 Nationalpreis der DDR; Theodor-Fontane-Preis (1963), Großer Kunstpreis von Nordrhein-Westfalen (1968), Andreas-Gryphius-Preis (1972), Lessing-Ring (1972), Österreichischer Staatspreis für Europäische Literatur (1972); Orden Pour le Mérite für Wissenschaft und Künste (1976).

1. Werke: *Gesammelte Werke* in zwei Bänden, Hrsg. Axel Vieregg (1984); 2. Korrespondenz: *Wie soll man da Gedichte schreiben. Briefe 1925-1977*, Hrsg. Hub Nijssen (2000).

Brief 4.

HÜRSCH, Thomas (2.4.1930 in Winterthur 4.3.2008 in Horgen, Schweiz): Schweizer Musiker und zeitweiliger Leiter einer Musikschule (1963-66) in Kabul, Afghanistan. Durch seine Lebensgefährtin Magda Wenček lernt er das Ehepaar Silbermann kennen und bleibt jahrzehntelang mit Edith Silbermann in Kontakt.

Brief 5.

JESSENIN, Sergej Aleksandrowitsch, (3.10.1895 in Konstantinowo, damals Russland – 27.12.1925 Freitod in Sankt Petersburg (Leningrad), damals UdSSR, heute Russische Föderation): russischer Lyriker. Mit siebzehn Jahren verlässt er sein Heimatdorf und seine kirchliche Internatsschule, um in Moskau einen Neuanfang zu machen und sich künstlerischen und revolutionären Kreisen anzuschließen; Studium der Geisteswissenschaften in Moskau, Veröffentlichung seiner ersten Werke, *Radunitsa* (Радуница, 1916, Ritual für einen Mord) und *Inonija* (Япония, 1918, Inonien); ab 1916 Kriegsdienst, auch in einem Strafbataillon; 1920-21 Fortsetzung der literarischen Arbeit an *Pugatschow* (Пугачов), lyrisches Drama über eine Bauernrevolte im 18. Jahrhundert; ab 1919 Wortführer der russischen Imagisten; 1921 Reisen in den asiatischen Teil der Sowjetunion; 1922-23 Reisen mit Ehefrau Isadora Duncan, die er auf Tourneen begleitet; dies ist eine von fünf Ehen des Lyrikers; seiner Beziehung zur Dichterin Nadeshda Wolpina entstammt sein Sohn Alexander Jessenin-Wolpin (12.5.1924 in Leningrad), heute ein in den USA lebender Mathematiker und Menschenrechtsverteidiger; 1924-25 Aufenthalt Jessenins in Baku, Aserbaidschan; seine allmähliche Abwendung von der Oktoberrevolution und Kritik in *Ispowed Chuligana* (Исповедь Хулигана, 1921, Bekenntnisse eines Trinkers) und sein Buch *Moskwa kabatskaja* (Москва кабацкая, 1924, Moskau der Schenken) führen zum Verbot seiner Werke in der Sowjetunion; Trunksucht wird zum Verhängnis des Dichters; 1925 nach einem Nervenzusammenbruch Einweisung in eine psychiatrische Klinik durch seine damalige Ehefrau, Sophia Tolstaja, Enkelin Leo Tolstois; 1925 Freitod in einem Hotelzimmer in Leningrad. Seine gesammelten Werke werden erst in den 1960er Jahren veröffentlich. Celan hatte Jessenins Lyrik bereits in Czernowitz gelesen und übersetzt. Seine späteren Jessenin-Übersetzungen, die er E. Silbermann schenkte, waren im S. Fischer Verlag erschienen.

1. Gesammelte Werke: *Sobranie sočinenij*, Собрание сочинений, Hrsg. Vasilij G. Bazanov et al., 6 Bde. (1977-80); 2. Übersetzungen ins Deutsche (Auswahl): *Gesammelte Werke*, Hg. Leonhard Kossuth, 3 Bde. (1995), *Gedichte*, Auswahl, Übers. Paul Celan (1961), „Sergej Jessenin", in: *Drei russische Dichter*, Übers. Celan (1963), S. 7-23; „Übertragungen aus dem Russischen: Sergej Jessenin", Übers. Celan, *Gesammelte Werke* (1983), Bd. 5, II. Übertragungen, S. 163-277.
Erinnerungen, S. 31, 37; Vorbemerkung zum Briefwechsel, S. 255; Briefe 4, 5; Dokumentation III, S. 310.

KASWAN, Ruth, geborene Kissmann (4.12.1921 in Czernowitz, Bukowina, Königreich Rumänien – 8.8.1999 in Berkeley, USA): Tochter des Bukowiner Sozialdemokraten und Bundisten Joseph Kissmann (V, I), engste Jugendfreundin von Edith Silbermann (damals Horowitz). 1936 Repressalien gegen ihren Vater zwingen ihn zur Auswanderung in die USA (New York); im September 1937 reist Ruth allein von Czernowitz nach Wien, ihre Mutter folgt ihr später; April 1938 verlassen sie gemeinsam die von den Nazis besetzte Stadt und setzen ihre Reise nach New York fort; ab den 1940er Jahren College- und Musik-Studium am Hunter College in New York; ab 1948 Studium der englischen Literatur an der University of Southern California; ab 1960 Tätigkeit als politische und sozial engagierte Redakteurin und Publizistin; Zusammenarbeit mit ihrem Mann Jaques Kaswan, Professor für Psychologie in Yale, UCLA, Ohio State University; ab 1979 lebt sie mit ihrer Familie in Berkeley. Tochter Alice Kaswan ist Professorin für Rechtswissenschaften an der Universität von San Francisco, Sohn Mark Kaswan Student der Politologie an der UCLA. Die Jugendfreundinnen sehen sich in Düsseldorf (1969), in Berkeley (1983) und in Washington, D.C. (1996) wieder. Über die Freundschaft mit Ruth Kissmann in Czernowitz berichtet Edith Silbermann in ihrem Buch *Begegnung mit Paul Celan* und in ihren Memoiren *Czernowitz – Stadt der Dichter*.
Erinnerungen, S. 33-34, 37; Vorbemerkung zum Briefwechsel, S. 261.

KAUSCHANSKI, Monia (7.6.1915 in Czernowitz, Bukowina, damals Habsburgermonarchie, heute Ukraine): Jugend in Czernowitz; Mitglied der illegalen kommunistischen Jugendorganisation; Verhaftung und Verurteilung zu einer Gefängnisstrafe wegen kommunistischer Gesinnung und Agitation; Flucht aus dem Gefängnis, spektakuläre Überquerung der Grenze in die Sowjetunion: Er durchschwimmt nachts den Fluss Dnjestr; Verhaftung durch die Sowjets gleich nach seiner Ankunft in der UdSSR; Verurteilung ohne Prozess wegen angeblicher Spionage zu zehn Jahren Zwangsarbeit in einem Gulag; nach Ablauf der

Frist Verurteilung ohne Begründung zu einem weiteren Gefängnisjahr im Gulag; nach der Entlassung Rückkehr in die Bukowina; sowjetische Behörden verweigern ihm die Erlaubnis zu einem Wohnsitz in Czernowitz, gestatten ihm aber, sich in Sadagora, der einstigen Hochburg des Chassidismus, niederzulassen; Tätigkeit als Techniker in einem medizinischen Labor und in der kardiologischen Abteilung eines Krankenhauses. Kauschanski wird in Edith Silbermanns „Erinnerungen an Paul", (hier: S. 33), und in ihren Memoiren *Czernowitz – Stadt der Dichter* (hier: S. 23, Anm. 1) erwähnt.

   Erinnerungen, S. 33-34; Vorbemerkung zum Briefwechsel, S. 261.

KERN, Ernest-Reinhold, auch E.-R. Kern, Reinhold Kern (1908 in Czernowitz, damals Habsburgermonarchie, heute Ukraine – 3.4.1969 in Paris, Frankreich): Anästhesist und Professor für Medizin, enger Freund von Jacob Silbermann. Kindheit in Czernowitz, während des Ersten Weltkrieges in Wien, Admont und Baden; 1918 Rückkehr nach Czernowitz, Besuch des Staatsgymnasiums Nr. 3. in Czernowitz; ab 1926 Medizinstudium in Frankreich; ab 1933 Landarzt in Bussières (Département de la Loire); ab 1939 Widerstandskämpfer gegen das Vichy-Regime, unter einem Decknamen Tätigkeit für die französische Résistance; Dezember 1942 heimliche Überquerung der Pyrenäen nach Spanien; er schließt sich den Truppen des *Freien Frankreichs* gegen Nazi-Deutschland an, Kriegseinsatz als Militärarzt in Spanien, Gibraltar, England; Ausbildung zum Anästhesisten in London (1943-44); ab 1945 Tätigkeit als Anästhesist in einem Pariser Militärkrankenhaus, danach Arzt im Staatsdienst; 1946 unterrichtet er die ersten Kurse im Fach Anästhesie; 1950 Professur im Fach Anästhesie an der Medizinischen Fakultät in Paris; Kerns Autobiographie, *Mes quatres vies* (1971, Vier Leben), gibt Aufschluss über seine Jugend in der Bukowina, seinen Widerstandskampf gegen die Nazis, seinen Kriegseinsatz an der Seite General de Gaulles sowie seine spätere Tätigkeit als Professor für Anästhesie in Paris.

   Briefe 3, 4.

KISSMANN, später Kissman, Joseph (13. Juli 1889 in Pӑltinoasa, Bukowina, Habsburgermonarchie – 1968 in New York, USA): Rechtsanwalt, Sozialdemokrat, Mitglied des Bunds, Herausgeber der Zeitschrift *Der Sozialdemokrat* in Lemberg. Nach dem Schulbesuch in Sereth (Bukowina) Jura-Studium in Wien; Abbruch des Studiums und Tätigkeit als Herausgeber der Zeitschrift „Der Sozialdemokrat" in Lemberg; 1912 Rückkehr nach Wien und Abschluss der Studien; 1913 Heirat mit Leah Rosenbaum; im Ersten Weltkrieg Haft in einem rumänischen Gefangenenlager in Jassy; 1917, während der Oktoberrevolution, Befreiung aus dem Gefängnis durch russische Truppen; Rückkehr nach Wien; ab 1920 Tätigkeit als Rechtsanwalt und sozialdemokratischer Abgeordneter in Czernowitz; Vertreter des Joint Distribution Committees; Reisen in die USA und Kanada (1923, 1933) zum Fundraising für die jüdische Schule *Morgenroit*, die er mitbegründet; 1936 Opfer von Repressalien wegen des Wahlerfolges seiner Partei, Vorladung zum Militärtribunal nach Jassy; Flucht nach Bukarest, danach Auswanderung in die USA (New York); Tochter Ruth Kaswan (V, I) und Ehefrau Leah folgen ihm 1938 ins Exil; 1937-68 Forschungsdirektor für das Jewish Labor Committee; 1944 Veröffentlichung seines historischen Werkes, *Studies in the History of Roumanian Jews in the 19th and 20th Centuries.*

   Vorbemerkung zum Briefwechsel, S. 261; Personenverzeichnis, vgl. Ruth Kaswan, S. 325.

KITTNER, Alfred (24.11.1906 in Czernowitz, Bukowina, damals Habsburgermonarchie, heute Ukraine – 14.8.1991 in Düsseldorf, BRD): Lyriker, Übersetzer, Herausgeber, Czernowitzer Freund von Edith Silbermann (Horowitz), Jacob Silbermann, Paul Antschel (Celan). Kindheit und Jugend in Czernowitz; 1914 – beim Ausbruch des Ersten Weltkrieges – Flucht nach Wien; Schulbesuch in Wien; 1918 Rückkehr nach Czernowitz, nach abgebrochenem

Germanistikstudium Tätigkeit als Journalist; 1938 Veröffentlichung seines ersten Gedichtbandes *Der Wolkenreiter*; Sommer 1942 Deportation in die Vernichtungslager von Transnistrien; 1944 Rückkehr aus dem Lager nach Czernowitz; 1945 Kittner gelangt über Polen nach Rumänien; in Bukarest Tätigkeit als Rundfunksprecher, danach Angestellter der ARLUS-Bibliothek (Gesellschaft für kulturelle Beziehungen mit der Sowjetunion), schließlich Verwaltungsdirektor der Bibliothek des Instituts für kulturelle Beziehungen mit dem Ausland; ab 1958 freischaffender Schriftsteller und Übersetzer der Werke von über vierzig rumänischen Autoren ins Deutsche, u. a. Mihai Eminescu, Tudor Arghezi, Nina Cassian, Alexandru Odobescu, Jean Barth, Marin Preda, Veronica Porumbacu, Zaharia Stancu; trotz zeitweiligen Schreibverbots Veröffentlichung dreier Lyrikbände, u.a. *Hungermarsch und Stacheldraht* (1956) – ein Band, der seine im Todeslager entstandenen Gedichte enthält; nach der Teilnahme an einem Lyrikertreffen in der Bundesrepublik (1980) lässt er sich in Düsseldorf nieder; Preise: Lyrikpreis des rumänischen Schriftstellerverbandes; Andreas-Gryphius-Preis (1989).

1. Lyrik (Auswahl): *Der Wolkenreiter* (1938, 2004), *Hungermarsch und Stacheldraht* (1956), *Gedichte* (1970), *Flaschenpost* (1970), *Gedichte* (1973), *Schattenschrift* (1988); *Wahrheitsspiel. Gedichte 1945-1991*, Hrsg. Edith Silbermann (2005); 2. Memoiren: *Erinnerungen 1906-1991*, Hrsg. E. Silbermann (1996); 3. Herausgeberschaft (Auswahl): „Gedichte aus der Bukowina: Verhallter Stimmen Chor" in: *Neue Literatur*, Heft 11 (1971), S. 36-58, und Heft 12 (1971), S. 44-64, Alfred Margul-Sperber, *Das verzauberte Wort. Der poetische Nachlaß 1914-1965* (1969), Ders., *Geheimnis und Verzicht: Das lyrische Werk in Auswahl* (1975), Oskar Walter Cisek, *Gedichte. Eine Auswahl* (1972), *Versunkene Dichtung der Bukowina*, Hrsg. gem. mit A.-D. Colin (1994); 4. Übersetzungen (Auswahl): Jean Bart, *Europolis* (1967, 1974); Alexandru Odobescu, *Ausgewählte Schriften*, Übers. gem. mit C. Werner (1960), Marin Preda, *Wagemut* (1960), Zaharia Stancu, *Wie hab ich dich geliebt* (1975).
Vorbemerkung zum Frühwerk, S. 118-122, 139; Dokumentation, S. 239-243; Brief 1.

KLAUS, Josef (15.8.1910 Mauthen, damals Habsburgermonarchie – 25.7.2001 in Wien, Österreich): Jurist, Politiker (ÖVP), „Reformkanzler" und Verfechter des Assoziierungsabkommens mit der EWG unter Einbeziehung von Mittel- und Osteuropa; 1949-61 Landeshauptmann von Salzburg; 1952-64 Landesparteiobmann; 1960-63 stellvertretender Bundesparteiobmann; 1963-70 Bundesparteiobmann der ÖVP; 1961-63 Bundesminister für Finanzen; 1964-66 Bundeskanzler der ÖVP-SPÖ-Koalition; 1966-70 Bundeskanzler der ÖVP-Alleinregierung; 1970 öffentliche Kritik an seiner Selbstdarstellung als „echter Österreicher" im Wahlkampf gegen Bruno Kreisky.
Einleitung, S. 10; Brief 6.

KOHL, Christine v. (23.3.1923 in Berlin, damals Weimarer Republik – 23.1.2009 in Wien, Österreich): Journalistin, Balkan-Expertin, Autorin zahlreicher Publikationen über Südosteuropa. Kindheit und Jugend in Berlin; ab 1938 Studium der Philosophie und vergleichenden Religionsgeschichte an der Universität Kopenhagen; Lektorin für dänische und deutsche Verlagshäuser, seit 1956 beim S. Fischer Verlag in Frankfurt am Main; 1960 Übersiedlung nach Wien; 1960-62 Zusammenarbeit mit Simon Wiesenthal, 1964 Heirat mit Wolfgang Libal (V, I); ab 1968 gemeinsam mit Libal journalistische Tätigkeit in Belgrad: Ost- und Südosteuropa-Korrespondentin für *Die Presse* (Wien), *Neue Zürcher Zeitung* (Zürich), *Danmarks Radio* (Kopenhagen), Deutsche Welle (Köln) und andere deutsche und skandinavische Medien; Übersetzerin skandinavischer Literatur ins Deutsche; ab 1987 Tätigkeit für Youth Aliyah/Österreich Komitee in Wien; seit 1990 Balkan-Konsulentin der „International Helsinki Federation for Human Rights" (Wien), danach Gründerin des „Vereins der Freunde der Flüchtlinge und Vertriebenen aus Bosnien-Herzegowina in Österreich" und des „Kulturni Centar"; 1999-2006 Herausgeberin und Chefredakteurin der Zeitschrift „Balkan anders/südosteuropäischer Dialog"; zahlreiche Vorträge, Rundfunksendungen und Tätigkeit für internationale Fact-Finding-Delegationen in südosteuropäischen Staaten; Publikationen zur politischen Situation in Ost- und Südosteuropa.

Veröffentlichungen (Auswahl): *Jugoslawien* (1990); gem. mit Wolfgang Libal, *Kosovo. Gordischer Knoten am Balkan* (1992); *Albanien* (1998, 2003), *Der Balkan. Stabilität oder Chaos in Europa* (2000), *Eine Dänin am Balkan. Zwischen Brüssel und Kosova. Kritische Skizzen* (2008).
   Einleitung, S. 18; Brief 7.

KÖCHEL, Jürgen (4.11.1925 in Berlin, damals Weimarer Republik): Kindheit, Jugend, Studium (Germanistik, Musikwissenschaft und -pädagogik) in Berlin; 1952-1963 Musikpädagoge und Oratoriensänger, danach Werbeleiter im Möseler Verlag; 1969-2000 Verlagsdirektor im Musikverlag Sikorski (Hamburg); Förderer junger deutscher und russischer Komponisten; Veröffentlichung seiner zahlreichen deutschen Nachdichtungen im Lied- und Chorbereich, von fünfzehn Opern, Oratorien (von Menotti, Schostakowitsch, Prokofjew, Denissow, Schnittke und Krzysztof Meyer), Vokalwerke von Schostakowitsch, Prokofiew, Schnittke, Denissow und Gubaidulina; Vorträge und Publikationen über Schostakowitsch, Schnittke und Mozart, sowie *„Denk es, o Seele!" Über die Entstehung von Mörikes Mozart-Novelle* (2006); Aufbau mehrerer Privatsammlungen, u.a. Literatur über Mozart sowie Früh- und Erstdrucke, Werke russischer Komponisten sowie deutsche und russische Lyrik des 20. Jahrhunderts; 2003 Gründung und Vorsitz der Mozart-Gesellschaft Hamburg e.V.; Preise: 1985 Bundesverdienstkreuz für seinen Einsatz im Verlagswesen und zur Förderung der deutsch-russischen Kulturbeziehungen. Jürgen Köchel erreicht es, dass Eric Celan 2007 Edith Silbermann die Genehmigung erteilt, ihre Briefe zu veröffentlichen; Mitherausgeber des Bandes ... *ich brauche Deine Briefe ... Paul Celan – Gustav Chomed. Briefwechsel*, gem. mit Barbara Wiedemann (2010).
   Vorbemerkung zum Briefwechsel, S. 255, 263f.

KRAFT, Ruth, auch Ruth Lackner (6.12.1916 in Graz, Habsburgermonarchie – 31.3.1998 in Köln, BRD): Schauspielerin, Kunsthistorikerin, Redakteurin der Deutschen Welle. Kindheit in Czernowitz, wohin ihre aus der Bukowina stammenden Eltern nach Ende des Ersten Weltkrieges zurückkehren; ihr Vater, Chaim Kraft, Deutschlehrer und jüdischer Aktivist, leitet zeitweilig die in jiddischer Sprache veröffentlichte Zeitschrift *Freiheit*, engagiert sich im jiddischen Schulverein und im marxistisch-zionistischen Arbeiterkreis „Poale Zion"; 1928 zieht die Familie nach Bukarest; mit sechzehn Jahren heiratet sie Alexander Lăzărescu, Sohn des angesehenen rumänisch-jüdischen Literaturhistorikers Barbu Lăzărescu (1881 – 1957), ein Freund ihres Vaters; die Ehe scheitert nach kurzer Zeit; Besuch einer Schauspielschule in Bukarest; 1940 Rückkehr nach Czernowitz, wo sie u.a. am jiddischen Theater als Schauspielerin tätig ist. Freundschaft mit dem Bühnenbildner und Maler Moses Rubinger (1911 –2004); Freundschaft mit Fredi Alper und seiner politisch engagierten Mutter; Liebesbeziehung zu Paul Antschel (Celan), der ihr viele Gedichte widmet; ihr Vater wird von den Sowjets deportiert; 1941-44 Ghetto- und Kriegszeit, Arbeit in einem Juwelierladen, dessen rumänischer Besitzer, Valentin Alexandrescu, ein Versteck für Antschel und seine Eltern besorgt, das diese allerdings nicht nutzen; im Jahre 1944, nach dem Einmarsch der Sowjettruppen in Czernowitz, schmiedet auch sie Fluchtpläne und wird Monate später mit Alexandrescus Hilfe von ihrem in Bukarest lebenden Bruder Gideon Kraft als Rote-Kreuz-Schwester verkleidet über die Grenze gebracht; Anfang des Jahres 1945 gelangt sie nach Bukarest; Antschel bleibt in Czernowitz zurück; Ruth bricht die Liebesbeziehung zu Ant-

schel ab, da sie sich in den aus Czernowitz stammenden und in Bukarest lebenden Medizin-
studenten Sandi Țurcanu (1921-1976) verliebt, der aber damals der intime Freund von
Edith Horowitz ist; Heirat mit Țurcanu; aber diese Ehe ist ebensowenig von Bestand; trotz
der Trennung von Antschel, ihrer Heirat, seiner Flucht aus Rumänien und der Gefahr, mit
einem Abtrünnigen zu korrespondieren, bleibt sie im brieflichen Kontakt mit ihm; denn sie
liebt ihn immer noch. Nach der eigenen Auswanderung kehren sie nicht zu einander als
Liebende zurück, denn ihre Lebenswege hatten sich bereits getrennt. Sie sehen sich indes
mehrmals wieder und schreiben einander Briefe. In der Bukarester Zeit studiert sie Kunstgeschichte und ist in einem Bukarester Kunstmuseum tätig; 1957, nach dem Tod ihrer
Mutter, Auswanderung des erblindeten Vaters nach Israel; sie begleitet ihn, versucht, sich in
Israel einzuleben, nimmt eine Stelle im Folkloremuseum von Haifa an, kann sich aber nicht
integrieren und kehrt schließlich nach Bukarest zurück; in den 1960er Jahren unternimmt
sie den Versuch, in Wien eine neue Existenz aufzubauen, doch auch diese Bemühungen
mißlingen; Herbst 1963 Neuanfang in der BRD (Köln), wo sie dank der Bemühungen von
Nadia Pohne (vgl. S. 334) eine Anstellung als Redakteurin in der Sektion für rumänische
Sprache bei der Deutschen Welle (Köln) bekommt; Veröffentlichung der ihr von Antschel
anvertrauten frühen Gedichte in: *Gedichte 1938-1944* (1985).
   Vorbemerkung zum Briefwechsel, S. 120, 122, 125-136; Briefe 4, 5.

KRAUS, Wolfgang (13.1.1924 in Wien – 19. September 1998 in Lienz, Österreich): Sach-
buch-Autor, Literaturkritiker, Essayist, Herausgeber der Jahresbände der österreichischen
Franz-Kafka-Gesellschaft sowie literarischer Anthologien, u.a. der Werke von Oscar Wilde,
Friedrich Nietzsche, Novalis; Tätigkeit als Lektor für verschiedene Verlage, Presse- und
Rundfunkredaktionen; 1961-94 Gründer und Leiter der österreichischen Gesellschaft für
Literatur, ab 1994 deren Ehrenvorsitzender; 1975-81 Leiter der kulturellen Kontaktstelle
des österreichischen Außenministeriums; Preise: Anton-Wildgans-Preis (1978); österreichi-
scher Staatspreis für Kulturpublizistik (1983).

Veröffentlichungen (Auswahl): *Der fünfte Stand. Aufbruch der Intellektuellen in West und Ost*
(1966, 1969), *Die stillen Revolutionäre. Umrisse einer Gesellschaft von morgen* (1970), *Kultur
und Macht. Die Verwandlung der Wünsche* (1975), *Schreiben in dieser Zeit*, Hrsg. Kraus
(1976), *Die verratene Anbetung. Verlust und Wiederkehr der Ideale* (1978), *Die Wiederkehr des
Einzelnen. Rettungsversuche im bürokratischen Zeitalter* (1980), *Nihilismus heute oder die Geduld der Weltgeschichte* (1983), *Neuer Kontinent Fernsehen. Kultur oder Chaos* (1989), *Zukunft Europa. Aufbruch durch Vereinigung* (1993), *Rettung Kultur. Markierungen zu einem
neuen Humanismus* (1999).
   Brief 7.

LIBAL, Wolfgang (1.5.1912 in Prag, damals Habsburgermonarchie, heute Tschechische
Republik – 3.2.2008 in Wien, Österreich): Journalist, Publizist, Südosteuropa-Berichter-
statter. In der Habsburgermonarchie geboren, wird er unfreiwillig tschechischer, dann groß-
deutscher Staatsbürger; nach dem Krieg ist er staatenlos, danach deutscher Staatsbürger;
juristisches und historisches Studium in Prag, Heidelberg, Paris und Freiburg; 1936-40
Journalist in Prag; 1940-42 Pressereferent im Auswärtigen Amt und an der deutschen Botschaft in Brüssel; Wehrdienst und Kriegsgefangenschaft; ab 1949 Tätigkeit als Agentur-
Journalist; 1950-1968 für die Deutsche Presseagentur (Hamburg) in Österreich; 1968-75
für DPA in Südosteuropa, vor allem Belgrad; er berichtet über regionale Kriege, Revolutio-
nen, Umstürze, das Wirken vieler Politiker (Masaryk, Chruschtschow, Tito, Adenauer, de
Gaulle, Brandt, Kreisky); einige Publikationen gemeinsam mit Ehefrau Christine von Kohl
(V, I), aus Dänemark stammende, in Wien tätige Journalistin.

Veröffentlichungen (Auswahl): *Lebendiger Balkan* (1982); gem. mit Christine von Kohl, *Kosovo. Gordischer Knoten am Balkan* (1992); *Das Ende Jugoslawiens. Chronik einer Selbstzerstörung* (1991, 1993), *Mazedonien zwischen den Fronten. Junger Staat mit alten Konflikten* (1993), *Dalmatien* (1999); gem. mit Christine von Kohl, *Der Balkan. Stabilität oder Chaos in Europa* (2000); *Zeuge am Zaun der Zeit. Von Masaryk zu Milošević* (2002), *Die Tschechen* (2004).
Personenverzeichnis, vgl. Christine von Kohl, S. 327.

LOTAR, Eli, eigentlich Eliazar-Lotar Teodorescu (30.1.1905 in Bondy bei Paris – 10.4.1969 in Paris, Frankreich): ältester Sohn von Tudor Arghezi und Constanţa Zissu, französischer Fotograf, Kameramann. Seine Mutter, eine Lehrerin, muss ihre Schwangerschaft geheimhalten, weil Arghezi zu diesem Zeitpunkt Mönch ist; Zissu bringt das Kind in Frankreich zur Welt und lässt es dort in fremder Obhut zurück; Lotar Eli kommt erst viele Jahre später zum Studium nach Bukarest; ab 1924 in Paris Tätigkeit als Fotograf für *Jazz, Variété, Bifur* und die von Georges Bataille herausgebrachte surrealistische Zeitschrift *Documents*; zahlreiche Fotoausstellungen, u.a. gemeinsam mit André Kertész; in den 1930er Jahren Mitglied der Gruppe *Octobre*; 1933 Kameramann für Luis Buñuels Film *Terre sans pain*; Zusammenarbeit (auch Regieassistenz) mit den Filmregisseuren Jacques Brunius, Joris Ivens, Jean Painlevé, Jean Renoir, Marc Allégret; 1946 wird sein Dokumentarfilm *Aubervilliers* (Drehbuch von Jacques Prévert, Musik von Joseph Kosma) beim Cannes-Filmfestival gezeigt; Freundschaft mit Alberto Giacometti, für den er Modell sitzt.
Personenverzeichnis, vgl. Tudor Arghezi, S. 315.

MANDELSTAM, Ossip Emiljewitsch (15.1.1891 in Warschau, Polen – 27.12.1938 in Wladiwostok, damals UdSSR, heute Russische Föderation): russischsprachiger jüdischer Lyriker. Kindheit in Warschau und Pawlowsk, ab 1897 in St. Petersburg; Besuch des progressiven Tenischew-Gymnasiums in St. Petersburg; 1907-1908 Studienaufenthalt in Paris, Besuch von Vorlesungen an der Sorbonne; 1908 Reise in die Schweiz und nach Italien; 1909-1910 Studium der Romanistik und Kunstgeschichte in Heidelberg; 1910 Aufenthalt in Berlin; erste Gedichtveröffentlichungen in der Kunstzeitschrift *Apollon*; ab 1911 Fortsetzung des Studiums (romanische Sprachen) in Petersburg; Mitglied der von Nikolaj Gumiljow gegründeten Literatengruppe „Dichterzeche", Verfasser des Manifestes der Akmeisten (1913, veröffentlicht 1919), Bekanntschaft mit Anna Achmatowa, 1913 Veröffentlichung des ersten Gedichtbandes *Kamen* (Камень, Der Stein); 1914 Krankenpfleger für Kriegsverwundete in Warschau, 1915 auf der Halb-Insel Krim; Freundschaft mit Marina Zwetajewa; 1917 Abbruch des Studiums; nach der Oktoberrevolution erlebt er den Terror, Massenerschießungen, Bürgerkrieg; 1920 wird er zunächst auf der Krim als „bolschewistischer Spion" verhaftet, danach von Menschewiken in Georgien eingesperrt; nach der Freilassung Rückkehr nach Moskau, 1921 Reise in den Kaukasus, 1922 Heirat mit der Dichterin Nadeschda Hazin, Veröffentlichung seines Gedichtbandes *Tristia* in Berlin; 1925 Liebesaffäre mit Olga Waksel; dank der Hilfe Nikolaj Bucharins kann er seine schriftstellerische Tätigkeit und Reisen fortsetzen; Veröffentlichung des Prosawerkes *Shum vremeni* (Шум времени, Das Rauschen der Zeit), der Bände: *Stikhotvoreniya* (Стихотворения, 1921-25, veröffentlicht 1928, Gedichte), *Egipetskaya marka* (Египетская марка, 1928, Die ägyptische Briefmarke, Prosa), *O poesii* (О поэзии, 1928, *Über Poesie*, Essayband); ab 1928 Opfer einer Verleumdungs- und Hetzkampagne, auf die er im „Offenen Brief an die sowjetischen Schriftsteller" und im Werk *Chetvertaya proza* (Четвертая проза, 1930, Vierte Prosa) antwortet; Bucharin interveniert für Mandelstam, der die offizielle Erlaubnis erhält, in den Kaukasus, nach Abchasien, Georgien und Armenien zu reisen; in dieser Zeit entstehen der Gedichtzyklus „Armenien" und die „Neuen Gedichte"; ab 1931 wieder in Moskau Fortsetzung der schriftstellerischen Arbeit; 1933 Veröffentlichung des Prosawerks *Puteshestviye v*

Armeniyu (Путешествие в Армению, 1933, Die Reise nach Armenien), Reise in die Krim, Arbeit am *Razgovor o Dante* (Разговор о Данте, 1933, Gespräch über Dante); Mandelstams gegen Stalin gerichtetes Gedicht „Wir Lebenden spüren den Boden nicht mehr" und sein Angriff auf den offiziellen Sowjetschriftsteller Alexej Tolstoj, den er öffentlich ohrfeigt, führen zu seiner Verhaftung (Mai 1934); er wird ins Lubjanka-Gefängnis eingesperrt, verhört und zu drei Jahren Verbannung nach Tscherdyn (Ural) verurteilt; nach seinem Selbstmordversuch Revision des Urteils und Verbannung nach Woronesch; hier entstehen seine letzten Gedichte *Voronezhskiye tetradi* (Воронежские тетради, Die Woronescher Hefte); ab 1936, in der Zeit von Stalins Säuberungsterror, lebt Mandelstam in Not; da ihm das Wohnrecht in Moskau abgesprochen wird, lässt er sich in Sawjolowo nieder, danach in Kalinin; 1938 Aufenthalt des an einer schweren Herzkrankheit leidenden Lyrikers in einem Erholungsheim in Samaticha; zweite Verhaftung aufgrund eines Denunziationsbriefes von Wladimir Stawskij, damaliger Generalsekretär des Schriftstellerverbandes; Verurteilung zu fünf Jahren Arbeitslager wegen konterrevolutionärer Tätigkeit und Verbannung nach Wladiwostok; Mandelstam stirbt bei einer Desinfektionsmaßnahme im Lager, in dem Flecktyphus-Epidemie herrscht; er wird in einem Massengrab beerdigt.

1. Gesammelte Werke: *Sobranie sočinenij*, Собрание сочинений, Hrsg. Gleb P. Struve, 4 Bde. (1964-81); 2. Übersetzungen ins Deutsche: *Das Gesamtwerk*, Übers./Hrsg. Ralph Dutli, 10 Bde. (1985-2000); *Gedichte*, Übers. Celan (1959); „Ossip Mandelstamm", in: *Drei russische Dichter*, Übers. Celan (1963), S. 27-78; „Übertragungen aus dem Russischen: Ossip Mandelstamm", Celan, *Gesammelte Werke*, Bd. 5, II. Übertragungen, S. 47-161.

Brief 4, 5.

MARGUL-SPERBER, Alfred (23.9.1898 in Storojineți, damals Habsburgermonarchie, heute Ukraine – 3.1.1967 in Bukarest, damals Volksrepublik Rumänien): deutschsprachiger Lyriker und Übersetzer aus der Bukowina. Kindheit im Geburtsort, Jugend in Czernowitz, während des Ersten Weltkrieges in Wien, Notabitur, Einberufung zum Militär, Kriegsdienst als k. u. k. Offizier; im Schützengraben schreibt er den Gedichtzyklus „Die schmerzliche Zeit" und pazifistische Artikel; nach dem Krieg Rückkehr in die Bukowina; Rechtsstudium an der Czernowitzer Universität; Veröffentlichung seiner Gedichte im *Czernowitzer Nerv*, im Kronstädter *Das Ziel* und *Das neue Ziel*; ab 1920 auf Wanderschaft: Aufenthalt in Paris; dort Freundschaft mit Yvan Goll und Guillaume Apollinaire; Aufenthalt in New York, Mitarbeit am *New York Journal of the People*, literarische Übersetzertätigkeit, Freundschaft mit Waldo Franck; 1924 Rückkehr in die Bukowina; Margul-Sperber steht im Mittelpunkt des dortigen geistigen Lebens; die von ihm redigierte Literaturbeilage des *Czernowitzer Morgenblattes* veröffentlicht die Beiträge und Übersetzungen aus dem Werk führender europäischer Schriftsteller sowie Gedichte junger Czernowitzer Talente; Margul-Sperber wird zum geistigen Mentor junger Lyriker; 1933 zieht er in ein rumänisches Dorf (Burdujeni), führt von dort aus seine literarische Tätigkeit weiter; umfangreiche Korrespondenz u. a. mit Martin Buber, Thomas Mann, Knut Hamsun, Stefan Zweig, Alfred Polgar, Josef Weinheber, T. S. Eliot, Itzig Manger; ab 1940 in Bukarest, Opfer rassistischer Verfolgung; er entkommt der Deportation dank der Unterstützung seiner christlichen Freunde Oscar Walter Cisek und Ion Pilat; ab 1944 Fortführung seiner Tätigkeit als Autor und Übersetzer; Freundschaft mit führenden rumänischen Schriftstellern, u. a. Tudor Vianu, Ion Marin Sadoveanu, Al. Philippide, Ion Pilat, Demostene Botez, Ion Barbu; als Anhänger des kommunistischen Regimes gerät er allmählich ins Netzwerk der Machthaber, die ihn ständig beobachten und bespitzeln lassen; er schließt Kompromisse mit ihnen und nutzt seine besondere Stellung im Regime aus, um weiterhin mit Autoren im Ausland zu korrespondieren und seinen aus der Bukowina geflüchteten Freunden, Alfred Kittner, Immanuel Weißglas, Paul Ancel (Celan) zu helfen; so vermittelt er Ancel (Celan) den Kontakt zu Otto Basil, dem österreichischen Literaturkritiker, der Celans Gedichte in der Zeitschrift *Plan* 2, Nr. 6 (1948), S. 363-369, herausgibt, aber auch zu Yvan Goll, dessen Frau, Claire Goll, später ungerechtfertigte Plagiatsanschuldigungen gegen Celan erhebt. Margul-Sperber ist Autor zahlreicher Lyrikbände und deutscher Übersetzer der Gedichte von Tudor Arghezi, Robert Frost, Vachel Lindsay, Wallace Stevens, Edna St. Vincent Millay, e. e. cummings; er ist der erste Übersetzer von T. S. Eliots *The Waste Land* und Guillaume Apollinaires *Calligrammes* ins Deutsche.

1. Lyrik (Auswahl): *Gleichnisse der Landschaft* (1934), *Geheimnis und Verzicht* (1939), *Zeuge der Zeit* (1951), *Ausgewählte Gedichte.* Hrsg. von Alfred Kittner, Dieter Schlesak (1968), *Das verzauberte Wort. Der poetische Nachlaß,* Hrsg. Alfred Kittner (1969), *Geheimnis und Verzicht,* Hrsg. von Alfred Kittner (1975), *Ins Leere gesprochen. Ausgewählte Gedichte 1914-66,* Hrsg. von Peter Motzan (2002), *Jahreszeiten. Ausgewählte Gedichte,* Hrsg. von Bernhard Albers (2002*)*; 2. Übersetzungen (Auswahl): Vladimir Colin, *Märchen* (1956), Tudor Arghezi, *Gedichte* (1961), Ders., *Ausgewählte Gedichte* (1964); Mihai Eminescu, *Gedichte* (1964); *Weltstimmen. Nachdichtungen* (1968); 3. Anthologie: *Die Buche,* Zgst. Margul-Sperber, Hrsg. George Guțu, Petre Motzan, Stefan Sienerth (2009).
    Einleitung, S. 13; Erinnerungen, S. 30, 47; Mythen, S. 58, 60; Vorbemerkung zum Frühwerk 117f., 120, 125f.; Vorbemerkung zum Briefwechsel, S. 254, 260; Briefe 1, 4, 12.

MEYER, Conny Hannes (18.6.1931 in Wien, Österreich): jüdischer Schauspieler, Regisseur, Theaterleiter, Schriftsteller, Mitbegründer des Wiener Theaters „Experiment am Liechtenwerd" (1955) und Gründer der Theatergruppe „Die Komödianten" (1958), die ab 1963 im Theater am Börseplatz und ab 1974 im Theater im Künstlerhaus spielt; 1985 nach Auflösung der „Komödianten" Tätigkeit als freier Regisseur; Preis: Josef-Kainz-Medaille (1970).
    Brief 13.

MUSULIN, Freiherr Janko von Gomirije (12.8.1916 in Wien – 6.3.1978 in Ober-Grafendorf, Österreich): österreichischer Journalist, Sachbuchautor, Widerstandskämpfer im Zweiten Weltkrieg; ab 1945 Zeitungskommentator und -korrespondent; 1946 Heirat mit Stella Lloyd Philipps; 1948 Geburt des Sohnes Marco; 1958-61 Lektor für Politik und Geschichte im S. Fischer Verlag; 1962-65 Geschäftsführer des S. Fischer Verlages; 1965-69 Leiter des F. Molden Verlages; Mitarbeiter der *Presse* und des *ORF.*

Veröffentlichungen (Auswahl): *Prinz Eugen von Savoyen* (1963); *Das politische Logbuch. Zeitgeschichte und andere Unannehmlichkeiten* (1968); *Die kranke Weltmacht. Niedergang und Wiederaufstieg der amerikanischen Gesellschaft* (1969); *Offener Brief an die Deutschen.* Mit Beiträgen von Heinrich Böll, Peter Härtling und Werner Höfer, Hrsg. J. v. Musulin (1969).
    Einleitung, S. 9f.; Briefe 3, 6, 7, 8, 9, 11.

MUSULIN, Freiherrin Stella von, geborene Lloyd Philipps (6.7.1915 in Wales, GB – 21.1.1996 in Fridau, Österreich): aus Wales stammende Journalistin, Ehefrau von Janko von Musulin, Freundin von W. H. Auden (1907-73). Vor dem Zweiten Weltkrieg ist sie für die britische Botschaft in Wien tätig; Rückkehr nach England während des Krieges; 1946 Heirat mit Baron Janko von Musulin; das Ehepaar lebt in Thummersbach, danach Zell am See; 1948 Geburt ihres Sohnes Marco von Musulin, der später Jurist und Bankdirektor wird. Nach 1958 lebt sie in Wien; Tätigkeit als Korrespondentin der Zeitschrift *Economist* und der *St. Louis Review* sowie der Zeitung *Financial Times*; in den fünfziger Jahren hilft sie – aufgrund einer Vereinbarung mit der Caritas – Flüchtlingen, vor allem Intellektuellen, indem sie ihnen in ihrer Wiener Wohnung ein vorläufiges Zuhause bietet; Janko von Musulin wendet sich an sie mit der Bitte, auch Edith und Jacob Silbermann beizustehen; gemeinsam mit der Journalistin Christine von Kohl (V, I, S. 327), mit der sie eng befreundet ist, organisiert sie einen Vortragsabend für Edith Silbermann, vgl. S. 18; die Begegnung mit dem Ehepaar Silbermann in Wien wird der Anfang einer lebenslangen Freundschaft.

Veröffentlichungen (Auswahl): *Austria: People and Landscape.* Foreword by W. H. Auden (1971), *Vienna in the Age of Metternich, from Napoleon to Revolution, 1805-1848* (1975); Zeitungs- und Zeitschriftenartikel u.a. in *Economist, St. Louis Review, Financial Times.*
Einleitung, S. 18; Briefe 6, 7, 9.

PETRESCU, Camil (22.4.1894 in Bukarest – 14.4.1957 in Bukarest, Rumänien): rumänischer Lyriker, Prosaautor, Dramaturg, Philosoph, Vertreter des Modernismus, später des Sozialistischen Realismus in der rumänischen Literatur. Von Geburt an von Pflegeeltern erzogen; Kindheit in Bukarest; Besuch der Gymnasien „Sfântul Sava" und „Gheorghe Lazăr"; erste Artikel in den Zeitschriften *Rampa* (1913, Die Rampe), *Facla* (1914, Die Fackel) und in der von Tudor Arghezi und Galia Galaction herausgebrachten *Cronica* (1915, Chronik); 1914-16 Philosophiestudium mit Schwerpunkt Husserls Phänomenologie an der Bukarester Universität; 1916-18 Kriegsdienst; seine Erlebnisse (Verwundung, Gefangenschaft) verarbeitet er im Roman *Ultima noapte de dragoste, întâia noapte de război* (1930); 1919 Abschluß des Studiums (Staatsexamen), danach Lehrtätigkeit am Gymnasium „Gh. Lazăr" in Bukarest, dann in Timişoara; ab 1920 Veröffentlichung von Gedichten, Dramen, des Romans *Patul lui Procust* (1933, Das Prokrustesbett), ein wichtiges Beispiel des europäischen Modernismus in der rumänischen Literatur; 1923 Preis des Nationaltheaters; Mitarbeiter und Redakteur verschiedener literarischer Zeitschriften u.a. *Limba română* (Die rumänische Sprache), *Cetatea literară* (Die literarische Burg), ab 1941 der Zeitschrift *Revista Fundaţiilor Regale* (Zeitschrift der königlichen Stiftungen); 1932 Mitglied des Verwaltungsrates des Nationaltheaters in Czernowitz; 1937 Abschluß des Doktorats mit einer Dissertation über *Die ästhetische Modalität des Theaters*; 1939 Direktor des Nationaltheaters in Bukarest; ab 1947 Mitglied der Rumänischen Akademie; sein letzter Roman *Un om între oameni* (1953-57, *Ein Mensch unter Menschen*) bleibt unvollendet.

1. Lyrik (Auswahl): *Versuri. Ideea. Ciclul morţii* (1923, Verse. Ideen. Todeszyklus), *Transcedentalia* (1931, Lyrik), *Din versurile lui Ladima* (1932, Aus Ladimas Versen); 2. Prosa (Auswahl): *Ultima noapte de dragoste, întâia noapte de război* (1930, 1965, *Die letzte Liebesnacht, die erste Kriegsnacht*), *Patul lui Procust* (1933, *Das Prokrustesbett*), *Un om între oameni* (1953-57, unvollendet, *Ein Mensch unter Menschen*); 3. Dramen: *Jocul ielelor* (1918, Uraufführung 1965, Der Reigen der Luftgeister), *Act veneţian* (1918, 1924, Geschehen in Venedig), *Suflete tari* (1925, Starke Seelen), *Bălcescu* (1948); 4. Essays: *Teze şi antiteze* (1936), *Modalitatea estetică al teatrului* (1937, Ästhetik des Theaters), *Husserl – cu o introducere în filozofia fenomenologică* (1938, Husserl – Einführung in die Phänomenologie), *Doctrina substanţei* (1940, Doktrin der Substanz); 5. Übersetzungen ins Deutsche: *Ein Mensch unter Menschen*, Übers. Mariana Şora, Paul Manu, Nachdichtungen der Verse von Alfred Margul-Sperber (1958); *Die letzte Liebesnacht, die erste Kriegsnacht*, Übers. Edith Horowitz (1956, Auszug aus der Übersetzung), Übers. Hermine Pilder-Klein (1970), *Das Prokrustesbett*, Übers. Gisela Richter, Oskar Pastior (1963, 1967), *Bălcescu,* Übers. Mariana Şora (1964).
Brief 5.

POHNE, Marcel (12.11.1913 in Köln, damals deutsches Kaiserreich – 29.1.1964 in Köln, BRD): Journalist, dessen Vater aus Köln und Mutter aus Czernowitz stammt. Kindheit in Köln; seit 1938 lebt er in Czernowitz; Freundschaft mit Weißglas, Kittner, Antschel; im Zweiten Weltkrieg Deportation nach Transnistrien; er ist im gleichen Lager wie Weißglas

und Kittner interniert, überlebt, kehrt wie sie nach Czernowitz zurück und gelangt dann nach Rumänien; ab 1945 lebt Pohne als deutscher Staatsbürger in Bukarest, Tätigkeit als Auslandskorrespondent für United Press und Jewish Agency; 1949, in der Zeit der rumänischen Schauprozesse, Verhaftung und Verurteilung zu zwanzig Jahren Gefängnis wegen angeblicher Spionage; 1955 Entlassung aufgrund einer Intervention von Konrad Adenauer; 1960 Auswanderung in die BRD gemeinsam mit seiner Frau Nadia Pohne (V, I); ab 1962 Tätigkeit als stellvertretender Leiter der südostasiatischen Redaktion der Deutschen Welle (Köln); 1964 kommt er bei einem Autounfall ums Leben; sein plötzlicher Tod, eine Tragödie für seine schwangere Frau, erschüttert auch seine Freunde, zu denen Celan gehört.
   Briefe 4, 5.

POHNE, Nadia, auch Nadja, geborene Léonie Zollner, Pseudonym: Nadia Serban (2.4.1920 in Czernowitz, damals Königreich Rumänien – lebt heute in Köln, BRD): Journalistin, Übersetzerin, Leiterin der Abteilung für rumänische Sprache in der osteuropäischen Redaktion der Deutschen Welle. Sie kommt in Czernowitz zur Welt, als ihre Eltern dort zu Besuch sind, wächst aber in Bukarest auf; Besuch der Schule „Notre Dame de Sion" in Bukarest; ihre erste Ehe, im Alter von achtzehn Jahren geschlossen, scheitert; während des Zweiten Weltkrieges ist auch sie Opfer des Judenhasses und der Verfolgung; nach dem Krieg Tätigkeit als Journalistin für *Viaţa Românească* und *Jerusalem Post*, Übersetzerin aus dem Deutschen ins Rumänische; zu ihren Publikationen zählt Heinrich Bölls *Unde ai fost Adame?* (1957, *Wo warst Du Adam?*), Korrektor des Buches ist Immanuel Weißglas; 1948 Heirat mit Marcel Pohne; durch ihn lernt sie seinen Freundeskreis, Alfred Kittner, Immanuel Weißglas, Paul Ancel (Celan), kennen; 1949 Verhaftung des Ehemannes; 1952 wird sie selbst verhaftet, 1952-54 Haft in fünf verschiedenen Gefängnissen; 1960 Auswanderung mit ihrem Mann nach Köln; ab 1963 jahrzehntelange Tätigkeit als Sprachdienstleiterin für die osteuropäische Redaktion der Deutschen Welle; 1964 Autounfall und Tod ihres Ehemannes; Geburt des Sohnes; sie schlägt sich als alleinerziehende Mutter durch, wandert nach Israel aus, kann sich aber dort nicht einleben und kehrt nach Köln zurück, wo sie ihre Tätigkeit als freie Mitarbeiterin der Deutschen Welle fortsetzt.
   Briefe 4, 5.

SCHÖNWIESE, Ernst (6.1.1905 in Wien, damals Habsburgermonarchie – 4.4.1991 in Wien, Österreich): österreichischer Essayist, Lyriker, literarischer Herausgeber. Jura- und Germanistik-Studien an der Wiener Universität; 1935 Publikation der Anthologie *Patmos* (mit Texten von Robert Musil, Hermann Broch, Ernst Waldinger, Heinz Politzer u.a.) und der ersten Nummern der Literaturzeitschrift *das silberboot* (1935-36, 1946-52); seit Anfang der 1930er Jahre literarische und organisatorische Aktivitäten im Kreis des Autors Franz Blei; Veranstaltung von Autorenlesungen (Robert Musil, Theodor Kramer, Ernst Waldinger u.a.); 1938-45 Korrespondent in Ungarn; 1945 Flucht vor den sowjetischen Truppen nach Salzburg; Leiter der Literaturabteilung des Senders Rot-Weiß-Rot in Salzburg; 1945-71 ORF Programmdirektor für Literatur, Hörspiel und Wissenschaft in Wien; 1972-78 Präsident des österreichischen P.E.N.-Clubs; in Verlauf der Jahrzehnte führt er einen umfangreichen Briefwechsel mit Hermann Broch, Max Brod, Elias Canetti, Max Theodor Csokor, Theodor Kramer, Manès Sperber, Friedrich Torberg, Hans Weigel, Johannes Urzidil und anderen Autoren; Preise: 1965 Literaturpreis der Stadt Wien; 1977 österreichisches Ehrenzeichen für Wissenschaft und Kunst.

1. Lyrik (Auswahl): *Gesammelte Werke* in Einzelbänden, Hrsg. Joseph Strelka (2008, 2009), Bd. 1, Hrsg. Paul Wimmer; *Ausfahrt und Wiederkehr. Gedichte* (1947), *Der siebenfarbige Bogen. Gedichte* (1947), *Nacht und Verheißung. Gedichte* (1948, 1950), *Das unverlorene Paradies.*

Dichtungen von Demut, Tod und Ewigkeit zu neun Steinzeichnungen von Ernst Barlach (1951), *Stufen des Herzens. Neue Gedichte.* Mit Illustrationen von Oskar Kokoschka (1956), *Der alte und der junge Chronos. Ausgewählte Gedichte* (1957), *Baum und Träne. Gedichte* (1962), *Geheimnisvolles Ballspiel. Gedichte* (1964), *Odysseus und der Alchimist. Gedichte* (1968), *Antworten in der Vogelsprache. Gedichte* (1987, 2005); 2. Literaturkritik (Auswahl): *Der Schriftsteller und die Probleme seiner Zeit* (1975), *Literatur in Wien zwischen 1930 und 1980* (1980).
  Brief 7.

SEBASTIAN, Mihail, eigentlich Iosif Hechter (18.10.1907 in Brăila, damals Königreich Rumänien – 29.5.1945 in Bukarest, Rumänien): Schriftsteller, Philosoph, Jurist; Kindheit und Jugend in Brăila; der ebenfalls aus Brăila stammende Lebensphilosoph Nae Ionescu (1890-1940), Mitglied von Sebastians Abiturprüfungskommission, entdeckt und fördert dessen Talent; Philosophie- und Jura-Studium in Bukarest (Anwaltslizenz 1929) und Paris (1930-31); gemeinsam mit Mircea Eliade und Emil (Émile) Cioran Anhänger der literarischen Bewegung „Junge Generation", deren Idol Nae Ionescu ist; Publikation zahlreicher Artikel in der von Nae Ionescu redigierten Zeitschrift *Cuvântul* (Das Wort) und in anderen führenden Zeitschriften; 1932 Veröffentlichung der ersten Werke, *Fragmente dintr-un carnet găsit* (Fragmente aus einem gefundenen Notizbuch), Novellenband *Femei* (Frauen); 1934 Veröffentlichung seiner bereits 1931 verfassten Auseinandersetzung mit dem Judentum im Roman, *De două mii de ani (Seit zweitausend Jahren)*; das Buch erscheint paradoxerweise mit einem, Jahre zuvor, in seiner philosemitischen Zeit versprochenen, aber erst später verfassten, antisemitischen Vorwort von Nae Ionescu, der mittlerweile Faschist ist; auf die zahlreichen Proteste und hasserfüllten Kritiken, die sein Werk hervorruft, antwortet Sebastian in *Cum am devenit huligan* (1935, Wie ich ein Hooligan wurde), einer in Buchform gefassten Erklärung seiner Ziele und Gründe, Ionescus Vorwort zu akzeptieren; im gleichen Jahr veröffentlicht er den Roman *Oraşul cu salcâmi* (Die Stadt der Akazien), danach die rumänische Übersetzung der Korrespondenz von Proust (*Corespondenţa lui Marcel Proust,* 1939; rumänische Übertragung von *Correspondance générale de Marcel Proust*, Hrsg. Robert Proust, Suzy Mante Proust, Paul Brach, 6 Bde. (1930-1936), und den Roman *Accidentul* (1940, *Der Unfall*); nach der Machtergreifung Antonescus (1940) wird auch Sebastian als Jude Repressalien ausgesetzt, kann weder als Journalist noch als Rechtsanwalt arbeiten; 1941-42 unterrichtet er an einer jüdischen Schule; seine Stücke wie *Jocul de-a vacanţa* (Ferienspiel) dürfen nicht mehr aufgeführt werden; trotz Publikationsverbot veröffentlicht er unter falschem Namen (Victor Mincu) das Stück *Steaua fără nume* (Stern ohne Namen), das ein Erfolg wird; in dieser Zeit der Verfolgung und Not lassen ihn auch seine früheren Freunde im Stich, da die meisten von ihnen Anhänger der rumänischen faschistischen Bewegung sind; seine postum veröffentlichten Tagebücher sind eine eindrucksvolle Dokumentation des Antisemitismus und Faschismus in Rumänien (1935-44); 1945 nach dem Regimewechsel Berater des Außenministeriums; am 29.5.1945 wird Sebastian auf dem Weg zu einem Vortrag überfahren; er stirbt an den Folgen des Unfalls; 1996 erste Veröffentlichung der von seinem jüngeren Bruder, Andrei Benu Sebastian, aus Rumänien nach Israel gebrachten Tagebücher Mihail Sebastians, die danach in verschiedene Sprachen übersetzt werden; die deutsche Übersetzung erhält den „Geschwister-Scholl-Preis" (2006).

1. Romane (Auswahl): *De două mii de ani* (1934, *Seit zweitausend Jahren*), *Oraşul cu salcâmi* (1935, Die Stadt der Akazien, 1935), *Accidentul* (1940, *Der Unfall*); 2. Dramen: *Jocul de-a vacanţa* (1938, *Ferienspiel*), *Steaua fără nume* (1944, *Stern ohne Namen*), *Ultima oră* (1945, Letzte Ausgabe), *Insula* (1947, Die Insel); 3. Tagebücher: *Jurnal 1935-44,* Hrsg. Gabriele Omăt, Mitarbeit Leon Volovici (1995, Tagebuch), *Jurnal II: jurnal indirect 1926-1945*, Hrsg. Teşu Solomovici; 4. Essays (Auswahl): *Opere.* Hrsg. Cornelia Stefănescu (1994); 5. Übersetzungen ins Deutsche (Auswahl): *Ferienspiel,* Übers. EH, (1958, 1960), *Seit zweitau-*

send Jahren. Übers. Daniel Rhein (1997), *„Voller Entsetzen, aber nicht verzweifelt", Tagebücher 1935-1944,* Übers. Edward Kanterian, Roland Erb u. M. v. Larisa Schippel (2005). Einleitung, S. 10; Vorbemerkung zum Briefwechsel, S. 260; Brief, 5.

SEGAL, Hersch, Herschke (8.12.1905 in Streliska bei Lemberg, damals Habsburgermonarchie, heute Ukraine – 1.2.1982 in Rehovot, Israel): Mathematiklehrer, Kenner und Herausgeber deutsch-jüdischer und jiddischer Dichtung, Czernowitzer Freund von Paul Antschel (Celan) und Jacob Silbermann. 1905-1914 Kindheit in Putila (Bukowina); 1914 bei Ausbruch des Krieges Flucht mit Eltern und Geschwistern nach Prag; Besuch des Gymnasiums in Prag, danach (1917-25) in Czernowitz, 1925-31 Mathematik-Studium an der Czernowitzer Universität, 1932-1941 Mathematiklehrer an einer Czernowitzer Fachschule, am Technikum und (in der Sowjetzeit) an einer Mittelschule mit jiddischer Unterrichtssprache; er begeistert seine Schüler auch für deutsche und jiddische Literatur; in der Ghetto- und Kriegszeit Mitarbeiter des griechisch-orthodoxen Religionsfonds; 1944-46 Mathematiklehrer an einer Czernowitzer Schule mit jiddischer Unterrichtssprache, ab 1946 an verschiedenen rumänischen Schulen in Bacău, Rumänien; 1962 Auswanderung via Paris nach Israel; Lehrtätigkeit im Fach Mathematik vorwiegend in Rechovot; auch in Israel bringt er seinen Schülern deutsche und jiddische Dichtung nahe. Segal ist erster Herausgeber der Gedichte Selma Meerbaum-Eisingers (15.8.1924 in Czernowitz – 16.12.1942 im Lager Michailowka, Transnistrien), die in Czernowitz seine Schülerin war.

Herausgeberschaft (Auswahl): *Neue jiddische Dichtung. Kleine Anthologie in lateinischer Transkription,* Hrsg. gem. mit Itzig Schwarz, Nathan Halpern (1934); *Von der Jiddischen Literatur; Von der deutschen Literatur,* Hrsg. gem. mit Itzig Schwarz und Alfred Kittner (1937); *Zeks Shloflider* von Moshe Leib Halpern, Hrsg. gem. mit Isiu Schärf (Bilder), Leibu Levin (Musik) (1939, Neuauflage, 1969); Leibu Levin, *Wiegenlieder* (1939), Selma Meerbaum-Eisinger, *Blütenlese: Gedichte* (1976).
Einleitung, S. 16; Brief 5; Dokumentation II, S. 235f.

SPEIER, Hans-Michael (22.11.1950 in Renchen/Baden – lebt in Berlin, BRD): Lyriker, Übersetzer, Literaturwissenschaftler, Mitglied des PEN-Clubs. Nach der Promotion Wissenschaftlicher Assistent und Mitarbeiter an den Instituten für Germanistik sowie Allgemeine und Vergleichende Literaturwissenschaft der Freien Universität Berlin; Lehr und Forschungstätigkeit auch als Gastprofessor an den Universitäten Cincinnati und Leipzig, am Dartmouth College und am Middlebury College; Gründer und Herausgeber der literarischen Zeitschrift *Park* und des *Celan-Jahrbuches* sowie mehrerer Lyrikanthologien; zahlreiche Gedichtveröffentlichungen, Übersetzungen aus dem Französischen, Italienischen, Englischen.

1. Lyrik (Auswahl): *Traumschaum* (1978), *Kaum Uhren irgend* (1981), *En un lieu toujours autre* (1983), *Eisgang* (1986), *Die Akribie der Zärtlichkeit* (1995), *Scherbenschnitte* (1998); 2. Herausgeberschaft (Auswahl): *Berlin! Berlin! Eine Großstadt im Gedicht* (1987), *Berlin, mit deinen frechen Feuern: 100 Berlin-Gedichte* (1997); 3. Literaturwissenschaft (Auswahl): *Die Ästhetik Jean Pauls in der Dichtung des deutschen Symbolismus* (1979), *Interpretationen. Gedichte von Paul Celan,* Hrsg. Speier (2002); *Celan-Jahrbuch* (seit 1987).
Vorbemerkung zum Briefwechsel, S. 263.

SPERBER, Alfred, siehe MARGUL-SPERBER, Alfred

UMFAHRER, Heribert (2.7.1922 in Schönberg, Österreich): erster Kontaktmann Gottfried Bermann Fischers in Wien; 1947 Geschäftsführer der neuen Wiener Niederlassung des Bermann-Fischer Verlages; bis 1955 Vertreter des S. Fischer Verlages in Österreich.
Briefe 6, 7.

UNSELD, Siegfried (28.9.1924 in Ulm, damals Weimarer Republik – 26.10.2002 in Frankfurt am Main, BRD): Verleger und Leiter des Suhrkamp Verlages, Literaturwissenschaftler, Herausgeber. Kindheit und Jugend in Ulm; 1942-45 Marinefunker; 1943 auf die Krim geschickt, 1944 nach Bulgarien und Griechenland; 1946 Ausbildung im Ulmer Aegis-Verlag, 1947-51 Verlagstätigkeit für den J. C. B. Mohr Verlag in Tübingen sowie Studium der Germanistik, Philosophie und Bibliothekswissenschaft an der Tübinger Universität (Promotion über Hermann Hesse); 1952 Eintritt in den Suhrkamp Verlag; ab 1959 leitet er als alleiniger Verleger den Suhrkamp Verlag; 1963 Übernahme des Insel Verlages; 1971-73 Gründung von Taschenbuchreihen; 1981 Gründung des Deutschen Klassiker Verlages; 1990 Übernahme des Jüdischen Verlages. Preise (Auswahl): 1967 Hermann-Hesse-Gedenkmedaille; 1984 Ricarda-Huch-Preis der Stadt Darmstadt; 1993 Großes Verdienstkreuz der Bundesrepublik Deutschland; 1998 Premio Editore Europeo der Stadt Turin; 1999 Hessischer Kulturpreis; 2001 Médaille de Chevalier de l'Ordre des Arts et des Lettres. Ab 1967 veröffentlicht Paul Celan seine Werke im Suhrkamp Verlag; auch Edith Silbermann ist jahrzehntelang als Übersetzerin für den Suhrkamp Verlag tätig; ab 1972 erscheinen hier ihre Übersetzungen von Mircea Eliades literarischem Werk; dennoch kann sie ihren Verleger nicht überzeugen, ihr eine Chance zu geben, Celans frühe Gedichte aus ihrem Besitz und die Korrespondenz mit Bukowiner Freunden herauszubringen.

Veröffentlichungen (Auswahl): Siegfried Unseld, *Veröffentlichungen 1946 bis 1999. Eine Bibliographie,* bearbeitet von Burgel Zeeh (1999); Ders., *Briefe an die Autoren,* Hrsg. Rainer Weiss (2004); Siegfried Unseld, Peter Weiss, *Der Briefwechsel,* Hrsg. Rainer Gerlach (2007), Thomas Bernhard, Siegfried Unseld, *Der Briefwechsel,* Hrsg. Raimund Fellinger, Martin Huber, Julia Ketterer (2009).
Vorbemerkung zum Frühwerk, S. 119-121; Vorbemerkung zum Briefwechsel, S. 260f.

WAGENBACH, Klaus (11.7.1930 in Berlin, damals Weimarer Republik): aus Berlin stammender Gründer und langjähriger Inhaber des Verlages Klaus Wagenbach. Ab 1949 Ausbildung in den Verlagen Suhrkamp und S. Fischer; Studium der Germanistik, Kunstgeschichte und Archäologie in München und Frankfurt am Main; Promotion über Franz Kafka (bei Wilhelm Emrich); 1958 Lektor im „Modernen Buch-Club" in Darmstadt, 1959 Lektor für deutsche Literatur im S. Fischer Verlag; 1964 Gründung des Verlages Klaus Wagenbach, gemeinsam mit seiner Frau Katja Wagenbach; seit den 1960er Jahren in der Studentenbewegung und der APO aktiv; 1968 Gründung der Reihe „Rotbuch"; Strafprozess und Gefängnisstrafe wegen der Veröffentlichung eines RAF-Manifests und eines Theaterstückes von Ulrike Meinhof; Berliner Anwalt Otto Schily verteidigt ihn; 15. Mai 1976 Grabrede für Ulrike Meinhof; als Verleger von Wolf Biermann erhält er Einreiseverbot in die DDR; 1979-99 Herausgabe der Zeitschrift „Freibeuter"; Honorarprofessur für Neuere deutsche Literatur an der Freien Universität Berlin; Preise (Auswahl): 1989 Cavaliere dell'Ordine al Merito della Repubblica Italiana, 1979 Deutscher Kritikerpreis, 1985 Premio Montecchio, 1990 Premio Nazionale per la Traduzione, Bundesverdienstkreuz, 2001 Bundesverdienstkreuz erster Klasse, 2002 Ritter der französischen Ehrenlegion, 2006 Ehrenpreis des österreichischen Buchhandels.

1. Schriften (Auswahl): *Franz Kafka. Biographie seiner Jugend 1883–1912* (1958, 2006), *Franz Kafka. Bilder aus seinem Leben* (1983, 2008), *Kafkas Prag. Ein Reiselesebuch* (1993); 2. Herausgeberschaft (Auswahl): *Atlas. Deutsche Autoren über ihren Ort* (1965, 2004), *Tintenfisch – Jahrbuch für Literatur,* Hrsg. gem. mit Michael Krüger (1968-78), *Vaterland, Muttersprache. Deutsche Schriftsteller und ihr Staat seit 1945,* Vorwort von Peter Rühmkorf (1979), *Fintentisch* (1984), *Die weite Reise. Mittelmeergeschichten* (2002), *Italienische Liebesgeschichten* (2004), *Warum so verlegen? Über die Lust an Büchern und deren Zukunft* (2004), *Italienische Weihnachten* (2007).
Briefe 4, 12.

WEIßGLAS, James Immanuel, Pseudonym Ion Iordan, Spitzname Oniu (14.3.1920 in Czernowitz, Bukowina, damals Königreich Rumänien – 28.4.1979 in Bukarest, damals S. R. Rumänien): deutschsprachiger jüdischer Lyriker; Freund, Klassenkamerad Antschels (Celans); Kindheit und Jugend in Czernowitz; 1942 (Sommer) Deportation nach Transnistrien; 1944 Rückkehr nach Czernowitz; ab April 1945 in Bukarest Klavierspieler in einem jüdischen Orchester, Hilfsredakteur bei einer jüdischen Presseagentur; später Korrektor und technischer Sekretär beim Verlag Europolis (1946-47), dann Redakteur und Archivar der Tageszeitung *România liberă*; eine besondere Leistung sind seine, unter dem Pseudonym Ion Iordan veröffentlichten rumänischen Übertragungen von Stifters *Nachsommer*, Grillparzers *Der arme Spielmann* und Feuchtwangers *Erfolg* sowie die mit dem Preis der Akademie der Wissenschaften ausgezeichnete Nachdichtung von Goethes *Faust* erster und zweiter Teil; denn seine Muttersprache ist Deutsch und nicht Rumänisch; seine im Todeslager verfassten Gedichte sind in den Bänden *Kariera am Bug* (1947) und *Nobiskrug* (1972) erschienen. In ihrer Czernowitzer Zeit sind Weißglas und Paul Antschel (Celan) eng befreundet, lesen die gleichen Bücher, bewundern die gleichen Autoren, übersetzen unabhängig voneinander ins Deutsche die gleichen Texte, wetteifern indes auch miteinander, wenn es um Lyrik und Lyrikverständnis geht; in Bukarest planen sie, gemeinsam das Land illegal zu verlassen; Ancel (Celan) verlässt das Land, ohne seinen Freund zu verständigen, was ihm dieser übel nimmt.

Veröffentlichungen: 1. *Lyrik: Kariera am Bug* (1947), *Der Nobiskrug* (1972), *Aschenzeit* (1994); 2. Übersetzungen ins Rumänische (Auswahl): Goethe, *Faust* erster und zweiter Teil, Übers. unter dem Pseudonym Ion Iordan (1957).
    Einleitung, S. 12, 17; Erinnerungen, S. 26, 28, 30-32, 44, 48; Mythen, S. 53, 55f., 60; Vorbemerkung zum Briefwechsel, S. 255; Brief 12; Dokumentation, S. 307f., 310f.

WENČEK, Magda (4.2.1913 in Czernowitz, damals Habsburgermonarchie – 16.8.2005 in Wien, Österreich): polnisch-deutsche Chemikerin, Intellektuelle, Freundin von Edith und Jacob Silbermann sowie von Alfred Kittner; Kindheit und Jugend in der Bukowina; vor Ausbruch des Zweiten Weltkrieges geht sie nach Österreich, wo sie als Chemikerin tätig ist; ihr Hauptinteresse gilt der Kunst, Musik und Literatur; 1963-66 in Afghanistan: Tätigkeit als Chemikerin für die Wasserwirtschaft; ab 1966 Rückkehr nach Wien, wo sie sich niederlässt.
    Brief 5.

WIEDEMANN, Barbara (1953): Studium der Germanistik und Romanistik an der Universität Tübingen, Promotion in Tübingen, Dissertation über *Antschel Paul – Paul Celan. Studien zum Frühwerk* (1985); 1993-1996 Lehrbeauftragte an der Universität Regensburg, seit 1997 Lehrbeauftragte an der Universität Tübingen.

1. Literaturwissenschaftliche Studien (Auswahl): *Antschel Paul – Paul Celan. Studien zum Frühwerk* (1985); *Jakobs Stehen. Jüdischer Widerstand in den Gedichten Paul Celans* (2007); 2. Mit-/Herausgeberschaft: Paul Celan, *Das Frühwerk* (1989), Paul Celan, Nelly Sachs, *Briefwechsel* (1993), Paul Celan, Franz Wurm, *Briefwechsel*, Hrsg. gem. mit Franz Wurm (1995), Paul Celan, *Die Gedichte aus dem Nachlaß*, Hrsg. gem. mit Bertrand Badiou, Jean-Claude Rambach (1997), *Paul Celan – Die Goll-Affäre. Dokumente zu einer „Infamie"* (2000), Paul Celan, Gisèle Celan-Lestrange, *Briefwechsel*, Hrsg. Bertrand Badiou, Eric Celan, Übers. Eugen Helmlé, Übers. der Anmerkungen B. Wiedemann (2001), Paul Celan, Hanne und Hermann Lenz, *Briefwechsel*, Hrsg. gem. mit Hanne Lenz, (2001), Günter Grass, *Das Rundschreiben der Claire Goll. Entwurf einer Satire zu Claire Golls Plagiatvorwurf*

gegenüber Paul Celan (2002), Paul Celan, *Die Gedichte. Kommentierte Gesamtausgabe in einem Band* (2003), Paul Celan, *„Todesfuge" und andere Gedichte* (2004), Paul Celan, *„Mikrolithen sinds, Steinchen" – Die Prosa aus dem Nachlaß*, Hrsg. gem. mit Bertrand Badiou, (2005); Ingeborg Bachmann, Paul Celan, *Herzzeit. Ingeborg Bachmann – Paul Celan. Der Briefwechsel*, Hrsg. gem. mit Bertrand Badiou, Hans Höller, Andrea Stoll (2008).
    Vorbemerkung zum Frühwerk Paul Celans, S. 120-123; Vorbemerkung zum Briefwechsel, S. 261, 263-264.

II. Verzeichnis der erwähnten Familienangehörigen von Edith Silbermann

HOROWITZ, Karl (2.8.1892 in Czernowitz, Bukowina, damals Habsburgermonarchie, heute Ukraine – 19.12.1968 in Düsseldorf, BRD): Sohn von Netti Stadler und Bernhard Horowitz, Cousin von Karl Ehrlich und Adele Ehrlich, Paul Celans Großmutter (mütterlicherseits), die aus derselben Ehrlich-Familie stammt; Gymnasiallehrer, Bibliophile, Besitzer der zweitgrößten privaten Büchersammlung in Czernowitz. Kindheit und Jugend in Czernowitz, wo seine Eltern ein Haus Bräuhausgasse 28/Ecke Töpferberg besitzen; 1913-1914 Studium der Rechtswissenschaften in Czernowitz; ab Frühjahr 1914 an der Wiener Universität; er besucht gleichzeitig Seminare in Philosophie an beiden Universitäten. In Czernowitz zählen zu seinen Lehrern der bedeutende Jurist Eugen Ehrlich und der Philosoph Richard Wahle, bei dem er vor allem Logik-Seminare besucht; bei Ausbruch des Krieges Einberufung zur k. u. k. Armee; 1916-1918 nach seiner Verwundung Tätigkeit in der kommerziellen Direktion der österreichischen Südbahn in Wien, 1917-18 Fortsetzung des Rechtsstudiums an der Wiener Universität; 7.4.1917 Ermordung der Eltern am Sabbat in ihrem Czernowitzer Haus; die antisemitische Mordtat wird nie aufgeklärt; 1919-1922 Studium der Germanistik und klassischen Philologie an der Wiener Universität; November 1920 Heirat mit Luise Stadler in Czernowitz; 1921 Studienaufenthalte in Wien; 1922 endgültige Rückkehr in seine Geburtsstadt; das Ehepaar zieht in Karls Elternhaus in der Bräuhausgasse 28/Ecke Töpferberg; ab 1921-32 Deutsch- und Lateinlehrer an verschiedenen Czernowitzer Gymnasien; 1921 Geburt der Tochter Edith (V, III); 1927 Geburt der Tochter Sabine (V, II); ab 1933 kommerzieller Geschäftsführer in der Firma *Ferocement*, die im Besitz seiner Familie ist; in der Zwischenkriegszeit wird sein Haus, vor allem seine ungewöhnlich umfangreiche Büchersammlung, Mittelpunkt der Intellektuellen und jungen Dichter von Czernowitz. Während der Nazi-Zeit werden Karl und Lisa Horowitz sowie ihre beiden Töchter ins Czernowitzer Ghetto gezwungen, erdulden Verfolgung und Not, entkommen aber der Deportation nach Transnistrien; die meisten Angehörigen werden verschleppt und ermordet; 1946 Auswanderung des Ehepaars Horowitz gemeinsam mit der jüngeren Tochter zur älteren Tochter (Edith) nach Bukarest; 1950-52 Tätigkeit für die deutschsprachige Zeitschrift *Neuer Weg*; ab 1952 Opfer von Repressalien wegen seiner Auswanderungsanträge; er verliert seine Anstellung. 1964 Auswanderung in die BRD; nach dem Aufenthalt im Durchgangslager für Aussiedler (Nürnberg und Massen) zieht er gemeinsam mit seiner Frau zur älteren Tochter Edith und ihrem Mann nach Düsseldorf; 1962 sendet ihm Celan einen Dankesbrief aus Paris für die in seiner Czernowitzer Bibliothek empfangenen geistigen Anregungen; er erwähnt ihn auch in seinen Briefen an Edith und Jacob Silbermann sowie an Gustav Chomed.
    Einleitung, S. 10, 12f., 18f.; Erinnerungen, S. 24, 26-29, 34, 36, 43; Mythen, S. 53; Vorbemerkung zum Frühwerk, S. 119, 132f.; Vorbemerkung zum Briefwechsel, S. 253-258; Briefe 1, 2, 11, 12.

HOROWITZ, Lisa (Luise), geborene Stadler (2.1.1891 oder 1894 in Budenitz, Bukowina, damals Habsburgermonarchie, heute Ukraine – 5. Oktober 1974 in Düsseldorf, BRD): Lisa wächst auf einem Gut in der Bukowina auf; Schulbesuch in Czernowitz; während des Ersten Weltkrieges flüchtet ein Teil ihrer Familie nach Wien; Lisa gelangt nach Bukarest, wo sie als Erzieherin arbeitet; 1919 Rückkehr nach Czernowitz; 1920 Heirat mit Karl Horowitz; 1921 Geburt der Tochter Edith (V, III); 1927 Geburt der Tochter Sabine (V, II); 1941 wird sie gemeinsam mit ihrem Mann und ihren Töchtern (Edith und Sabine) ins Ghetto gezwungen; die meisten ihrer Angehörigen werden vom Ghetto aus in Viehwaggons nach Transnistrien deportiert und in Todeslagern ermordet; Lisa, ihr Mann und ihre Töchter entkommen der Deportation; Rückkehr aus dem Ghetto in ihr Haus dank einer vom General Calotescu unterzeichneten Autorisation. Lisa Horowitz gewährt Paul Antschel (Celan) Zuflucht in ihrem Haus in der Bräuhausgasse 28 in Czernowitz; 1946 gelingt es ihr, gemeinsam mit dem Ehemann und der jüngeren Tochter die nunmehr sowjetische Bukowina auf legalem Wege zu verlassen und nach Bukarest zu reisen; 1964 Auswanderung in die Bundesrepublik. Celan erwähnt sie in seinen Briefen.
Einleitung, S. 13, 16; Vorbemerkung zum Briefwechsel; S. 253-259; Briefe, 1, 2, 11, 12.

COLIN, Sabine, geborene Horowitz, Spitznamen: Inge und Binzia (19.6.1927 in Czernowitz, Bukowina, damals Königreich Rumänien): Tochter von Lisa Stadler und Karl Horowitz, Mutter von Amy-Diana Colin. Kindheit und Jugend in Czernowitz; sie wird mit ihren Eltern und ihrer älteren Schwester ins Ghetto gezwungen; 1946 verlässt sie gemeinsam mit ihren Eltern die Bukowina und gelangt nach Bukarest, wo sie ihre Kunstausbildung (Malen, Zeichnen, Bildhauerei) fortsetzt; Tätigkeit in rumänischen Architektur- und Projektionsinstituten (im Bereich der Bautechnik, des Industriebaus sowie des Beton- und Stahlbetonbaus); 1955 Heirat mit Leonard Colin; 1969 Auswanderung nach Düsseldorf, wo sie für das Staatshochbauamt als Bautechnikerin tätig ist.
Vorbemerkung zum Frühwerk, S. 130; Vorbemerkung zum Briefwechsel, S. 256.

COLIN, Leonard (12.9.1926 in Brăila, Rumänien – 25.4.1985 in Berlin, BRD): Kindheit und Jugend in Brăila, Rumänien; 1940 Flucht mit seinen Eltern nach Akkerman (UdSSR) und später nach Czernowitz, damals unter sowjetischer Herrschaft; 1942 Deportation der Familie in ein Todeslager nach Bessarabien; die Familie überlebt; nach dem Krieg Studium der Ingenieurwissenschaften in Bukarest; Tätigkeit als Diplom-Ingenieur (Elektrotechnik) in Bukarest; 1955 Heirat mit Sabine Horowitz; 1969 Auswanderung nach Düsseldorf, wo er als Ingenieur für Siemens arbeitet.
Personenverzeichnis, vgl. Sabine Colin.

EHRLICH, Brunehilde (Hilde), verh. Knappek (28.10.1903 Cires, Bukowina, damals Habsburgermonarchie – 15.9.1962 in Paris, Frankreich): Tochter von Karl Ehrlich, Cousine zweiten Grades von Karl Horowitz, Cousine von Paul Celans Großmutter (mütterlicherseits). Kindheit und Jugend in Czernowitz; bei Ausbruch des Ersten Weltkrieges (1914), als die Stadt von russischen Truppen besetzt wird, verlässt sie Czernowitz mit ihren Eltern und ihrem Bruder Alexander; die Familie flüchtet nach Brno (Brünn), wo Hilde ihren späteren Ehemann Karl (Charles) Knappek kennenlernt, den sie 1922 in Wien heiratet; ab 1924 läßt sich das Ehepaar in Paris nieder; sie ist als Modemacherin im eigenen Betrieb tätig; 1927 Geburt ihres Sohnes René Knappek; 1937 besucht sie gemeinsam mit dem Sohn René Czernowitz, wohnt bei ihrem Bruder Alexander und sieht auch die Horowitz-Familie wieder; sie ist mit Lisa Horowitz befreundet und lädt ihre älteste Tochter Edith nach Paris ein; nach Edith Silbermanns Ansicht ist sie eine Bezugsperson für den jungen Antschel, als er in Tours Medizin studiert; Hilde Knappek, ihr Mann und ihr Sohn überleben den Krieg in

Frankreich; nach dem Krieg versuchen sie erfolglos, Edith zur Ausreise aus Rumänien zu verhelfen.
Briefe 1, 2, 3.

KNAPPEK, Karl (Charles) (12.1.1900 in Brno (Brünn), damals Habsburgermonarchie – 7.9.1981 in Bergerac, Frankreich): Kindheit und Jugend in Brno; Studien in Wien; Geschäftsmann in der Import/Export-Abteilung einer österreichischen Handelsfirma in Wien; 1922 Heirat mit Hilde Ehrlich; ab 1924 Tätigkeit für eine französische Handelsfirma in Paris; später Geschäftsdirektor einer Fotofirma in Paris.
Briefe 1, 2, 4.

KNAPPEK, René (1.4.1927 in Paris, Frankreich): Sohn von Hilde Ehrlich und Karl Knappek; Kindheit und Jugend in Paris; Ingenieur-Studien in Paris; Tätigkeit als Chefingenieur einer französischen Firma; lebt heute in Rouen.
Personenverzeichnis, vgl. Hilde Ehrlich.

EHRLICH, Alexander (1.7.1899 in Cires, Bukowina, damals Habsburgermonarchie – 6.6.1967 in Sydney, Australien): Sohn von Karl Ehrlich, Bruder von Hilde Ehrlich (V, II), Cousin von Celans Großmutter (mütterlicherseits). Kindheit in Czernowitz; während des Ersten Weltkrieges Flucht der Familie nach Brno (Brünn); Jugend in Brno; Besuch einer Yeshiva; Universitätsstudien in Wien; Rückkehr in die Bukowina, wo er als Geschäftsmann tätig ist; Heirat mit Klara Schneider aus Tarnopol, die seit ihrer Kindheit in Suceava (Bukowina) lebt; 1932 Geburt des Sohnes Fred (Frederick) in Czernowitz; 1941 werden auch Ehrlich und seine Familie ins Ghetto gezwungen, er entkommt aber den Deportationen; 1945 Flucht der Familie aus der Bukowina nach Bukarest; die Ehrlichs verbringen zwei Jahre in Not in einem DP-Lager; 1947 Auswanderung aus Rumänien aufgrund der Intervention des in Australien lebenden Schwagers Isiu Schneider; der Versuch, nach Palästina einzuwandern, scheitert; das Schiff ankert zwar im Hafen von Haifa, aber die Passagiere dürfen nicht ans Land; daher setzt das Schiff die Fahrt nach Marseille fort; Alexander und seine Familie reisen von Marseille nach Paris, wo Hilde Knappek (V, II) sie aufnimmt; sie wandern im gleichen Jahr nach Sydney (Australien) aus.
Briefe 1, 3, 4.

EHRLICH, Frederick, Fred (23.3.1932 in Czernowitz, Bukowina, damals Königreich Rumänien): Sohn von Alexander Ehrlich (V, II) und Klara Schneider, Bruder von Paula Yeomans (V, II); Kindheit in Czernowitz; 1945 Flucht mit den Eltern aus der Bukowina; 1947 Auswanderung aus Rumänien; nach einem kurzen Aufenthalt bei Hilde Knappek in Paris Auswanderung mit den Eltern nach Australien; Studium der Medizin in Sydney; 1958 Chirurgische Ausbildung in London, wo er Bertha Antschel, die Tante von Paul Celan besucht; im gleichen Jahr besucht er auch Celan in Paris; 1969 Heirat mit Shirley Eastbourne, Krankenschwester und Managerin; das Ehepaar hat sechs Kinder. Nach Abschluss der Medizinstudien schlägt Frederick Ehrlich die akademische Laufbahn ein und wird Professor für Gerontologie und Altersfürsorge an der University of New South Wales (UNSW), Chairman des „New South Wales Council on the Aging" und des „Interdepartmental Committee on the Care of the Aged", Hauptberater im Bereich der Rehabilitation und Gerontologie des NSW Gesundheitsministeriums und Vize-Präsident des NSW Council of Social Service und der Carers' Association.
Brief 4.

YEOMANS, Paula, geborene Ehrlich (9.12.1935 in Czernowitz, Bukowina, damals Königreich Rumänien): Tochter von Alexander Ehrlich (V) und Klara Schneider, Schwester von Frederick Ehrlich (V). Kindheit in Czernowitz, 1945 Flucht aus der Bukowina nach Rumänien, 1945-47 mit ihren Eltern und dem jüngeren Bruder in einem DP-Lager in Bukarest; die politische Intervention ihres in Australien lebenden Onkels Isiu Schneider, Bruder ihrer Mutter, ermöglicht es ihr, ihren Eltern und Bruder, Rumänien zu verlassen; am 19.7.1947 trifft sie in Sydney ein. Australien wird zur neuen Wahlheimat; Heirat mit dem australischen Psychiater, Soziologen und Juristen Neville Thomas Yeomans (7.10.1928 in Sydney – 30.4.2000 in Brisbane), der sich für australische Ureinwohner einsetzt und das Fraser House gründet, ein Zentrum für psychisch Kranke, Drogen- und Alkoholabhängige; er ist Koordinator der Community Mental Health Services (New South Wales Department of Public Health). Paula Yeomans, Mutter von vier Kindern und Großmutter von neun Enkelkindern, lebt in Sydney.
Brief 4.

III. Die Briefschreiber

CELAN, Paul, in Czernowitz Paul Antschel, in Bukarest Ancel (23.11.1920 in Czernowitz, Bukowina, damals Königreich Rumänien – 19./20. April 1970, Freitod in Paris, Frankreich): Lyriker, Übersetzer, Sohn von Friederike und Leo Antschel-Teitler. Kindheit und Jugend in Czernowitz; 1938 Reise nach Tours, um Medizin zu studieren; 1939 Rückkehr nach Czernowitz, Studium der Romanistik und Anglistik an der Universität Czernowitz; Fortsetzung der Studien auch in der Zeit der sowjetischen Okkupation. Ab Juli 1941 Einmarsch rumänischer faschistischer Truppen und am 6. Juli der „Einsatzgruppe D" in Czernowitz; während der Nazi-Herrschaft in Czernowitz: Verfolgung, Zwangsarbeit; im Oktober 1941 wird auch die Familie Antschel wie alle anderen Czernowitzer Juden ins Ghetto gezwungen; Deportation der Eltern nach Transnistrien (Sommer 1942); ab August 1942 Internierung in einem Lager in Michailowka (östlich des Bug, in der Nähe der Stadt Gaisin); der Vater stirbt an Typhus oder wird erschossen, weil er zu krank ist, um weiter zu arbeiten (Herbst 1942); die Mutter wird durch Genickschuss im Winter 1942 getötet; Antschel entkommt der Deportation, wird aber ab Sommer 1942 (vgl. S. 15) zur Sklavenarbeit beim Straßenbau zwangsverpflichtet, leistet diese auch im Arbeitslager Tăbărești (Moldau); Februar 1944 Rückkehr aus dem Arbeitslager nach Czernowitz; 1945 Auswanderung nach Rumänien (Bukarest), wo er für den Verlag *Russisches Buch* als Übersetzer tätig ist und im Kreis rumänischer Schriftsteller verkehrt; 1947 Flucht aus Rumänien nach Wien; der Literaturkritiker Otto Basil veröffentlicht Celans Gedichte im *Plan*; 1948 Veröffentlichung seines ersten Gedichtbandes *Der Sand aus den Urnen* mit Illustrationen von Edgar Jené; wegen sinnentstellender Druckfehler zieht der Autor diesen Band zurück; Begegnung und Freundschaft mit Ingeborg Bachmann; seit 1949 lebt Celan in Paris, Wiederaufnahme und Abschluss der Studien (*Licence ès Lettres*), Tätigkeit als Deutschlehrer, ab 1959 Lektor für deutsche Sprache und Literatur an der École Normale Supérieure; zu seinen Freunden zählen angesehene Lyriker, Germanisten, Philologen und Künstler, 1952 Heirat mit Grafikerin Gisèle de Lestrange, mit der er auch zusammenarbeitet; gemeinsame Publikationen: *Atemkristall* (1965), *Schwarzmaut* (1969); 1955 Geburt des Sohnes Eric; in Paris verfasst er seine wichtigsten Werke: *Von Schwelle zu Schwelle* (1955), *Sprachgitter* (1959), *Die Niemandsrose* (1963), *Atemwende* (1967), *Fadensonnen* (1968), *Lichtzwang* (1970), *Schneepart* (aus dem Nachlaß, 1971); Vortragsreisen nach Deutschland, Italien (1964) und Israel (1969); Ehrung des Dichters in Deutschland durch wichtige literarische Preise, u. a. den *Bremer Literaturpreis* (1958), den *Georg-Büchner-Preis* (1960), den *Großen Kunstpreis des Landes Nord-*

rhein-Westfalen (1964); gleichzeitig wird er Opfer einer von Claire Goll lancierten Diffamierungskampagne, die seinen psychischen Zustand verschlimmert; 1970 begeht er Selbstmord in Paris.

Antschel ist mit Edith Horowitz verwandt und seit ihrer Jugendzeit befreundet; er ist
häufiger Gast im Hause Horowitz in der Bräuhausgasse 28, Ecke Töpferberg in Czernowitz;
die private Büchersammlung von Karl Horowitz wird zu einer wichtigen Wissensquelle für
den jungen Lyriker; zu seinem literarisch und politisch engagierten Freundeskreis in dieser
Zeit zählen Immanuel Weißglas, Gustav Chomed, Erich Einhorn, Ruth Kissmann, Ilse
Goldmann; Liebesbeziehung zu Ruth Kraft; in der Deportationszeit findet er Zuflucht im
Haus von Edith Horowitz; als er aus dem Lager zurückkehrt, nimmt ihn die Familie Horo-
witz auf; durch Edith lernt er den Rechtsanwalt Jacob Silbermann kennen, der ihm in
Czernowitz und Bukarest in der Not hilft; erst siebzehn Jahre später sehen sich die Freunde
in Düsseldorf wieder. Über ihre Beziehung zu Celan berichtet Edith Silbermann in ihren
„Erinnerungen an Paul Celan" in *Argumentum e Silentio* (1987), in *Begegnung mit Paul
Celan* (1993) sowie in *Czernowitz – Stadt der Dichter* (2010).

1. Gesamtausgaben (Auswahl): *Paul Celan, Werke, Historisch-kritische Ausgabe*, begründet
von Beda Allemann, Hrsg. von Rolf Bücher und Axel Gellhaus (Bonner Arbeitsstelle für die
Celan-Ausgabe), mehrbändiges Werk, Einzel- und Doppelbände (Bde. 1-12, 14, 1990-2008);
Tübinger Celan-Ausgabe, kritisch edierte Leseausgabe, Hrsg. von Jürgen Wertheimer, 9 Bände
sind veröffentlicht (1996-2004); *Gesammelte Werke* in sieben Bänden, Hrsg. Beda Allemann,
Stefan Reichert, u. M. v. Rolf Bücher (2000); *Gesammelte Werke* in fünf Bänden, Hrsg. Beda
Allemann, Stefan Reichert, u. M. v. Rolf Bücher (1983); 2. Bibliographien: *Paul Celan – Bib-
liographie*. Hrsg. Christiane Bohrer (1989), *Paul Celan in English: A Bibliography of Primary
and Secondary Literature*, Hrsg. Jerry Glenn (1983); 3. Biographien: Wolfgang Emmerich,
Paul Celan (1999); Israel Chalfen, *Paul Celan: Eine Biographie seiner Jugend* (1979, 1983).

HOROWITZ-SILBERMANN, Edith (10.11.1921 in Czernowitz, damals Königreich
Rumänien – 2.7.2008 in Düsseldorf, BRD): Tochter von Lisa Stadler und Karl Horowitz;
Kindheit und Jugend in Czernowitz; Besuch des privaten „Hofmann-Mädchengymnasiums"
(ab 1937/1938 „Julia Haşdeu-Lyzeum" genannt) in Czernowitz; nach der Matura (Juni
1940) zwei Semester Germanistik- und Anglistikstudium an der Fakultät für Moderne Philologie der Czernowitzer Universität; Studium am Konservatorium im Fach Klavier; Musikpädagogin in Kindergärten; 1941, nach dem Einmarsch der Nazis in Czernowitz, Abbruch
des Studiums aufgrund der Rassengesetze; 1941 bis März 1944 Opfer des Judenhasses, der
Verfolgung; ab 1944, in der Sowjetzeit, Lehrtätigkeit an der Staatlichen Schule Nr. 13; Mu-
siklehrerin in einem Kindergarten; Fortsetzung des Studiums am Konservatorium im Fach
Klavier; Übertragung ihres Klavierkonzertes im sowjetischen Rundfunk (EH spielt Manuel
de Fallas „Spanischen Tanz", Claude Debussys „La fille aux cheveux de lin"); 1945 Flucht
nach Bukarest, wo sie am 9. Mai eintrifft; die ersten Monate sind von persönlichen Enttäu-
schungen und Not überschattet. Herbst 1945 entdeckt sie Regisseur Jacob (Yankev) Mansdorf bei seiner Talentsuche für IKUF, das „Yidishe Kunst-Teater" des Verbandes „IKUF, Al-
weltlecher Idişer Kultur-Farband"; am 18. Oktober 1945 findet die Premiere des Stückes *Ich
leb* von Moysche Pinchevskis mit Edith Horowitz in der Hauptrolle statt; sie spielt Miriam,
die Tochter des Rabbiners. In der rumänischen Presse (*România liberă*, u.a.) erscheinen begeisterte Kritiken, die ihre Darstellungskunst rühmen; in seinem auf Rumänisch verfassten
Bericht über die Arbeit des IKUF hebt auch Jacob Mansdorf die schauspielerische Begabung
von Edith Horowitz hervor. Am 14. Juni 1947 findet ein festlicher Theaterabend mit Szenen
aus drei verschiedenen Stücken zu Ehren von Regisseur Mansdorf statt; auf dem IKUF-
Programm wird angekündigt, dass er Rumänien verlassen wird. Edith tritt als „Have" in
Tevie der Milhiker auf, ein von Mansdorf nach Scholem Alejchens gleichnamigem Roman

verfasstes Theaterstück. Mansdorf führt Regie; M. Rubinger entwirft das Bühnenbild. Seit 1945/1946 ist Edith nicht nur als Schauspielerin tätig, sondern setzt auch ihre Studien an der Bukarester Universität fort; 1946-48 ist sie zugleich Mitarbeiterin der Musikbibliothek der ARLUS Bücherei; 1948 Abschluss der Studien im Fach Germanistik an der Bukarester Universität (Staatsexamen). Im gleichen Jahr heiratet sie Jacob Silbermann; 1948-51 Auftritte im jiddischen Staatstheater von Bukarest, zu dessen wichtigsten Darstellerinnen sie zählt; auch diese Auftritte finden begeisterten Anklang beim Publikum und in der Presse; ab den 1950er Jahren Lehrtätigkeit am Philosophischen sowie Historischen Forschungsinstitut der Rumänischen Akademie der Wissenschaften, danach Studienrätin für Deutsch am Gymnasium Nr. 79 (1958-61), Studienrätin für Englisch und Französisch am Gymnasium Nr. 156 (1961-63). Bereits in der Studienzeit literarische Übersetzertätigkeit; 1952 Prüfung als literarische Übersetzerin aus dem Rumänischen ins Deutsche, Diplom des Linguistischen Institutes der Akademie, RVR; ab 1952 auswärtige Mitarbeiterin (Lektorat, Übersetzungen) verschiedener staatlicher Verlage. August 1963, nach vielen gescheiterten Auswanderungsversuchen, gelingt es ihr, gemeinsam mit ihrem Ehemann Rumänien zu verlassen; sie kommt nach Wien; ab 1964 lässt sie sich in Düsseldorf nieder, wo sie ihre Tätigkeit als Rezitatorin, literarische Übersetzerin und Publizistin fortsetzt. Zahlreiche Tourneen mit Vorträgen und Rezitationsprogrammen jiddischer und deutsch-jüdischer Dichtung, u.a. in Wien, Salzburg, Berlin, Düsseldorf, Münster, Schloß Eichholz bei Wesseling, Amsterdam, Rotterdam, Paris, Pittsburgh; ihre Auftritte im Wiener „Theater der Courage" (April 1964) und im Wiener „Theater am Börseplatz" (1965) gehören zu ihren größten Erfolgen; in Zeitungsberichten wird ihr Wiener Auftritt mit dem jiddischen Rezitationsprogramm „Sichroines – Kindheitserinnerungen" als der „bedeutendste Abend seit langem … in der Wiener Theatersaison 1964/65" gefeiert. Seit den 1960er Jahren Dozentin für Deutsch und Rumänisch an der VHS Düsseldorf; zeitweilige Lehrtätigkeit im Studienfach Rumänisch an der Universität Düsseldorf; Herausgeberin und Übersetzerin ins Deutsche der umfassenden Anthologie rumänischer Prosa, *Die schwarze Truhe und andere rumänische Erzählungen* (1970), und des im Suhrkamp Verlag erschienenen Prosawerkes von Tudor Arghezi sowie des literarischen Werkes von Mircea Eliade; Organisatorin der Ausstellung über Alfred Kittner im Düsseldorfer Gerhart-Hauptmann-Haus und im Augsburger Bukowina-Institut (1999). Durch Rundfunksendungen, Essays, Vorträge und Rezitationsabende in der BRD, Österreich, den Niederlanden, Belgien und den USA vermittelt Edith Silbermann einen Einblick in die versunkene Welt des Ostjudentums und bemüht sich, die Kulturlandschaft der Bukowina, insbesondere das dichterische Werk Alfred Kittners, Rose Ausländers und ihres Jugendfreundes Paul Celan der breiten Öffentlichkeit zu erschließen. Preise: 1976 Auszeichnung des rumänischen Kulturministeriums für ihre Bemühungen um die rumänische Literatur und Sprache in der Bundesrepublik; 1997 Andreas-Gryphius-Ehrenpreis für ihre Übersetzungen bedeutender rumänischer Autoren.

1. Literaturwissenschaftliche Schriften und Erinnerungen (Auswahl): *Begegnung mit Paul Celan* (1993, 1995), *Rose Ausländer, die Sappho der östlichen Landschaft* (2003); Essays, in: *Die Bukowina. Studien zu einer versunkenen Literaturlandschaft,* Hrsg. Dietmar Goltschnigg, Anton Schwob (1987), *Argumentum e Silentio,* Hrsg. Amy-Diana Colin (1987), *An der Zeiten Rändern: Czernowitz und die Bukowina.* Hrsg. C. Cordon und Helmut Kusdat (2002); Zeitschriftenbeiträge, in: *Der Literat, Sinn und Form, Südostdeutsche Vierteljahresblätter, Literatur für Leser, Wirkendes Wort, Freiburger Universitätsblätter;* 2. Herausgeberschaft: *Die schwarze Truhe und andere Erzählungen,* auch Übers. (1970), Alfred Kittner, *Erinnerungen* (1996), „Über Alfred Kittner", in: *Metzler Lexikon der deutsch-jüdischen Literatur* (2000), Alfred Kittner, *Der Wolkenreiter. Gedichte 1925-45* (2004), Alfred Kittner, *Wahrheitsspiel: Gedichte 1945-1991* (2005); 3. Übersetzungen: Geo Bogza, *Jahre des Widerstandes* (1955), Ders., *Das steinerne Land* (1959); Alexandru Odobescu, *Meister Reinecke* (1956); Vladimir Colin, *Der*

Wunderschmied (1956), Ders., *Märchen vom Schwarzen Meer* (1957); Al. Mitru, *Im Sagenreich* (1957); D. Nagyschkin, *Der tapfere Asmun* (1958), Mihail Sebastian, *Das Ferienspiel* (1958, 1960); Camil Petrescu, *Die letzte Liebesnacht, die erste Kriegsnacht* (in: *Rumänische Rundschau*, X, Nr. 4, 1956, S. 6-171); Mihail Sadoveanu, *Das Lied vom Lämmchen* (1962); Tudor Arghezi, *Lina* (1962, unveröffentlichte Übersetzung, Auszug, in: *Die schwarze Truhe*, op. cit.), einzelne Prosatexte (*Rumänische Rundschau*, IX, Nr. 4, 1955, op. cit.), „Kleine Prosa" (*Sinn und Form*, 10, Heft 4, 1958, op. cit.); *Kleine Prosa* (1965); Übersetzungen von Ion Luca Caragiale, Ion Alexandru Brătescu-Voineşti, Urmuz, Cezar Petrescu, Mircea Eliade, Geo Bogza, Marin Preda, Francis Munteanu in: *Rumänien erzählt, Anthologie*. Hrsg. von Petru Dumitriu (1967, 1991); Mircea Eliade, *Auf der Mântuleasa-Straße* (1972, 1975, 1993), *Das Mädchen Maitreyi* (1975, 1995, 1998), *Die Pelerine* (1976), *Drei Grazien* (1978, 1993), *Phantastische Geschichten* (1978, 1997), *Fräulein Christine* (1980, 1992), *Bei den Zigeunerinnen* (1980), *Neunzehn Rosen* (1982), *Dayan/Im Schatten der Lilie* (1984), *Nächte in Serampore* (1985), *Der Hundertjährige* (1979, Neuauflage unter dem Titel *Jugend ohne Jugend*, 2008); 4. Bibliographie: „Edith Horowitz", in: *Lexicon del Teatro Judio* (*Leksikon fun Yidishn teater*), Hrsg. von Zalmen Zylbercweig (1969), Bd. 6, S. 4893; Erwähnung und Bühnenaufnahmen, in: Israel Bercovici, *Hundert yor yidish teater in Rumenie* (1976), Abbildung 153, S. 208-209, (rum. 1982), im Gedenkband *Yakob Mansdorf in seyn dor*, Hrsg. M. Dworjezki, Ruben Rubinstein, M. Zanin (o. J.), S. 112-113; Artikel über E. Silbermann: „Sensibler Brückenbau", in: *Düsseldorf schreibt. 44 Autorenporträts*, Hrsg. Lore Schaumann (1974), S. 81-85.

SILBERMANN, Jacob, auch Kubi (28.7.1907 in Vaslautz, Kreis Czernowitz, damals Habsburgermonarchie – 24.3.1978 in Düsseldorf, BRD): Sohn von Selig Silbermann und Rosa Pekler; sein Vater war k. k. Oberoffizian und Beamter; Kindheit in Czernowitz und Wien, wohin die Mutter mit ihm und seinen Geschwistern während des Ersten Weltkrieges flüchtet; der Vater ist an der Front; 1915-18 Besuch der Allgemeinen Volksschule und der Bibelschule in Wien; 1918 Rückkehr nach Czernowitz; 1918-26 Besuch des Staatsgymnasiums Nr. 3 in Czernowitz (1926, Abitur); 1926-30 Jura-Studium an der Czernowitzer Universität; „juridisches Lizenz-Diplom" der Czernowitzer Universität (25.2.1930); ab 1930 Mitglied der Rechtsanwaltskammer der Bukowina; 1930-33 Tätigkeit als Assessor in Czernowitz; Rechtsanwaltsdiplom der Vereinigung der Rechtsanwälte Rumäniens (Bukarest, 9.10.1933); Vereidigung als Anwalt; 1933-41 Tätigkeit als selbstständiger Rechtsanwalt und Etablierung der eigenen Anwaltskanzlei; 27. Juni 1936 Doktorat an der Juristischen Fakultät der Universität Klausenburg; Etablierung der eigenen Rechtsanwaltspraxis in Czernowitz; Dr. Silbermann wird ständiger Anwalt der Baumeistervereinigung und der bedeutenden Handelsfirma BUWAG; zu seinen Klienten zählen Großgrundbesitzer, Industrielle und Kaufleute. 1939 als Antwort auf den wachsenden Antisemitismus und Faschismus in Rumänien veröffentlicht er gemeinsam mit Nicu Adelstein, Vorstandsmitglied der Bukowiner Anwaltskammer, einen Kommentar zu Staatsbürgerschaftsfragen, *Comentar la Decretul-Lege pentru Revizuirea Cetăţeniei*, mit einem Vorwort vom Rechtsgelehrten Eugen Heroveanu; dieses Werk hilft Juden aus dem Banat und der Bukowina, ihr Anrecht auf die rumänische Staatsbürgerschaft zu beweisen und der völligen Entrechtung durch das Regime von Antonescu zu entgehen; 1941-44 Freiheitsentzug, Verfolgung, Ghetto, Zwangsarbeit; 1945 Auswanderung nach Rumänien; ab 1945-48 Tätigkeit als Rechtsanwalt in Bukarest: er ist Rechtsberater der Medikamentenfabrik „AMROFARM"; 1946/47 Sachbearbeiter in Staatsbürgerschaftsfragen beim Internationalen Roten Kreuz; 1948 Heirat mit Edith Horowitz; 1948 wird er aus der rumänischen Rechtsanwaltskammer ausgeschlossen, weil er sich weigert, Ankläger in rumänischen Schauprozessen zu sein; ab 1948 literarische Übersetzertätigkeit; 1948-51 Leiter und Schachtrainer des Zentralen Schachklubs (O.S.P.; U.C.F.S) in Bukarest; 1952-63 Schachlehrer in rumänischen Schachklubs (Arta; Constructorul) und in

der Nationalmannschaft; Mitgliedschaft in der rumänischen Schachföderation; als Schachlehrer bereitet er die rumänische Nationalmannschaft für internationale Begegnungen und
für die Schacholympiade 1952 vor; er setzt sich für die Förderung des Frauenschachs in
Rumänien ein; seine Schülerinnen gewinnen wiederholt die Landesmeisterschaft; seine
Schachschülerin Alexandra Nicolau (22.7.1970 in Bukarest) erwirbt den Landesmeistertitel
(1960, 1961, 1963, 1964, 1964 und 73), den WIM Titel (Women International Master,
1960) und den WGM Titel (Großmeister, 1979). Ab 1948 ist Silbermann Opfer von Repressalien wegen seiner Kritik am Regime und seinen Auswanderungsplänen; 1959 wird er
offiziell durch Gehaltskürzung, zeitweilig durch Verlust der Stellung bestraft; obwohl er ein
angesehener Schachtrainer ist, wird er mehrmals gezwungen, als Sportplatzarbeiter und Ta-
gelöhner tätig zu sein. 1963 Auswanderung aus Rumänien; ab 1964 Tätigkeit als Jurist,
Schachtrainer und Journalist in Düsseldorf, ständiger Mitarbeiter der *Allgemeinen Wochenzeitung der Juden in Deutschland* sowie einiger Schachzeitungen.

Veröffentlichungen (Auswahl): *Comentar la Decretul-Lege pentru Revizuirea Cetățeniei,* gem.
mit Nicu Adelstein (1939), *Die Geschichte des Schachs* (1975); Schachartikel, in: *Großes
Schach Lexikon: Geschichte, Theorie und Spielpraxis von A bis Z.* Hrsg. Klaus Lindörfer
(1977), zahlreiche Buchrezensionen und literaturwissenschaftliche Artikel, in: *Allgemeine
Wochenzeitung der Juden in Deutschland;* Schachartikel, in: *Die Zeit* (13.10.1972 und
22.12.1972), *Deutsche Schachzeitung, Rochade; Revista de Şah.*

———————

Mitherausgeberin:

Amy-Diana Colin, Studium der Komparatistik und Germanistik in Bonn und Yale; 1982,
PhD (Yale); ab 1982: Assistant Professorship mit Tenure-Track (1982-87, Washington,
Seattle), Professur mit Tenure (seit 1988, Pittsburgh), Fellowships, Gastprofessuren; Lehr-
und/oder Forschungstätigkeit auch an den Universitäten Yale, Cornell, Harvard, Tübingen,
am Moses Mendelssohn Zentrum (Universität Potsdam), FU Berlin, Universität Paris 7, an
der Maison des Sciences de l'Homme (Paris) und am IWM (Wien); Organisatorin des ersten
internationalen Paul-Celan-Symposiums in den USA (University of Washington, 1984), im
Rahmen des Symposiums auch der ersten US-Ausstellung der Bilder Gisèle Celan-Lestran-
ges; Veröffentlichung der Beiträge in *Argumentum e Silentio: Ein Internationales Paul Celan
Symposium* (1987); 1991 Publikation ihres Buches *Paul Celan: Holograms of Darkness*, das
den wissenschaftlichen Preis *Choice Outstanding Academic Book Award* erhält; Organisatorin
des internationalen Symposiums „Form and Dynamics of Exclusion" (UNESCO, Paris,
1997); 1998 Gründung des internationalen Forschungsnetzwerkes *Cité der Friedenskulturen;*
2003 Gründung der internationalen *Friedenskulturforen.*

Veröffentlichungen (Auswahl): *Argumentum e Silentio: Internationales Paul Celan-Symposium,* Hrsg. (1987); *Paul Celan: Holograms of Darkness* (1991), *Versunkene Dichtung der Bukowina: Eine Anthologie deutschsprachiger Lyrik,* Hrsg. gem. mit Alfred Kittner (1994); *Brücken über dem Abgrund,* Hrsg. gem. mit Elisabeth Strenger (1994); *Exclusions/Inclusions,*
Hrsg. gem. mit Patrick Imbert und Daniel Castillo-Durante (2005); *Spuren eines Europäers:
Karl Emil Franzos als Mittler zwischen den Kulturen,* Hrsg. gem. mit Anna-Dorothea Lude-
wig und Elke-Vera Kotowski (2008); Essays über die deutschsprachige jüdische Literatur
der Bukowina, Frauendichtung, Multikulturalismus, Integration versus Ausgrenzung als
kulturelles Phänomen.

IV. Teil
Edith Silbermann liest aus ihren „Erinnerungen" und Paul Celans Gedichten (CD)

Inhaltsverzeichnis der CD

Edith Silbermann liest aus ihren „Erinnerungen" an Paul Celan zu seinem 20. Todestag (Audio-Aufnahme aus dem Jahre 1990)

Edith Silbermann rezitiert Gedichte von Paul Celan

Kenotaph
Espenbaum (Vertonung von Edith Silbermann)
Es war Erde in ihnen
Psalm
Tenebrae

Danksagung

Wir danken Jürgen Köchel für seine persönliche Intervention, ohne die Edith Silbermann die Genehmigung zur Veröffentlichung der Briefe Celans und seiner frühen Gedichte aus ihrer Sammlung nicht erhalten hätte. Der Abdruck der unveröffentlichten Briefe Celans erfolgt mit der freundlichen Genehmigung von Eric Celan und Bertrand Badiou; wir danken ihnen sowie dem Suhrkamp Verlag auch für die Genehmigung, die frühen Gedichte Celans in diesem Band zu veröffentlichen. Wir danken dem Deutschen Literaturarchiv in Marbach für die Fotokopien der Briefe Edith Silbermanns an Paul Celan. Wir danken: Charles Knappek und Frederick Ehrlich für Informationen über die Ehrlich-Familie; Walter Biemel für Informationen über René Biemel; Oliver Stümann und vor allem Günter Rebing für ihre Unterstützung und genaues Lesen des Manuskriptes; Christine Lepkowitz, Efrat Galut und Nadia Pohne für Informationen über Ruth Kraft; W. Aichelburg, Archivar des Wiener Künstlerhauses, für Informationen über die Celan-Veranstaltung in Wien 1963; Andreas Lohr für Informationen über die *Historisch-kritische Ausgabe der Werke Paul Celans*; Margit Bartfeld-Feller, Marina Dmitrieva-Einhorn, Monika Händler, Joachim Hemmerle, Peter Motzan, Lilli Muchnik, Marko von Musulin, Stelian Obiziuc, Arieh Sternberg und Julius Weiner (*Die Stimme*, Israel) für Angaben über einzelne, im Briefwechsel erwähnte Personen; Andreas Huber für die typographische Gestaltung und den Buchsatz; Evelyn Ziegler für den Buchumschlag, Verleger Giampiero Casagrande für eine gute Idee bezüglich des Buchumschlags; Sergij Osatschuk für einige eindrucksvolle Fotos von Czernowitz; Germana Crotta (RSI) für die Audio-CD; Raimar Zons für Ermutigung in einer schweren Zeit, als Edith Silbermann im Sterben lag. Ich danke vor allem Sabine Colin für Erzählungen über ihre Jugend in Czernowitz und für künstlerische Anregungen.

Rechte-Nachweis

Verzeichnis der Abbildungen und Dokumente

Dokumentation I

1. Portraits

1. Lisa Stadler (oben rechts) mit ihrer Schwester Dela (oben links) und Cousine Saly, Czernowitz 1910.
2. Karl Horowitz (1. in der ersten Reihe links) als Student in Wien, Sommersemester 1914.
3. Karl Horowitz, Studienbuch („Meldungsbuch"), Wiener Universität, 1919-22.
4. Karl Horowitz, Scherenschnitt auf einer Feldkorrespondenzkarte, Österreich 1916.
5. Karl Horowitz, Staatsbürgerschafts-Erklärung für die deutsch-österreichische Staatsbürgerschaft (1919).
6. Lisa Horowitz, geborene Stadler, Czernowitz 1924.
7. Karl Horowitz, Passbild, Czernowitz 1925.
8. Edith Horowitz als Schülerin der ersten Gymnasialklasse, 1932-33. Sie trägt die Kappe ihres Mädchengymnasiums, „Liceul particular de fete cu drept public", LFP.
9. Edith Horowitz (2. von rechts, erste Reihe, das Mädchen mit den langen Zöpfen) als „Bukowina", 10. Mai-Feier, Czernowitz 1935.
10. Edith Horowitz im Bukowina-Kostüm, 1935.
11. Edith Horowitz als Schülerin der V. Gymnasialklasse, 1936.
12. Paul Antschel als Schüler der VI. Gymnasialklasse, 1936, Ausschnitt aus dem Klassenfoto, siehe Bild des Gymnasiums, Dokumentation I, S. 106.
13. Rechtsanwalt Jacob Silbermann, auf dem Weg vom Gericht, Czernowitz 1936.
14. Heimatschein von Jacob Silbermann, Herzogtum Bukowina 1918.
15. Edith Horowitz (2. von rechts) mit den Freundinnen Ruth Glasberg (1. von rechts), Ruth Kissmann (3. von rechts) und Renate Kraus (2. von links).
16. Edith Horowitz mit Hilde Knappek, geborene Ehrlich, die aus Paris in Czernowitz zu Besuch war; im Hof des Czernowitzer Hauses der Familie Horowitz, 1937.
17. Edith Horowitz zu Hause in Czernowitz, 1937.
18. Edith Horowitz (2. von links) mit Paul Antschel (rechts oben) in Cernauca am Pruth, 15.5.1938. Im Bild sind auch Jancu Pesate (1. links), Schloime Hochstedt (3. von rechts), Milo Ungar (links oben), Eliu Rintzler (1. rechts) und Ruth Glasberg (2. von rechts.
19. Edith Horowitz (3. von rechts) mit Gustl Chomed (1. von rechts), Schloime Hochstedt (2. von rechts), Jancu Pesate (3. von links), Malzia Kahwe (verh. Fischmann, 4. von links), Ernst Engler (4. von rechts), Osiu Haller-Herschkowitz (1. von links), am Tsetzina, Sommer 1939.
20. Edith Horowitz am Pruth, Mai 1939.
21. Edith Horowitz (2. von links oben) und Gustl Chomed (1. von rechts) am Pruth, Juli 1939. Im Bild auch Schloime Hochstedt (2. von rechts oben). Mia Schmul (1. von links, unten), Cousine von Edith, die nach Transnistrien deportiert wurde.
22. Paul Antschels Matura-Foto, Sommer 1938.
23. Sandi Țurcanu, Ediths Freund, Czernowitz 1940.
24. Edith Horowitz, Matura-Foto, Juni 1940.
25. Rückseite von Ediths Matura-Foto, Juni 1940.
26. Jacob Silbermann, Czernowitz 1939/40.

27. Paul Antschel, 1942, als er aus dem Arbeitslager für kurze Zeit nach Czernowitz zurückkehren durfte.
28. Lisa Horowitz mit ihren Töchtern Edith (rechts) und Sabine (Binzia, links), Czernowitz 1942/1943.
29. Lisa und Karl Horowitz, Czernowitz 1944.
30. Edith Horowitz, Czernowitz 1944.
31. Edith als Have (Chawe) in Yankev Mansdorfs Theaterstück *Tevie der Milhiker* (*Tewje der Milchiker; Tewie, der Milchmann*), nach dem gleichnamigen Roman von Scholem Alejchem, IKUF, Regie: Yankev Mansdorf, Bukarest, Dezember 1945; 1964 wurde Alejchems Geschichte als Musical unter dem Titel „The Fiddler on the Roof" weltberühmt.
32. Edith Horowitz in *Ih Leb!...* (*Ich leb*) von Moysche Pinchevski, IKUF, Regie: Yankev Mansdorf, Oktober 1945.
33. Edith Horowitz, Bukarest 1945.
34. Edith als Rivke im Theaterstück *S'Brennt* von Itzchak Leib Perez, IKUF, Regie: Yankev Mansdorf, Bukarest, Februar 1946.
35. Edith Horowitz, zur Zeit ihrer Tätigkeit in ARLUS, Sommer 1947.
36. Karl Horowitz (2. von links) in der Redaktion der Zeitschrift *Der Neue Weg*, Bukarest 1950.
37. Sabine und Leonard Colin in Bukarest, 1955.
38. Edith und Jacob Silbermann (in der Mitte), Sommer 1963, vor der Auswanderung aus Rumänien. Im Bild auch Sabine Colin (1. links), Alfred Kittner (1. rechts).
39. Brief, Janko von Musulin an Jacob Silbermann (1963), Dokumentation zu den Passagen über Justizminister Dr. Christian Broda, S. 10, 297, 319.
40. Edith Silbermann auf der Bühne in Wien, 1964.
41. Edith Silbermann auf der Bühne, Wien 1964.
42. Edith Silbermann, Geburtstagsfoto, Düsseldorf, 10.11.1965.
43. Jacob Silbermann genießt die Freiheit, Foto vor dem staatlichen rumänischen Reisebüro in Paris, 1966.
44. Edith Silbermann in Düsseldorf, 1965.
45. Binzia (Sabine Colin) in Bukarest, 1965.
46. Lisa und Karl Horowitz, Düsseldorf, Silvester 1967.
47. Edith und Jacob Silbermann bei Stella von Musulin, Wien 1970.
48. Edith Silbermann liest aus ihrem Buch *Begegnung mit Paul Celan*, 1993.

2. Czernowitz

1. Karte der Bukowina, 1910.
2. Stadtplan von Czernowitz, 1907.
3. Historische Aufnahme des Ringplatzes mit dem Rathaus.
4. Historische Aufnahme des Ringplatzes mit dem Hotel Schwarzer Adler.
5. Historische Aufnahme des Czernowitzer Theaters.
6. Historische Aufnahme des Czernowitzer Bahnhofs.
7. Historische Aufnahme der Bischöflichen Residenz, die in der Sowjetzeit Universitätsgebäude wurde.
8. Die Czernowitzer Universität, Foto von Sergij Osatschuk, 2007.
9. Panoramabild im Winter, Foto von Sergij Osatschuk, Czernowitz – Jubiläumsbildband, Czernowitz 2007.
10. Panoramabild, Foto von Sergij Osatschuk, Czernowitz 2007.

11. Das ehemalige jüdische Kulturhaus in Czernowitz mit der Statue von Olga Kobylanska, Foto von Helmut Kusdat.
12. Historische Aufnahme des Israelitischen Tempels, der von den Nazis in Brand gesteckt wurde, vgl. Bild 13.
13. Der ehemalige Israelitische Tempel, eine Ruine bis 1959, danach und auch heute ein Kino.
14. Das Bethaus in der Bräuhausgasse; an den Feiertagen ging die Horowitz-Familie in dieses Bethaus.
15. Vergrößerter Auszug aus dem Stadtplan mit der Töpfergasse, Habsburger-Zeit, 1907.
16. „Situationsplan" des Hauses der Familie Horowitz, Schriftstück aus dem Jahre 1894.
17. Das Haus der Horowitz-Familie, Foto um 1912.
18. Das Haus der Horowitz-Familie in Czernowitz, an der Straßenkreuzung: Bräuhausgasse, Töpfergasse, Feldgasse; links im Bild: Ecke des Hauses der Chomed-Familie; Foto von 1999.
19. Das Haus der Chomed-Familie; vorne im Bild das Haus der Horowitz-Familie; Töpfergasse (unten am Berg)/Ecke Bräuhausgasse.
20. Der Töpferberg mit der Töpfergasse (oben am Berg).
21. Jugendstilhaus in der Wassilkogasse, in dem Paul Antschel zur Welt kam und seine Kindheit verbrachte.
22. Wohnhaus in der Masarykgasse, aus dem Paul Antschels Eltern deportiert wurden; vgl. S. 14, S. 48. Die Familie hatte seit 1935 in diesem Haus gewohnt.
23. Antschels Gymnasium, „Liceul ortodox de băieţi", das Edith Silbermann in ihren Erinnerungen erwähnt, S. 23.
24. Der Veteranenberg mit der Veteranengasse, Ecke Bräuhausgasse; die Veteranengasse wird in Edith Silbermanns „Erinnerungen an Paul" erwähnt, S. 49.
25. Grabsteine auf dem jüdischen Friedhof von Czernowitz, Foto 2000.

3. Geschenkte und „ausgewanderte" Bücher

1. Celans Band *Mohn und Gedächtnis*, den er Karl Horowitz geschenkt hatte.
2. Celans Widmung für Karl Horowitz.
3. Karl Horowitz' Ausgabe von Heinrich Heines Werk. Innenseite des Bandes. Es ist das einzige erhaltene Buch, in das Karl Horowitz mehrfach seinen Namen geschrieben hat, wohl um eine mögliche Entwendung zu verhindern. In alle anderen Bücher hatte er nur seine Initialen oder seinen Namen einmal oder zweimal geschrieben.
4. Jacob Silbermanns Ausgabe von Kafkas *Der Landarzt*; auf der Rückseite die sowjetische Ausfuhrgenehmigung von 1945.
5. Jacob Silbermanns Ausgabe von Knut Hamsuns *Hunger*; Rückseite mit dem sowjetischen Ausfuhrstempel.
6. Alfred Kittners Ausgabe von Knut Hamsuns *Mysterien*, die er aus Czernowitz nach Bukarest und später nach Düsseldorf mitnahm, vgl. S. 29, Anm. 30.
7. Edith Silbermann in ihrer Bibliothek in Düsseldorf in den 1970er Jahren.

Dokumentation II

1. *Paul Ancel: Gedichte* (1944), hrsg. von Jacob Silbermann unter Mitwirkung von Hersch Segal
2. Alfred Kittner: Brief an Paul Celan
3. Bildmaterial:
   3.1 Alfred Kittner auf der Herrngasse, Czernowitz 1926.
   3.2 Alfred Kittner, Czernowitz, 1926, Bild mit seiner Widmung aus dem Jahre 1965: „Zur Erinnerung an meine lieben Freunde Edith und Kubi".
   3.3 Paul Celans Band *Von Schwelle zu Schwelle*, den er Alfred Kittner geschenkt hatte.
   3.4 Celans Widmung für Alfred Kittner.

Dokumentation III

1. Gustav Chomed an Edith Silbermann: Briefliche Auskünfte zu seiner Freundschaft mit Paul Celan
2. Kommentiertes Personenverzeichnis zum Briefwechsel

Verzeichnis der Abkürzungen, Siglen und Kurztitel

HKA = Paul Celan, *Werke, Historisch-kritische Ausgabe*, I. Abteilung, Bd. 1, 1. Teil und Bd. 1, 2. Teil, Hrsg. Andreas Lohr unter Mitarbeit von Holger Gehle in Verbindung mit Rolf Bücher. Frankfurt/M.: Suhrkamp Verlag, 2003.

GW = Paul Celan, *Gesammelte Werke* in fünf Bänden, Hrsg. Beda Allemann und Stefan Reichert unter Mitwirkung von Rolf Bücher, Frankfurt/M.: Suhrkamp Verlag, 1983.

N 1943 = „Notizbuch 1943", Notizbuch mit Gedichten von Paul Antschel

G = *Gedichte 1938-1944*, Hrsg. Ruth Kraft, Frankfurt/M.: Suhrkamp Verlag, 1985.

Ms 1944 = „Manuskript 1944", Manuskriptbüchlein mit handschriftlichen Gedichten von Paul Antschel.

FW (1989) = Paul Celan, *Das Frühwerk*, Hrsg. Barbara Wiedemann, Frankfurt/M.: Suhrkamp Verlag, 1989.

FW (2005) = Wiederabdruck in Paul Celan, *Die Gedichte*, Hrsg. Barbara Wiedemann. Frankfurt/M.: Suhrkamp Verlag, 2005.

SU (1948) = Paul Celan, *Der Sand aus den Urnen*, Wien: Verlag A. Sexl, 1948.

NL = *Neue Literatur: Zeitschrift des Schriftstellerverbandes der SRR* (Bukarest)

CL = *Paul Celan – Giséle Celan-Lestrange. Briefwechsel*, Hrsg. Bertrand Badiou, Eric Celan, dt. Übers. Eugen Helmlé; Anm. übers., eingerichtet v. Barbara Wiedemann, Frankfurt/M.: Suhrkamp Verlag, 2001; CL2= Bd. 2.

ES = Edith Silbermann
EH = Edith Horowitz
H-S = Horowitz-Silbermann
JS = Jacob Silbermann

V = Kommentiertes Personenverzeichnis, I, II, III;
B = Brief
E = Einleitung
H = Handschrift (HKA)
H* = undeutliche Kopie der Handschrift oder ungewisse Datierung in der *HKA.*
* = fehlende oder nicht richtig dokumentierte Abweichung
rum.= rumänisch
dt. = deutsch
frz.= französisch
Anm. = Anmerkung
+ = andere Abweichung
Z. = Zeile
zit. = zitiert

hier = Hinweis auf den vorliegenden Band: *Paul Celan - Edith Silbermann, Zeugnisse einer Freundschaft. Gedichte, Briefwechsel, Erinnerungen*, Hrsg. Amy-Diana Colin, Edith Silbermann.

DLA = Deutsches Literaturarchiv Marbach a.N.

Index